KB116922

왕비의 하루

왕비의 하루

1판 1쇄 인쇄 2014. 9. 22.
1판 1쇄 발행 2014. 10. 5.

지은이 이한우

발행인 김강유
책임 편집 김상영
책임 디자인 안희정
제작 안해룡, 박상현
제작처 재원프린팅, 정문바인텍, 금성엘엔에스
표지 그림 《인물화로 보는 조선시대 우리옷》(권오창 지음, 현암사)

발행처 김영사
등록 1979년 5월 17일 (제406-2003-036호)
주소 경기도 파주시 문발로 197(문발동, 파주출판단지) 우편번호 413-120
전화 마케팅부 031)955-3100, 편집부 031)955-3250
팩스 031)955-3111

값은 뒤표지에 있습니다.
ISBN 978-89-349-6897-9 03900

독자 의견 전화 031)955-3200
홈페이지 www.gimmyoung.com
이메일 bestbook@gimmyoung.com

좋은 독자가 좋은 책을 만듭니다.
김영사는 독자 여러분의 의견에 항상 귀 기울이고 있습니다.

이 도서의 국립중앙도서관 출판시도서목록(CIP)은 서지정보유통지원시스템 홈페이지
(http://seoji.nl.go.kr)와 국가자료공동목록시스템(http://www.nl.go.kr/kolisnet)에서
이용하실 수 있습니다.(CIP제어번호 : CIP2014025884)

권력 아래 가려진 왕비들의 역사

왕비의 하루

그 하루 동안 왕비에게
무슨 일이 일어났을까

이한우 지음

김영사

조선 유일의 여성 군자,
왕비

공자가 말했다.

"오직 여자와 소인은 기르기가 어려우니, 가까이하면 불손하고 멀리하면 원망한다〔子曰 唯女子與小人爲難養也 近之則不遜 遠之則怨〕."

《논어論語》양화陽貨 25에 나오는 말이다. 유학의 세계관에서 여성관이 어떤 것인지를 단적으로 보여주는 공자의 한마디다. 그렇다고 이 자리에서 공자의 보수적 혹은 봉건적 여성관을 성토하려는 것은 아니다. 오히려 근대라는 틀을 벗어나 조선시대 자체로 나아가려면 공자의 이 말이야말로 우리가 중요한 실마리로 삼을 수 있는 여성에 대한 솔직한 생각을 담고 있다고 하겠다.

조선의 왕비를 이야기하려는 초입에서 여성에 대한 이런 부정적인 시각을 소개하는 이유는 간단하다. 왕이 되는 길 이상으로 멀고 험했던 왕비가 되는 길을 보다 실감나게 추체험해보기 위함이다.

군자가 아닌, 한갓 소인과 같은 취급을 받아야 했던 여성. 그러나 그중에 국가의 예禮를 온몸으로 체화시킨 한 개인이 바로 왕비다. 소인 취급이나 받던 한 개인이 예의 교육과 수련을 통해 국가 차원의 보편적인 인간, 즉 군자로 승화되는 인물이 왕비인 것이다. 왕비를 나라의 어머니, 국모國母라고 했던 것도 그 때문이다. 우리는 이 책에서 예를 통한 그 왕비 됨의 과정을 면밀하게 살펴보게 될 것이다.

왕은 독립적 존재지만 왕비는 종속적인 존재다. 왕비는 남편이 왕으로 있을 때에만 왕비다. 왕비가 먼저 죽어도 왕은 왕이지만 왕이 먼저 죽으면 왕비는 더 이상 왕비가 아니다. 그래서 왕비에게는 왕비가 되는 하루 못지않게 왕비에서 물러나는 하루도 중요하다. 왕이 죽거나 폐위되는 날이 바로 왕비에서 물러나는 하루다. 그리고 왕비에서 대비로 바뀌어 잠시나마 전권을 장악한다. 그래서 전편《왕의 하루》와 달리 이 책에서는 왕비로서의 지위가 끝나는 날에도 초점을 맞추지 않을 수 없다.

왕의 친척과 왕비의 친척은 조선에서 전혀 다른 정치적 의미를 가졌다. 왕의 친족들은 원천적으로 정치 참여가 금지되어 있었다. 반면 왕비의 친족, 즉 외척은 그 자체가 거대한 정치 집단으로 기능했다. 왕과 외척의 결탁과 대립은 조선 500년 정치사를 읽어내는 핵심 틀 중 하나가 된다. 강한 왕권과 약한 신권, 약한 왕권과 강한 신권의 문제는 기본적으로 왕비를 매개로 한 왕과 외척의 긴장 관계에서 생겨난다. 이것만으로도 조선의 왕비는 충분히 정치적인 존재였다고 할 수 있다.

여기서 우리가 주목해야 할 것은 예치禮治의 잠재력이다. 유학의 세계관에 따르면 신하는 왕에게 충성스런 마음으로 대해야 하고 왕은 신하를 예로 대해야 했다. 예대禮待가 그것이다. 뒤집어 말하면 예로 신하를 대하지 않는 왕은 왕다운 왕〔君君〕이 아니었다. 조선 중기 탄생한 예학禮學은 바로 이 점을 파고들었다. 신하들이 왕을 견제할 수 있는 결정적인 장치가 바로 예대였다. 그것을 통해 왕을 압박할 수 있었다. 그 예를 통한 정치〔禮治〕의 정점에 왕비가 있었고 그 배후에 왕비의 집안인 외척이 있었다. 조선에서 예학 정치의 비중이 높아갈수록 왕권은 약화됐고 왕비와 외척의 힘이 강해진 것은 이 같은 예치의 메커니즘 때문이었다고 할 수 있다.

그러나 왕비의 가장 정치적인 행위는 출산, 그중에서도 나라의 근본〔國本〕으로 불렸던 세자를 낳는 것이었다. 세자를 낳은 왕비와 그렇지 못한 왕비의 정치적 파워는 하늘과 땅 차이였다. 그런 점에서 왕비는 왕 못지않게 자신의 몸 자체가 정치 행위자였다. 역설적이게도 왕비는 왕이 먼저 죽어 대비가 되고 왕대비가 되고 대왕대비가 되면서 공식적인 정치인으로 거듭나게 된다. 왜냐하면 차기 왕을 지명할 권한을 대비가 갖게 되기 때문이다. 조선사 500년에는 그래서 대비로서 강한 정치권력을 행사했던 왕비들이 종종 등장하게 된다.

이 책에서는 대체적으로 이 같은 논점을 기반으로 하여 왕비의 하루를 통해 왕비의 일생을 조망하는 작업이 진행될 것이다.

2012년 겨울에 펴낸 《왕의 하루》에 이어 두 번째로 '하루' 기획에 참여할 수 있었다. 무엇보다 《왕의 하루》에 대해 예상 밖의 큰 호응을 보여주셨던 수많은 독자 여러분께 이 자리를 빌어 감사드리고 싶다. 그리고 다시 한 번 뜻 깊은 기획에 참여할 수 있는 기회를 준 김영사 측에 감사의 인사를 전한다. 원래 예정보다 몇 달 늦어졌음에도 불구하고 인내심을 갖고 기다려준 편집자 여러분께도 고마움을 전한다.

　필자가 조선사와 사서삼경에 빠져 주말이면 오붓한 시간을 다 빼앗기고서도 불평 한마디 않고 오히려 격려를 해주는 가족들에게 미안함과 고마움을 함께 전한다.

2014년 9월 보심서실普心書室에서

탄주灘舟 이한우 쓰다

1
여성과 권력이 충돌한 왕비의 하루

왕비의 하루를 찾아서

❖ 왕보다 이른 하루의 시작

왕의 하루는 새벽 4시경 서른세 번 종을 울리는 파루罷漏와 함께 눈을 뜨면서 시작됐다. 그러면 왕비의 하루는 언제 시작되었을까? 원칙적으로 왕과 함께 밤을 보낸 왕비는 왕보다 먼저 자리에서 일어나야 했다. 《시경詩經》의 제齊나라 시집에 실린 〈닭 울음소리〔鷄鳴〕〉는 예로부터 왕비가 하루를 어떻게 시작하여야 하는지를 보여주는 모범 사례로 인용되어왔고 유교의 나라 조선도 예외는 아니었다.

닭이 이미 울었으니
조정에는 이미 신하들이 가득합니다.
그러나 실제로는 닭이 운 것이 아니라
쉬파리의 소리였을 뿐이다.

雞旣鳴矣

朝旣盈矣

匪雞則鳴

蒼蠅之聲

　이 시는 전통적으로 어진 왕비의 처신을 보여주는 것으로 해석되어왔다. 옛날에 어진 왕비가 왕을 처소에서 모셨는데 이튿날 날이 새려고 하자 반드시 왕에게 "닭이 이미 울었으니 조정에는 이미 신하들이 가득합니다"고 고했다. 그러나 실은 아직 닭은 울지 않았고 소리가 났다면 그것은 쉬파리 소리였을 뿐이라는 것이다. 제대로 된 왕비라면 늘 아침마다 왕이 게을러져서 늦게 일어날 것을 두려워하는 마음을 이처럼 간직해야 했던 것이다.

　당연히 조선에서도 이런 교훈은 강조될 수밖에 없었다. 1400년(정종 2) 3월 4일 실권을 장악한 이방원이 다음 왕이 되기 위해 일단 세자의 자리에 오르자 부인 민씨도 세자빈으로 책봉되는데 그때 책문冊文에 이런 구절이 나온다.

　　그대를 책봉하여 왕세자 정빈貞嬪으로 삼노라. 아아! 항상 계명鷄鳴의
　　경계를 마음에 간직하여 빈으로서의 덕을 지켜야 한다.

　'닭 울음소리의 경계[鷄鳴之戒]'는 그 후에도 왕비나 세자빈을 간택하거나 책봉할 때 반드시 첫 번째 기준으로 인용될 만큼 왕비의 중요한 덕목이었다. 이를 통해 우리는 조선의 왕비는 반드시 왕이 기침하기에 앞

서 일어나 있어야 했음을 알 수 있다.

이런 맥락에서 1506년(연산군 12) 8월 1일자 실록은 많은 것을 시사한다. 이날 연산군은 몸이 편치 않다며 당분간 조회를 조금 늦춰서 하겠다고 전교했다. 승정원에서는 아주 조심스럽게 "늦은 것은 아니지만 예전에 비하면 조금 늦다"고 말했다. 이미 연산군의 폭군스러움이 터져 나오고 있을 때였다. 이에 연산군은 바로 이 시를 인용하며 이렇게 말하고 있다.

"중국에서도 조회가 때로는 이르기도 하고 때로는 늦기도 했다고 했으니 좀 늦춰서 한다고 무슨 해가 되겠느냐?"

새삼 '닭 울음소리의 경계'가 왜 중요한지를 역설적으로 보여주는 사례다. 이미 이때는 연산군의 기침을 돌봐줄 수 있는 왕비(폐비 신씨)는 아무런 힘이 없었고 장녹수 등이 사실상 왕비 행세를 하던 때였다. 연산군은 '닭 울음소리의 경계'를 무시한 때문에 왕위를 잃은 왕이라고도 할 수 있을 것이다. 다시 말하면 신씨는 본인에게 주어진 '닭 울음소리의 경계'를 다하지 못한 허물을 피할 수 없다고 할 것이다.

❖   **왕비의 문안 인사와 수라상**

침전에서 기침한 왕이 양치와 세수 등을 하는 동안 왕비도 몸가짐을 정비한다. 금슬에 따라서는 왕비가 왕의 세수와 머리 빗기를 도와주기도 했다.

이어 왕을 따라 왕실 어른들에게 문안을 여쭙는 것으로 하루의 공식 활동을 시작했다. 문안問安, 웃어른의 안부를 공손히 묻는 것은 예禮의 나라를 지향했던 조선 왕실과 사대부 집안에서는 필수적인 절차였다.

왕비로서는 남편이자 지존인 왕에게 '닭 울음소리의 경계'를 다한 다음 두 번째로 이 문안을 행해야 했다. 태상왕, 상왕이 있는 경우 왕은 왕비와 함께 문안을 올렸고 대왕대비, 왕대비, 대비가 있는 경우 함께 올리는 경우도 있었지만 대비전 문안은 왕비에게 더 많은 책임이 있을 수밖에 없었다.

그러나 대비전은 통상 왕과 왕비의 본궁에서 떨어져 있었기 때문에 매일

인수대비가 지은 《내훈內訓》의 서문. 중국의 《열녀전》, 《소학》, 《여교女敎》, 《명감明鑑》 등 네 책에서 부녀자들의 훈육에 필요한 대목을 뽑아서 이 책을 만들었다.

문안을 드려야 하는 것은 아니었다. 다만 대비의 신병이 편안치 않을 경우에는 매일 문안드리는 것이 통례였다.

우리에게는 인수대비로 더 친숙한 소혜왕후 한씨(덕종으로 추존된 세조의 장남의 부인)가 편찬한 《내훈內訓》의 한 대목을 통해 왕대비를 향한 왕비의 효친孝親하는 마음을 읽어볼 수 있다.

효자의 부모 섬김은 거처하실 때 공경스럽게 받들고, 봉양할 때 지극히 즐겁게 받들며, 병이 나시면 염려하고, 상을 당했을 때는 슬픔을 다하며, 제사를 지낼 때에는 엄숙함을 다해야 한다. 이 다섯 가지를 모두 갖

춘 연후에야 능히 부모를 섬길 수 있는 것이다.

이런 마음으로 늘 웃전의 안부에 대해서는 신경을 곤두세워 점검을 했고 혹시라도 병이 났을 때는 왕의 경우 관과 띠를 풀지 않고 왕비도 그에 맞춰 의복을 갖춰 입고 있어야 했다. 언제라도 부르면 달려가기 위함이었다.

왕실 어른들에 대한 문안을 드리고 나면 조정 대신들의 문안을 받을 차례였다. 이제 왕실의 부인이자 며느리라는 사사로운 자격을 벗어나 나라의 어머니(國母)로서 공적인 지위에 서게 되는 것이다. 1422년(세종 4) 8월 6일 실록의 한 대목이다.

이에 앞서 의정부나 육조에서 중궁中宮(왕비)이 편치 못하므로 매일 문안했는데, 이날 왕이 지신사 김익정金益精에게 일렀다.
　"정부와 육조가 매일 문안하게 된 것이 여러 정승에게 과로될 염려가 있으니, 경은 나의 뜻을 말하여 매일 문안하지 못하게 하라."

평소에는 일정한 간격(한 달에 한두 번)을 두고 의정부 삼정승과 육조 판서들이 왕비에게도 문안을 올렸지만 왕비가 몸이 불편해지자 매일 아침 문안을 올렸던 것이다. 이에 세종은 오히려 나이 든 정승들이 과로할 우려가 있으니 매일 문안하지 말 것을 명하고 있다.

이어 왕실 어른으로서 세자를 비롯한 왕자나 공주, 그리고 후궁 등의 문안 인사를 받음으로써 일단 문안은 끝이 난다. 문안을 마친 왕이 아침 경연, 즉 조강朝講을 위해 편전으로 나아가면 왕비는 대궐 안주인으로서 본격적으로 대궐 살림을 챙겨야 했다. 조선 전기까지는 대비들은 별도의 궁궐에서 살았다. 따라서 왕비가 본궁의 내치를 담당하는 책임자였다.

궁궐 내 여성들은 크게 내관內官과 궁관宮官으로 나뉘는데 이는 마치 조정의 품계가 당상관과 당하관으로 나뉘는 것과 흡사하다. 그것을 《경국대전經國大典》에서 내명부內命婦라 했다. 왕과 왕비는 지존이기 때문에 품계가 없고 내명부 정1품은 빈嬪으로 대군과 삼정승에 준한다. 종1품은 귀인貴人으로 의정부 찬성이나 중추부 판사에 준한다. 정2품은 소의昭儀로 판서나 지사, 판윤에 준한다. 종2품은 숙의淑儀로 참판이나 동지사에 준한다. 정3품은 소용昭容으로 승지나 참의에 준하고 종3품은 숙용淑容으로 무관인 대호군大護軍에 준한다. 정4품은 소원昭媛, 종4품은 숙원淑媛이다. 여기까지가 내관內官이며 흔히 말하는 후궁後宮이다. 왕의 첩이라는 말이다.

내관들에게는 품계에 따라 각자의 임무가 부여되어 있었다. 정1품 빈과 종1품 귀인은 왕비를 도와 부인의 예를 의논하며, 정2품 소의와 종2품 숙의는 왕비의 예를 돕고 의논했다.

정3품 소용과 종3품 숙용은 제사 지내는 일과 손님을 접대하는 일을 맡으며, 정4품 소원과 종4품 숙원은 왕이 평상시에 한가롭게 거처하는 전각을 관장하고, 명주와 모시를 길쌈해 해마다 바쳤다. 그 밖에도 이들 내관, 즉 후궁들은 종친의 내연內宴에 왕비를 따라 참석했으며, 왕비의 온천 행차 때에도 나가서 전송해야 했고, 왕비 간택에서도 여러 종친 부인들과 함께 참석했다. 또한 왕비가 친잠례親蠶禮를 행할 때도 따라서 행해야 했고 왕비의 소생을 길러주기도 하는 등 그때그때 형편에 따라 왕비를 도와야 했다.

따라서 왕비가 후궁들의 문안 인사를 받는다는 것은 단순한 의례가 아니라 그날 하게 될 각 내관들의 직무와 과제를 점검하는 시간이기도 했다. 이것이 공적인 사안이라면 사적으로도 위계질서를 잡아야 할 필요가 있었다.

왜냐하면 이들은 서열상 아랫사람이지만 때로는 왕의 잠자리를 두고서는 왕비의 경쟁자이기도 했기 때문이다. 바람직한 왕비의 모습은 이래야 했다. 인수대비의 《내훈》의 한 대목이다.

후한의 마馬왕후는 늘 왕의 뒤를 이을 자식이 많지 못함을 걱정하여 좌우의 후궁을 천거해 들이되 행여 미치지 못할까 심히 염려했다. 후궁 중에 들어와 뵙는 사람이 있으면 언제나 위로의 말을 잊지 않았고, 자주 황제의 총애를 받는 사람이 있으면 으레 후하게 대접했다.

그러나 이것은 당위일 뿐이다. 후궁을 들이는 문제로 태종비 원경왕후 민씨처럼 왕과 정면충돌을 불사하는 왕비도 있었다.

내관과 그 밖의 상궁들에 대한 점검 차원인 문안 인사를 끝낸 왕비는 특별한 경우가 아니면 조회와 조강을 마친 왕과 함께 수라상을 받는다. 수라상의 메뉴는 같았지만 겸상을 하지는 않았다.

수라상의 반찬은 열두 가지로 정해져 있고, 내용은 계절에 따라 바뀐다. 수라상은 왕과 왕비가 같은 온돌방에서 각각 받는데, 동편에 왕, 서편에 왕비가 앉는다. 겸상은 없고 시중드는 수라상궁도 각각 3명씩 대령하며, 원반元盤(수라상)과 곁반, 책상반 등 3개의 상이 들어온다. 그러나 왕비는 중궁전에서 홀로 수라상을 받는 경우도 적지 않았다.

❖   왕비의 기본 업무

대략 오전 11시쯤이면 수라를 들고 왕은 편전으로 나아가 정사를 시작하고 왕비는 중궁전으로 나아가 대궐 내의 일상적인 업무들을 챙겨야 한다. 경복궁의 교태전, 창덕궁의 대조전이 바로 궁궐 내에서는 가장 깊숙하다고 하는 중궁전이다.

　이때부터 왕비는 국모로서 왕실 내부뿐만 아니라 궁궐 안의 여관들, 그리고 나아가 만백성의 어머니로서 모범을 보이는 행동을 해야만 한다.

　우선 대궐 내 궁관宮官(정5품~종9품), 그중에서도 육상六尙으로 불리는 정5품 상궁尙宮·상의尙儀, 종5품 상복尙服·상식尙食, 정6품 상침尙寢·상공尙功이 밤사이 업무 처리에 빈틈이 없었는지를 점검하고 그날 해야 할 일 등을 보고받으며 별도의 지시가 있으면 그렇게 한다. 이들의 직무 내용은 이미 그 이름에 나타나 있다. 왕실의 일은 워낙 중요해서 해당 직위와 업무 내용, 그리고 지휘 책임을 엄정하게 해놓았기 때문에 일단 문제가 생길 경우 책임 소재를 쉽게 가려낼 수 있었다.

　상궁은 정5품으로 왕비를 인도하며, 동시에 종6품인 상기尙記 혹은 사기司記와 종7품인 전언典言을 통솔했다. 상기는 궁궐 내부 문서와 장부의 출입을 맡았으며, 전언은 백성에게 널리 알리고 왕에게 아뢰는 중계 구실을 했다.

　상의尙儀도 정5품으로 일상생활에서의 모든 예의와 절차를 맡았고, 정

〈영조 정순왕후 가례도감의궤〉에 묘사된 상궁과 시녀들의 모습

7품인 전빈典賓과 정8품인 전찬典贊을 통솔했다. 전빈은 손님을 접대하고 신하가 왕을 뵐 때의 접대, 그리고 잔치를 관장하고 왕이 상을 주는 일 등을 맡아 처리했다. 전찬은 손님 접대와 신하가 왕을 뵐 때의 접대와 잔치, 그리고 정승을 도와서 앞을 인도하는 일 등을 맡았다.

상복尚服은 종5품으로 의복과 수로 무늬 놓은 채장采章의 수량을 공급하고 정7품인 전의典衣와 정8품인 전식典飾을 통솔했다. 전의는 의복과 머리에 꽂는 장식품의 수식을 맡았으며, 전식은 머리 감고 화장하는 고목膏沐과 세수하고 머리 빗는 건즐巾櫛을 맡았다.

상식尚食은 종5품으로 음식과 반찬을 종류대로 가지런히 준비하고, 정7품인 전선典膳과 정8품인 전약典藥을 통솔했다. 전선은 삶고 졸여 간을 맞추는 반찬을 만들었고, 전약은 처방에 의한 약을 맡았다.

정6품인 상침尙寢은 왕을 보통으로 뵐 때와 왕이 옷을 입고 먹는 일인 진어進御를 하는 순서를 맡았고, 종7품인 전설典設과 종8품인 전등典燈을 통솔했다. 전설은 피륙을 여러 폭으로 둘러친 포장인 위장幃帳과 왕골로 만든 자리인 인석茵席, 그리고 물을 뿌리고 먼지를 쓰는 쇄소灑掃와 물건을 내놓고 베풀어놓는 장설張設 등을 맡았고, 전등은 등불과 촛불을 맡았다.

상공尙功은 정6품으로 여공女功의 과정을 맡았고, 종7품인 전제典製와 종8품인 전채典綵를 통솔했다. 전제는 의복을 만들었고, 전채는 비단과 모시 등 직물을 맡았다.

따라서 왕비는 육상의 직무를 점검하는 것만으로도 궁관 전체가 돌아가는 상황을 소상히 파악할 수 있었다. 그리고 별도로 궁정宮正이라고 해서 상궁이나 상의 같은 정5품 궁관으로부터 궁녀들의 품행과 직무에 대한 보고를 받았다. 중대한 경우에는 왕비가 직접 처벌하기도 했지만 통상적으로는 단속과 처벌을 궁정에게 일임했다.

왕비는 동시에 공적으로 외명부外命婦의 수장이기도 했다. 외명부에는 왕실의 인척이나 종친의 처 그리고 문무백관의 처 등이 속하게 된다. 예를 들면 왕비의 어머니 부부인은 정1품, 왕의 유모인 봉보부인은 종1품이다. 종친의 경우에는 대군의 처는 정1품, 군의 처는 종1품이다. 그리고 문무관의 부인의 품계는 남편에 준했다. 대궐 밖 중요 종친과 고위직 부인들을 통솔하는 것 또한 왕비의 중요한 업무 중 하나였다.

이로써 대궐 내의 공식적인 업무는 마무리된다. 그러나 왕비는 동시에 어머니이기도 했기 때문에 자녀교육에도 신경을 쏟지 않을 수 없다. 특히 왕비의 아들은 훗날 왕이 될 것이어서 제왕학에 준하는 교육을 받고 있는 경우가 대부분이기 때문에 여간 정성을 쏟지 않으면 안 되었다.

세조의 며느리였던 인수대비가 세자빈 시절 어떻게 자녀교육을 했는지를 보여주는 일화가 있다. 《내훈》의 발문을 쓴 상의尙儀 조씨는 이렇게 전한다.

타고나신 성품이 엄하고 바르신 인수대비 전하께서는 왕손들을 교육시키는 데 있어서 조그만 잘못이나 실수가 있더라도 이를 덮어두시지 않고 즉시 정색을 하시며 훈계로 다스리셨다. 이에 양궁兩宮(세조 부부)께서는 폭빈暴嬪이라고 우스갯소리를 할 정도였다.

인수대비가 어떤 원칙에 입각해 자녀교육에 임했는지는 《내훈》 제5장에 상세하게 나온다. 이는 그 후 왕실의 일반적인 자녀교육 지침이 됐을 것이기 때문에 대단히 중요하다. 《내훈》의 경우는 주로 여자아이 교육 지침이다.

자식이 능히 혼자 식사를 할 수 있거든 오른손으로 먹도록 가르치며, 능히 말을 할 수 있거든 남자는 공손히 빠르게 대답하고 여자는 부드럽고 온화하게 대답하는 것을 가르치며, 남자가 지니는 주머니는 가죽으로 되어 있고 여자의 것은 실로 되어 있음을 가르친다.

여섯 살이 되거든 숫자와 방위에 대하여 가르친다. 일곱 살이 되거든 남녀가 한자리에 어울려 앉지 않으며, 함께 음식을 먹지 못하게 한다. 여덟 살이 되거든 문 밖 출입을 할 때나 자리에 앉아 음식을 먹을 때에는 반드시 어른이 행하신 뒤에 움직이게 하여 사양하는 법을 가르치도록 한다. 열 살이 되거든 밖에 나가지 않으며, 스승의 가르침을 온순하게 듣고 따르며, 삼과 모시를 잡고 명주실과 누에고치를 다스리며 베를 짜고 가늘고 굵은 끈을 꼬며 여자의 일을 배워 옷을 바치도록 한다.

또한 제사를 살펴보아 술과 국물과 대나무 제기와 김치와 젓갈을 들여놓으며, 예를 다하여 서로 도우며 제물을 올리도록 한다.

열다섯에는 비녀를 꽂게 하고, 스물이 되거든 혼인을 시킬 것이니, 부모의 상과 같은 까닭이 있을 때에는 스물셋에 혼인을 하도록 한다. 예의를 갖추어 혼인을 하면 정식 아내가 되고 혼례 없이 하면 첩이 될 것이다.

이런 엄격함을 바탕으로 왕실의 법도를 몸에 익히도록 하는 것이 자녀 교육의 핵심이었다고 할 수 있다.

빡빡한 공식 일정으로 인해 왕비들이 개인적인 여가 시간을 풍요롭게 누리지는 못했다. 자투리 시간이라도 생기면 경전이나 고전소설을 읽고 간혹 집안 식구들에게 한글로 편지를 보냈다. 현재까지 한글 편지를 남긴 왕비로는 선조비인 인목왕후, 인조비인 장렬왕후, 효종비인 인선왕후, 숙종비인 인현왕후, 영조비인 정순왕후, 순조비인 순원왕후, 추존왕인 익종(순조의 세자)비인 신정왕후, 철종비인 철인왕후, 순종비인 순명황후 등이 있다.

1

여성과 권력이 충돌한 왕비의 하루

사필이 지워버린
최초의 국모, 신덕왕후 강씨

❖ **《고려사》의 덫을 풀어주시오!**

억울抑鬱하다는 말이 있지요. 말 그대로 진실이 왜곡되고 억눌려져서 〔抑〕 어디에도 하소연할 곳 없이 답답하다〔鬱〕는 뜻으로 알고 있습니다. 저의 삶이, 그리고 저로 인해 제 친정 식구들의 삶이 사필史筆의 힘에 눌려 하루아침에 파렴치로 가득한 삶이 되고 말았습니다.

그래요, 방원芳遠(태종)이가 원한을 갖도록 원인을 제공한 사람이 이에미라는 것도 잘 압니다. 특히 1392년 8월 20일 이날을 방원이는 결코 잊지 못하겠지요.

이날은 가장 영광스러운 개국공신을 정하고 동시에 나라의 미래를 이끌어갈 세자를 정하는 날이었지요. 저는 남편인 태조대왕(이성계)을 개국 직후부터 한 달 가까이 설득한 끝에 마침내 공신 명단에서 방원이를 뺄 수 있었습니다.

그러나 그보다 더 중요한 것은 세자를 정하는 일이었습니다. 공신 명단에 빠지더라도 방원이가 세자가 되어 장차 국권을 쥐게 되면 제 평생의 노력과 제 몸으로 낳은 방석芳碩과 방번芳蕃의 목숨은 보장받을 길이 없게 되니까요. 방원이가 뛰어나다는 것은 알지만 그 아이는 그만큼 잔혹하기도 했지요. 그것은 훗날 자신의 처남 네 명을 다 죽여버리는 데서도 드러났지요. 하물며 정통성을 갖춘 왕비인 저의 두 아들을 방원이가 살려둘 리 만무했습니다. 정치의 세계에 대해서는 저도 동물적 감각을 지닌 사람이니 그쯤은 짐작을 하고도 남음이 있었습니다.

어렵사리 태조를 설득해 마침내 무안대군 방번을 세자로 삼겠다는 약속을 끌어낼 수 있었습니다. 그런데 이날 정작 태조께서 개국공신들인 조준, 배극렴, 김사형, 정도전, 남은 등을 불러 의논을 하는데 배극렴裵克廉이 방원이의 조종을 받는 공신들을 대변해서 도발을 했지요.

"적장자嫡長子를 세우는 것이 고금에 통하는 의리〔古今通義〕입니다."

적장자라니요? 그럼 저는 첩이고 제 두 아들은 서자라는 말인데요. 그것은 고려와 조선의 결혼 문화 차이를 전혀 모르고서 하는 말입니다. 선후의 문제는 있겠지만 적서嫡庶는 별개이지요.

오히려 고려 때는 개경에서 출세한 양반들은 고향 마을에는 향처鄕妻를 두었고 개경에는 경처京妻를 두었습니다. 제가 바로 경처이며 정상적인 절차를 밟아서 정실부인의 자리를 차지한 것입니다. 적서 운운하는 것은 방원이가 억지로 유교니 성리학을 끌어들여 훗날 날조를 한 것일 뿐이지요.

배극렴의 말에 태조대왕이 불쾌해하며 다시 조준趙浚에게 "경의 뜻은 어떠한가?"라고 물었습니다. 조준은 사실상 방원이의 최고 심복이나 마찬가지였지요. 그가 뭐라고 했는지 아십니까?

"평상시에는 적장자가 먼저이고, 비상시에는 공이 있는 사람이 먼저입니다. 원컨대 세 번 생각하소서."

이건 아예 딱 방원이를 세자로 삼자는 말이나 마찬가지입니다. 적장자로 갈 경우 방원이야 순서에서 밀릴 수밖에 없으니까요. 곧바로 이 같은 내용이 저에게 전달이 되었지요. 사실상 궁궐의 실력자는 저였으니까요. 당장 달려갈 수도 있었겠지만 그렇게 되면 방원이 패들에게 반박의 빌미만 제공할 것이 분명했습니다.

여자의 무기가 무엇입니까? 저는 세자 선정 논의를 하고 있던 정전에 들릴 만큼 피눈물이 나도록 목 놓아 울었습니다. 제 새끼들의 장래 목숨이 달린 문제입니다. 그 아이들이 임금감이냐 아니냐는 그 다음 문제였지요. 어느 에미가 이런 상황에서 그냥 지켜보겠습니까?

마침내 태조대왕께서는 종이와 붓을 가져오라고 명하셨고 조준에게 그것을 주며 방번이의 이름을 적으라고 하셨지요. 그때 조준이 어떻게 했는지 아십니까? 한동안 엎드린 채 우리 방번이의 이름을 쓰지 않으려고 버텼지요. '성품이 광망하고 경솔하다'는 이유까지 덧붙였지요. 그 바람에 결국 논의가 미뤄지다가 동생 방석(의안대군)이 세자로 책봉되게 된 것입니다. 저로서는 크게 나쁠 것은 없었지요. 열한 살이라는 나이가 마음에 걸리기는 했지만 그때 제 나이 아직 30대라 걱정은 안 했지요.

제가 아는 태조께서는 늘 사람을 너무 쉽게 믿으셨지요. 조준이나 김사형金士衡이를 조심하고 방원이에 대한 감시를 게을리해서는 안 된다고 항상 말씀드렸지만 "어허, 그렇게까지 할 수야!"라며 오히려 저를 나무라곤 하셨지요.

결국 어떻게 됐습니까? 제가 마흔을 막 넘긴 1396년(태조 5) 8월 13일 병으로 세상을 떠나자 정확히 2년 후인 1398년(태조 7) 8월 26일 방원이 거병하여 방번이, 방석이를 죽이고 태조마저 왕위에서 내몰았습니다. 그 이후 방원이는 틈만 나면 저는 계모가 아니라 서모庶母라는 이야기를 하며 온갖 못된 짓을 다했지요.

여기서 끝나지 않았습니다. 만백성이 지금도 '해동의 요순堯舜'이라고 칭송하는 태종의 셋째 아들 세종에게 묻고 싶습니다. 아버지가 만들어낸 피의 역사를 붓으로 씻어내기 위해 《고려사高麗史》라는 걸 평생에 걸쳐 편찬한 것으로 압니다. 거기서 우리 강씨 집안은 어떻게 그려지고 있습니까? 패륜에, 반역에, 간신에…… 일개 백성의 원한도 풀어줘야 한다며 《무원록無怨錄》까지 짓게 하셨던 어진 마음은 어디 가고, 아무리 아버지와 맞서다가 몰락했다고 해서 친할머니나 마찬가지인 조선 첫 번째 국모의 집안을 이렇게도 난도질을 하실 수 있단 말입니까? 그것이 효입니까? 세종으로 인해 조선은 태조의 조선이 아니라 태종의 조선이 되어버렸다는 것을 아십니까?

물론 저의 사후에 일어난 것이긴 하지만 결국 제가 의도했던 구도가 무너져내린 것이라는 점에서 1차 왕자의 난의 패배자는 바로 이 신덕왕후 강씨입니다. 그러나 바꿀 것이 있고 바꿔서는 안 되는 것이 있습니다. 신의왕후 한씨는 조선이 섰을 때 이미 이 세상 사람이 아니었고 조선의 만백성은 바로 이 강씨를 왕비로 생각했습니다. 이 점을 분명하게 바로잡아주세요.

둘째 저와 관련된 사람들은 말할 수 없는 핍박을 받았습니다. 삼봉 대감(정도전鄭道傳)도 저를 도우려다가 조선이 끝나가던 고종 때 와서야 겨우 신원이 되었죠. 그러니 제 집안사람들이 당한 피해는 얼마나 컸겠습니까? 지금도 《고려사》의 평가라는 덫에 걸려 불명예를 온전히 뒤집어쓰고 있는 우리 집안의 원한을 풀어주십시오. 정치적 패자가 무얼 더 바라겠습니까만, 이 두 가지만 풀어주어도 여한이 없겠습니다.

❖ 신덕왕후 강씨, 이성계의 정실부인이 되다

신덕왕후 강씨는 공식적으로 1356년(공민왕 5) 6월 14일생이고 이방원은 1367년(공민왕 16)생이니 열한 살 차이다. 이방원에게 강씨는 계모이고 친모는 훗날 신의왕후로 추존되는 한씨다.

강씨는 황해도 동북쪽 끝 곡산谷山(당시 지명은 곡주谷州) 사람이다. 즉 그는 곡산 강씨 출신이다. 곡산은 이성계가 빈번하게 오가야 했던 개경과 함흥의 딱 중간 지점이다.

우연찮게도 강씨가 태어나던 1356년 4월 이성계의 아버지 이자춘李子春은 공민왕을 알현하고 반원친명反元親明 노선을 전개하고 있던 공민왕을 지지한다. 대대로 동북면(함경도)을 기반으로 원나라의 지방 관리 행세를 해왔던 이자춘 집안으로서는 운명을 건 노선 변경이었다. 그리고 5년 후(공민왕 10) 4월 이자춘이 세상을 떠나자 이성계는 아버지의 벼슬을 이어받아 정3품 통의대부 동북면 상만호上萬戶로서 함경도 일대의 군사軍事를 책임지게 된다. 이때 이성계의 나이 27세였다.

당시 관습으로 여자들이 열여섯 전후에 결혼을 한 것을 감안하면 이성계가 강씨와 혼인을 한 것은 1371년(공민왕 20) 전후가 된다. 그렇다면 지

조선을 건국한 태조 이성계의 영정. 이성계는 37세의 향처 한씨를 두고 있는 상황에서 20세 연하의 강씨를 부인으로 맞아들인다.

난 10년간 이성계는 무장으로서 어떤 명성을 쌓으며 중앙 정치에서 자리를 차지하게 된 것일까?

아버지 이자춘이 세상을 떠난 그해(공민왕 10년) 9월 독로강 만호萬戶 박의朴儀가 고려를 배신하자 형부상서 김진金璡이 토벌에 나섰으나 실패했다. 그해 10월 이성계는 친병 1,500명을 거느리고 가서 박의를 토벌했다. 독로강은 평안북도 강계 지방의 강으로 이성계의 동북면에서 그리 멀지 않은 곳이었다.

그리고 곧바로 11월에 홍건적의 침입으로 수도 개경이 함락되고 공민왕은 경상도 안동으로 몽진을 떠나야 했다. 이듬해 1월 이성계는 친병 2,000명을 거느리고 개경 탈환 작전에 참여했는데 가장 먼저 개경 안으로 들어가 개경을 홍건적의 수중에서 되찾는 데 결정적인 공을 세웠고 이로써 이성계는 1등공신이 된다.

당시는 국경 지방이 혼란할 때라 이성계가 공을 세울 수 있는 기회가 줄을 서서 기다리고 있는 형국이었다. 같은 해 7월 원나라 장수 나하추〔納哈出〕가 수만의 병사를 이끌고 함경도 홍원 지방을 점령하자 2월에 동북면 병마사兵馬使로 임명을 받았던 이성계가 나아가 격전 끝에 함흥평야에서 나하추 군대를 격퇴시켰다. 훗날 조선이 건국되자 정도전은 이때의 공적을 기려 〈납씨가納氏歌〉를 짓는다. 당시로서는 그만큼 중요한 싸움이었다.

2년 후인 1364년(공민왕 13) 1월 공민왕의 반원 노선이 계속되자 원나라 수도인 연경에 머물던 최유崔濡가 원나라에서 고려왕으로 봉한 충숙왕의 아우 덕흥군을 받들고서 군사 1만 명을 이끌고 평안도 지방을 침략했다. 이에 이성계는 최영과 함께 나아가 이들을 섬멸했다.

1369년(공민왕 18) 12월에는 동북면 원수가 됐고 이듬해 8월 평안도의 서북면 원수 지용수池龍壽와 함께 압록강을 건너가 동녕부를 공격해 12월에 함락시켰다.

이 같은 무공으로 인해 이성계는 1371년(공민왕 20) 7월 드디어 문관 고위직인 문하부門下府 지사知事가 되어 국정에 참여할 수 있는 길을 확보했고 이듬해 6월에는 왜구가 동북면에 쳐들어오자 공민왕은 다시 이성계를 화녕부윤으로 삼아 왜구를 물리치게 했다

이처럼 이성계는 개경에 올라와 있던 10여 년 동안 동서남북을 오가며 참으로 눈부신 군공을 세웠다. 강씨를 만난 것은 따라서 1372년(공민왕 21) 동북면 왜구를 제압하러 오갈 때의 일로 보인다. 그때 강씨의 나이열일곱 살이었다. 이 무렵 37세의 향처 한씨를 두고 있던 장군 이성계는

20세 연하의 곡산 아가씨 강씨를 부인으로 맞아들이게 된다.

❖ 곡산 강씨 가문의 파란만장했던 부침

조선과 비교할 때 고려 사회만의 특징 중 하나가 역동성이다. 물론 사회가 안정되지 않아서 그랬겠지만 돌이켜보면 그 같은 역동성이야말로 왕위 계승의 불안, 잦은 외침, 무신정권의 출현, 몽골에의 예속 등 수없는 내우외환에도 불구하고 고려가 500년 동안 이어질 수 있었던 에너지인지도 모른다.

고려의 노비 만적萬績이 "장상將相의 씨가 어찌 처음부터 있었겠느냐?"며 반란을 일으킨 것이 무신난이 한창이던 1197년(신종 즉위년)의 일이다. 만적의 난은 당시 반란에 가담했다가 배신한 노비 순정順貞의 밀고로 수포로 돌아갔다. 그러나 만적의 절규는 얼마 지나지 않아 고려 사회에서 현실화되기 시작한다.

최충헌-최우-최항-최의로 이어진 62년 최씨 정권(1196~1258)이 무너지자 실권을 장악하게 되는 김준金俊, 김승준金承俊 형제가 바로 최씨 집안의 가노家奴 출신이었다. 흔히 하극상으로 불리는 이 같은 급격한 신분상승의 기회는 원나라 간섭기에 더욱 다양화된다. 그 때문에 조선의 노비들과 달리 고려의 노비들 중에 머리가 좋은 사람들은 글공부 등을 통해 미래를 도모할 수 있게 되었다.

《고려사》에 따르면 그런 기회를 잡은 인물 중 하나가 관노로 충숙왕을 가까이에서 섬겼던 강윤충康允忠(?~1359)이다. 노비 문서 등을 관리하던 관가의 노비였던 강윤충은 충숙왕의 총애를 받아 노비를 면하는 것은 물론 무관 4품직인 호군護軍에까지 오른다. 오늘날로 치면 군인으로 별을 단 것이다.

그런데 관노 출신이라는 강윤충의 아버지 강서康庶에 대해서는 조금 다른 기록이 나온다. 1332년 2월 충숙왕이 복위하면서 "충혜왕의 폐행嬖幸(아첨하는 간신)인 정승 윤석, 재상 손기와 김지경, 그리고 상호군 배전, 오자순, 강서 등을 순군옥에 가두었다"는 것이다. 신천 강씨에서 곡산 강씨로 분적分籍한 것이 강서 때부터임을 감안하면 오늘날의 장군 격인 상호군上護軍에 오른 강서 때부터 곡산 강씨 집안은 출세 길에 들어선 것으로 보인다. 유감스럽게도 강서에 대해서는 더 이상의 기록이 없고 곧바로 "관노 강윤충이 충숙왕을 섬겼다"는 말이 나온다.

당장 눈에 걸리는 것은 아버지는 충혜왕의 폐행들과 한패였는데 아들은 충혜왕과 적대적이었던 충숙왕을 모셨다는 점이다. 게다가 아버지가 상호군인데 그 아들이 관노라는 점도 의문을 자아낸다. 어떤 식으로건 《고려사》편찬자들이 손을 댄 것으로 보이지만 단정할 수는 없다. 이 문제는 전문 연구자들의 몫으로 돌려야 할 것 같다.

곡산 강씨 족보에 따르면 강서에게는 윤귀, 윤성, 윤충, 윤의, 윤휘, 윤부, 여섯 아들이 있었다. 훗날 신덕왕후가 되는 강씨는 그중 강윤성康允成의 딸이다. 다시 강윤충의 이야기로 돌아간다.

강윤충은 호군으로 있을 때 오늘날의 영관급에 해당하는 낭장郎將의 아내를 강간했다가 귀양을 가기도 했다. 그러나 얼마 후 풀려났고 1339년 '조적曹頔의 난'이 일어났을 때는 충혜왕을 도와 난을 진압해 1등공신에 책봉되고 2품직인 밀직부사密直副使에 오른다. 조선시대로 치면 판서

급으로 승진했다. 이 무렵 강윤충은 충숙왕에서 충혜왕으로 말을 바꿔
탄 것이다. 이때 강윤충이 한 일은 외형적으로는 노비를 주관하는 것이
었지만 실제로는 색을 밝히던 충혜왕에게 미색美色을 공급하는 것이었
다. 1344년 충혜왕이 원나라로 소환되어 왕위를 잃자 여덟 살 아들 충목
왕이 즉위했다. 실권을 장악한 강윤충은 재상이 되어 대비 격인 충숙왕
의 어머니 역련진반亦憐眞班 공주와도 노골적으로 간통을 했다. 《고려
사》는 열전에서 강윤충을 반역도 아니고 간신도 아닌, '폐행'이라는 애매
한 항목에 분류하고 있다. 윗사람에게 아부를 잘했다는 것인데 그것만으
로 지탄의 대상이 될 수 있을까? 이런 점을 감안하며 다시 《고려사》를 따
라가보자.

언젠가 강윤충이 재상 조석견趙石堅을 방문하여 담소를 나누었다. 그때
조석견의 처 장씨가 강윤충을 엿보고는 미남이라 여겼다. 조석견이 죽
자 장씨는 여종을 시켜 강윤충을 초청했지만 그는 응하지 않았다. 그러
나 여종이 세 번이나 찾아오자 강윤충은 그때서야 장씨와 간통했다. 후
에 더러운 소문이 있었으므로 강윤충이 장씨를 버렸다.

그러나 강윤충이 장씨를 버린 이유는 '더러운 소문', 즉 외간 남자와의
혼인설보다는 다른 목적 때문으로 보인다. 다시 《고려사》다.

강윤충은 현재 본처가 있는데도 아직 상복도 벗지 못한 고인故人 조석
견의 처에게 장가들어 조석견의 유산을 빼앗았다.

이 일화에서 보듯 강윤충은 자기가 유혹하기보다는 여자들이 유혹할 만큼 미남이었던 것은 분명하다. 그의 처세술을 보여주는 일화가 또 있다. 고려 출신으로 원나라 환관이 되어 고려에 막강한 영향력을 행사하던 고룡보高龍普가 반反 강윤충 세력의 요청에 따라 강윤중의 군모君母(역련진반 공주) 간통을 조사하기 위해 고려를 찾았다.

고려 출신 원나라 환관과 고려의 재상이 정면충돌했다. 원나라 환관은 왕도 어찌할 수 없는 존재다. 결국 강윤충은 고룡보의 어머니를 몰래 찾아가 엄청난 뇌물을 찔러주었다. 조정에 모습을 드러낸 고룡보는 강윤충을 쳐다보며 "당신은 계속 일을 보아도 좋소!"라고 말한다. 강윤충이 이긴 것이다.

이후 충목왕과 충정왕을 거쳐 공민왕 때에도 수완을 발휘해 1354년(공민왕 3) 정승(시중) 바로 아래인 1품직 판삼사사判三司事에까지 오르지만 2년 후 충혜왕의 서자를 왕위로 삼으려는 역모에 간접 연루되어 하루아침에 동래현령으로 좌천됐다가 3년 후인 1359년(공민왕 8) 공민왕의 명에 따라 살해당했다. 즉 그해를 전후해 곡산 강씨 집안은 쇠락의 길에 접어들고 있었던 것이다. 이성계 집안이 그때부터 부상하는 것과 명확한 대조를 이룬다.

강윤충에게는 위로 강윤귀, 강윤성, 아래로는 강윤휘 등의 형제가 있었다. 특이하게도 그중 강윤성은 윤충처럼 판삼사사에까지 올랐고 강윤휘도 판도판서版圖判書에까지 올랐다. 이 중에서 강윤휘의 아들 상장군上將軍 강우康祐는 이성계의 백부인 이자흥李子興의 딸과 결혼했다. 실은 여기서 먼저 전주 이씨와 곡산 강씨의 인연이 맺어졌던 셈이다. 이런 점을 보면 강윤충이 천출이라는 기록은 신빙성이 떨어진다. 다만 아버지 강서 이전까지는 이렇다 할 중앙 벼슬을 하지 못하다가 강서와 그 아들 대에 와서 크게 번성했던 것이다.

1356년(공민왕 5) 공민왕의 반원 정책으로 인해 친원 노선을 걸었던 신천(곡산) 강씨 집안이 한때 위축되기는 했지만 결국 강윤충의 형 강윤성의 딸이 신흥 무장 이성계의 두 번째 부인이 됨으로써 이 집안은 조선을 건국하는 데 무력 차원에서 큰 기여를 하게 된다. 이성계와 결혼해 방번, 방석을 낳은 신덕왕후 강씨가 바로 강윤충의 조카인 것이다. 만일 이방원의 왕자의 난이 실패하고 강씨 소생으로 세자에 책봉됐던 방석이 이성계의 뒤를 이었더라면 강윤충에 대한 역사적 평가도 크게 달라졌으리라.

판삼사사 혹은 삼사판사三司判事를 지낸 강윤성에게는 순룡, 득룡, 유권, 계권 네 아들과 두 딸이 있었다. 두 딸 중 한 명은 신덕왕후 강씨이고 또 한 명은 영산 신씨인 신귀辛貴와 혼인한 딸이다.

곡산 강씨가 중앙에서 막강한 힘을 발휘한 데는 강윤성의 사위 신귀도 크게 한몫했다. 왜냐하면 신귀는 당시 신돈을 등에 업고 권문세족으로 떠오른 신예辛裔의 친동생이었는데 신예는 앞서 언급한 고려 출신 원나라 환관 고룡보와 처남 매부 간이었다. 충목왕 때 고룡보를 등에 업은 신예는 사실상 국권을 장악해 '신왕辛王'으로 불릴 정도였으니 그 권세를 짐작할 만하다. 앞서 강윤충이 고룡보를 설복시킬 수 있었던 것도 실은 뇌물만이 아니라 이 같은 신예의 도움이 컸을 것이다.

공민왕 5년 반원 정책으로 인해 곡산 강씨와 영산 신씨의 파워가 많이 축소되기는 했겠지만 공민왕 21년을 전후해 이성계가 강씨를 경처로 맞아들였다. 이로써 이성계는 한때 고려 최고의 실력자 집안 두 곳과 깊은 인연을 맺을 수 있었다. 다만 두 집안은 지는 집안이었다면 이성계 집안은 이제 막 떠오르려는 집안이라는 점에서 대조를 보이고 있었다.

❖   이성계, 혼사를 통해 세력을 구축하다

이성계는 본인은 물론이고 자녀들의 혼사를 통해 중앙 귀족으로 자리 잡
으려는 시도를 했다. 하지만 그것이 훗날 조선이라는 나라를 개국하려는
큰 꿈의 준비라고 보는 것은 지나친 상상이다.

　이성계는 신의왕후 한씨와의 사이에 6남 2녀, 신덕왕후 강씨와의 사
이에 2남 1녀를 두었다. 이들이 각각 어떤 집안과 혼인했는지를 점검해
보는 것은 당시 이성계의 포부를 정확히 파악하는 것뿐만 아니라 그 무
렵 정국의 속사정을 이해하는 데도 도움이 된다.

이방우와 지윤의 딸

이방우李芳雨, 역사에서 깨끗이 잊혀진 이름이다. 그는 조선을 개국한 이
성계의 장남임에도 불구하고 그렇게 됐다. 그러면 이방우는 어떤 삶의
역정을 걸었을까? 이방우는 이자춘이 공민왕에게 투항하기 2년 전인
1354년(공민왕 3)에 태어났다. 신덕왕후 강씨보다 두 살쯤 위다. 따라서
이방우와 지윤池奫(?~1377)의 딸과의 혼인은 이성계와 강씨의 혼인과 엇
비슷한 시기에 이뤄졌을 것으로 보인다.

　그런데 지윤의 집안은 신덕왕후 강씨 집안 못지않게 사연 많은 막강한
집안이었다. 《고려사》를 토대로 정리해보자.

　고려 공민왕과 우왕 때의 군인이자 정치가인 지윤은 병졸 출신으로 재

상인 문하찬성사門下贊成事에까지 오른 말 그대로 입지전적인 인물이다. 그러나 《고려사》는 그에 대해 대단히 부정적이다.

《고려사》는 열전에서 일단 그를 '간신奸臣'으로 분류했다. 출신이나 출세에 대해서도 "그의 어머니는 무당", "사졸 출신으로 누차 종군하여 군공이 있었다"며 간략하면서도 부정적으로 서술하고 있다. 이방우의 장인인 지윤은 고려 우왕 때 최고의 권력을 누렸던 이인임李仁任과 어깨를 나란히 했던 대정객임에도 불구하고 그에 관한 언급은 처음부터 끝까지 부정적이다. 《고려사》가 전하는 부정적인 모습들을 보자.

첫째, 공민왕 때 신돈이 사형을 당하자 숭경부 판사로 있던 지윤은 신돈의 의복과 장식품 등을 모두 자기 것으로 만들었다.

둘째, 판도사 판사로 있을 때 강을성이란 자가 판도사에 금을 바치고 대금을 받기로 되어 있었는데 그 사이에 중죄에 걸려 사형을 당했다. 그러자 지윤은 강을성의 처를 자기 첩으로 삼은 다음 금값으로 포목 1,500 필을 받아 챙겼다.

셋째, 신순이라는 재상이 사형을 당하자 지윤은 아들 지익겸을 신순의 딸에게 장가들인 다음 몰수당했던 신순의 집과 재산을 되찾아 아들에게 주었다.

넷째, 지윤은 우왕의 유모 장씨와 간통했고 그의 처도 장씨와 가까워 수시로 궁중을 출입하며 전횡을 일삼았다.

다섯째, 찬성사에 오른 지윤은 30명이나 되는 첩을 거느렸는데 오로지 부자만을 취했고 미모는 문제 삼지 않았다.

《고려사》의 이 같은 기록만 놓고 보면 지윤은 탐욕스럽고 음탕하며 부정부패와 악행만을 일삼은 인물이다. 그러나 이런 일들은 왕에 대한 충성, 반역과는 거리가 먼 사안들이다. 그가 그나마 '반역' 편에 실리지 않고 '간신' 편에 실린 것도 실은 역모와는 거리가 멀었기 때문일 것이다.

《고려사》가 굳이 지윤을 '간신'으로 분류한 이유를 따져본다면 최종적으로 주목할 만한 것이 이인임과 권력을 다투다가 패배했다는 사실이다. 그러나 신하들끼리 권력투쟁을 하다가 패하는 것은 예나 지금이나 흔한 일이다. 그런데 왜 지윤은 이처럼 세종 때 편찬한 《고려사》 편찬자들로부터 심하다 싶을 만큼 가혹한 평가를 받은 것일까?

어쩌면 그 실마리는 이성계의 장남 진안대군 이방우에서 찾을 수 있지 않을까? 이방우는 조선 건국 이듬해인 1393년 12월 '술병'으로 세상을 떠나지 않았다면 이성계의 왕위를 잇게 될 '0순위' 후보였다.

야사에는 이방우가 아버지의 조선 건국을 끝까지 반대했다는 설도 있다. 그래서인지 그가 죽었을 때 실록은 굳이 "진안군은 성질이 술을 좋아하여 날마다 많이 마시는 것으로써 일을 삼더니 소주를 마시고 병이 나서 졸卒했다"고 적고 있다. 이 또한 어쩌면 죽은 자에 대한 모독으로 읽힐 수 있는 졸기卒記다.

지윤은 바로 이 이방우의 장인이었다. 돌이켜 생각하면 중앙 권력으로 진출하기 위해 자신들의 결혼을 활용했던 이성계가 자신의 장남의 혼처로 꼽은 집안이 바로 지윤의 집안이었다는 뜻이다.

무신 출신의 이성계는 출신이 한미해 재상의 지위에까지 오른 지윤을 자신에게 힘이 되어줄 집안으로 보았을 것이다. 그러나 지윤은 정치 투쟁에서 패해 세상을 떠났고 사위 이방우 또한 너무 일찍 세상을 떠났다.

한편 1차 왕자의 난 이후 이성계의 둘째아들 이방과李芳果(훗날의 정종)가 사실상의 장남이라는 명분에 떠밀려 왕위에 오른다. 흥미롭게도 이방과는 성빈 지씨와 숙의 지씨를 후궁으로 받아들이는데 둘은 자매 사이였다. 더 흥미로운 것은 두 지씨가 이방우 처의 친동생들이었다는 사실이다. 정종은 형수의 두 여동생을 후궁으로 받아들였던 것이다. 아마도 이런 혼인 형태는 고려의 유습이 그대로 남아 있던 조선 초기여서 가능했을 것이다.

이방우와 부인 지씨 사이에는 봉녕군 이복근이 있었고 정종과 성빈 지씨 사이에는 덕천군과 도평군, 숙의 지씨 사이에는 의평군, 선성군, 임성군 등의 아들이 있었다. 정종의 경우 정안왕후 김씨 사이에 자식이 없었기 때문에 여기에 언급된 모든 군들이 다 왕위 계승 가능자들이었다.

그러나 결국 왕위는 권력 의지가 강했던 이방원에게 돌아갔고 그 뒤를 이은 아들 세종은 아버지 중심으로 역사를 해석하는 과정에서 이방우나 정종 등의 비중을 줄일 수밖에 없었을 것이다. 그 와중에 지윤은 이중, 삼중으로 부정적 해석의 희생물이 되는 액운을 당해야 했던 것으로 보인다. 그 결과가 바로 이방우의 장인 지윤이《고려사》에서 '간신'으로 낙인 찍힌 것이다.

이방우는 아버지와 처가를 배경으로 해서 음보蔭補로 관직에 나서 예의판서禮儀判書라는 고위직에까지 오른다. 게다가 서른다섯 되던 1388년(창왕 즉위년) 11월에는 밀직부사라는 직함으로 사신단(정사 강회백)의 부사副使가 되어 명나라에 다녀오기까지 했다. 고려의 신하이고자 했던 이방우는 아버지가 마침내 창왕마저 폐위시키고 공양왕을 세우자 '반역의 뜻'이 있음을 확인하고 고향 함흥으로 낙향해 은거에 들어간다.

이방우의 친親 고려 노선은 그의 딸 한 명이 이색의 손자 이숙무와 혼인한 데서 간접적으로 확인할 수 있다.

이방과와 김천서의 딸 정안왕후

이방과, 조선의 두 번째 왕 정종이다. 이방과는 1357년(공민왕 6)에 태어났으니 신덕왕후 강씨보다는 두 살쯤 아래다. 실록은 그의 젊은 시절을 아주 짤막하게 다음과 같이 전한다.

> 타고난 자질이 온화하고 인자하고 공손하고 공경하며, 용맹과 지략이 남보다 뛰어났다. 고려에 벼슬하여 관직을 거듭해서 장상將相에 이르렀고, 항상 태조를 따라 출정하여 공을 세웠다.

용맹과 지략을 강조한 것을 감안할 때 장남은 문文, 둘째는 무武의 인간이었다. 정종도 스무 살 무렵인 1377년경 혼인을 했을 것이기 때문에 그의 본부인(비)과 첩(후궁)의 집안을 살피는 것은 이성계의 구상과도 밀접하다.

이방과의 부인(훗날의 정안왕후 김씨)은 두 살 위로 경주 김씨 김천서金天瑞의 딸이다. 1412년(태종 12) 정안왕후 김씨가 세상을 떠났을 때 실록은 이렇게 기록하고 있다.

> 비妃는 계림鷄林(경주) 세가世家 중 문하시중贈門下侍中 김천서의 딸이었는데, 그윽한 덕이 있고 투기하는 마음이 없어 내조가 대단히 많았다. 훙薨할 때 향년 58세였다.

김천서에 대해서는 경주의 권문세가라는 정보 이외에 예빈시 판사를 지냈다는 기록이 있다. 고려 정권에서 경주 김씨는 대대로 권세를 누렸다는 점을 감안할 때 상당한 집안이었음을 알 수 있다. 그러나 김씨는 자식을 낳지 못했다. 오히려 눈길이 가는 것은 정종이 첩으로 받아들였다가 훗날 후궁이 된 성빈 지씨와 숙의 지씨다. 그중 성빈 지씨와의 사이에서 3남 1녀를 두었는데 그중 4남인 선성군 이무생이 정몽주의 아들 정종성의 딸과 결혼을 했다. 이 결혼이 조선 개국 전인지 후인지 불분명하지만 이는 결국 이성계와 정몽주가 사돈 관계였음을 보여준다는 점에서 눈길을 끈다.

야사에서는 정안왕후가 잠자리에서 정종에게 이방원에게 왕위를 이양할 것을 권했다고 하는데 그 가능성은 매우 높다. 실록에서 "내조가 대단히 많았다"고 하는 대목이 어쩌면 이 같은 왕위 이양 설득을 의미하는 것인지 모른다.

이방간李芳幹을 상대로 2차 왕자의 난에서 정안공 이방원이 승리를 거둔 그날, 즉 1400년(정종 2) 1월 28일 남재南在가 대궐 뜰에서 큰 소리로 외쳤다.

"지금 곧 정안공(이방원)을 세자로 삼아야 한다. 이 일은 늦출 수가 없다."

이를 전해들은 정안공은 "크게 노하여 꾸짖었다"고 실록은 기록하고 있지만 이것은 분명 제스처다. 정종과 정안왕후 김씨 사이에는 자식이 없었기 때문에 현실적으로도 사람들이 정안공 세자론을 대세로는 받아들이고 있었다.

남재(1351~1419)는 누구인가? 산술에 능하여 '남산南算'이라는 별명을 얻었던 남재도 처음에는 정도전과 노선을 함께한 동생 남은南誾과 비슷한 길을 걸으며 개국공신 1등에 책록되었다. 1차 왕자의 난 때는 남은의 형이라 하여 잠시 유배되기도 했으나 혐의가 없는 것으로 드러나 1400년 태종이 즉위했을 때 세자의 사부가 되고 각종 고위직을 거쳐 1416년 영의정에까지 오르게 된다.

사실 정안공 이방원은 그에게 남다른 고마움을 갖고 있었다. 태조 3년 명나라와의 표전 문제 해결을 위해 이성계가 이방원에게 명나라로 가줄 것을 요청하고 이방원이 그것을 수락하자 남재는 "정안공이 먼 길을 떠나는데 우리들이 어찌 베개를 베고 여기서 죽겠습니까?"라며 자원하고 나선 바 있었다. 거기서 그치지 않았다. 세종 1년 남재가 세상을 떠났을 때 그의 졸기를 보면 "태종이 왕자의 신분으로 명나라에 들어갔을 때 남재가 따라갔다. 그때 함께 갔던 재상은 자못 공손치 못했으나 오직 남재만이 예로서 태종을 대했다"고 되어 있다. 이런 인연이 있었기 때문에 남재는 1차 왕자의 난 때 동생이 살해당하는 와중에도 그나마 목숨을 건질 수 있었다. 그러나 귀양을 가야 했고 돌아와서도 이렇다 할 자리를 얻지 못하고 있던 그로서는 뭔가 큰 공을 세울 필요가 있었다. 결국 그의 손자 남휘가 태종의 막내딸 정선공주와 결혼하게 될 만큼 남재는 태종 즉위 후 최측근의 한 사람으로 자리 잡게 된다.

바로 다음 날에는 태종의 복심腹心인 문하부 참찬사 하륜河崙 등이 직접 정종에게 정안공의 세자 책봉을 청했다. 정몽주의 난, 정도전의 난, 이방간의 난, 이들 3대 난을 진압한 공이 있으니 정안공을 세자로 삼아야 한다는 사실상의 협박이었다. 하륜은 말 그대로 정안공의 최측근 중의 최측근 아니던가? 아무런 힘이 없는 정종은 "경들의 말이 심히 옳다"는 한마디로 수락한다. 아니, 수락해야 했다.

정종은 도승지 이문화를 불러 도당(훗날의 의정부)에 명을 내린다. 정안공을 세자로 삼고 중앙과 지방의 군사권을 정안공에게 부여한다는 뜻도 덧붙였다. 그런데 그 명을 내리는 정종의 글이 참으로 구차스럽다.

> 이번의 변란은 나라의 근본(國本, 곧 세자를 말한다)이 정해지지 못한 까닭이다. 나에게 얼자孼子라 하는 것이 있으나, 그 난 날짜를 짚어보면 시기에 맞지 않아 애매하여 진짜 나의 자식인지 알기 어렵고, 또 혼미昏迷하고 유약하여 외방에 둔 지가 오래다. 지난번에 우연히 궁내에 들어왔지만 지금 도로 밖으로 내보내었다. 또 예전의 경우를 보면 성왕聖王이 비록 적사嫡嗣가 있더라도 또한 어진 이를 택하여〔擇賢〕전위했다.

택현론擇賢論, 즉 적장자가 아닐 경우 전통적으로 택하게 되는 전위 방식을 거론한 것은 그럴 수 있다 쳐도 자신의 자식마저 이런 식으로 깔아뭉개는 표현은 분명 이방원 쪽의 압력이 그만큼 거셌다는 것을 보여준다. 정종은 이문화를 태상왕 이성계에게 보내 세자 책봉 문제를 아뢰었다. 이에 대해 '이빨 빠진 호랑이' 이성계는 "장구한 계책은 대신과 모의해야 할 것"이라며 사실상 반대 의사를 밝혔다.

이성계로서는 2차 왕자의 난을 지켜보면서 다섯째 아들 방원에 대해 만정이 떨어졌을 것이다. 사실 정몽주를 척살했을 때만 해도 '애비를 왕위에 올리기 위해서겠지'라는 생각으로 참아줄 수 있었다. 1년 반 전 1차 왕자의 난 때 정도전을 죽이고 결국 자신도 왕위에서 물러나게 만들 때는 '이놈이 사실상 역모를 꾸민 것이나 마찬가지'라는 괘씸한 생각이 들면서도 어쨌거나 첫 아들 방우가 세상을 떠난 상태에서 둘째 방과(정종)를 왕으로 추대했으니 명분상으로는 맞는 이야기여서 참아줄 수가 있었다. 그런데 결국 2년도 안 되어 형님과 일전을 벌이고 나서 세자에 오르겠다고? 돌이켜보니 정몽주 때나 정도전 때나 결국 '이놈은 제가 왕이 되기 위해 날 이용한 것 아닌가?'라는 생각이 들어 더욱 화가 치밀어 오를 수밖에 없었다. 자신이 반대해봤자 아무런 소용없다는 것을 알면서도 이렇게 우회적으로나마 반대 의사를 밝힌 데는 그만큼 이방원에 대한 아버지 이성계의 불같은 노여움이 숨어 있었다. 물론 이방원도 이 사실을 누구보다 잘 알고 있었다. 그가 전면에 나서지 않고 공신들을 앞장세워 정치 공작에 가까운 '세자 책봉 쇼'를 연출할 수밖에 없었던 것도 여론 못지않게 아버지를 의식한 때문으로 봐야 한다.

그러나 사흘 후인 2월 4일 정종은 정안공의 세자 책봉을 발표하고 동시에 "군국중사軍國重事는 세자가 맡아서 다스리게 된다"고 밝혔다. 그 직후 군사 분야의 인사가 전격 단행되었다.

이저는 판삼군 부사 겸 좌군 도절제사, 이거이는 중군 절제사, 조영무는 우군 절제사, 조온은 지중군 절제사, 이천우는 지우군 절제사, 이숙번은 중추원 부사 겸 동지좌군 절제사, 이원은 우부승지로 삼는다.

이저, 이거이, 조영무, 이숙번은 2차 왕자의 난을 진압하는 데 공이 큰 좌명공신佐命功臣 1등이었고 이천우는 2등, 조온과 이원은 4등이었다. 이들은 한마디로 '세자' 이방원의 최측근들이었다.

이방의와 최인두의 딸, 이방간과 민선의 딸
이방의李芳毅, 줄곧 이방원의 뜻을 따라준 형이다. 최인두崔仁枓는 고려

말 대표적인 정치인이자 무장으로도 유명한 최영崔瑩과 11촌이다. 1365
년(공민왕 14) 5월 최영이 신돈에 의해 밀려나 유배를 떠날 때 최인두의
큰아버지 최맹손도 같이 파직됐다는 사실을 고려하면 최영 집안과 밀접
했다고 볼 수 있다. 이는 곧 이방의가 최인두의 딸과 혼인할 때만 해도
이성계는 최영과도 가까운 관계였다는 뜻이다.

이방의는 조선이 개국하자 익안군으로 봉해졌고 아우 이방원이 정도
전 일파를 제거할 때 참여하여 정사공신定社功臣에 오른다. 특별한 행적
을 보이지는 않았고 1404년(태종 4) 세상을 떠났다.

우리의 눈길을 사로잡는 인물은 이방의보다는 오히려 태종 이방원의
바로 위 4남 회안대군 이방간(1364~1421)이다.

태종 이방원보다 세 살 위인 이방간은 어려서부터 방원을 아끼고 사랑
했다. 문과에 급제하지는 못했지만 군기시 소윤少尹을 지낸 것은 아버지
덕이었다. 그는 세 번 혼인을 했는데 그 첫 부인은 여흥 민씨 찬성사 민
선閔璿의 딸이었다. 고려 말 여흥 민씨는 막강한 권문세족이었기 때문에
여기에도 이성계의 배려가 깔려 있었을 가능성이 높다. 그리고 훗날 민
선의 친조카인 민여익은 개국공신이 된다. 그리고 이방원도 여흥 민씨
민제閔霽의 딸(훗날의 원경왕후)과 혼인하게 된다는 점에서 이방간과 여흥
민씨의 혼맥 형성은 의미가 깊다고 하겠다.

이방간은 조선이 개국하자 회안군으로 봉해졌고 아우 이방원이 정도
전 일파를 제거할 때 공을 세워 정사공신 1등에 책록된다. 이어 개국공
신 1등에도 뒤늦게 추록되었다. 그리고 아직 사병 혁파가 되지 않은 상
황에서 풍해도(황해도)의 군권을 책임졌다. 문제는 1차 왕자의 난 때 동
지였던 아우 이방원과 왕권 장악을 위한 싸움을 나서면서부터 본격화된

다. 발톱은 이방간이 먼저 드러냈다. 1차 왕자의 난 후에 이루어진 논공행상에 불만을 품고 있던 측근 박포朴苞가 '이방원 쪽에서 선제공격을 하려 한다'고 거짓 밀고를 했고 이를 사실로 여긴 이방간은 공격에 나섰다가 이방원에게 대패했다. 그리고 황해도 토산으로 귀양을 가야 했다. 여기서 보듯 태종 이방원은 친형을 죽이지는 않았다. 심지어 이방원은 즉위한 후에 신하들의 반대에도 불구하고 끝까지 형의 목숨을 지켜주었다. 대신 이방간은 조정에 큰 변고가 있을 때마다 귀양지를 수도 없이 옮겨 다녀야 했다. 물론 반란의 가능성 때문이다. 1421년(세종 3) 충청도 홍주에서 파란만장했던 생을 마감한다.

그리고 태종의 아래, 태조의 6남인 이방연李芳衍은 1385년(우왕 11) 사마시에 합격해 진사가 되었다는 기록 외에는 특별한 점이 없고 조선 개국 초 혼인도 하지 못한 채 세상을 떠났다.

❖   **"어머니는 어찌 변명해주지 않습니까?"**

고려의 지속이냐 새 나라의 건설이냐의 방향을 결정지은 사건은 1392년 4월 4일 정몽주의 죽음이다. 이성계의 반대에도 불구하고 이방원이 독단적으로 자신들의 측근들을 거느리고 가서 정몽주를 척살했다. 태조실록 총서에는 이날의 상황이 상세하게 나온다.

태조는 크게 노하여 병을 참고 일어나서 전하(이방원)에게 이르기를 "우리 집안은 본디 충효로써 세상에 알려졌는데, 너희들이 마음대로 대신을 죽였으니, 나라 사람들이 내가 이 일을 몰랐다고 여기겠는가? 부모가 자식에게 경서經書를 가르친 것은 그 자식이 충성하고 효도하기를 원한 것인데, 네가 감히 불효한 짓을 이렇게 하니, 내가 사약을 마시고 죽고 싶은 심정이다"고 하자 전하가 대답하기를 "몽주 등이 장차 우리 집을 모함하려고 하는데, 어찌 앉아서 망하기를 기다리는 것이 합당하겠습니까? (정몽주를 살해한) 이것이 곧 효도가 되는 까닭입니다"고 했다.

태조가 성난 기색이 한창 성한데, 강비가 곁에 있으면서 감히 말하지 못하는지라, 전하가 말하기를 "어머니께서는 어찌 변명해주지 않습니까?"하니, 강비가 노기를 띠고 고하기를 "공公(이성계)은 항상 대장군으로서 자처했는데, 어찌 놀라고 두려워함이 이 같은 지경에 이릅니까?"라고 했다.

후반부 문장에 주목해야 한다. 왜 궁지에 몰린 이방원이 친모도 아닌 강비에게 "어머니께서는 어찌 변명해주지 않습니까?"라고 따지듯 물을 수 있었을까? 두말할 것도 없이 이방원과 강비 사이에 정몽주 제거와 관련한 묵계가 있었던 것이다.

시간을 조금만 더 거슬러 올라가보자. 귀양 가 있던 우왕이 복위 음모를 꾸미자 그것을 계기로 우왕과 창왕을 몰아낸 이성계 진영의 역逆쿠데타 성공에도 불구하고 아직 조정에는 반反이성계 세력이 만만찮게 포진해 있었다. 전통적인 고려 중신들이 중심이 된 이들은 다시 공양왕을 둘러싸고서 이성계 세력에 맞섰다. 1391년(공양왕 3) 이성계는 공양왕 세력과 숨 막히는 신경전을 벌인다.

그해 6월 대간들이 귀양 갔다 돌아온 반 이성계파의 우현보禹玄寶를 다시 유배지로 돌려보내야 한다는 상소를 올렸다. 우현보의 손자 우승범은 공양왕의 사위였다. 그래서 공양왕은 우현보의 재귀양을 청하는 세 차례의 상소를 모두 무시한 채 오히려 밀직사 판사로 있던 이성계의 셋째 아들 익안대군 이방의를 불러 이성계의 집에 보내 "대간들의 상소를 금하라"고 통보했다. 이에 이성계는 "내가 대간들을 뒤에서 사주한다는 말이냐"며 총리에 해당하는 문하시중 자리를 내던져버렸다. 이에 놀란 공양왕은 바로 우현보를 철원으로 유배시키고서는 다

정몽주의 영정. 초명은 몽란夢蘭 또는 몽룡夢龍. 정세를 엿보려 이성계를 문병했으나 귀가하던 도중 선죽교에서 이방원의 문객 조영규 등에게 살해되었다.

시 시중을 맡아달라고 매달렸다. 그러나 이성계는 병이 났다며 대신 이방원을 보내어 거칠게 항의하고 재차 사직서를 제출했다.

일은 뜻하지 않은 데서 터졌다. 다음 해(1392년) 3월 이성계가 해주에서 사냥을 하다가 낙마하여 중상을 입은 것이다. 그때 문하시중을 맡고 있던 정몽주는 만면의 미소를 띠었다. 그는 이성계를 중심으로 한 신진 세력의 발호를 부정적으로 바라보고 있었다. 특히 조준, 남은, 정도전 등 이성계의 무리가 언젠가는 이성계를 추대하리라는 것을 알고서 대반전의 기회를 노리고 있을 때였다.

정몽주는 간관諫官 김진양金震陽 등을 불러 이성계 무리들을 탄핵할

것을 사주했다. 이들을 먼저 제거한 후에 이성계를 칠 계획이었다. 그래서 김진양 등은 글을 올려 조준, 정도전, 남은, 윤소종, 남재, 조박 등을 탄핵했고 정몽주는 공양왕에게 압력을 넣어 이들을 모두 잡아들여 국문한 다음 멀리 유배를 보냈다.

개경에서 일어나고 있던 일을 전혀 모르는 이성계는 병도 치료할 겸해서 바로 개경으로 돌아가지 않고 예성강변의 벽란도로 가서 장기간 머물렀다. 그때 이방원이 급히 말을 타고 달려왔다. 그리고 그날 밤 이성계는 이방원의 강권에 가까운 설득으로 개경으로 돌아왔다.

실은 이 무렵 이방원도 오랫동안 개경을 떠나 있었다. 1391년 9월 23일 친어머니 한씨가 세상을 떠나 삼년상을 치르기 위해 여막살이를 하고 있었던 것이다. 태조실록에는 여막살이를 하고 있던 이방원에게 매제 이제李濟(경순공주의 남편)가 찾아온 장면이 나온다. 이제는 강씨가 낳은 경순공주의 남편이었다.

방원이 속촌粟村의 무덤 옆에서 여막살이를 하고 있는데 이제가 차와 과일을 준비해갔다. 방원이 이제에게 말하기를 "정몽주는 분명 우리 가문에 이롭지 못하다. 마땅히 정몽주를 먼저 없애야 한다"고 했다. 이제는 "예. 지당하신 말씀입니다"고 말했다.

그 직후 이방원이 여막살이를 중단하고 벽란도로 달려가 아버지를 모시고 개경으로 돌아온 것을 감안할 때 이제의 임무는 쉽게 추정해볼 수 있다. 개경의 긴박한 상황을 전한 것이다. 그 상황을 전해 들은 이방원은 사태의 배후에 정몽주가 있다고 판단하고 그런 말을 했던 것이다. 그러면 이런 상황을 이제로 하여금 이방원에게 전하도록 한 사람은 누구일까? 물어볼 것도 없이 강씨다. 훗날 강씨가 이방원이 아니라 자신의 몸에서 난 아들에게 왕위를 전하려 몸부림친 데는 개국 과정에서 자신이 행했던 역할이 그만한 지분이 된다고 보았기 때문일 가능성이 크다.

❖ 이성계의 나라에서 이방원의 나라로

어린 나이에 이성계에게 시집와 이방원의 공부를 도왔던 강씨는 방원을 볼 때마다 입버릇처럼 "왜 내 몸에서 나지 않았던고?"라며 아쉬워했다고 한다. 여걸답게 사람을 알아본 발언이다. 그러나 내 몸에서 나온 자식과 그렇지 않은 자식은 어머니 입장에서 보면 하늘과 땅 차이다.

방원의 자질에 대해서는 누구보다 강씨가 정확히 꿰뚫어보았다. 그랬기 때문에 강씨는 방원과 타협 없는 일전을 벌인다. 개국과 동시에 조정에서 방원이 설 자리를 뿌리부터 뽑아버리기로 작정한 것이다.

모든 것은 개국 한 달여 만인 1392년(태조 즉위년) 8월 20일 결정 났다. 그날의 일은 태종실록 5년 6월 27일자 조준의 졸기에 상세하게 실려 있다.

무안군 이방번은 차비次妃 강씨에게서 출생했는데, 태상왕(이성계)이 이를 특별히 사랑했다. 강씨가 개국에 공이 있다고 핑계를 삼아 방번을 세자로 세우려고 했다. 이에 조준, 배극렴, 김사형, 정도전, 남은 등을 불러 의논하니, 배극렴이 말하기를 "적장자로 세우는 것이 고금을 통한 의義입니다"고 하자 태상왕이 기뻐하지 아니했다. 조준에게 묻기를 "경

신덕왕후 강씨의 무덤. 정릉貞陵으로 불린다. 원래는 지금의 광화문 근처 정동에 있었다. 태종의 명에 따라 사대문 밖 지금의 정릉으로 천장遷葬했다. 1669년 송시열의 계청啓請으로 비로소 종묘에 배향하고 능묘로 봉심奉審했다.

의 뜻은 어떠한가?" 하니 조준이 대답하기를 "세상이 태평하면 적장자를 먼저 하고 세상이 어지러우면 공이 있는 이를 먼저 하오니, 원컨대 다시 세 번 생각하소서" 했다. 강씨가 이를 엿들어 알고 그 우는 소리가 밖에까지 들리었다. 태상왕이 종이와 붓을 가져다 조준에게 주며 이방번의 이름을 쓰게 하니, 조준이 땅에 엎드려 쓰지 아니했다. 이리하여, 태상왕이 마침내 강씨의 어린 아들 이방석을 세자로 삼으니 조준 등이 감히 다시 말하지 못했다.

후계 구도에서 주도권을 장악한 강씨는 이방원 쪽에 서 있던 정도전을 자기편으로 끌어들인다. 정도전은 이때 이방원을 버리고 강씨를 선택했다.

그러나 강씨는 마흔 무렵이던 1396년(태조 5) 8월 세상을 떠난다. 적어도 강씨가 생존해 있던 동안에는 이방원 쪽이 꼼짝도 하지 못했던 것을 볼 때 신덕왕후 강씨의 정치력은 대단했던 것으로 보인다. 그리고 정확히 2년 후인 태조 7년 8월 26일 이방원은 거병하여 방번과 세자 방석은 물론이고 정도전 일파를 깨끗이 제거한다. 그 후 조선은 이성계나 강씨의 나라가 아닌 이방원의 나라가 된다.

여성 억압의 문화가
살해한 왕비, 폐비 윤씨

❖ **나를 죽인 진범은 누구인가**

이날(1482년 8월 16일) 정오 무렵 예방승지禮房承旨 이세좌李世佐가 내
시를 앞세우고서 제가 머물고 있던 사가로 비상砒礵으로 만든 사약을
가져왔더군요. 이미 살아도 살아 있는 것이 아무것도 없던 터였습니다.
오래 전부터 예감하고 있었던 터라 달리 새로운 감정은 들지 않았습니
다. 그저 저를 무참히도 버리신 주상이 원망스럽고 에미 없이 살아가야
할 세자의 안위만이 제 가슴을 먹먹하게 할 뿐이었습니다.

　신첩, 참으로 부끄러운 것은 조선국이 세워지고서 종묘사직에 죄를
지어 국모의 자리에서 내쳐지고 그것도 모자라 스스로 목숨을 끊어야
하는 첫 번째 왕비로 역사에 기록되게 되었다는 사실입니다.

　또 참으로 원통한 것은 실상과 다른 죄를 입어 부모님이 주신 귀한 목
숨을 끊고 보잘 것 없는 집안에도 참으로 큰 죄를 안기게 되었다는 사실

입니다.

제가 진정 잘못한 것이 있다면 주변 정황을 제대로 살피지 못한 채 지아비이신 주상의 당당한 권위 회복을 주장한 것일 것입니다. 제게 복이 있어 올바른 왕을 지아비로 맞았다면 왕은 당당한 왕으로 스스로를 세웠을 것이고 저 또한 천수를 누릴 수 있었을 것입니다. 그러나 왕실의 어른들을 비롯해 신하들까지도 힘없는 왕을 즐기려 했고 어느 순간 저는 기존의 세력을 뒤흔들어놓으려는 발칙한 악녀가 되고 말았습니다.

또 하나 제가 잘못한 것이 있다면 점점 중요해지고 있던 예禮의 힘을 과소평가한 점일 것입니다. 사실 조선이 서고 처음에는 예가 그렇게 크게 중요했다고는 할 수 없습니다. 태종께서는 아버지를 권좌에서 끌어내리는 불효를 저지르셨고 세조께서는 친형제와 조카를 죽였습니다. 한명회韓明澮는 어떠했습니까? 두 딸을 각각 예종과 성종에게 주는 무례를 범했습니다. 그런 분위기에서 예라는 것이 저를 죽이는 칼이 될지 모르고 지아비의 소중함만을 오로지 내세운 아녀자의 아둔함이 죄라면 그것은 달게 받겠습니다.

저 하나 죽어 조선 왕실이 흔들림 없는 반석 위에 올라선다면 한때나마 국모의 자리에 있었던 아녀자로서 무슨 유감이 있겠습니까? 허나 적어도 두 가지 면에서 저는 왕실의 앞날을 낙관할 수 없었습니다.

첫째 중국을 비롯한 고금의 옛 제왕학은 반드시 적처嫡妻를 보호하도록 했습니다. 적처를 보호한다는 것은 곧 제왕이 올바른 처신을 해야 한다는 말과도 같습니다. 설사 신첩이 모자란 점이 있었다면 그것을 일깨워 바로잡는 것이 지아비이자 왕이신 주상이 마땅히 택하셔야 할 길입니다. 그런데 삼대비전에 짓눌린 주상은 왕다움을 회복하여야 한다는 신첩의 말을 부담으로 여기고, 오히려 다른 여자들을 가까이하면서 저에게 질투의 죄를 씌우셨습니다.

만일 제가 죽어야 할 만큼 죄를 지었다면 아무리 적처와 정비正妃의 자리에 있었다 하더라도 신하들이 마지막까지 저를 보호하려 하지 않았을 것입니다. 그런데 대신들은 어떠했습니까? 왕의 권위를 세우려 한다 하여 신첩을 멀리하려 했던 저 한명회조차 주상께 뭐라 했습니까?

"임금이 사용하던 것이라면 아무리 미천한 것이라도 대궐 밖에 둘 수 없는데 하물며 국모를 궐 밖으로 내치면 어떻게 되겠습니까?"

제가 이렇게 죽고 나면 전하의 가까운 신하들부터 마음을 돌릴 것입니다. 도리를 따르지 않는 주상의 모습에 크게 실망하여 겉으로는 복종을 할지 몰라도 내심 주상을 꺼리게 될 것입니다. 이런 조정이 과연 잘 될 수 있을까요? 얼마 안 가서 간신배들만이 조정을 가득 채우고 충직한 신하들은 떠나거나 입을 다물어버릴 것입니다.

둘째 제가 정말 죽을죄를 지었다면 세자도 함께 폐세자廢世子 하는 것이 조정을 위하는 길입니다. 이는 중국에서도 종종 있었던 것으로 알고 있습니다. 에미를 이처럼 어처구니없이 죽일 경우 세자가 훗날 용상에 오른다 한들 어찌 바른 정치를 할 수 있겠습니까?

에미 문제에 눈을 감고 정사에만 몰두할 경우 신하들은 당장 효심도 없는 자가 어찌 제대로 된 왕일 수 있겠냐며 멀리할 것입니다. 그렇다고 에미 문제를 이야기하면 그것은 곧 부자의 윤리를 해칠 수 있게 되어 진퇴유곡의 상황에 빠지게 될 것입니다. 즉, 지금 제가 죽고 저 세자가 훗날 왕위에 오르게 된다면 왕이되 왕이라고 할 수 없는 왕이 될 수밖에 없을 것입니다.

결국 이 두 가지는 역사를 통해 고스란히 입증되었습니다. 그 결과 에미는 사약을 마시고 죽었고 그 아들은 신하들에 의해 처참한 죽임을 당했습니다. 한 사람은 나라의 국모였고 한 사람은 나라의 왕이었습니다. 천고 만고에 어찌 이런 일이 있을 수 있습니까? 지금도 주상의 어둡고 어리석은 결정이 통탄스러울 뿐입니다.

❖ 한확–한백륜–한명회, 국구의 계보도

1457년(세조 3) 한 해는 미세하게 들여다볼 필요가 있다. 성종이 태어난 이 한 해에 조선의 한양 한복판에서는 참으로 많은 비극적 사건들이 벌어졌기 때문이다. 이때의 시기를 훗날 인수대비로 더 유명해진 소혜왕후 한씨의 시각으로 정리해본다.

1437년 서원부원군 한확韓確의 딸로 태어난 한씨는 수양대군의 맏아들 도원군 이숭李崇(1438~1457)과 결혼했다. 아직 수양이 왕위에 오르기 전의 일이었다. 시아버지 수양이 계유정난을 일으킨 다음 해에 장남 이정李婷을 낳았다. 훗날의 월산대군으로 성종의 형이다. 그리고 1455년 수양이 왕위에 오르자 남편은 의경세자가 되었고 자신도 세자빈이 되어 장차 국모의 꿈을 꿀 수 있게 되었다. 자신의 아버지 한확은 명나라 황친이었고 벼슬이 우의정에까지 올랐으며 정난공신靖難功臣과 좌익공신佐翼功臣 1등이었다.

그러나 1456년 9월 11일 명나라에 사신으로 갔다 오던 아버지 한확이 도중에 사망했다. 조정에서는 단종 복위 운동에 가담한 인물들을 처단하느라 피바람이 불 때였다. 일찍부터 사서삼경에 통달할 만큼 학문에 밝았던 한씨였기에 정치에 관해서도 남다른 안목을 갖고 있었던 그로서는 내심 불안감이 커질 수밖에 없었다.

"격동의 권력투쟁 와중에 과연 내 남편이 무사히 왕위에 오를 수 있을 것인가?"

이런 가운데 1457년 6월 21일 시아버지 세조의 왕위를 위협할 수도 있던 단종이 노산군으로 강등되어 영월로 유배를 떠났다. 보기에 따라서는 남편 의경세자의 향후 진로가 더욱 탄탄해지는 것일 수도 있었다. 이때 한씨는 둘째를 임신 중이었다. 7월 30일 동궁에서 두 번째 아들을 낳았다. 훗날의 성종이다.

그런데 유감스럽게도 남편인 세자가 자신의 출산 사흘 전인 7월 27일부터 아프기 시작했다. 8월 들어 세자의 병은 더욱 깊어가기 시작했다. 세조는 대신들과 수시로 어떤 약을 써야 할 것인지를 논의하며 고민에 들어갔다. 잠깐 차도를 보이기도 했던 병세는 다시 악화되어 결국 한 달여 만인 9월 2일 세상을 떠났다. 한씨는 하루아침에 청상과부의 신세가 되었고 당연히 국모의 꿈도 산산조각이 났다.

누구보다 충격을 받은 인물은 세조였을 것이다. 천벌인가? 그러나 신하들은 한술 더 떴다. 세자가 죽은 지 불과 여드레 후인 9월 10일, 즉 세자의 상중에 영의정 정인지, 좌의정 정창손, 이조판서 한명회, 좌찬성 신숙주가 나서 유배중인 노산군과 금성대군을 사사賜死할 것을 청했다. 한명회를 제외하면 모두 세종의 총애를 받았던 신하들이 세종의 손자와 아들을 죽일 것을 청하고 있는 것이다. 세조도 처음에는 신하들의 계속되는 요구를 단호하게 거부했지만 결국 한 달여 후인 10월 금성대군과 단종은 차례로 세상을 떠나게 된다.

세조의 자리를 위협하는 세력은 제거되었지만 세자 자리는 네 살의 월산대군이 잇지 못하고 시동생인 해양대군(훗날의 예종)으로 넘어갔다. 그리고 3년 후인 1460년(세조 6) 세자는 훗날 장순왕후로 추존되는 한명회의 딸을 세자빈으로 맞아들였다. 그러나 다음 해 한명회의 딸은 인성대군을 낳은 후 열일곱의 나이로 세상을 떠나고, 한명회의 실낱같은 희망 인성대군도 얼마 안 가서 죽는다. 이번에는 한명회에게 내린 천벌이었을까?

해인사에 있는 세조의 영정. 단종과 금성대군을 제거하고 왕좌에 오른 세조는 훗날 죄책감으로 인해 불가에 귀의하게 된다.

이듬해인 세조 8년 한백륜韓伯倫의 딸이 두 번째 세자빈으로 간택되어 마침내 짧기는 하지만 왕비의 자리에 오르게 된다. 그가 바로 아랫동서 격인 안순왕후 한씨다. 한백륜은 문과 급제자임에도 불구하고 그다지 출세한 편은 아니었다. 한씨가 세자빈으로 간택될 당시 한백륜은 궁중요리를 검사하는 사옹원 별좌라는 5품직에 불과했다. 아마도 같은 청주 한씨 집안이었던 한명회의 천거가 있었을 것으로 보인다. 그리고 세조 12년 세자와 한씨 사이에 아들이 태어났으니 훗날의 제안대군이다. 예종이 사망했을 때 왕위 계승 서열 1위는 네 살의 제안대군이었다.

한편 한확의 딸 한씨는 이 모든 일들을 지켜보며 절치부심했다. 자신에게는 두 아들이 무럭무럭 자라주고 있었다. 장남 월산군은 한명회의 심복인 병조판서 박중선의 딸과 혼인을 했고 차남 잘산군(훗날의 성종)은 세조 13년 한명회의 딸(훗날의 공혜왕후)과 혼인을 했다. 국구國舅(왕의 장인)를 향한 한명회의 두 번째 꿈이 시작되는 순간이었다. 한씨의 입장에서도 당대의 실력자 한명회와 사돈 관계를 맺는 것이 나쁠 게 전혀 없었다.

❖   **인수대비와 성종, 여성 억압적인 문화를 열다**

성종 5년이면 성종의 나이도 18세로 성년에 이르고 있었다. 신하들과의 관계에서 자신감도 생기고 국정에 대해서도 상당히 빠른 속도로 장악력을 높여가고 있었다. 더불어 향락의 유혹 또한 심해질 수밖에 없는 시기였다. 그리고 성종은 대궐 안에서 귀하게만 자라 문제를 속으로 삭히는 데는 아무래도 약한 성품이었다. 쉽게 말해 인내심이 뛰어난 인품은 아니었다. 그해 1월 21일 성종은 경연을 정지하고 후원에서 열린 활쏘기 구경을 갔다가 대사간 정괄鄭佸의 지적을 받게 된다. 물론 이에 대해 성종은 즉각 "내가 실로 잘못했다"고 밝힌다. 그러나 향락에의 유혹은 이제 시작에 불과했다.

같은 해 4월 어린 성종에게 청천벽력 같은 일이 벌어진다. 물론 그 전해부터 아프기 시작해 어느 정도 마음의 준비는 했겠지만 한명회의 딸인 왕비 공혜왕후가 중병이 들어 15일 세상을 떠난 것이다. 이에 대한 성종의 반응은 전하지 않는다. 그러나 큰 충격이었을 것이다. 한명회도 얼마 후 대왕대비를 찾아와 울면서 "노신이 죽지 않고 이런 대고大故를 보니다"라며 슬퍼했다. 아울러 겸직으로 맡고 있던 병조판서직에서 그만두 겠다고 하자 오히려 대왕대비는 좌의정으로 제수하며 위로한다. 사실 공혜왕후는 대내외적으로 평판이 좋았고 실록도 그의 죽음에 대해 "신민臣民으로서 슬퍼하고 유감으로 여기지 않는 사람이 없다"고 적고 있다. 어쩌면 공혜왕후의 요절은 개인의 불행이 아니라 성종, 나아가 이후 조선 역사 전체의 불행을 초래하는 씨앗이었는지도 모른다. 사이가 좋았던 공혜왕후를 열여덟 살 어린 나이에 떠나보낸 성종이 받았을 충격을 추체험 해보는 것은 그리 어렵지 않다. 문제는 그가 평범한 개인이 아니라 나라의 장래를 책임진 국왕이라는 데 있었다.

6월 17일 정인지가 "날씨가 무더우니 주강을 멈추소서"라고 하자 바로 멈췄다. 과거와는 분명 달라진 태도다. 또 9월 20일에는 개성 방문을 앞두고 노인들을 위로하는 잔치를 준비하는 가운데 노래하는 기생 10명을 골라 보내라고 한 데 대해 대사헌 이서장李恕長 등이 그것을 비판하는 차자箚子(약식 상소)를 올렸다. 이에 대해 성종은 별일 아니라는 듯 "양로연 때에 노래할 사람이 없기 때문에 부득이한 것이다"고 했지만 다음 날 야대夜對에서 직제학 홍귀달洪貴達은 "후세가 이것을 보고서 조종祖宗의 옛 일이라고 하여 행할까 두렵습니다. 비록 노래하는 기생이 없을지라도 양로연에는 무슨 손색이 있겠습니까? 성상의 은혜에 취하고 배불러 땅을 치면서 노래하는 것이야말로 참으로 천지의 지극한 음악입니다"고 말한다. 결국 22일 성종은 예조에 "노래하는 기생을 쓰지 말라"는 전지傳旨를 내렸다. 실행하지는 않았지만 무의식중에 드러나는 성종의 속내를 엿볼 수 있는 사건이다.

성종 6년 4월 4일에는 사헌부와 사간원에서 "민발과 임원준은 대신으로 여러 사람이 있는 자리에서 '너'라고 부르며 서로 헐뜯고 꾸짖고 했으니 우리 같은 말직의 신하들도 하지 못할 일인데 하물며 대신들이 이래서야 되겠습니까?"라고 아뢰었다. 그러나 성종은 "술을 마시다가 농담을 한 것이지, 어찌 다른 뜻이 있겠는가?"라고 관대한 태도를 보인다.

그리고 성종 7년 1월 13일 친권을 대왕대비로부터 되돌려 받았고 5월 19일에는 숙원 과제였던 원상제元相制까지 혁파했다. 이제 말 그대로 대권을 한 손에 쥐게 된 것이다. 그러나 당장은 큰 변화를 보이지 않았다.

성종 8년 4월 13일에는 각 도의 관찰사들에게 양반 사족의 딸이 삼십에 가깝도록 출가하지 못했으면 관의 재물을 지원해서라도 결혼을 시키도록 하라는 지시를 내리면서 이런 말을 한다. 아주 드물게 성종의 남녀관을 볼 수 있는 대목이다.

내가 생각건대 천지가 사귀면 만물이 통하고 천지가 사귀지 않으면 막히어 만물이 통하지 않는 것이다. 남녀도 또한 그렇다. 아내 없는 남자와 남편 없는 여자가 근심이 답답하게 쌓이면 좋지 못한 기운을 부르게 되는 것이다.

그리고 7월 17일 성종은 정승을 지낸 이를 비롯해 의정부, 육조, 사헌부, 사간원, 한성부, 돈녕부 2품 이상과 충훈부 1품 이상을 불러 관제개혁, 부녀의 재혼 금지 등을 의논하도록 한다. '여성 억압적인 제도와 기풍을 확립하기 위해' 모인 이날 다양한 의견들이 속출했지만, 이미 반反불교 풍토에 유교 일변도의 국왕과 신하들이 모여 토론을 한 결과, 특히 부녀의 재혼 금지와 관련해 이런 결론이 나온다. 여성 억압의 날이 될 수

도 있는 7월 18일 성종은 예
조를 통해 다음과 같은 지시
를 내린다.

성종의 어보. 유교적 이데올로기로 무장한 성종은
여성 억압적 문화를 조선에 정착시킨 군주이기도
했다. 고궁박물관 소장.

전傳에 이르기를 "신信
은 부덕婦德이니, 한번
함께 했으면, 종신토록
고치지 않는다"고 했다.
이러므로 삼종지의三從
之義가 있고, 한 번도 어기는 예禮가 없더니 세도世道가 날로 비속해지
면서부터 여자의 덕이 부정하여, 사족·양반의 여자가 예의를 돌보지 않
고, 혹은 부모가 강요하기도 하고, 혹은 스스로 중매하여 사람을 따르니
이는 스스로 가풍을 무너뜨릴 뿐만 아니라 진실로 이 명교名敎(유교)를
더럽히게 함이 있으니, 만약 금지하는 제도를 엄히 세우지 않으면 음란
한 행실을 그치게 하기 어렵다. 이제부터는 재가한 여자의 자손은 사판
士版(벼슬아치)의 명부에 올리지 않음으로써 풍속을 바르게 하라.

사실 이를 거꾸로 해석한다면 그 이전까지는 재혼이 자유로웠고 재혼
하더라도 그 자손이 벼슬아치가 되는 데 별다른 장애가 없었다는 말이기
도 하다. '여성 억압적인 조선' 혹은 '가부장적 이데올로기로서의 유학'
이 성종이 국왕으로서 힘을 갖는 순간부터 본격화되고 있는 것이다.

❖ 왕실의 기대 속에 중궁에 오르는 윤씨

공혜왕후 한씨의 뒤를 잇게 되는 왕비가 비운의 주인공 '폐비 윤씨'다. 성종보다 열두 살 많았다고는 하는데 생년월일이 분명치 않다. 폐비 윤씨에 대한 최초의 언급이 실록에 등장하는 것은 1476년(성종 7) 7월 11일 자다. 공혜왕후가 세상을 떠난 지 정확히 만 2년 2개월쯤 되었을 때다. 당시 대왕대비의 뜻을 담은 의지懿旨가 전현직 정승과 육조참판 이상, 그리고 대간들에게 내려진다.

> 중전의 자리가 오랫동안 비어 있으니 내가 위호位號를 정하여 위로는 종묘를 받들고 아래로는 국모를 삼으려고 하는데, 숙의 윤씨는 주상께서 중히 여기는 바이며 나의 의사도 또한 그가 적당하다고 여겨진다. 윤씨가 평소에 허름한 옷을 입고 검소한 것을 숭상하며 일마다 정성과 조심성으로 대했으니, 대사大事를 위촉할 만하다. 윤씨가 나의 이러한 의사를 알고서 사양하기를 "저는 본디 덕이 없으며 과부의 집에서 자라나 보고 들은 것이 없으므로 주상의 거룩하고 영명한 덕에 누를 끼칠까 몹시 두렵습니다"고 하니, 내가 이러한 말을 듣고 더욱 그를 현숙하게 여겼다.

짧지만 이 글에는 많은 정보가 들어 있다. 우선 외부에서 계비를 뽑지 않고 후궁 중에서 뽑겠다는 뜻이 있다. 숙의는 종2품으로 후궁들 중에서는 중간쯤에 해당한다. 공혜왕후가 세상을 떠나기 1년 전쯤 후궁에 뽑혔으니 대궐 생활 3년을 넘기고 있는 후궁이었다. 우선 대비들에게 점수를 딴 것은 검소함이었고 이어 매사에 삼가는 태도였다. 이미 검증이 끝난

인물이라는 점도 유리하게 작용
했다. 당시는 수렴청정 중이었기
때문에 대왕대비의 뜻이 곧 어명
이었다. 한 달 후인 8월 9일 창덕
궁 인정전에서 책봉식이 거행됐
고 마침내 윤씨는 왕비의 자리에
올랐다.

이때 윤씨는 임신 중이었다. 그
리고 세 달 후인 성종 7년 11월 6
일 밤 원자가 태어났다. 도승지
현석규와 우승지 임사홍 등이 선
정문에 나아가 이렇게 아뢴다.

"우리 조선이 개국한 이래 문
종과 예종은 모두 잠저에서 탄생

강화도 교동도에 있는 연산군 부부상. 조선
사상 최고의 폭군으로 알려진 연산군은 사
실 왕궁에서 태어난 최초의 원자로 가장 정
통성 있는 왕이었다. 비운의 임금 연산군은
사후 민간신앙의 대상이 되었다.

하시어 오늘 같은 경사는 처음입니다."

이게 무슨 말인가? 왜 하필이면 문종과 예종을 특정하여 이런 말을 하
는 것일까? 정상적으로 왕위를 이은 문종과 예종도 대궐이 아니라 대궐
밖의 민가집인 잠저에서 태어났다면 다른 왕들은 말할 필요도 없다. 단
종의 경우도 문종이 세자 시절에 낳았다. 즉 아버지가 왕 자리에 있는데
원자가 태어난 경우는 이번이 처음이었던 것이다. 이 원자가 바로 훗날
폭군으로 이름을 남기게 되는 연산군이다. 조선 왕실의 역사에서 보자면
연산군은 궁궐에서 원자로 태어나 국왕의 자리에 오르는 첫 번째 인물이
었던 것이다. 그날 성종은 너무 기뻐 대대적인 사면령을 내렸다.

그러나 기쁨도 잠시, 6개월도 채 지나지 않아 원자의 어머니 윤씨는 폐비 논란에 휩싸인다. 앞으로 보게 되겠지만 삼전三殿(삼대비)의 미움을 받은 것이었다. 돌도 지나지 않은 원자의 운명은 이미 뿌리째 흔들리기 시작했다. 다행히 성종 8년의 폐비 논란은 없던 일이 됐으나 왕비는 후궁들을 위한 거처인 자수궁으로 옮겨가야 했다.

◈   **성종은 왜 결혼 생활에 실패했을까?**

"성색聲色을 경계하십시오!"

조선시대 내내 신하들이 국왕에게 고하던 조언이었다. 성색이란 가성歌聲과 여색女色을 뜻하는 말로 예나 지금이나 절대 권력자에게는 뿌리치기 힘든 유혹이다. 어쩌면 늘 극도의 긴장과 정신적 압력 속에서 살아야 했던 국왕에게 노래나 섹스만큼 쉽게 주변에서 스트레스를 풀 수 있는 위락慰樂도 드물었을 것이다.

사실 역대 국왕들이 성색에 대해 보여준 태도와 실제 행동만을 정리해도 그들의 심성을 읽어내는 훌륭한 텍스트가 될 수 있을 것이다. 그것은 단순한 흥밋거리가 아니다. 한 인간의 적나라한 모습을 볼 수 있는 훌륭한 단서다.

특히 조선은 인간의 욕망 억제를 기본으로 하는 성리학 위에 세워진, 혹은 세우려 했던 나라다. 그런 나라의 최고 통치자가 과연 자신의 욕망을 어떻게 통제하고 승화시켰는지를 살펴보는 작업은 조선 정치사의 중대한 결을 읽어내는 일이기도 하다.

조선에는 태조, 태종, 세조처럼 정욕이 가장 왕성한 청년기를 다 보낸 후에 왕위에 오른 인물이 있는가 하면 세종, 예종처럼 한창 때인 20대에 왕이 된 인물도 있다. 성종은 열세 살에 왕이 되었으니 10년도 지나지 않아 20대에 접어들게 되어 있었다. 그는 유난히 부부 갈등이 심했던 국왕이다. 정황적으로 보더라도 그렇게 될 개연성이 매우 높았다. 이런 점들을 고려하며 그의 실패한 결혼 생활을 살펴보자. 이전의 태종이나 세종과 달리 성종의 경우 결혼 생활 자체를 집중적으로 조명하는 이유는, 그 결혼 실패의 역사적·현실적 충격파가 너무 컸기 때문이다. 폐주 연산군도 이 결혼 실패에서 이미 예고되어 있었다.

❖   투서, 비상, 그리고 오빠들의 하옥

1477년(성종 8) 3월 29일. 해가 뜨기가 무섭게 대궐 내 빈청에는 극도의 긴장감이 돌고 있었다. 성종의 특명으로 정승을 지낸 사람과 의정부, 육조판서, 대사헌, 대사간인 정창손, 심회, 조석문, 윤사흔, 윤필상, 서거정, 임원준, 이승소, 강희맹, 이극증, 허종, 어유소, 윤계겸, 이예, 김영유 등이 이곳에 모였다. 그 자리에서 언문으로 쓴 대왕대비의 의지懿旨가 발표되었다. 다소 길긴 하지만 당시의 정확한 맥락을 읽어내기 위해서는 전문을 꼼꼼하게 볼 필요가 있다.

세상에 오래 살게 되면 보지 않을 일이 없다. 이달 20일에 감찰 집에서 보냈다고 일컬으면서 권숙의權淑儀(숙의 권씨는 성종의 아버지 덕종의 후궁으로 여러 숙의를 총괄하여 다스렸다)의 집에 언문을 던지는 자가 있었다. 권숙의의 집에서 주워 보니 정소용鄭昭容(성종의 후궁)과 엄숙의嚴淑儀(성종의 후궁)가 서로 통신하여 중궁과 원자를 해치려고 했다는 것이다. 생각건대, 정소용이 한 짓인 듯하다. 그러나 지금 바야흐로 정소용이 임신했으므로 해산한 뒤에 국문하려고 한다. 그런데 하루는 주상이 중궁에서 보니 종이로 쥐구멍을 막아놓았는데 쥐가 나가는 바람에 종이가 보였다. 또 중궁의 침소에 작은 상자가 있는 것을 보고 열어보려고 하자 중궁이 숨기는 것을 빼앗아 열어보니 작은 주머니에 비상砒霜이 들어 있고, 굿하는 방법을 담은 책이 있었다. 이에 쥐구멍에 있는 종이를 책의 찢긴 부분에 가져다 맞춰보았더니 그것은 책이 잘린 나머지 부분이었다. 놀라서 물으니 중궁이 대답하기를 "친잠할 때 종 삼월이가 바친 것"이라고 했다. 그래서 삼월이에게 물으니 모두 실토하여 사태의 전모를 알게 되었다. 중궁이 만일 이때에 아뢰었다면 좋았을 것인데, 중궁이 능히 그러하지 못했다. 중궁이 옛날 숙의로 있을 때 일하는 데 있어서 지나친 행동이 없었으므로 주상이 중하게 여겼고 삼전도 중히 여겼으며, 모든 빈들 가운데 또한 우두머리가 되기 때문에 책봉하여 중궁을 삼았다. 그런데 왕비에 오르면서부터 일이 잘못됨이 많았다. 그러나 이미 귀중한 몸이 되었으니 어찌 일마다 책망할 수 있겠는가? 지금에서 본다면 전일에 잘못이 없었던 것은 주상에게 왕비가 없으므로 잘 보이려고 했을 것이다. 지금 주상이 바야흐로 중히 여기고 있는데 중궁이 어찌 주상을 가해하려고 하겠는가? 다만 이것은 잉첩媵妾(후궁)들을 제거하려는 것일 것이다. 부인은 옳은 것도 없고 그른 것도 없는 것을 덕으로 삼는 것인데, 투기는 아름다운 일이 아니다. 하물며 제후는 아홉 여자를 거느리는 것인데 지금은 그 수가 차지 않았으니, 어찌 한 나라에서 어머니로서 모범이 되어야 하는데도 하는 바가 이와 같아서야 되겠는가? 우리 삼전이 같이 앉아서 묻는다면 중궁도 능히 대답을 하지 못할 것이니, 이것은 애매하여 밝히기 어려운 것이 아니다. 지금 바야흐로 사랑을 받고 있는데도 하는 일이 이와 같은데, 혹시 조금이라도 뜻대로 되지 않는 일이 있다면 어찌 이보다 지나친 일이 있지 않을 것을 알겠는가? 종묘와 사직에 관계됨이 있기 때문에 경들을 불러 의논하는 바이다. 내가 당초에 사람을 분명하게 알아보지 못했음을 부끄럽게 생각한다. 중궁이 이미 국모가 되었고 또한 원자가 있는데, 장차 어떻게 처리해야 할까?

삼전의 이 '의지'에는 몇 가지 중요한 사실이 담겨 있다. 이 글 자체에 특별한 조작이 있었던 것 같지는 않다. 사건의 발단은 보름 전으로 거슬러 올라간다. 조선은 농업 국가다. 그래서 봄이 되면 국왕은 대신들과 함께 직접 밭을 가는 친경親耕을 했고 왕비는 뽕밭을 둘러보는 친잠親蠶을 했다. 왕비 윤씨도 보름 전에 친잠을 했는데 그때 삼월이에게서 문제의 책과 비상을 얻었다는 것이다.

그리고 이 일과는 별도로 의지는 20일에 일어난 익명서 사건에 관한 이야기도 담고 있다. 정소용이 중궁과 원자를 해하려 했다는 내용을 담은 투서가 사헌부에 들어온 것을 말단 관리인 감찰이 권숙의에게 전했다는 것이다.

그리고 의지에는 없지만 실록에는 기록되어 있는 또 한 가지 중요한 사건은, 의지가 내려오기 바로 하루 전인 3월 28일 윤씨의 친정 오빠인 동녕부 참봉 윤우尹遇와 선전관 윤구尹遘가 '특별한 이유도 없이' 의금부에 투옥된 일이다. 이 세 가지 일은 서로 어떻게 연결된 것일까? 아니면 별개의 사건들인가?

❖ 폐비 논쟁은 과연 누구의 뜻이었을까?

성종 8년이면 이미 성종이 수렴청정에서는 벗어났을 때였다. 물론 다른 문제도 아니고 중궁을 폐하는 문제이기 때문에 집안 어른인 대왕대비를 비롯해 성종이 늘 모시고 살아야 했던 삼대비, 즉 정희대왕대비, 예종비인 인혜왕대비, 성종의 친모인 인수대비가 이 문제에 깊이 개입할 수밖에 없는 측면도 있다. 이 '의지'는 따라서 대왕대비만이 아니라 '삼대비'의 뜻이 담긴 것이었다. 두 번에 걸쳐 '삼전三殿'이라는 표현이 등장하는 것은 이를 입증해준다. 더불어 성종도 중관中官 김효강金孝江을 통해 "내가 즉위한 뒤로 이미 좋은 일도 보고 좋지 못한 일도 보았으니 이것은 내가 제가齊家를 하지 못한 소치인지라 내가 몹시 부끄러워하니 경 등은 그것을 의논하라"는 교지를 내린다.

실록은 교지가 내려진 직후인 29일 이른 아침 빈청의 분위기를 "좌우에서 서로 돌아보고 실색하여 말할 바를 알지 못했다"고 묘사한다. 결국은 영의정 정창손鄭昌孫이 대표로 성종을 만나 "죄를 의논하는 데 있어서 가벼운 것도 있고 무거운 것도 있는데 마땅히 고사古事를 상고하여 아뢰겠습니다"고 하자 성종은 이미 방향이 섰다는 듯 "이것은 내가 자세히 아는 바이다. 중궁이 또한 스스로 말하기도 하고 간접적으로 듣기도 했으니, 경 등은 그 죄를 의논하라"고 말했다.

이를 전해들은 정창손은 대신들을 돌아보며 "주상의 뜻은 폐하려고 하는 것"이라고 말하며 당장 예문관에 가서 《사기史記》의 〈후비전后妃傳〉을 가져오라고 일렀다. 그러나 예문관에서 〈후비전〉을 바로 찾지 못하자 조정 신하들은 우왕좌왕하기 시작했다. 실록에 따르면 그 순간 예조판서 허종許琮이 "의젓하게" 자리에서 일어나 말했다. 이 말은 김효강을 통해 바로 성종에게 전달되었다.

"옛날에 폐하지 않아야 할 것을 폐했다가 잘못된 것이 있고, 마땅히 폐해야 할 것을 폐하지 않음으로 해서 옳은 경우도 있었는데, 질투하는 것은 부인의 상정常情입니다. 전하의 금지옥엽(연산군)이 장차 번성하려 합니다. 그러니 미리 헤아릴 수 없으며 원자가 지금은 비록 어리다 하더라도 이미 장성한다면 어떻게 처리하겠습니까? 그때는 후회해도 미칠 수 없을 것입니다. 신은 청컨대 이런 일을 조정이나 민간에 반포하지 마시고 별도로 하나의 방에 거처하게 하여 2,3년 동안 개과천선함을 기다린 연후에 다시 복위시킴이 옳을 것 같습니다. 만일 그렇지 못하면 그때에 폐하는 것도 무엇이 어렵겠습니까?"

가장 현실적이고 지혜로운 처방을 내놓은 것이다. 그러나 여기서 우리는 평소 성종의 성질 급한 면모를 다시 한 번 확인하게 된다. "이것은 큰 사건이니 종묘와 사직에 고하고 널리 공표하는 것이 옳다"며 밀어붙인다. 그러자 다시 허종이 현명한 방안으로 반박했다.

"성상께서 이 일에 있어서 반드시 깊이 생각하셨을 것입니다. 그러나 마땅히 자세히 참작해야 할 바이니 원컨대 전하께서는 정승들과 함께 다시 3일을 생각하셔서 후회를 남기지 않게 하소서."

이에 대해 성종은 정면 비판한다.

"판서의 말은 잘못이다. 판서의 생각은 훗날 다른 아들을 낳는다면 원자를 어느 곳에 두느냐는 생각일 것이다. 그러나 큰일을 당했는데 어찌 뒷날을 생각하겠는가? 뒷날에도 대신이 있을 것이다."

이날부터 당장 조사가 시작되었다. 조사 결과 위에서 말한 세 가지 사항은 서로 밀접하게 연결되어 있었다. 당일 윤구의 아내, 종 삼월이와 사비 등이 국문을 당했다. 먼저 문제의 열쇠인 삼월이에 대한 조사 결과다.

> 방양서方禳書는 전前 곡성현감 이길분李吉芬의 첩의 집에서 얻어 사비를 시켜서 등사하게 했고, 언문으로 쓴 큰 것은 제가 생각해낸 것으로 윤구의 아내가 썼으며 작은 것은 사비가 썼습니다. 비상은 대부인(중전 윤씨의 어머니)이 내주셔서 언문과 함께 작은 버드나무 상자에 담아 노비 석동石同으로 하여금 감찰의 집 심부름꾼이라고 사칭하여 권숙의 집에 던지게 했는데, 모두 제가 꾸민 짓입니다.

다음 날에도 성종은 다시 폐비 문제를 거론한다. 그러나 폐비는 유보한 채 중궁을 자수궁(지금의 옥인동 근처)에 있던 후궁들을 위한 거처에 거처하도록 했다. 더불어 관련자들에 대한 국문이 이어졌는데 윤구의 아내는 언문을 모르는 것으로 드러나 면죄되었고 결국 모든 죄는 삼월이가 덮어쓰고 교수형을 당했으며 사비는 장형 100대를 맞고 변방 고을의 종으로 내쫓겼다.

1차 폐비 시도는 이렇게 일단락되었다. 그런데 아주 흥미로운 것은 이 사건 직후 얼마 안 되어 윤비가 또 임신을 했다는 사실이다. 얼마 후 사망하기는 했지만 이 아이는 연산군의 동생인 셈이다. 행실이 올바르지 못해 왕비에서 내몰리게 생긴 부인을 찾아가 다시 임신을 시켰다는 것은 무슨 뜻인가? 어쩌면 이런 일이 생겨난 이유는 성종 자신보다는 '삼전', 그중에서도 《내훈》을 지을 만큼 전통적인 여성상을 중시했던 어머니 인수대비의 뜻이 더 크게 작용했을지 모른다는 암시로 해석할 수도 있다.

❖ 성종, 칠거를 들어 마침내 윤씨를 버리다

칠거지악, 유교 도덕에서 아내를 내쫓을 수 있는 일곱 가지 부덕을 말한다. 시부모에게 불순〔不順舅姑〕, 자식이 없음〔無子〕, 음행, 투기, 나쁜 병〔惡病〕, 말이 많거나 말썽을 일으킴〔多言, 口舌〕, 도둑질〔盜竊〕 등이 그것이다. 이것은 쉽게 말하면 전통사회에서 합법적으로 이혼할 수 있는 근거를 제시한 것이라고 할 수 있다.

그런데 우리는 칠거지악에 대해 좋지 않은 선입견을 갖고 있다. 삼종지도와 함께 조선의 여성들을 옭아맨 악법 중의 악법이라는 것이다. 물론 칠거지악은 꼼꼼히 들여다보면 부계 중심의 혈통을 기반으로 하는 가부장적인 질서를 강화하는 규정들이 대부분이다. 아마도 도둑질만이 예외라고 할 수 있을 것이다.

칠거지악은 중국에서 예로부터 전해오다가 조선 초 대명률大明律을 수용하면서 우리에게도 이혼에 관한 형법의 하나로 자리 잡았다. 그런데 대명률에는 칠거지악에 저촉된다 하더라도 '삼불거三不去'라고 해서 처를 내쫓을 수 없는 세 가지 조건이 있었다. 이를 어길 경우에는 장 80대라는 비교적 무거운 형으로 다스렸다. 힘없는 여성을 보호하려는 장치가 없지 않았던 것이다. 삼불거란 아내가 돌아갈 곳이 없을 경우, 부모의 삼년상을 함께 지낸 경우, 가난할 때 시집와서 집안을 일으켰을 경우였다. 물론 이런 칠거지악과 삼불거의 형률이 그대로 왕실에 적용되는 것은 아니었다.

성종 8년 그 사건 이후에는 실록에 윤씨와 관련된 특별한 기록이 거의 없다. 다만 그해 11월 7일자에 흥미로운 기록 하나가 나온다. 성종은 예조의 당상관 이승소李承召를 불러 호통을 친다. 중궁이 동지를 앞두고 삼대비전에 하례를 하는 것은 예를 행하는 것 중에서도 큰 것인데 이를 예조 전체가 나서서 하지 않고 예조의 일개 관리에게 맡긴 것은 잘못되었다는 것이다. 얼마나 화가 났으면 "이런 식으로 할 것 같으면 그 일은 앞으로 다른 부서에서 겸하여 맡도록 하고 예조는 폐지하는 게 좋을 것이다"라면서 이례적으로 직접 사헌부로 하여금 국문하도록 했다.

실상은 쉽게 추측해볼 수 있다. 예조에서 독단적으로 낭청郎廳(특별 행사가 있을 때 실무를 맡아보는 하급직)으로 하여금 그 일을 맡도록 했을 리 없다. '삼전'의 뜻이었던 것이다. 이를 보면서 성종은 아마도 '나야 어쩔 수 없이 삼대비의 뜻을 따르지만 나의 신하들까지 그렇게 하는 것을 두고 볼 수 없다'는 생각을 했던 것이다. 보기에 따라서는 여전히 윤씨에 대한 성종의 애정이 유지되거나 동정심까지 겹쳐 분노는 더욱 커졌다고 판단할 수도 있는 기록이다.

그리고 2년이 지난 성종 10년 6월 1일 "중궁의 탄일이었는데, 하례를 정지하고 표리表裏(옷감)를 올렸다." 다시 뭔가가 터진 것이다. 이날 저녁 "야대夜對를 파한 뒤에 왕이 급히 승지를 부르더니, 조금 있다가 이를 중

지시키고 정승 등을 불러 내일 이른 아침에 대궐로 들어오게 하라고 명했다." 일은 분명 야대가 파한 뒤에 있었다. 성종은 크게 허둥거리고 있었다. 어떻게 해야 할지 몰라 당황한 모습이 역력하다. 승지를 불러 뭔가를 지시하려다가 취소하고 다음 날 정승들을 부른 것이다.

6월 2일 꼭두새벽부터 영의정 정창손, 상당부원군 한명회, 청송부원군 심회, 광산부원군 김국광, 우의정 윤필상이 모였다. 이들은 선정전에서 성종을 만났다. 이 자리에는 승지, 주서注書, 사관이 모두 입시했다. 주서와 사관이 입시한 덕에 이날의 일을 실록은 TV로 보여주듯 생생하게 중계하고 있다. 당시 성종의 심리 상태를 사소한 뉘앙스까지 읽어낼 필요가 있기 때문에 그 대목을 약간 손을 봐서 그대로 싣는다. 왜냐하면 이때 어떤 말을 했느냐에 따라 훗날 그 기록이 근거가 되어 성종과 윤씨 사이에서 태어난 연산군이 신하들을 죽이고 살리는 피의 살육이 일어났기 때문이다. 성종은 먼저 전현직 정승들을 급히 부르게 된 연유부터 설명한다.

왕이 자신의 집안일을 여러 경들에게 말하는 것은 진실로 부끄러운 일이다. 그러나 일이 매우 중대하므로 말하지 않을 수가 없다. 어제 입직한 승지들과 이를 의논하고자 했으나, 생각하니 대사大事를 두 승지와 결단할 수 없으므로 이에 경들에게 의논하는 것이다. 옛사람이 이르기를 "선경삼일先庚三日 후경삼일後庚三日"이라고 했으니, 내가 어찌 생각하지 않고 함이겠는가? 부득이하여서 그러는 것이다.

'선경삼일 후경삼일', 즉 어떤 일을 결단하기 전에 3일 동안 생각하고 결단하고 나서도 3일 동안 생각하라는 것이다. 그러나 실은 성종은 하루도 생각지 않았음은 금방 알 수 있다. 이미 자신의 결심을 굳혔음을 강조하는 표현 정도로 볼 수 있겠다. 그러면서 전날 밤의 일을 상세하게 털어놓는다. 그의 직선적인 성격이 한껏 드러나는 대목이다.

중궁이 저지른 일은 길게 말할 필요도 없다. 궁 안에는 시첩侍妾(후궁)의 방이 있는데, 내가 이 방에 갔는데 중궁이 아무 이유도 없이 들어왔으니, 어찌 이럴 수가 있는가? 예전에 중궁의 실덕失德이 심히 커서 일찍이 폐하고자 했으나, 경들이 모두 다 불가하다고 말했고 나도 뉘우쳐 깨닫기를 바랐다. 그런데 지금까지도 고치지 못하고 이제 오히려 나를 능멸하는 데까지 이르렀다. 이것은 비록 내가 집안을 다스리지 못한 소치이지만, 국가의 대계大計를 위해서 어찌 중궁에 계속 남게 하여 종묘를 받드는 중임을 맡길 수 있겠는가? 내가 만약 후궁의 모략을 듣고 그릇되게 이러한 조치를 한다고 하면 천지와 조종祖宗이 아마도 나를 벌할 것이다.

중궁의 실덕이 한 가지가 아니니, 만약 일찍 도모하지 않았다가 뒷날 큰일이 있다고 하면 바로잡으려 해도 이미 늦다. 예법에 칠거지악이 있으나 중궁의 경우는 '자식이 없으면 버린다[無子去]'는 해당되지 않는다.

성종은 칠거지악 중에서 '말이 많으면 버린다[多言去]', '순종하지 아니하면 버린다[不順去]', '질투를 하면 버린다[妬去]'라는 말을 혼자서 중얼거리더니 "이제 마땅히 폐하여 서인庶人으로 만들어야겠는데, 경들은 어떻게 여기는가?"라고 말한다. 방침까지 이미 정해졌다.

신하들의 반응도 2년 전과는 달랐다. 그때는 윤씨 자신의 행위라고 할 만한 것이 별로 없었지만 이번에는 달랐다. 쉽게 말하면 후궁과 잠자리를 하고 있는데 침실로 윤씨가 뛰어든 것이다. 아마도 윤씨 입장에서는 자신의 생일인데 하례도 없고 해서 자신을 무시하는 데 대한 항의 차원에서 성종을 찾았을 가능성이 가장 높다. 물론 후궁과 잠자리에 들었으면 그 방에 들어가지 말고 참았어야 하겠지만 윤씨의 성깔 또한 여러 가지 정황을 볼 때 만만찮았던 것 같다. 신하들도 이번에는 사안의 심각성은 인정한다. 다만 이미 원자(연산군)가 있는데 훗날의 일을 어떻게 할 것이냐는 정도의 반응이었다. 한명회의 말이 대표적이다. 여기에는 정창손, 윤필상 등도 입장이 같다.

"신은 더욱 간절히 우려합니다. 성상께서 칠거로써 말씀하시니, 신은 말을 할 수가 없습니다. 다만 원자가 있어서 사직의 근본이 되는데, 어떻게 하겠습니까?"

그러나 성종은 이런 신하들에 대해서도 불만을 표시한다.

"경들은 사태의 핵심을 알지 못한다. 한나라 성제成帝가 갑자기 세상을 떠난 것은 누구의 소위였던가? 대체로 부덕한 사람은 불의한 짓을 많이 행하는 것인데, 일의 자취가 드러나게 되면 화는 이미 몸에 미친 뒤이다. 큰일을 수행함에 있어 만약 일찍 조처하지 아니했다가 일이 다 퍼진 된 뒤에는 도모하기가 어려울 것이다. 만일 비상한 변이 생기게 되면 경들이 비록 나를 비호하고자 하더라도 때는 이미 늦은 게 될 것이다."

여기서 분명 성종은 엄청난 논리적 비약을 하고 있다. "부덕한 사람은 불의한 짓을 많이 행하는 것"이라며 중궁에 의한 암살 가능성을 거론하고 있는 것이다. 이건 누가 봐도 비약이요 엄살이다. 오죽했으면 비서실장 격인 도승지 홍귀달까지 나서 만류했다.

"중궁의 실덕한 바가 가볍지 아니하니 진실로 이를 폐하는 것이 마땅하겠습니다. 그러나 원자를 탄생했고 또 대군을 낳았으므로 국본에 관계되는 바이니, 폐하여 서인으로 삼는 것은 옳지 못합니다. 청컨대 위호를 깎아 내리어 별궁에 안치하는 것이 어떻겠습니까? 원자는 장차 세자로 봉할 것인데, 어머니가 서인이 되면 이는 어머니가 없는 것이니 천하에 어찌 어머니 없는 사람이 있겠습니까?"

당시로서는 가장 현실적인 방안인 셈이었다. 그러나 이에 대해 성종은 "강봉降封(위호를 깎아내리는 것)을 하면 이는 처를 첩으로 삼는 것이니 크게 옳지 못하다"며 반대했다. 좌부승지 김계창金季昌은 다른 신하들보다 한 걸음 더 나아가 현 단계에서의 폐비 자체를 반대했다. 별궁에 옮겨두고서 한 번 더 반성의 기회를 주자는 것이다. 신하들은 폐비 일보 직전까지 갔으나 결국은 없었던 일로 하고 넘어갔던 태종과 원경왕후의 예까지 끌어댔다. 그러나 이에 대해 성종은 내밀한 이야기까지 들춰가며 즉각 반박한다.

"그렇다고 하면 전일의 일도 경계할 줄 알아야 할 것이다. 근자에 침실을 따로 하고 자신自新하기를 바랐으나 그래도 고치지 아니했는데, 능히 허물을 뉘우치겠는가? 만일 허물을 뉘우칠 기미가 있다고 하면 내가 어찌 감히 폐한다고 하겠는가?"

그래도 사저로 내보는 것에 대해서는 신하들이 강하게 반대했다. 데리고 있던 후궁들도 죄를 지었다 해서 사저로 내보내지 않는데 왕비를 그렇게 해서는 안 된다는 것이다. 어떻게 보면 성종 편을 들어주는 신하는 하나도 없었다. 문제의 심각성에는 동의했지만 해결 방안에는 전혀 동의하지 않았다. 결국 성종은 자기 성질을 참지 못하고 "경들은 중궁을 출궁할 여러 가지 일만 주선하면 그만인데 무슨 말이 많은가?"라고 직격탄을 날린다. 신하들로서는 자존심이 상하는 말이었다. 그럴 것 같으면 무엇 하러 처음부터 의견을 구했냐는 생각을 안 할 수 없다. 영의정 정창손의 목소리가 높아진다. 그리고 성종과는 다른 방안까지 내놓는다.

"이미 폐했는데, 어찌하여 반드시 다시 견책을 가하는 것입니까? 하물며 이미 중궁이 되어 한 나라의 어머니가 되었고, 또 원자를 탄생하여 나라의 근본이 되었는데, 하루아침에 강등을 시키어 서인을 만들어 사제로 돌아가게 하면, 사론士論이 어떠하겠습니까? 청컨대 별전에 폐처廢處케 하는 것이 좋겠습니다."

이에 대해 심회, 윤필상 등도 폐하되 별전에 거처케 해야 한다며 동의했다. 그러자 성종은 이런 논리로 맞섰다.

"별전에 두면 따로 견책하는 뜻이 없다. 그리고 훗날 그 아들이 왕이 되면 마땅히 추봉追封(사후에 추대하는 것)할 것인데, 지금 서인을 만드는 것이 무슨 큰 문제가 되겠는가?"

그래도 계속 신하들의 반대가 이어지자 이번에는 황당한 논리를 제시한다.

"어찌 별전을 새로 건립하겠는가?"

별전을 새로 지을 수 없어 사저로 내쫓겠다는 궁색하기 그지없는 주장이다. 그러면서 성종은 "정승들은 나가도록 하라. 내 뜻이 이미 정해졌으니, 결단코 고칠 수가 없다"고 고집을 부렸다.

정승과 승지들이 그래도 계속하여 다시 생각하기를 청하니, 임금이 성을 내어 일어서면서 "경들이 물러나지 아니하면 내가 안으로 들어가겠다"며 내실로 들어가버렸다. 그러고는 내시에게 명하여 승지를 부른 다음 모두 물러가도록 재삼 재촉했다. 이에 모두 다 나갔으나, 승정원의 홍귀달, 김승경, 이경동, 김계창만이 머물러 나가지 않았다. 이들은 다시 문제의 발단이 된 대비전에 재고를 요청하다가 여의치 않자 결국 뒤늦게 물러갔다. 얼마 후 중궁이 소교小轎(작은 가마)를 타고 사저로 돌아갔다. 그러고 나서 성종은 "동부승지 변수 외에는 모두 다 옥에 가두게 하라"는 충격적인 지시를 내린다. 즉 마지막까지 남아서 자신을 설득하려 한 도승지 홍귀달을 비롯해 김승경, 이경동, 김계창 등 승정원 고위 관리 전원을 하옥시켜버린 것이다. 변수는 일찍 물러가는 바람에 하옥을 면했다.

즉각 영의정 등이 나서 왜 승지들을 하옥시키느냐고 묻자 성종은 서면을 통해 "이미 정승들과 의논해 결정했는데 승지들이 오히려 대비께 아뢰기를 청했으니, 이는 다른 것이 아니고 윤씨를 구제하려는 것이다"고 답했다. 이에 정창손과 한명회가 나서 "승지들이 무슨 다른 뜻이 있었겠습니까? 오늘은 일이 많으니 우선 용서하는 것이 어떻겠습니까?"라고 중재를 시도했고 이에 대해 성종도 승지들을 육조의 참의로 자리를 바꾸는 것으로 마무리했다. 그런데 이 말을 하면서 성종은 삼전, 여기서는 특히 어머니인 인수대비의 심중과 관련된 의미심장한 이야기를 하고 있다.

"승지들이 대비께 아뢰기를 청한 것은 대비로 하여금 이를 중지하게 하고자 한 것이다. 그러나 내가 이미 두 번이나 아뢰었더니, 대비께서 하교하기를 '내가 항상 화가 주상의 몸에 미칠까 두려워했는데, 이제 이와 같이 되었으니 나의 마음이 편안하다' 했으니, 자식 된 자가 부모로 하여금 그 마음을 편안하게 하는 것이 옳지 않겠는가?"

다시 말해 삼전 중에서 이번에는 특히 인수대비가 폐비에 가장 적극적이었음을 보여주는 증거다. 실은 성종 8년 폐비 시도 때도 인수대비가 가장 큰 작용을 했다고 봐야 할 것이다.

❖ 마침내 드러나는 성종과 삼전의 복심

윤씨가 폐비되어 사저로 쫓겨났다는 소식이 전해지자 바로 당일부터 폐비 철회와 폐비하더라도 별궁에 거처하도록 해야 한다는 상소와 주장이 각계에서 쏟아졌다. 이 과정을 유심히 보면 성종의 심리 상태와 그가 폐비를 결심하게 된 속사정 등이 상당히 드러난다.

대사헌 박숙진朴叔蓁 등이 와서 아뢴다. 새벽의 긴급 소집에 참석치 않은 사람들이다.

"신 등이 사헌부에 있는데, 예조에서 이르기를 '오늘 왕비를 폐하는 교서를 반포하니 급히 입궐하라' 하기에 놀라움을 이기지 못하여 달려왔습니다. 원컨대 왕비의 죄를 들려주소서."

성종의 대답은 간단하다.

"이미 정승들과 더불어 의논하여 결정했는데, 어찌 사람마다 다시 이를 말하겠는가? 승정원에서 듣고 가라."

이번에는 사간원 사간 이숙문 등이 와서 같은 요청을 하자 성종은 또 "승정원에서 들어라"는 답을 반복한다. 얼마 후 대사헌 박숙진, 대사간

성현 등 사헌부와 사간원이 합사하여 대체적인 이야기는 들었지만 성종의 말을 직접 들겠다고 청했다. 이때 성종의 대답은 점차 신경질적으로 바뀐다.

"승지의 말을 들으면 알 수 있는데, 이제 나를 보고 무슨 말을 하라는 것이냐? 또 그대들의 말을 들어주지 않는다면 어떻게 하고자 하는가?"

국왕이 이렇게 나오는데 신하가 더 나갈 수는 없었다. 결국 박숙진은 "신이 무엇을 하고자 하겠습니까? 다만 그 자세한 것을 듣고자 하는 것뿐입니다"고 말할 수밖에 없다. 이로 인해 박숙진은 그 이후 줄곧 인사상의 큰 불이익을 당하게 된다.

성종이 총애했던 홍문관 관원들까지 나섰다. 직제학 최경지崔敬止 등이 아뢰기를 "왕비의 죄를 알지 못했는데, 원컨대 죄명을 들려주소서"라고 했고, 전한典翰 이우보李祐甫는 중국 고사까지 인용하며 폐비의 부당성을 지적했다.

"예로부터 폐후廢后로서 난亂을 이루지 아니함이 적었습니다. 한나라 광무제는 한 가지 일로 곽후郭后를 폐하여 큰 덕에 심히 누를 끼쳤고, 송나라 인종은 이간夷簡의 참소를 듣고 곽씨를 폐출할 때 공도보孔道輔가 나서 매우 불가하다고 했습니다. 예로부터 왕후는 비록 실덕하는 일이 있더라도 종사에 관계되는 것이 아니면 폐할 수가 없는 것입니다. 하물며 지금 왕비는 여성으로서의 과실밖에 나타나지 아니했는데, 하루아침에 폐하는 것이 옳겠습니까?"

이에 대해 성종은 "궁중의 일은 일일이 열거하기가 어려우며, 오늘 왕비를 폐함은 곽씨와 비교할 것이 아니니, 다시 말하지 말라. 중궁은 매사를 스스로 옳다고 여겨, 비록 삼전의 하교라도 들으려고 하지 아니했다.

그러니 내가 참소하는 말을 듣고서 폐하는 것이 아니다."

여기서 삼전과 윤씨의 관계가 어떠했는지 또 왜 그렇게 되었는지 그 이유가 어느 정도 드러나고 있다. 중궁은 고집이랄까 자기주장이 강한 여인이었다. 아마도 일찍부터 삼전에게 '휘둘리는' 성종을 비판했을 가능성도 크다. 이어 성종은 홍문관의 이우보에게 종묘에 윤씨의 폐비를 고하는 글을 쓰라고 하자 이우보는 단호하게 사양한다.

"신이 방금 폐비를 논박했는데, 어찌 차마 폐비를 고하는 글을 짓겠습니까? 신은 의리상 감히 명을 받들지 못하겠습니다."

이우보는 두 차례의 요청을 거부하고 의금부에 투옥되었다. 대신 조위曺偉가 그 글을 지었다.

삼사에 이어 이번에는 육조의 판서와 참판들이 연대해서 나섰으나 결과를 뒤집을 수는 없었다. 특히 별도로 성종을 만난 예조판서 이승소는 보다 직접적으로 비판을 가했다.

"지금 주상께서 폐비하는 일은 지나치게 급했습니다. 청컨대 다시 여러 번 생각하소서."

결국 이날 저녁 "6월 2일에 윤씨를 폐하여 서인으로 삼는다. 아아! 법에 칠거지악이 있는데, 어찌 감히 조금이라도 사사로움이 있겠는가? 일은 반드시 여러 번 생각하는 것이니, 만세萬世를 위해 염려해야 되기 때문이다"는 내용의 교서가 발표된다. 그리고 왕비를 폐한 일을 종묘에 고했다.

그 이후에도 연일 신하들의 상소가 이어지자 6월 5일 마침내 성종은 정승을 지낸 이와 의정부, 육조, 대간 등을 선정전으로 불러들였다. 이 자리에는 승지, 주서, 사관을 입시하게 했다. 작심을 하고 역사에 기록을 남기겠다는 심정으로 속마음을 털어놓는다.

경들은 모두 다 나에게 대사를 가볍게 조처했다고 한다. 그러나 폐비 결심을 내가 어찌 쉽게 했겠는가? 옛날 제왕이 혹 참소하는 말을 듣고서 황후를 폐한 자가 있었으나, 내가 어찌 이와 같이 했겠는가? 대비(인수 대비)께서도 말씀하기를 "내가 일찍이 화가 주상에게 미칠까 두려워하여 하루도 안심을 하지 못했으므로 드디어는 가슴앓이가 생겼는데, 이제는 점점 나아진다"고 했으니, 이는 대비께서 폐비한 것으로 인하여 안심이 되었다는 것이다.

지난 정유년(성종 8)에 윤씨가 몰래 독약을 품고 사람을 해치고자 하여 비상을 주머니에 넣어 두었으니, 이것이 혹시 나에게 먹이고자 한 것인지도 알 수 없지 않는가? 혹 무자無子하게 하는 일이나, 혹 반신불수가 되게 하는 일, 그리고 무릇 사람을 해하는 방법을 작은 책에 써서 상자 속에 감추어두었다가, 일이 발각된 후 대비께서 이를 취하여 지금까지도 있다. 또 엄씨 집과 정씨 집(윤씨와 갈등을 빚었던 성종의 두 후궁)이 서로 통하여 윤씨를 해치려고 모의한 내용의 언문을 거짓으로 만들어 고의로 권숙의의 집에 투입시켰는데, 이는 일이 발각되면 엄씨와 정씨에게 해가 미치게 하고자 한 것이다. 윤씨는 항상 나를 볼 때 일찍이 낯빛이 온화하지 않았다. 또 위서僞書를 만들어서 본가를 통하여 이르기를 "주상이 나의 빰을 때리니, 장차 두 아들을 데리고 집에 가서 내 여생을 편안하게 살겠다"고 했는데, 내가 우연히 그 글을 얻어 보고 일러 말하기를 "허물을 고치기를 기다려 서로 화합해 살도록 하겠다"고 했더니, 윤씨가 허물을 뉘우치고 말하기를 "나를 거제나 요동이나 강계에

처하게 하더라도 달게 받겠습니다"고 해서, 내가 이를 믿었더니, 이제 도리어 이와 같으므로 전일의 말은 거짓이었다.

또 상참常參으로 조회를 받는 날에는 비가 나보다 먼저 일찍 일어나야 마땅할 것인데도 조회를 받고 안으로 돌아온 뒤에 일어나니, 그것이 부도婦道에 있어서 있을 수 있는 일인가? 항상 궁중에 있을 때에 대신들의 가사家事에 대해서 말하기를 좋아했으나, 내가 어찌 믿고 듣겠는가? 내가 살아 있을 때에야 어찌 변을 만들겠는가만 내가 죽으면 반드시 난亂을 만들어낼 것이니, 경 등은 반드시 오래 살아서 목격할 자가 있을 것이다.

아마도 폐비 윤씨의 행동에 대한 부정적인 말들은 성종이 폐비를 정당화하기 위해 지어낸 것은 아닐 것이다. 문제는 이런 것들이 과연 폐비에 이를 만한 것인가이다. 성종이 신하들에게 논리상 일방적으로 몰린다고 생각했던지 이번에는 대왕대비가 직접 나섰다. 같은 날 한글로 쓴 언문을 신하들에게 내린 것이다.

왕비를 폐하는 교서에는 대략만을 말하고 그 연유를 다 설명하지 아니했으므로, 대간들이 다투는 것 같은데, 주상의 본뜻이 어찌 우연함이겠는가? 부득이한 것이다. 만약 우연한 일이었다면 우리들이 윤씨를 구하지 않았겠는가? 중궁은 전날에 거의 주상을 준봉遵奉하지 아니했고, 덕이 적은 내가 수렴청정하는 것을 보고는 또한 어린 임금을 끼고 조정에 임할 뜻으로 무릇 옛날 조정에 임한 후비后妃들의 일을 자주 거론했다. 주상이 혹 때로 편치 않을 때가 있어도 윤씨는 마음에 개의치 않고 꽃

핀 뜰에서 놀고 새를 잡아 희롱하다가도, 만약 제 몸이 편치 않으면 주상을 들볶았다. 평소의 행실이 늘 이와 같으니 우리들은 항상 두려워했다. 만약 주상이 편치 않을 때를 만나면 독을 어선御膳(왕의 음식)에 넣을까 두려워하여 여러 가지 방법으로 방비하면서 중궁이 지나가는 곳에는 어선을 두지 않도록 금했다. 우리들이 비록 이름을 국모라고 하나 본래는 평인平人인 것이요, 한 나라에서 높임을 받는 분은 주상이 아니고 누구이겠는가? 그런데도 늘 경멸하여 주상으로 하여금 안심하고 음식을 들 때가 없게 했다. 그래도 우리가 뭘 어떻게 하겠는가? 비록 자식이 없다고 하더라도 오히려 보전하고자 할 것인데, 하물며 원자가 있었음에야? 그 악이 날로 커져서 꺼리는 바가 없었으나, 주상은 도량이 너그럽고 인자하므로 매양 비호하면서 허물을 고치게 하려고 한 것이 한 가지 일만이 아니었다. 우리들이 비록 그가 부덕하더라도 옛 현비賢妃의 일을 인용하여 가르치기를 곡진하게 했어도 일찍이 들으려고 생각지 아니했다. 지금에 와서 이와 같이 결단한 것은 다시 허물을 고칠 가망이 없었기 때문이다. 평소에 시비侍婢에게 죄가 있으면, 반드시 이르기를 "지금은 비록 너에게 죄줄 수가 없더라도, 장차는 너를 족멸族滅시킬 것이다"고 했으니, 이와 같은 마음으로써 원자를 가르친다고 하면 옳겠는가? 부왕이 위에 있으면서 모름지기 이와 같은 사람을 단절시켜야만 원자를 제대로 키울 수 있을 것이다.

이제 원자에게는 가련한 일이나, 주상의 근심과 괴로움은 곧 제거될 것이고, 우리들의 마음도 놓일 것이다. 우리들은 항상 제철의 과일을 만나면 차마 홀로 맛보지 못하고 반드시 원묘原廟에 올리게 하고 난 다음에 이를 맛보는데, 중궁은 우리들이 비록 간곡하게 타일러도 사사로이

써버렸다. 무릇 불의한 일을 행했을 때에 우리들이 물으면 대답하기를 "주상이 가르친 것입니다" 하고, 주상이 이를 보고 꾸짖으면, "대비가 가르친 것입니다"고 하여, 그 거짓된 짓을 행하는 것이 이와 같았다.

윤씨는 성종보다 다섯 살 이상 위였다. 이런 점을 감안할 때 수렴청정 시 대왕대비의 표현대로 국정에 개입하려 했을 가능성이 높다. 어떻게 보면 윤씨는 다소 거칠고 주장이 강하고 씩씩한 성격의 인물이었다고 할 수 있다. 조신함과는 거리가 멀었고 사려 깊은 인물도 아니었다. 그런 사람과 삼전의 '마마보이'라고 할 수 있는 성종이 부부애를 유지한다는 것은 사실상 어려웠을 것이라는 점은 쉽게 상상이 간다. 그럼에도 불구하고 '폐비'는 다른 차원의 문제다. 신하들이 제시하듯 그 문제를 해결할 수 있는 길은 여러 가지가 있었기 때문이다. 성종의 마음이 윤씨에게서 완전히 떠나버렸다는 것, 이게 사태의 본질이었는지 모른다. 그리고 국왕으로서의 자존심 혹은 자존심을 손상당했다는 극도의 불쾌감…… 당시 성종의 나이 23세였다.

그런데도 사론士論은 가라앉을 기미를 보이지 않았다. 이번에는 성균관 생원 허형許衡 등 65인이 연대해서 장문의 상소를 올렸다. 내용은 신하들의 그것과 대동소이했다. 성종은 크게 화를 내며 "모두 의금부에 회부하여 추국하라"고 지시한다. 김계창, 변수 등이 나서 주동자만 처벌하고 나머지는 용서해주면 어떻겠냐고 말했지만 성종은 단호했다.

"예로부터 서생은 국가의 일에 관여하지 않는 것이니 모두 가두도록 하라."

❖ 국왕을 둘러싼 수신제가 논쟁

이번에는 홍문관 직제학 최경지 등이 상소를 올려 성종의 가장 아픈 곳을 직접 찔렀다. 폐비를 할 것이냐 사저로 쫓을 것이냐를 중심으로 논쟁이 진행되다가, 성종의 해명과 대왕대비의 의지가 나오면서 일단 분위기는 윤씨에게 근본적인 문제가 있었던 것으로 바뀌려 하고 있었다. 그런데 왜 이런 일이 생기게 되었는가라는 원인을 지적하고 나선 것이다. 한마디로 솔선수범했다고 생각하느냐고 성종에게 따져 묻고 있는 것이라할 수 있다.

"대저 부인이란 의리를 알지 못하고 그 도리도 이루는 것이 없으므로, 군자가 몸소 행하여 이끌기에 달려 있는 것입니다. 《시경詩經》에 이르기를 '처에게 모범이 되어 형제에 이르고 가방家邦(집안과 나라)을 다스리도다'라고 했으며, 전傳에 이르기를 '집이 다스려져야 나라가 다스려진다'라고 했으니, 전하께서는 마땅히 안으로 성찰할 것이지 어찌 전부 부인의 과실만으로 박대를 하십니까? 전하께서 멀리는 전대前代를 본받으시고 가까이로는 여정輿情(여론)을 살피시어, 별궁에 처하게 해서 호위를 엄하게 하고 관에서 공봉하게 하여 시종始終 은혜를 온전히 하시면, 더할 수 없는 다행이겠습니다."

사실은 바로 여기가 세종과 성종이 극단적으로 대비되는 대목이다. 최경지 등의 상소에서 하고 있는 말은 다름 아닌 《대학大學》 혹은 《대학연의大學衍義》의 핵심 가르침이다. 국왕도 사람이며 국왕의 힘은 자신을 닦는 데서 온다는 것이다. 반면 《소학小學》을 좋아했던 성종은 "마땅히 안으로 성찰"하기보다는 "남의 과실을 지적"하는 편이었다. 성종으로서는 치명타였기 때문에 정면 대응이 필요했다.

"그대들은 내가 좋지 못한 일을 했기 때문에 왕후가 이에 이르렀다고 여기는가? 그러나 요순도 불초한 자식이 있었으니, 덕이 부족해서 그러했겠는가? 사유를 물어서 아뢰라."

다소 심하다고 생각했던지 최경지 등은 물러선다.

"신 등은 전하께서 제가齊家를 하지 못했다고 이른 것이 아닙니다. 옛사람도 이와 같은 논란이 있었다는 뜻입니다."

그러나 이것은 변명이다. 분명히 그들은 성종의 제가에 문제가 있다고 말했다. 하지만 여기서 더 들어가면 피차 곤란했다. 성종의 여색은 여러 가지 정황으로 보아 이미 신하들의 우려를 사는 단계에 이르고 있었다. 그랬기 때문인지 성종도 더 이상의 정면 대응은 참고 넘어간다.

"그대들은 모두 다 임금을 섬기는 사람인데, 어찌하여 억측으로 임금의 허물을 드러내려고 하는가? 이제 너희들을 죄주고자 하나 우선 그냥 두는 것이니 다시 말하지 말라."

성종이 말한 '억측', 그것은 다른 아닌 여색과 관련된 것이었다. 그리고 억측이 아니라 사실이었던 것으로 봐야 한다. 아무리 깊은 궁중의 일이라도 소문이 안 날 수 없기 때문이다. 그런데 엎친 데 덮친 격으로 윤씨에게는 폐비당한 지 열흘 만에 또 하나의 비극이 덮친다. 6월 12일자 기록이다.

"왕자가 졸卒했는데 폐비 윤씨의 소생이었다."

첫 번째 폐비 시도가 있는 직후에 임신했던 그 둘째 아들이 사망했다. 연산군의 친동생이 죽은 것이다.

❖ 폐비 윤씨는 왜 반드시 죽어야만 했나?

삼전이 증오를 했건 성종의 사랑이 식었건 윤씨를 폐비시켜 아예 사저로 내쫓아버림으로써 그들의 불안감이나 불만은 사실상 해소된 것이 마찬가지였다. 밖에 있는 윤씨가 무슨 모반을 일으킬 위인도 아니고 그런다고 한들 가능하지도 않았다.

그런데 왜 성종은 폐비 3년 후 '사사'라는 극약 처방을 선택한 것일까? 사실은 별궁에 거처하도록 하지 않고 사저로 내쫓을 때부터 비극의 씨앗은 싹트기 시작했다. 그 정도로 문제가 있는 인물이라면 별궁에 거처하도록 한다고 해서 윤씨를 동정하는 여론이 그렇게 크게 일지는 않았을 것이다. 앞서도 나왔지만 태종과 원경왕후의 관계가 그러했다.

그러나 대비 3명과 23세의 국왕이 왕실의 먼 미래를 구상하며 나라를 이끌어가기에는 역부족이 아니었나 하는 생각이 든다. 8월 6일 대사헌 박숙진은 정사를 논하다가 "신이 두 번 폐비의 집 앞을 지나갔는데 문 앞에 인적이 없으니, 만일 화재나 도적의 변고가 있으면 전 국모로서의 체모를 손상당하게 될 염려가 없을 수 없습니다. 한갓 이것만이 아닙니다. 옛말에 '3개월이면 천도天道도 절후가 조금 바뀐다'라고 한 것은 그 오램을 뜻한 말입니다. 윤씨는 목석木石이 아니니, 어찌 징계되고 스스로 후회하는 마음이 없겠습니까? 별전에 두심이 옳을 것입니다"고 아뢰었다. 극도로 화가 난 성종은 그 자리에서 박숙진을 대사헌에서 내쫓았다.

그런데 실제 3개월 후 윤씨의 집에 도둑이 들었다. 그런데도 성종은 아무런 조치를 취하지 않았다. 그래도 한때의 국모였는데 그 집에 도둑이 들었다면 국왕으로서 격분해야 마땅하다. 윤10월 22일 상참에서 한

성판윤 정문형鄭文炯이 보고했다.

"신이 듣건대, 도적이 윤씨의 집에 들어가서 상자를 열고 물건을 가지고 갔다 하는데, 신의 생각으로는 사방이 모두 대신들의 집이므로 본래 불량한 사람이 없을 테지만, 어찌 도적이 남의 집을 넘어 들어와서 도둑질을 할 수가 있겠습니까? 청컨대 이웃 사람을 추문하고 또 그로 하여금 담을 쌓게 하소서."

이에 대한 성종의 반응은 냉소를 넘어 고소하다는 분위기다.

"자신이 도적을 방비하지 않고서 도둑을 맞았는데, 또 어찌 이웃 사람을 추문하겠는가?"

"지금 도둑을 맞은 일로 인하여 윤씨 집의 담을 쌓도록 한다면, 서울 안의 도둑을 맞은 집들도 담을 쌓도록 하겠는가?"

윤씨에 대한 성종의 이 같은 감정은 다음과 같은 성종의 말에서 단서를 찾을 수 있다. 같은 날 경연이 끝나자 시독관 김흔金訢이 아뢰었다.

"신이 지난번 일본 통신사의 서장관으로 대마도에 있었으므로, 처음에는 왕비를 폐위시킨 일을 알지 못했으나, 돌아온 후 삼가 교서를 본 후에 비로소 알게 되었습니다. 윤씨는 진실로 죄가 있습니다만, 그러나 원자가 있으므로 마땅히 따로 한 곳에 두고서 그 원장垣牆(담)을 튼튼하게 하고는 기다리게 해야 할 것이니, 대간의 말이 진실로 옳습니다."

이에 대해 답하면서 성종은 이렇게 말한다.

"윤씨가 일찍이 스스로 말하기를 '내가 오래 살아서 보기를 원하는 일이 있다'라고 했으니, 이것은 반드시 내가 죽은 후에 원자를 끼고서 조정에 임하여 무릇 하고자 하는 일을 마음대로 행하지 않는 것이 없어서, 대왕대비의 친족으로 하여금 죽지 않고 남는 사람이 없도록 하려는 것이다. 원자가 현명하다면 조선의 사직이 염려가 없겠지만, 만약 원자가 현명하지 못하다면 사직이 영구하게 전해질는지 알 수 없겠다."

　이것이 윤씨를 죽음으로 몰아가게 한 결정적인 원인이었을 것이다. 윤씨가 이런 말을 했다는 자체보다는 능히 그럴 수 있는 사람이라고 성종은 분명 생각했던 것이다. 신동준은 《연산군을 위한 변명》에서 "대비들은 윤씨가 폐출된 뒤에도 윤씨가 살아 있다는 사실에 대해 매우 불안해 한 것으로 보인다. 대비들의 이 같은 강박관념이 성종에게 그대로 옮아갔을 가능성이 크다"고 짐작한다. 필자도 여기에 동의한다. 그러나 역시 중요한 것은 성종의 생각이다. 결국 성종은 기회가 오면 윤씨를 완전히 제거해야 한다는 생각을 했던 게 분명하다. 그렇지 않고서는 소박을 맞아 쫓겨난 전처라 하더라도 도둑을 맞았다는데 그런 식으로 말할 사람은 없다. 더욱이 성종은 유학 훈련을 제대로 받은 사람이 아니었던가?

❖　　**사화의 피바람을 준비한 왕과 대비들**

성종은 2년 후인 성종 12년 5월 16일 윤씨를 세 번째 왕비로 맞아들였다. 장차 중종을 낳게 되는 장현왕후 윤씨다. 그리고 사냥과 활쏘기에 빠져 향락의 세월을 보낸다. 특히 성종 13년이 되면 그 정도가 심해져 사냥 중에서도 가장 짜릿하다고 하는 송골매 사냥에 빠져 있다가 2월에 대사간 강자평姜子平과 대사헌 김승경金升卿의 비판을 받게 된다.

　"옛날 제왕들이 진기한 새나 짐승을 기르지 않았던 훌륭한 뜻은 치도治道를 위함이었습니다. 그런데 이제 해청(송골매)이 북도로부터 연달아

이르고 또 새로운 명령까지 내리니 신은 그윽이 염려됩니다. 해청 한 물건이 전하께서 14년 간직해 가졌던 훌륭한 마음을 허물어뜨릴 수 있습니까?"

성종 13년 내내 신하들의 간청과 비판과 상소가 이어졌지만 성종은 끝끝내 포기하지 않는다. 심지어 활쏘기를 위해 경연까지 중지한다. 성종에 대한 신하들의 부정적인 생각이 커졌을 것은 보나 마나이고 시중의 여론 또한 성종에게 우호적일 수 없었을 것이다. 이런 가운데 8월 11일 정말 엉뚱한 자리에서 폐비 윤씨의 문제가 다시 거론된다. 경연에서 시독관 권경우權景祐가 우연찮게 윤씨의 문제를 끄집어낸 것이 사건의 발단이 되었다. 죄를 지어 지방에 가 있다가 중앙에 복귀하는 바람에 폐비 윤씨 문제와 관련해 자신의 의견을 말할 기회가 없었다며 별도의 안전한 거처를 마련해주자고 이야기한 것이었다. 그러자 채수蔡壽나 한명회까지도 '한때 국모'였는데 그렇게 하는 게 좋지 않겠느냐고 맞장구를 쳤다. 이 말을 듣자 성종은 실록의 표현대로 하자면 "언성을 높여" 이렇게 말했다.

"이미 서인이 되었는데 여염집에 사는 게 무슨 문제인가? 그리고 국모라고 했는가? 어찌 그가 국모인가? 이는 분명코 원자에게 아첨하여 후일의 지위를 도모하려고 하는 것이다."

이때 원자(연산군의) 나이는 불과 일곱 살이었다. 말이 안 되는 소리지만 어쨌거나 성종의 입에서 나온 말 자체는 권경우, 한명회, 채수, 세 사람이 '일종의 역모'를 꾸미는 거나 마찬가지라는 뜻의 비판이었다. 순간 경연장에는 숨 막힐 듯한 긴장감이 감돌았다.

채수가 적극적인 변명에 나섰다. 성종의 직설적인 성품으로 볼 때 무슨 일이 생길지 몰랐다. 채수는 신하들 중에서 가장 나이 어린 자신이 서른네 살임을 강조하며 "원자의 세상을 기약한다는 것 자체가 어불성설"이라고 억울함을 펼쳤다.

이에 대해 성종은 "윤씨는 나를 가리켜 '발자취까지도 없애버리겠다'라고 말했다"며 "원자도 효자가 아니라면 그만이지만, 효자가 되고자 하면 어찌 윤씨를 어미로 여기겠느냐?"고 말한다. 또 예전에 비상을 숨겨둔 것도 경쟁자인 후궁들을 염두에 둔 것이 아니라 자신을 향한 것이었다고 논리적 비약을 한다.

그런데 채수는 만일 여염집에 계속 두어야 한다면 옷과 음식이라고 공급해야 한다고 말해 성종의 심기를 다시 한 번 자극한다.

"그대들은 경연관으로서 나의 뜻을 알 만한데도 그런 식으로 말하니, 그대들은 윤씨의 신하인가, 이씨의 신하인가?"

화가 머리끝까지 난 성종은 "그대들은 윤씨 문제와 관련해 '온 나라의 신하와 백성들이 통한痛恨하지 않는 이가 없다'고 했다. 그렇게 통한한 자가 누구인지 말하라"고 언성을 높였다. 그리고 윤씨의 오라비들을 의금부에 가두도록 명하면서 의정부, 육조, 대간들을 불러들였다. 비교적 내밀한 이야기를 하는 자리인 경연에서 이뤄진 윤씨 문제가 공식적인 국정의 쟁점이 되는 순간이었다.

동시에 성종은 권경우가 했던 말을 정리해 대비전에 올렸다. 대비전에서는 한글로 자신들의 입장을 밝혔다. 여기에 보면 폐비 윤씨를 둘러싼 여론이 성종과 삼전에게 불리하게 돌아가고 있는 것을 개탄하는 대목이 들어 있다.

지금은 곁에 있는 악한 것을 이미 제거했으니 우리가 비록 주상과는 다른 처소에 살지만 마음은 안심이 된다. 그런데 이제 권경우의 말을 보면 온 나라 사람들의 마음을 장차 다 변하게 할 것이다.

성종 또한 자신에 대한 부정적 여론이 커가는 것을 부담스러워하지 않을 수 없었다. 결국 성종은 8월 16일 의정부, 육조, 대간들을 선정전으로 불러들여 윤씨 문제를 처리할 수 있는 방안을 내놓으라고 명한다. 이미 성종 자신은 윤씨를 사사시키기로 결심한 후였다. 지난 4~5일 동안 이어진 논란에서 성종의 확고한 결심을 목격해서인지 대부분의 신하들은 "대의로 결단을 내려야 한다"는 입장을 내놓았다. 한명회조차 성종의 서슬에 질려 윤씨 사사를 지지하는 입장을 밝혔다. 그 사이에 다들 돌아서버린 것이다.

이날 성종은 좌승지 이세좌를 시켜 윤씨를 그 집에서 사사하도록 했다. 이세좌는 훈구공신 이극감의 아들이다. 이세좌는 자신은 윤씨의 얼굴을 모른다는 핑계로 내시 한 명을 붙여 달라고 했다. 자신의 손으로 직접 윤씨를 사사시켰다는 오명을 쓰지 않으려는 생각이었던 것 같다. 그러나 연산군 때 이조판서와 예조판서에까지 올랐던 그도 1503년 인정전에서 열린 양로연에 참석했다가 어사주의 잔을 돌릴 때 잘못하여 연산군의 어의御衣에 술을 쏟는 실수를 저질러 함경도 온성으로 귀양을 갔다. 또 이듬해 다른 사건으로 유배되던 중 자살의 명을 받고 자결함으로써 불행하게 생을 마치게 된다.

한편 성종은 자신의 결단을 삼전에게 아뢰었고 삼전은 한글로 된 서간을 통해 "장래에 아부하는 무리들이 반드시 옳고 그른 것을 뒤집어 죄없

폐비 윤씨의 무덤. 연산군이 즉위하면서 회릉懷陵으로 추숭했으나 1506년 중종반정으로 회묘
懷墓로 강봉降封되었다. 경기 고양시 덕양구 원신동에 있다.

는 사람을 모함하여 해칠 것이니" 이번 결정은 아주 잘한 것이라는 입장
을 밝혔다. 윤씨를 지켜줄 사람은 아무도 없었다. 결국 이날 윤씨는 사약
을 받고 세상을 떠나고 만다. 그리고 윤씨의 어머니와 오빠들은 겨우 목
숨을 건지고 유배를 떠나야 했다. 연산군에 의한 갑자사화의 비극은 이
렇게 아버지였던 성종에 의해 준비되고 있었던 것이다.

왕의 권력을 휘두른
유일한 여성, 문정왕후 윤씨

❖ **여자가 권력을 장악하면 죄가 되는가?**

나는 1565년 4월 6일 심열로 창덕궁 소덕당에서 눈을 감았다. 1501년에 태어났으니 그때 나이 65세였다. 당시로서야 장수했다고도 할 수 있겠다.

그런데 혹시 여러분은 내가 죽은 날 실록의 사관이 뭐라고 평을 써놓았는지를 읽어본 적이 있는가? "사시巳時(오전 10시경)에 대왕대비가 창덕궁 소덕당에서 승하했다"는 간략한 문장에 이어서 곧장 사관의 평이 이어진다.

사신史臣은 논한다. 윤씨는 천성이 강한剛狠하고 문자를 알았다.

'강한'하다고? 이것이 무슨 뜻인가? 한狠은 '사납다, 마음이 비뚤다,

거칠다'는 뜻이다. 아주 사납고 크게 마음이 비뚤어졌고 매우 거칠다는 말이다. 이것이 역사를 논한다는 사신의 입장에서 나올 말인가? 내 살아 생전에는 한마디도 못하다가 세상을 뜨자마자 붓을 들어 등에 칼을 꽂는 행태를 보이는 것이 성리학으로 무장했다는 사내대장부가 할 짓인가?

차라리 당당하게 문제점을 지적했으면 억울할 일도 없었을 것이다. 고리타분한 성리학자들은 세 가지 이유를 들어 나를 공박했다. 첫째 숭유억불崇儒抑佛의 국시를 깨트리고 호불好佛을 했다는 것인데, 자 선대 왕들이 불교를 어떻게 대했는지 돌아보자. 태종대왕을 제외한다면 거의 모든 선대왕들이 불교를 중시했다. 태조, 세종, 세조는 얼마나 독실한 불교 신자들이었는가? 다만 신하들의 견제로 인해 그 범위를 왕실 너머 로 확대하지 못했을 뿐이다.

둘째 바로 이 점과 연결되는 것인데 나는 정치력으로 신하들을 제압 했다. 아마도 사신이 마지못해 언급한 "문자를 알았다"는 말도 자신들 을 능가하는 논리로 신권을 제압했다는 것을 이렇게 에둘러 표현한 것 으로 보인다. 나는 일찍이 왕권이 약화될 기미를 보았기 때문에 차선책 으로 왕실의 권한을 강화하기 위해 내가 나설 수밖에 없었다. 그리고 분 명히 말하지만 권력투쟁에서 내가 이겼다. 그 이긴 결과로 나는 태조나 세종, 세조도 할 수 없었던 불교 진흥책을 대대적으로 전개할 수 있었던 것이다. 성리학 일변도로 갔을 때 나라가 쇠락한다는 것은 그 후 조선의 역사가 이미 실증해보이지 않았던가? 전조前朝(고려)의 역사를 보라. 말 년의 폐단이 있기는 했지만 유학과 불교가 잘 융합됐을 때 고려는 최대 의 전성기를 누렸고 그 국력은 지금의 조선을 능가했다고 할 수 있다. 이 아녀자가 그나마 국사를 맡아 나라를 위해 전력을 다했다고 자부할 수 있는 것이 바로 불교 진흥책이다. 그런데 그대들은 뭐라고 호도했는가? 사람이 죽을 때는 그 말이 착하다고 했던가? 내가 언문 유언을 통해 뭐라 했는가?

석도釋道(불교)는 이단이기는 하지만 조종조祖宗朝 이래로부터 다 있어왔고 양종兩宗(선종과 교종)은 역시 국가가 승려들을 통솔하기 위하여 설립한 것이오. 승려들이 비록 쓸데없는 것이라고는 하나 조정에서는 모름지기 내 뜻을 체득하여 끝까지 옛날 그대로 보존하도록 하는 것이 좋겠소. 옛사람 말에 "평상시에는 불도佛道를 섬길 수 없지만 부모에게 간하여도 만일 고치지 않으면 그대로 따랐다"고 했으니 주상이 이를 금지 억제하더라도 조정에서는 모름지기 내 뜻을 따라주시오.

이 유언 바로 뒤에 사신은 뭐라 했는가?

사신은 논한다. 양종을 설립한 뒤부터 국가의 저축이 고갈되고 승도僧徒들이 마구 방자해져서 장차 국가를 다스릴 수 없게 되고 한 시대에 화를 끼친 것이 많았는데도 후세에 이를 남기고자 하여 임종하던 날 마음에 두고 잊지 못하니 어찌 그리도 심히 혹했을까?

한마디로 가소로운 소리다. 그렇다면 내가 권좌에 있을 때 그런 말을 해야지 죽자마자 실록에 이런 토를 다는 것이 올바른 것을 보면 목숨을 건다는 선비의 마땅한 도리인가?

셋째 저들이 이 아녀자를 혹독하게 몰아친 가장 근본적인 이유는 실은 남존여비 사상 때문이다. 중종 시대를 거치며 조광조니 뭐니 하면서 사림들이 설쳐댈 때부터 왕권과 신권이 조화를 이뤄야 한다느니, 여성들은 아무것도 하지 말고 집안에 틀어 박혀 있어야 한다느니 하는 고루하기 그지없는 성리학이 판을 치기 시작했다. 나로서는 이 두 마리 토끼를 한꺼번에 잡는 것이 불교 진흥이었다. 왕권도 강화하고 여성들도 자신의 목소리를 갖도록 하자는 것이었다. 그 싸움에서 그대들은 판판이 지지 않았는가? 현실에서 패배한 자들이 책으로 도피하여 자신들을 호도하기 위해 짜내고 또 짜낸 말이 "윤씨는 천성이 강하고 문자를 알았다"는 것이다.

오히려 이 사람을 제대로 평하려면 왕권이 약화되고 여성에 대한 제약이 본격화된 시기에 과연 어떤 탁월한 능력이 있었기에 그 노회하기 그지없는 남성 관료들을 일거에 제압하고 여왕에 가까운 권력을 행사할 수 있었는지부터 알려고 해야 할 것이다. 그리고 기나긴 조선 500년 역사의 틀 속에서 내가 했던 일들이 균형 있게 평가된다면 나는 그 어떤 부정적 평가가 내려지더라도 기꺼이 받아들일 것이다.

만일 그렇지 않고 계속 성리학이라는 관견管見으로 이 사람의 생애를 잡아내고 평가하려 한다면 이 사람으로서는 단 한 문장, 단 한 단어도 흔쾌히 받아들일 수 없음을 분명히 해두고자 한다.

❖ **파평 윤씨의 파워로 제2계비가 되다**

1515년(중종 10) 11월 18일 왕은 승정원에 다음과 같은 명을 내린다.

"명과학命課學으로 하여금 이제 내린 처녀 4인의 팔자를 궐내에서 점치게 하라."

명과학이란 운명 길흉화복을 판단하는 일종의 점술이다. 왕의 명에 따라 사주팔자를 보게 된 처녀 4인은 각각 손준, 김총, 윤지임, 윤금손의 딸들이었다. 제2계비 간택을 위한 기초적인 절차였다.

사후 '중종中宗'이라는 묘호로 불리게 될 왕의 결혼은 순탄치 않았다. 연산군을 내쫓은 반정이 일어났을 때 그의 나이 열아홉 진성대군이었다. 연산군의 이복동생이다. 반정 과정에 전혀 관여를 한 바 없었기 때문에, 떠밀려 왕위에 오르기는 했지만 실권이 전혀 없었다. 그것이 단적으로 드러난 사건은 첫 부인 신씨와의 결별이었다. 부인 신씨는 연산군의 처남인 신수근愼守勤의 딸이었다.

1506년 9월 2일 반정을 일으킨 박원종朴元宗, 성희안成希顔 등 반정 세력은 9월 9일 신씨를 대궐에서 내쫓았다. 이들의 요청이 있으면 신왕은 그저 "그렇게 하라"는 말밖에 할 수 없는 상황이었다. 그리고 바로 다음 날부터 처녀 간택을 시작하지만 신왕은 신씨를 진심으로 사랑했기에 혼인을 최대한 미룬다. 상황이 이렇게 되자 반정을 이끈 좌의정 박원종이 나섰다. 1507년(중종 2) 6월 17일 박원종은 거의 협박에 가깝게 혼인의 필요성을 강요한다. 결국 신왕도 압력에 견디지 못해 후궁으로 있던 윤여필尹汝弼(1466~1555)의 딸 숙원 윤씨를 배필로 정한다. 윤여필은 박원종의 매부였다. 게다가 숙원 윤씨는 어려서 월산대군의 부인이자 박원종의 누이인 승평부부인 박씨 집에서 성장할 정도로 박원종과는 가까웠다. 이렇게 해서 같은 해 8월 4일 근정전에서 책봉례를 거행하고 제1계비로 윤씨를 맞아들였다. 그가 훗날의 장경왕후 윤씨다. 이로써 반정 세력이 국혼을 장악하는 선례가 만들어졌다. 이날 책문에는 이런 구절이 포함되어 있다.

> 아! 그대 윤씨는 명족名族에서 태어나 일찍이 훌륭한 소문이 났으므로, 궁중에 뽑혀 들어오니 덕을 으뜸으로 갖추어 왕비를 삼을 만하고 한 나라의 어머니가 될 만하도다. 이에 의지懿旨를 받들어 왕비로 책봉한다.

명족이란 곧 명문대가로서 정희왕후 윤씨를 배출한 파평 윤씨 집안을 뜻한다. 이때 혼인한 제1계비 윤씨(장경왕후)는 8년이 지난 1515년(중종 10) 2월 25일 그토록 기다리던 원자를 낳았다. 그러나 산후병으로 3월 2일 25세를 일기로 세상을 떠났다.

따라서 처녀 4인의 팔자를 점친 것은 제1계비 윤씨가 세상을 떠난 지 8개월쯤 지난 때였다. 그리고 1년 반이 지난 1517년(중종 12) 3월 15일 4인의 후보 중에 윤지임尹之任의 딸이 제2계비로 선정됐다. 이날 왕이 예조에 내린 전교다.

"자전慈殿(대비, 중종의 친어머니)께서 분부하신 가운데 '윤지임의 딸이 여러 대 공후公侯의 가문에 태어났고, 탁월한 덕행이 있어 중궁 자리에 가합하다'고 하셨는데, 나의 뜻도 또한 그러하여 비로 삼기를 결정했으니 길일을 가려 아뢰라."

즉 이번에도 '공후의 가문', 즉 파평 윤씨 가문이라는 것이 중요한 요인으로 고려됐다. 그리고 곧바로 윤지임에게 명을 내려 딸 윤씨를 다른 사람들과 접촉하지 못하도록 별도의 장소에 두도록 명했다. 그곳을 시어소時御所라 불렀다. 그리고 같은 해 7월 윤지임의 딸 윤씨는 왕비의 자리에 오른다. 이때 그의 나이 열일곱 살이었다.

❖ 피비린내 나는 궁정의 실상을 목격하다

몰락해가던 명문가의 평범한 양반집 규수가 하루아침에 왕비의 자리에 올랐다. 엄하디엄한 궁궐 예절을 익히며 동시에 대궐의 여인들을 통솔해야 하는 일은 누가 봐도 극히 어려울 수밖에 없었다. 무엇보다 나이 어린 왕비로서 연장자인 후궁들을 상대하는 일은 여간 어려운 일이 아니었을 것이다.

대궐에 들어간 제2계비 윤씨가 당장 해야 할 일은 이제 막 세 살 된 원자를 키우는 것이었다. 원자의 배후에는 원자의 외삼촌 윤임尹任이 있었다. 훗날 대립하게 되지만 아직은 윤씨나 윤임 모두 원자를 잘 보호해야 하는 공통의 목적을 갖고 있었다.

왕의 우유부단한 성격으로 인해 궁궐 내 암투는 극에 달하고 있었다. 연산군 때 궁녀로 들어와서 왕의 후궁이 된 경빈 박씨는 1509년(중종 4) 복성군을 낳아 특별한 총애를 받고 있었다. 원자의 잠재적 위협 세력은 경빈 박씨였고 윤임과 제2계비 윤씨는 공동으로 그에 맞서야 했다. 윤씨가 회임은 자주 했지만 딸만 셋(의혜공주, 효순공주, 경현공주)을 줄줄이 낳아 왕에게 실망감만 안겨주었다.

윤씨가 대궐 생활 10년을 맞던 1527년(중종 22) 2월 26일 대궐에서는 충격적인 사건이 발생한다. 이제 열세 살 된 세자가 거처하던 동궁의 북쪽 뜰 은행나무에 사지와 꼬리가 잘린 채 입, 귀, 눈을 불로 지진 쥐 한

마리가 내걸렸다. 동궁을 저주하는 것이 목적이었다. 그런데 3월 1일에는 왕과 왕비가 거처하는 대전 침실의 난간에 똑같은 일이 일어났다.

이 일이 공론화된 것은 사건 발생 한 달이 되어가던 3월 22일 의정부 대신들과 국정을 논할 때였다. 우의정 심정沈貞이 사건의 개요를 말하고 범인 검거를 청했다.

> 심정이 아뢰기를 "기미幾微에 관한 일은 그것이 조금만 비쳐도 속히 명쾌하게 결단해서 외인으로 하여금 속 시원히 알게 해야 합니다. 일이 만약 긴급하게 된 경우에는 신 등도 아뢰기가 또한 어려운 것입니다. 그래서 미리 아뢰는 것입니다. 전일 세자의 생신일(2월 29일)에 죽은 쥐를 가져다 사지를 찢어 불에다 지진 다음, 이를 세자의 침실 창문 밖에다 매달아놨었다 합니다. 그런데 이달 초하룻날 또 그랬다고 합니다. 이 말이 사실인지 아닌지는 모르겠습니다만 신하의 입장에서 듣기에 관계되는 바가 중대하기 때문에 아뢰는 것입니다. 신 등이 되풀이 생각해봐도 궁금宮禁에 틀림없이 간사한 사람이 있어 이런 모의를 얽어내고 있는 것 같습니다. 비록 그가 누군지 분명히는 모르지만 조금이라도 의심이 가는 사람이 있으면 숨기지 말고 통렬히 치죄해야 합니다"고 하니, 상이 깜짝 놀라면서 이르기를 "동궁에 이런 요괴스런 일이 있었단 말인가? 즉시 추문해야겠다"고 했다.

'깜짝 놀라'라는 부분이 당시 상황의 급박성을 고스란히 전해준다. 실록에 따르면 심정이 세자궁의 내밀한 이야기를 들을 수 있었던 것은 외조부인 윤여필이 전했기 때문이다. 이때까지만 해도 심정은 이 사건이 바로 자기 자신을 향해 어딘가로부터 날아온 독화살이라는 사실을 전혀 깨닫지 못하고 있었다.

곧바로 이어진 세자궁 시녀와 상궁들에 대한 조사를 통해 그 같은 일이 있었다는 것은 확인됐다. 문제가 누가 그랬느냐 하는 것이었다. 4월 초순을 지나면서 혐의는 경빈 박씨에게 모아졌다. 결국 확증은 없이 경빈 박씨가 주동한 것으로 지목됐고 경빈의 시녀와 사위인 홍려의 종들이 심문을 받던 중 맞아죽었다. 그리고 4월 21일 경빈 박씨는 아들 복성군과 함께 서인으로 강등되어 대궐에서 쫓겨난다. 그리고 몇 년 후 경빈 박씨와 복성군은 다시 한 번 모종의 사건에 연루되어 결국 사약을 마시고 세상을 떠나게 된다. 이때 좌의정으로 있던 심정도 박씨와 연루됐다 하여 사약을 마셔야 했다.

그런데 이 사건은 정적인 심정을 제거하기 위한 김안로金安老의 공작이었음이 뒤늦게 밝혀져 조정은 다시 한 번 발칵 뒤집어진다. 생원 이종익李宗翼이 1532년 3월 상소를 올려 1527년 일어난 '작서灼鼠의 변'은 아버지 김안로의 사주를 받아 중종의 사위였던 김희金禧가 조작한 사건임이 만천하에 드러난 것이라고 주장했다. 간단히 말하면 경빈 박씨와 가까웠던 심정을 제거하기 위해 세자의 잠재적 위협 세력인 경빈 박씨와 복성군을 옭아매려 했던 것이 '작서의 변'이었다. 제2계비 윤씨는 이 사건의 당사자나 관련자는 아니었지만 바로 앞에서 일어나는 궁정 암투의 실상을 적나라하게 목격할 수 있었다. 두려웠을 것이다. 언제 저 독화살이 자신을 향해 날아올지 모른다는 생각을 하는 순간 몸서리를 쳤을지도 모른다.

여기서 우리는 조금 다른 이야기를 해야 한다. 대단히 중요한 사실에

관한 이야기다. '작서의 변'으로 경빈 박씨를 비롯한 여러 후궁들에 대한
조사가 한창이던 1527년 4월 3일 안씨(아마도 후궁 창빈 안씨를 지칭하는 듯
하다)에 대한 공초에 이런 증언이 나온다.

> 왕께서는 전殿에 앉아서 중궁과 《대학연의大學衍義》를 강론하고 있
> 었다.

　이때면 중궁, 즉 제2계비 윤씨의 나이 27세 때다. 그런데 기초적인 경
전이나 사서가 아니라 제왕학의 교재로서 대단히 높은 수준의 학문적 역
량을 요구하는 《대학연의》를 학문이 완숙의 경지에 이른 왕과 함께 '강
론'을 하고 있는 것이다. 이걸 가리켜 실록의 사관은 "문자를 알았다"는
냉소적인 압축 문장으로 표현했던 것이다.
　"문자를 알았다"와 "왕께서는 전에 앉아서 중궁과 《대학연의》를 강론
하고 있었다"는 차원이 전혀 다른 두 문장이다. 후자의 의미를 정확히 알
려면 먼저 그 책이 어떤 책이고 또 조선 왕들에게 어떤 의미를 갖는 책인
지를 파악해야 한다.

❖　　**제왕학의 교본, 《대학연의》에 숨은 뜻**

동양 삼국 제왕학의 텍스트로 존중받았던 《대학》은 원래는 《예기禮記》
49편 중 42번째 편에 들어 있던 것이다. 또 하나의 사서四書 중 하나로
꼽히는 《중용中庸》도 여기에 31번째로 포함되어 있었다. 아마도 중국의

정치 상황이 변화함에 따라 사상가들이 당대의 흐름을 포착하기에 적확하다고 생각되는 부분들을 경서들 중에서 추려내 편찬하는 과정에서 그 같은 분리가 이뤄진 것으로 보인다.

《중용》의 경우는 이미 한나라 때부터 중시되었고 《대학》은 송나라 때 사마광司馬光이 그것을 해설한 《대학광의大學廣義》를 짓고 이어 흔히 주자로 불리는 주희가 《대학》과 《중용》을 별도로 떼어내 《논어論語》, 《맹자孟子》와 함께 사서四書의 지위를 부여하면서 본격적으로 유교의 핵심 경전으로 자리 잡게 되었다. 따라서 우리가 《대학》이나 《중용》을 《예기》의 본문 중

진덕수가 지은 《대학연의》. 《대학》의 깊은 뜻과 그 이치를 해설한 책으로 조선 왕들의 제왕학 교본으로 쓰였다. 버클리대학교 동아시아도서관 소장. 고려대학교 민족문화연구원 해외한국학자료센터 사진 제공.

일부가 아니라 별도의 경전으로 보는 순간 자신도 모르게 주자의 학문 분류 체계와 성리학적 세계관을 은연중에 수용하는 것이 된다. 실제로 조선 500년 주류의 학문 전통은 그러했다.

그러면 《대학연의》를 지은 진덕수眞德秀는 누구이고 또 《대학연의》는 어떤 책인지 간략하게 알아보자. 진덕수는 중국 송나라의 대유학자로 《대학》의 뜻과 이치를 통치 차원에서 재해석하고 풍부한 역사 사례를 덧붙임으로써 《대학》의 정신을 알기 쉽게 풀이했다.

그는 1234년 경연의 자리에서 이 책을 황제에게 바쳤고 1264년 마정

난마정란馬廷鸞이 황제 앞에서 강론한 후부터 중국에서는 제왕학의 보전寶典으로 숭앙받아왔다. 《대학연의》의 주요 내용에 대해서는 조선왕조실록 태조 1년 11월 14일자 기사에서 다음과 같이 요약하고 있다.

선유先儒 진덕수가 《대학연의》를 지어 경연에 올렸는데 맨 처음에 제왕의 정치하는 차례〔帝王爲學次序〕로 시작하고 다음에 제왕의 학문하는 근본〔帝王爲學本〕으로 편차偏次하여, 자기의 몸과 마음으로부터 시작하지 않는 것이 없으니 이것이 이른바 강강綱이요, 맨 처음에 도술道術을 밝히고 인재를 변별하며 정치하는 대체를 상세하게 다루고 민정民情을 살피는 일로써 시작한 것은 격물치지格物致知의 요령이요, 다음에 경외敬畏를 숭상하고 나태함과 욕심을 경계하는 일을 다룬 것은 성의정심誠意正心의 요령이요, 그 다음에 언행을 삼가고 위엄을 갖추는 일을 소개한 것은 수신修身의 요령이요, 그 다음에 배필을 소중히 여기고 내치內治를 엄격히 하고 국본인 세자를 정하고 척속戚屬을 가르치는 일을 오게 한 것은 제가齊家의 요령이니 이것이 이른바 목目입니다. 맨 처음에 성현의 훈전訓典으로써 시작하고 다음에 고금의 사실로써 편차하여 군주라면 마땅히 알아야만 될 이치와 마땅히 해야만 될 일이 상세히 이에 나타나 있습니다.

《대학연의》에 대한 조선 왕실의 각별한 관심은 태조 이성계로 거슬러 올라간다. 태조실록은 총론에서 이렇게 말한다.

태조는 본디부터 유교를 존중하여 비록 군중軍中에 있더라도 창을 던지고 휴식할 동안에는 유학자 유경劉敬 등을 불러 경사經史를 토론했으며 더욱이 진덕수의 《대학연의》 보기를 좋아하여 혹은 밤중에 이르도록 자지 않았다.

태조 이성계는 무인이었다. 따라서 체계적 학문으로서의 유학을 제대로 익혔다고 보기는 어렵다. 그러면서도 유학의 기본 정신에 동조했기 때문에 그에 대한 관심 표명의 일환으로 《대학연의》를 즐겨 읽었던 것으로 보인다. 태조에 대한 강론은 주로 성균 대사성 유경이 도맡아 하고 있다. 그러나 매일 열리는 경연에서 강론한 것은 아니고 조회가 끝난 후 부정기적으로 이뤄진 때문인지 태조 1년 11월 12일 실록 기사에 따르면 사간원에서는 매일 경연을 개최하도록 청하고 있다. 이에 태조는 자신이 이미 수염이 허옇고 육신도 늙었으니 강론까지 들을 필요야 없지 않느냐고 은근한 거부 의사를 밝힌다. 그래도 지신사 안경공安景恭은 전혀 굴하지 않고 "사간원 간관의 뜻은 다만 전하에게 글을 읽게 하려고 함이 아니옵고 대개 정직한 사람을 가까이하여 바른 말을 듣게 하려고 함입니다"라며 재차 그 취지를 설명한다. 이에 태조는 "내가 비록 경연에는 나가지 않더라도 늘 편전에서 유경으로 하여금 《대학연의》를 강론하게 하고 있다"며 자신의 뜻을 굽히지 않는다. 그럼에도 이틀 후 사간원에서 아예 매일 경연을 열어야 한다고 상소를 올리자 결국 태조는 윤허한다.

태종 이방원은 《대학연의》에 대해 어떤 입장을 갖고 있었는가? 태종 2년 6월 18일 사간원은 현안과 관련해 네 가지 건의 사항을 올리고 있는데 그중 두 번째가 경연에 참석하라는 권고다. 여기 보면 "전하께서는 옛날 동궁에 계실 때 《대학연의》를 읽으시어 격물格物 치지致知 성의誠意

정심正心 수신修身 제가齊家 치국治國 평천하平天下의 학문에 대하여 강구하신 바가 지극했고"라는 대목이 있다.

그 후 태종은 태종 3년 5월 21일 상서사尙瑞司(옥새나 지휘봉처럼 국왕이 직접 사용하거나 신하들에게 하사하는 물건을 만드는 관청)에 명하여《대학연의》의 서문과 표문을 병풍으로 만들게 해서 늘 가까이하고 태종 11년 12월 15일에는 우부대언 한상덕韓尙德에게 명을 내려《대학연의》의 글을 궁전의 벽에 크게 써놓도록 하기도 했다.

사실 태종과《대학연의》의 인연은 오래고 깊다. 그가 왕위에 오를지 불투명하던 시절 개국공신으로 아버지 이성계를 도와 조선을 건국하고 토지 제도를 정비하는 등 큰 공을 세운 재상 조준의 집에 어느 날 정안공 이방원이 들렀다. 술자리까지 이어진 이날 만남에서 조준은 이방원에게 은밀히《대학연의》를 건네며 "이것을 읽으면 가히 나라를 만들 것입니다"고 말했다. 이심전심으로 '당신은 왕위에 오를 수 있을 것이며 나는 음으로 양으로 도울 것'이라는 메시지를 전한 것이다.

조선 초기 왕가에서는 이처럼《대학연의》는 다음 왕위를 시사해주는 책이기도 했다. 예를 들어 태종 9년 3월 25일자의 기사는 세자이던 양녕대군과 관련된 일화로 결국 양녕의 폐세자와도 연결될 수 있다는 점에서 주목할 필요가 있다.

왕이 세자에게 이르기를 "내가 마땅히 너의 글 읽은 바를 강講한 뒤에 활쏘기를 익히게 하겠다" 하고《대학연의》를 강론하니 세자가 능히 다 대답하지 못했다.

같은 해 9월 9일자에는 태종과 김과金科, 세자와 《대학연의》가 얽힌 관계를 보여주는 기사가 나온다. 김과는 "효녕과 충녕 두 왕자가 세자에 대해 장長을 다투는 마음이 있다"고 발언했다가 태종으로부터 크게 책망받은 장본인이다. 이 점은 용서하면서도 태종은 김과의 결정적인 잘못을 지적한다.

세자가 《대학연의》를 배울 때 권수가 많아 고루 보기가 쉽지 않기에, 내가 너를 시켜 가장 거울이 되고 경계가 될 만한 것을 뽑아 분류 편찬해서 세자가 늘 마음과 눈에 두게 하려고 했다. 그런데 네가 친인척에 대한 것을 가르치는 편을 빼내었다. 마땅히 친인척의 겸손공근謙遜恭謹한 복과 교만방일驕慢放逸한 화는 세자가 올바르게 강습해야 할 것인데, 네가 이것을 빼버렸다. 이것은 온전히 세자의 외척(여기서는 효녕과 충녕을 죽이려 한 민무구閔無咎 형제)을 두려워한 것이다. 옛사람이 저술한 글을 읽는 것도 또한 두려운가?

결국 김과는 대궐에서 쫓겨나고 만다. 한편 실록을 보면 양녕도 어렵사리 《대학연의》 강독을 끝내기는 하지만 거기에 걸린 시간이 장장 6년이다. 세종이 4개월 만에 독파한 것과 극단적 대조를 이룬다.

1418년 6월 3일 갑작스레 양녕대군이 세자의 자리에서 쫓겨나고 막내 충녕대군이 세자로 책봉되었다. 그리고 두 달 만에 왕위에 오른다. 따라서 세자를 위한 서연은 두 달밖에 못했지만 대신 국왕을 위한 경연을 강화함으로써 그 대안을 찾고자 했던 것이 세종의 생각이었다. 그래서 즉위 두 달도 채 안 된 10월 7일 세종은 첫 번째 경연을 여는데 그때 채택한 교재가《대학연의》였다. 왜 하필이면 하고 많은 책 중에《대학연의》를 첫 번째 경연 교재로 사용한 것일까? 경연을 책임지고 있던 경연 동지사 이지강李之剛은 10월 12일 두 번째 경연에서 세종에게《대학연의》를 강의한 후 이 책을 선택한 이유를 다음과 같이 간략하게 이야기한다.

"임금의 학문은 마음을 바르게 하는 것이 근본이 되옵나니, 마음이 바른 연후에야 백관이 바르게 되고, 백관이 바른 연후에야 만민이 바르게 되옵는데, 마음을 바르게 하는 요지는 오로지 이 책에 있습니다."

이지강은 1382년(우왕 8) 문과에 급제했고 태종 때 예문관 제학, 한성부윤, 대사헌 등을 지낸 학자형 관리였다. 그는《대학연의》라는 책은 한마디로 '마음을 바르게 하는 책'이라고 정곡을 찔러 말하고 있다.

❖   **최대의 정적 김안로를 사사하다**

1534년(중종 29) 5월 22일 제2계비 윤씨는 책봉 17년 만에 드디어 왕자를 생산했다. 이때 그의 나이 37세, 왕은 47세이었다. 아마도 윤씨는 왕자 생산을 기점으로 자신의 목표를 뚜렷이 했던 것으로 보인다. 이미 정치적 야심을 키워온 그였다.

윤씨는 중종이 후궁의 처소를 들락거려도 전혀 질투하지 않았다. 윤씨에게 필요한 것은 국왕의 애정이 아니라 권력이었던 것이다. 윤씨는 중종이 찾아오지 않는 날은《사기》,《여장부전》,《진성여왕전》,《선덕여왕전》등을 읽으면서 소일했다. 윤씨는 당시 여성들이 반드시 읽어야 할

《내훈》,《열녀전》 같은 부녀자의 덕목을 강조하는 책보다 역사나 정치에 관련된 책들을, 그것도 여왕전처럼 여성들이 권력을 휘두르는 이야기를 좋아했다.(윤정란 지음,《조선의 왕비》, 89쪽)

게다가 학식을 갖춘 왕과 《대학연의》를 함께 강론했던 윤씨다. 당장 자신이 키우다시피 한 세자가 이제 자신이 낳은 아들의 앞길을 가로막을 수 있는 장애물로 떠올랐다. 이때 세자의 나이 20세였다. 세자는 윤씨를 친어머니 못지않은 효심으로 대하고 있었다. 윤씨의 첫 번째 견제는 자신의 조카를 세자의 후궁으로 들이는 것이었다. 1536년(중종 31) 윤씨의 동생 윤원량尹元亮의 딸이 세자궁의 양제良娣(종2품)로 들어갔다. 양제는 세자의 후궁 중에서는 가장 품계가 높다. 이로써 윤씨는 세자의 일거수 일투족을 파악할 수 있게 됐다.

당시 조정은 희대의 권간 김안로가 이조판서를 거쳐 좌의정이 되어 쥐락펴락하고 있었다. 게다가 김안로는 정현왕후 윤씨의 딸 호혜공주의 시아버지였다. 당연히 김안로는 세자 편이었다. 결국 김안로를 제거하지 않고서는 자신의 아들을 왕위에 올리는 길은 사실상 없는 것이나 마찬가지였다. 문제는 김안로가 왕인 중종조차 함부로 할 수 없는 권세를 갖고 있다는 데 있었다.

사실 선제공격은 김안로 쪽이 먼저 시작했다. 1537년(중종 32) 10월 23일 김안로의 사주를 받은 영의정 김근사金謹思 등이 육조판서를 거느리고서 왕후의 형제들인 윤원로尹元老, 윤원형尹元衡 형제가 의심스러운 일을 꾸미고 있으니 이들을 처벌할 것을 주청했다. 장차 세자의 걸림돌이 될 수 있는 문정왕후와 그 형제들을 제거하기 위함이었다.

중종도 윤원로, 윤원형 형제를 처음에는 도성 밖으로 내보내라고 했다가 다시 먼 곳으로 내칠 것을 명한다. 일단은 김안로 쪽이 주도권을 쥐는 듯했다.

그런데 이날 밤 중종과 문정왕후 사이에 '어떤 일'이 있었다. 통상적으로 이에 대해서는 문정왕후가 중종에게 김안로가 자신을 폐위시키려 음모를 꾸미고 있다고 읍소한 것으로 풀이한다. 다음 날 급박하게 진행되는 사건의 흐름을 보면 상당히 개연성 있는 추론으로 보인다.

10월 24일 대사헌 양연梁淵이 주동이 되어 김안로를 탄핵했다. 이에 중종도 곧바로 김안로를 속히 먼 곳에 내칠 것을 명한다. 불과 하룻밤 사이에 상황이 완전히 뒤집어진 것이다. 다행히 실록의 사관은 그 배경을 친절하게 풀이하고 있다.

> 사신은 논한다. 양사兩司(사헌부와 사간원)에게 김안로의 사독邪毒함과 권세를 독차지한 죄가 극악하다는 것과, 김근사가 악의 무리라는 형상을 자세히 아뢰자 주상이 즉시 윤허했다. 이때 양연이 대사헌으로 이 의논을 먼저 주장한 것은 왕의 밀지密旨를 받았기 때문이라 한다. 이보다 며칠 전에 상이 경연에서 "위태로운데도 붙들려 하지 않으니 그런 재상을 어디에 쓸 것인가?"라는 말을 했고 또 우의정 윤은보尹殷輔에게 비망기를 내려 조정에 사람이 없음을 걱정한다는 뜻을 극론했는데, 이는 대개 주상이 김안로의 죄악을 알았기 때문에 이런 교시를 내려 조정에 은미하게 내보인 것이다.

더 이상의 보충이 필요 없을 만큼 명확한 배경 설명이다. 이날부터 김안로의 심복들에 대한 대대적인 숙청이 진행된다. 이로써 김안로는 이미 죽은 목숨이 되고 말았다. 결국 10월 27일 중종은 김안로를 사사하라는 전교를 내린다. 문정왕후 윤씨와 윤원로 형제의 압승이었다. 이때 김안로와 더불어 함께 죽음을 맞은 허항許沆, 채무택蔡無擇을 합쳐 '정유삼흉丁酉三凶'이라 부른다.

❖   인종의 숨통을 조이는 문정왕후

김안로의 제거는 사실상 세자의 지지 세력을 제거한 것이나 마찬가지였다. 자신의 아들이 커갈수록 문정왕후는 세자에 대한 압박을 노골화했다. 먼저 동생 윤원량의 딸을 세자의 후궁으로 들여 세자의 일거수일투족을 감시했다.

1543년(중종 38) 1월 7일 문제의 사건이 터진다. 한밤중인 밤 12시 전후에 세자의 침전에 화재가 발생한 것이다. 나라의 근본인 세자의 침전에 화재가 났다는 것은 국가의 중대사였다.

훗날 밝혀진 바에 따르면 윤원형이 사람을 시켜 꼬리에 불을 붙인 쥐를 동궁전에 풀어 불이 나게 한 것이었다. 화재 당시 세자는 이미 그것이 계모 문정왕후의 계책임을 알아차리고 차제에 죽으려 했다. 심약한 세자였다. 그러나 다행히 귀인 정씨가 세자를 구해내 목숨은 건질 수 있었다.

이미 노쇠한 중종은 어떤 이유에서인지 사건의 진상을 규명하는 데 큰 힘을 쏟지 않았다. 오히려 단순한 실화 사건으로 규정하고 넘어갔다. 심지어 세자가 재앙에 대한 자신의 부덕함을 탓하는 반성의 글을 대신들에게 올려야 했다. 화재 이틀 후인 1월 9일 세자가 손수 써서 세자시강원에 내린 글이다.

내가 박덕薄德한 자질로 외람되게 동궁東宮에 올랐으니 하늘의 굽어 살 피심은 매우 밝은지라 진실로 재얼災孽을 부르기에 마땅합니다. 조종조 부터 100여 년 동안 전해 내려온 집을 하룻밤 사이에 모두 잿더미를 만 들었으니, 하늘이 이런 꾸지람을 내린 것은 실로 제 잘못에서 말미암은 것입니다. 그리하여 위로는 성심을 놀라게 해드렸고 아래로는 여러 관 료들에게 황황함을 끼치게 되었으니, 이와 같은 혹독한 재변은 옛날에 는 듣지 못했던 것입니다. 자신을 반성하고 가혹한 자책을 조금도 용서 없이 하고 있으나 스스로의 조처를 어떻게 해야 될는지 모르겠습니다. 여러 붕료朋僚들은 빈사賓師와 함께 자세하고 정확하게 가르쳐주고 인 도해주기 바랍니다.

이것을 보더라도 화재를 일으킨 쪽보다는 화재를 당한 쪽이 책임을 지고 있는 모양새다. 이런 우여곡절 끝에 이듬해(1544년) 중종이 쉰일곱을 일기로 세상을 떠나고 세자가 즉위한다. 조선 국왕 중에서 가장 단기간 재위한 인종이 탄생한 것이다.

더불어 문정왕후 윤씨는 대비의 자리에 올랐다. 그러나 이미 왕은 정해져 있었고 새 왕의 나이 또한 친정을 하고도 남을 30세였기 때문에 대비가 정치력을 발휘할 공간은 전혀 없었다.

그러나 여기서 그칠 문정왕후가 아니다. 실록의 기록에 따른 것은 아니지만 음으로, 양으로 새 왕에 대한 대비의 압박은 집요했다. 게다가 효

동궁전 화재 사건 이후 세자(훗날의 인종)가 세자시강원 신료 김인후金麟厚에게 하사한 〈묵죽도墨竹圖〉. 김인후는 가파른 바위에 자리 잡은 대나무에서 위태로운 세월을 이기겠노라는 세자의 의지를 읽었다.

심이 깊었던 인종은 대비에 대해 깍듯한 예로써 대했다. 이런 가운데 병약했던 인종은 폭염을 넘기며 더욱 쇠약해져 왕위에 오른 지 1년도 안된 1545년 7월 1일 세상을 떠났다.

이로써 문정왕후는 불과 1년도 안 되어 대비에서 왕대비로 승격된다. 물론 친아들이 왕이 되기는 했지만 왕실 계보상으로는 인종에 이은 명종의 즉위였기 때문에 이제 대비가 아니라 왕대비였다. 그리고 그 아들은 아직 열두 살밖에 되지 않았기 때문에 정희왕후 윤씨를 모범으로 한 수렴청정을 펼치게 된다. 대비가 아니라 왕대비가 되어 마침내 자신의 정치력을 발휘할 수 있는 기회와 공간을 확보하게 된 것이다.

❖ 수렴청정과 사화, 여왕의 시대

을사년(1545) 7월 1일 29세에 왕위에 올라 재위 8개월 보름밖에 안 된 인종이 후사도 남겨두지 않고 세상을 떠났다.

"나는 아들이 없고 선대왕(중종)의 적자는 나와 경원대군뿐이오. 경원대군이 비록 어리나 총명하고 숙성하여 가히 뒷일을 맡길 만하니 경들이 함께 도와서 그를 세워주시오."

삼정승에게 내린 유언이다. 경원대군은 중종과 문정왕후 윤씨 사이에서 난 아들로 이때 겨우 열두 살이었다. 사실 인종에게 아들이 있었다면, 경원대군은 비록 왕후에게서 났다고 하더라도 왕위에는 오를 수 없는 지위였다. 여러 가지 면에서 억세게 운 좋은 국왕이었던 성종의 즉위와 비교된다. 짧은 재위로 마감한 예종과 인종, 정희왕후와 문정왕후라는 배후, 한명회와 윤원형이라는 실세 등등…… 실제로 문정왕후는 대군의 즉위를 기정사실화하면서 "대군이 즉위하더라도 나이가 어리니 정희왕후께서 성종의 정사를 섭행攝行한 때의 전례처럼 모든 공사는 원상이 함께 의논하여 처결하도록 하라"고 영의정과 좌의정에게 명을 내린다. 그러나 성종을 독립적인 국왕으로 키우려 했던 정희대비와 달리 문정왕후는 이미 그 자신이 '여왕'이었다.

문제는 인종이 재위 기간은 짧았지만 오랫동안 세자 자리에 있었기 때문에 조정 내에는 나름의 인맥이 굳건하게 형성되어 있었다는 데 있었다. 인종의 어머니 장경왕후 윤씨의 오라버니, 즉 인종의 외삼촌 윤임 (1487~1545)이 그 인맥의 정점이었다. 소위 말하는 대윤大尹의 지도자였다. 윤임은 무과 출신이면서도 사림들의 지지를 받았다. 1523년(중종 18)

충청도 수군절도사로 있으면서 왜구에게 패해 고초를 겪기도 했다. 조카인 인종이 세자로 있을 때 중종의 계비 문정왕후가 경원대군을 낳자 김안로 등과 함께 세자 보호에 적극 앞장서면서 문정왕후와 대립하게 된다. 김안로는 중종과 장경왕후 사이에서 난 효혜공주의 시아버지였기 때문에, 윤임과 김안로는 사돈지간이기도 했다.

사실 문정왕후 윤씨가 왕후가 되는 데 결정적인 기여를 한 인물도 바로 윤임이다. 말 그대로 '여인천하'의 길을 열어놓게 되는 중종은 3명의 정실부인과 6명의 후궁을 두었던 인물이다. 첫 번째 정비 단경왕후 신씨는 친정아버지가 연산군의 측근이었다는 이유로 신하들에 의해 내쫓겼고 계비인 장경왕후 윤씨는 1507년(중종 2) 숙의로 있다가 왕비로 책봉되었다. 성종의 형님이었던 월산대군이 윤씨의 고모부이기도 했다. 그러나 중종 10년 세자를 생산한 뒤 엿새 만에 산후병을 얻어 25세의 나이로 세상을 떠났다. 이때 먼 미래를 생각하는 지도자라면 세자를 위해 더 이상의 계비는 들이지 않는 것이 정도正道였는지 모른다. 중종은 그런 그릇이 못 되는 인물이었다. 왕실과 조정 신하들의 강권이 계속되자 중종은 결국 3년 후 세 번째 왕비를 맞아들인다.

이때 최종 간택에 남은 두 사람이 이조판서를 지낸 파성군 윤금손의 딸과 6품관에 불과한 윤지임의 딸이었다. 집안 배경에서 열세였던 윤지임의 딸이 최종적으로 왕비가 될 수 있었던 것은 윤임의 지지가 결정적이었다. 윤임으로서는 한미한 집안의 딸이 들어와야 조카가 세자 자리를 지키고 대위에 오르는 데 유리할 것으로 판단했다. 그것이 자기 명을 재촉하는 결정이 될 줄은 당시로서는 꿈에도 생각지 못했을 것이다. 게다가 윤지임과 윤임은 멀지만 같은 집안이었다.

한동안은 대윤의 세상이었다. 그러나 문정왕후 윤씨가 두 번이나 공주를 낳은 끝에 마침내 1534년(중종 29) 왕자를 생산했다. 결혼한 지 17년 만이었다. 이후 문정왕후는 서서히 동생 윤원형을 앞세워 본격적으로 자기 아들을 왕으로 만들기 위한 암투에 나선다. 윤원형은 그동안 윤임에게 피해를 당한 조정 신료들을 규합했다. 소윤小尹의 탄생이었다.

실록에서 공식적으로 대윤과 소윤의 갈등에 대한 이야기가 처음 나오는 것은 1543년(중종 38) 2월 24일이다. 이날 조강朝講에서 대사간 구수담具壽聃이 시중에 떠도는 이야기라며 윤임을 대윤이라 하고 윤원형을 소윤이라 하여 각각 당여黨與를 세웠다고 중종에게 아뢴 것이다. 구수담은 조광조의 조카사위이자 제자였으며 1528년 문과에 급제한 후 홍문관 등에서 활동한 전형적인 선비였다. 1533년에는 홍문관 부수찬으로 있으면서 기묘사화 때 화를 입은 사람들의 등용을 청했다가 파직당했고 김안로의 모함으로 유배를 가기도 했다. 김안로가 죽은 뒤 복직되어 강릉부사를 거쳐 대사간에 이르렀으며, 훗날 대사성·대사헌에 있으면서 권신 이기李芑를 탄핵하다가 갑산으로 유배를 가게 된다. 대윤의 김안로에게 당한 데서 보듯 그는 대윤 쪽 사람도 아니었고 이기를 탄핵한 데서 보듯 소윤 쪽 사람도 아니었다. 그런데도 곧은 성품으로 인해 1550년 윤원형의 사주를 받은 대간들의 탄핵을 받고 사사당하게 된다. 훗날 선조는 즉위하자마자 구수담을 신원해주었고 송시열宋時烈은 그의 묘갈명을 지었다.

을사년의 그 일이 일어나던 1545년 7월 1일 인종께서 승하하셨고 6일 저의 친조카이기도 한 명종이 열두 살의 나이로 즉위하셨습니다. 명종이 나이가 어리신 관계로 성종 때의 예에 따라 저의 누님이신 문정왕후(물론 이때는 이미 대비입니다만)께서 수렴청정을 하게 되었습니다. 한 달여가 지난 8월 16일 저도 예조참의에 제수되었습니다. 정3품 당상관에 오른 것이지요.

그러나 누님의 후원 때문만은 아닙니다. 저의 경력을 간략히 말씀드리겠습니다. 저나 누님은 잘 아시지만 한미한 집안 출신입니다. 그러나 저는 촉망받는 엘리트 관료였습니다. 1528년(중종 23) 생원시에 급제했고 5년 후인 중종 28년 문과에도 당당히 급제했습니다(그러나 실록 28년 4월 29일자에는 윤원형이 처음에는 탈락했다가 고쳐 쓴 합격자 명단에 다시 포함되었다고 되어 있다. 이 때문에 한동안 조정이 소란스럽기까지 했다).

4년 후인 중종 32년 10월에는 김안로가 자기 수하에 있던 조정 대신들과 대간들을 사주해 근거도 없는 유언비어로 저를 모함했습니다. 매형인 중종께서도 여러 차례 반대했지만 결국 신하들의 위세에 밀려 저를 먼 곳으로 내치도록 명을 내리셨습니다. 김안로 혼자의 꾀에서 나왔겠습니까? 그것은 당연히 대윤 윤임과의 합작이었습니다.

다행히 중종께서 김안로를 내치시고 저의 사람됨을 올바르게 보시어 중종 33년 5월 7일 당대의 사림 이언적李彥迪을 홍문관 대제학으로 임명하시면서 저를 홍문관 수찬으로 복직시켜주셨습니다. 그 후 저는 홍문관 교리, 사헌부 지평, 다시 홍문관 응교 등을 역임했습니다.

제가 중전의 동생이라고는 하나 무슨 힘이 있었겠습니까? 조정 신하들의 대부분은 세자의 외삼촌인 윤임의 수하에 있던 인물들입니다. 제가 중종 33년 6월 24일 사간원 헌납에 임명되고 한 달도 안 된 7월 8일 호조 참판이던 양연이란 사람이 요직 중의 요직인 병조판서에 특명으로 임명되었습니다. 양연이 누군 줄 아십니까? 윤임과 김안로의 사주를 받아 저를 귀양 보낼 때 대사헌의 자리에 있던 사람입니다. 이런 사람이 병조판서를 맡는 세상이었으니 저는 사실 목숨 부지하기에도 급급했을 뿐입니다.

저를 비난해도 어쩔 수 없지만 당시 제 머리 속은 오로지 문정왕후와 저의 형님 윤원로, 그리고 저의 목숨을 부지하기 위한 보신지책保身之策으로만 가득 찼을 뿐이었습니다. 영명하신 중종이 아니었다면 저의 형제와 누님은 윤임에게 일찌감치 저 세상 사람이 되었겠지요.

누님 말고는 별로 힘이 없었지만 저도 사람인데 그냥 당하고 있을 수만 있습니까? 갈아 마셔도 시원찮을 윤임이를 그냥 두지 않겠다고 수도 없이 맹세를 했습니다. 의리니 도道니 하던 소위 사림이란 작자들도 결국은 세월이 흐르면서 윤임에게 머리를 조아리더군요.

조정 내 불만 세력들을 은밀하게 규합해 우선 나 자신과 형제들이 살고 언젠가는 윤임을 제거하려고 마음먹었습니다. 중종 말년 조정은 엉망진창이었지요. 형제끼리 관직을 나눠 먹질 않나, 자기 세력이 아니면 능력이 있어도 중용하지 않았습니다. 힘 있는 신하들이 매형인 중종을 갖고 놀았다고 하면 과장일까요?

대윤이니 소윤이니 하지만 말 그대로 소小가 대大를 이길 수 있습니까? 목숨을 부지한 것만으로 다행이었지요. 인종이 즉위하자 저를 죽이려 했던 것은 물론이고 저의 조카인 명종이 왕에 올랐을 때도 대윤의 힘은 가히 하늘을 찌를 듯 했습니다. 윤임의 조종을 받는 좌의정 유관柳灌은 앞장서서 "뭇사람들이 윤원로의 고기를 씹어 먹고 싶어 할 정도"라며 우리 형님을 몰아세웠습니다. 저들의 칼끝은 형님에 이어, 저와 누님을 향하려 했겠지요. 말 그대로 팔뚝에 불똥이 떨어진 형국이 아니고 무엇이겠습니까?

제가 높은 관직을 지낸 적이 없다 보니 저 주변에는 큰 힘이 되어줄 사람이 별로 없었습니다. 그래서 좀 더 힘 있고 신망 있으면서도 대윤의 견제를 받고 있던 사람들을 찾아 나섰습니다. 이때 만난 분이 이기, 정순붕, 임백령, 허자, 최보한 등입니다. 모두 이런 저런 이유로 대윤 일파와는 등을 돌리게 되어 윤임과는 원수지간이었지요.

친조카 명종이 왕이 된 상황에서 군사를 동원할 필요는 없었고 결국 공작을 하기로 의견을 모았습니다. 당시는 이런 일이 정적들 사이에 흔히 있었던 일이니 현대의 시각에서 너무 부정적으로만 보아주지 않으면 좋겠습니다.

저보다는 누님이 윤임 제거에 더 적극적이었습니다. 제가 예조참의가 되고 5일째인 8월 21일 왕대비이신 누님께서 한글로 된 밀지를 저에게 보내셨습니다. 내용은 대윤의 핵심 인물인 윤임, 유관, 유인숙柳仁淑을 치죄하라는 것이었습니다. 그들도 눈치가 빠른데 명종 즉위 후 꼬투리가 될 만한 일은 극도로 자제하고 있었습니다. 그런 상황에서 그들을 엮으려니 쉽지 않았습니다. 사실 죄목이야 뻔하지요. 세자의 외삼촌임을 내세워 얼마나 누님과 우리 형제를 못살게 굴었습니까? 그러나 절차를 밟아야 했습니다.

결국 명종이 대비를 모시고 신하들과 의논한 끝에 8월 22일 윤임은 성주로 귀양을 보내고 유인숙은 파직, 유관은 좌천을 시키기로 결론을 내렸습니다. 그러나 우리들이 바보가 아닌 이상 여기서 끝낼 수는 없었지요. 오랜 집권으로 인해 곳곳에 윤임의 사람들이 포진되어 있었기 때문입니다. 윤임을 유배지에 그냥 살려두는 것도 화근을 키우는 것이라는 점은 정치가 무엇인지 조금이라도 생각해본다면 금세 알 수 있을 것입니다.

윤임의 사위 이덕응李德應이 우리 계획에 결정적인 도움을 주었습니다. 이덕응이가 윤임의 애첩 옥매향을 귀양지인 성주로 보내 뭔가를 논의하려 한 움직임이 포착되었습니다. 이미 우리 편이었던 승지 송세형宋世珩을 보내 이덕응을 구스르고 협박해 '자백'을 받아냈습니다. 술술 나오더군요. 이런 자백을 바탕으로 윤임과 유인숙 그리고 밀지에 대한 국문을 반대한 젊은 대간들은 참형에 처할 수 있었습니다. 물론 이덕응도 목이 달아났습니다. 유관도 참형을 피하지는 못했습니다.

이상이 을사년에 일어난 그 사건의 전말입니다. '사화' 운운하지만 그것은 훗날 사람들이 자신들의 입장에서 그렇게 규정한 것일 뿐, 어느 시대에나 정권 교체기에 있을 수 있는 자그마한 권력투쟁일 뿐이고 새롭게 왕에 오른 명종 세력이 과거 기득권 세력인 인종 세력을 제압한 일입니다. 다른 사화는 물론이고 그 흔한 권력투쟁과 비교해도 피해자 숫자가 그렇게 많지 않습니다. 그런데도 '사화' 운운하는 것은 정당한 역사적 평가일 수 없습니다.

❖ **을사사화에 대한 가상 증언 2: 대윤 윤임의 시각에서**

조카인 인종께서 1544년 12월 즉위하시어 8개월 만인 7월 1일 승하하셨습니다. 문제는 30세의 나이였음에도 불구하고 인성왕후 박씨와의 사이에 자손이 없었다는 점입니다. 우리 인종의 사람됨에 대해서는 실록이 상세하게 증언하고 있으므로 여기서 더 이상 말하지 않겠습니다. 다만 한 가지, 우리 인종이 얼마나 어진 성품을 갖고 있었는지를 보여주는 일화를 말씀드리겠습니다.

1543년(중종 38) 1월 7일의 동궁 화재 사건이 그것입니다. 저의 사돈이기도 한 김안로가 자신을 폐위시키려 한다고 모해를 해서 결국 1537년(중종 32) 김안로로 하여금 사약을 마시게 만든 문정왕후 윤씨와 윤원형 일당은 눈에 보이는 게 없었습니다. 이날 새벽 12시 이들은 사람을 보내 세자가 잠들어 있던 침전의 방문을 밖에서 잠그고 불을 질렀습니다. 세자는 이 불을 계모 윤씨가 놓았다는 것을 알고서 스스로 탈출을 거부하고 죽으려 했습니다. 그것이 계모를 향한 효라고 생각했던 것이지요. 인종은 그런 사람이었습니다. 다행히 그때 귀인 정씨가 세자를 구해내 목숨을 구할 수 있었습니다.

제 동생 장경왕후 윤씨는 안타깝게도 중종 10년 세자를 낳고 엿새 만에 세상을 떠났습니다. 어린 세자를 돌보아줄 사람은 저 하나밖에 없었습니다. 이미 그 아이는 장차 보위에 오를 적장자였기 때문에 저는 개인적인 야심을 위해서보다는 종묘사직을 위해 반드시 그 아이를 지켜내야 한다고 생각했습니다. 명분, 정통은 모두 저에게 있었습니다.

문제는 우유부단한 중종이었지요. 그래서 저는 중종을 잘 보필함으로써 종묘사직이 두루 안정되고 또한 조카인 세자가 무탈하게 왕위에 오르는 일에 한 목숨 바치기로 맹세했습니다. 더불어 연산군 집권에 이어 중종 때까지 이어진 공신 훈구 세력들의 낡은 정치를 혁파하기 위해 숨어 있는 인재들을 찾아내는 데 나름의 노력을 다했다고 자부합니다. 사림을 포함한 많은 인재들이 저 주변에 포진해 있었다는 것은 이미 아실 것입니다.

이 대목에서 제가 살아온 길에 대해 간단히 말씀드릴까 합니다. 저의 아버지 윤여필은 중종반정에 참여했고 다음 해 제 동생이 왕후로 책봉되자 파원부원군에 오르셨지요. 제가 을사사화에 몰려 죽음을 당할 때도 살아 계셔서 자식이 죽는 꼴을 보셔야 했습니다. 말할 수 없는 불효를 해드렸습니다. 그나마 노령이라고 해서 소윤 일파가 생명은 구해드리고 경기도 용인에 귀양을 보냈습니다.

저는 1487년(성종 18)에 태어났습니다. 원래 무과에 급제했습니다. 무인 기질이 강했지요. 패주悖主 연산군을 내몰고 반정공신들은 저보다 네 살 아래인 누이동생을 왕비로 밀었습니다. 아버지의 반정 참여 이외에도 반정의 주역 박원종이 바로 어머니 박씨의 오빠이셨습니다. 저나 장경왕후에게는 외삼촌이셨지요. 연산군에게 겁간을 당하는 고초를 겪은 월산대군의 후취 박씨는 이모였습니다. 이런 배경이 있었기 때문에 동생은 열여섯 나이로 단경왕후 신씨를 몰아내고 왕비의 자리를 차지할 수 있었습니다.

동생 장경왕후는 10년이 지난 1515년에 겨우 세자를 낳았지만 산욕열로 6일 만에 세상을 떠났습니다. 이때는 중종이 어느 정도 자리를 잡아갈 때였습니다. 비어 있는 중전의 자리가 문제가 되지 않을 수 없었지요.

공신들이 어느 정도 물러나자 사림들이 목소리를 높이기 시작했습니다. 새롭게 왕비를 뽑지 말고 폐비되어 사가에 머물고 있던 신씨를 복위시키자는 것이었지요. 그러나 이것은 새롭게 왕비를 뽑는 것보다 훨씬 문제가 심각했습니다. 이미 원자가 있는 상태에서 서열상 위인 단경왕후가 복위해서 아들을 낳을 경우 조정에 피바람이 불 것은 자명했기 때문입니다. 다행히 중종께서 현명한 결정을 하는 바람에 원자의 자리는 지켜질 수 있었습니다.

대안으로 중종은 후궁이었던 경빈 박씨를 왕비로 삼으려 했습니다. 원래 박씨는 연산군 11년 채홍사에 의해 뽑혀서 궁궐에 들어왔습니다. 그런데 곧바로 반정이 일어났고 외삼촌인 박원종이 자신의 먼 친척뻘인 박씨를 양녀로 삼은 뒤 적극적으로 밀어 중종의 총애를 받게 되었습니다. 원자가 태어났을 때는 이미 중종과 경빈 박씨 사이에 복성군이라는 아들이 있었습니다. 동생 장경왕후가 죽자 경빈 박씨는 당연히 자기 아들을 왕위에 올리기 위해 갖은 노력을 다했습니다. 사실 저는 세자를 지키기 위해 초창기에는 경빈 박씨 세력과, 후반부에는 문정왕후 윤씨와 피비린내 나는 권력투쟁을 피할 수 없었습니다.

'작서의 변'이라고 들어보셨지요. 1527년(중종 22) 세자의 열두 번째 생일날 사지와 꼬리가 잘리고 입, 눈, 코, 귀 등을 불로 지진 쥐 한 마리가 세자궁 후원에 있는 은행나무에 걸렸습니다. 사람들은 당연히 경빈 박씨와 복성군을 의심했습니다. 이 모자는 결국 폐서인된 다음 1533년 사약을 받고 세상을 마쳐야 했습니다. 이 일에 대해서는 솔직히 저의 책임도 컸다는 점을 인정합니다. 사실 그것은 저와 사돈으로 인종 임금 만들기에 목숨을 걸었던 김안로의 아들 김희가 한 일이기 때문입니다.

인종이 승하하고 명종이 즉위해 저의 목숨도 문정왕후와 윤원형이의 손에 달리고 보니 그때의 일이 새삼 후회스럽고 죄스럽습니다. 권력투쟁에서 패한 자가 무슨 달리 할 말이 있겠습니까? 부디 명종의 시대가 치세治世가 되기만을 바랄 뿐인데 문정왕후나 윤원형이의 됨됨이로 봐서는 난세亂世를 열어놓지 않을까 그것만이 걱정될 뿐입니다. 그리고 저를 따랐다는 이유로 억울하게 희생당한 동지들에게 미안하다는 말씀을 다시 한 번 드립니다.

❖　　"내가 아니면 네가 왕이 되었겠느냐?"

명종 시대는 곧 문정왕후 윤씨와 동생 윤원형의 세상이었다. 외척의 발호가 극에 달했고 명종 즉위년에 발생한 을사사화 등으로 의義를 중시하는 사람들은 대부분 세속 정치에서 등을 돌리고 있었다. 퇴계 이황이 바로 이 시대의 인물로 1545년 을사사화가 일어나자 병을 이유로 초야에 묻혀버렸다. 척신戚臣이 전횡을 휘두르던 시대에 조선 최고의 철학자로 꼽히는 퇴계학이 정립되었다는 것은 어찌 보면 역사의 역설이다.

군이 정치를 하려면 사림의 비난을 감수해야 했다. 우리나라 최초의 서원을 세웠던 주세붕周世鵬이 그런 경우다. 명종 9년 그가 세상을 떠났을 때 실록은 이렇게 기록하고 있다.

을사사화가 일어나고는 세붕이 사림들에게는 번번이 세상에 대해 분개하는 말을 하고 권간權奸들에게는 굽신굽신 하면서 두려워했다. 이기와 윤원형의 집을 드나들며 여러 벼슬을 역임하여 부제학이 되었다.

그래서 사관은 주세붕에 대해 "식견 있는 사람들이 비루하게 여겼다"고 직격탄을 날렸다.

문정왕후의 수렴청정은 성종 때의 정희대비의 그것에 비할 바가 못 되었다. 정희대비는 손자 성종이 성군이 될 수 있도록 뒤에서 지원하는 그림자 역할을 넘어서지 않았다. 반면 문정왕후는 그 자신이 직접 정치 일선에 나섰다. 이것은 여권女權의 문제와는 상관없는 질서 파괴일 뿐이었고 권력욕의 집착이었다.

우리나라 최초의 서원인 소수서원을 세운 주세붕의 초상. 서원을 통해 학문을 진작시킨 공이 있음에도 불구하고 권간들에게 아부한 탓에 식견 있는 사람들이 비루하게 여겼다.

명종 집권 2년째 되던 1547년 양재역에는 '여자 왕이 위에서 정권을 잡고 아래로는 간신 이기 등이 권력을 농단하고 있으니 나라가 망할 것이다'는 내용의 벽서가 붙었다. 이 사건은 여전히 조정 곳곳에 포진해 있던 사림 세력들을 제거하기 위해 윤원형 세력이 조작한 것이었다. 이 일로 봉성군 이완, 참판 송인수, 이조좌랑 이약해 등은 사형을 당하고 이언적 등 수십 명은 먼 곳으로 귀양을 떠나야 했다. 봉성군 이완은 중종과 희빈 홍씨 사이에서 난 둘째 아들이다.

명종의 외아들 순회세자가 세상을 떠난 지 2년 후인 1565년(명종 20) 4월 6일, 그때까지 아들 명종 뒤에서 사실상의 수렴청정을 계속하며 무소

불위의 권력을 휘두르던 문정왕후 윤씨(당시에는 대왕대비)가 세상을 떠났다. 이때 그의 나이 65세였다. 그는 아들 명종이 왕위에 오른 뒤에도 "너는 내가 아니면 어떻게 이 자리를 소유할 수 있었으랴"며 조금이라도 여의치 않으면 꾸짖고 호통을 쳐서 마치 민가의 어머니가 어린 아들을 대하듯 했다. 명종도 효성이 지극해 어김없이 받들었으나 때때로 후원의 외진 곳에서 눈물을 흘렸고 목 놓아 울기까지 했다고 한다. 그로 인해 명종은 심열증心熱症이 깊어졌다. 오죽했으면 사관은 윤비를 "사직의 죄인"이라고 단죄하면서 "나라가 망하지 않은 것이 다행"이라고 혹평을 했을까.

❖ 실록 속의 임꺽정과 조정의 대도들

신출귀몰神出鬼沒! 실록에 묘사된 임꺽정은 이 한마디로 요약된다. 물론 그는 실존 인물이다. 원문으로 실록을 거의 보았다고 전해지는 홍명희는 아마도 실록 전체에서 가장 극적인 인물로 임꺽정에 주목했을 것이다. 임꺽정에 관한 실록의 첫 기록은 명종 14년 3월 27일에 나온다. 이날 영의정 상진, 좌의정 안현, 우의정 이준경과 중추부 영사 윤원형이 황해도에 본부를 두고 관군을 깨트리는 등 기세를 올리고 있던 임꺽정을 토벌하는 방안을 명종에게 보고했다.

당시 '도적'은 비단 황해도의 일만은 아니었다. 이날 사관은 그 배경을 정확하게 설명하고 있다.

적이 성행하는 것은 수령의 가렴주구 탓이며, 수령의 가렴주구는 재상이 청렴하지 못한 탓이다. 지금 재상들의 탐오貪汚가 풍습을 이루어 한이 없기 때문에, 수령은 백성의 고혈을 짜내어 요직에 있는 권력자들을 섬기고 돼지와 닭을 마구 잡는 등 못하는 짓이 없다. 그런데도 곤궁한 백성들은 하소연할 곳이 없으니, 도적이 되지 않으면 살아갈 길이 없는 형편이다. 그러므로 너도나도 스스로 죽음의 구덩이에 몸을 던져 요행과 겁탈을 일삼으니, 이 어찌 백성의 본성이겠는가. 진실로 조정이 청명하여 재물만을 좋아하는 마음이 없고, 수령을 모두 깨끗한 사람으로 가려 뽑아 교체한다면, 검을 잡은 도적이 송아지를 사서 농촌으로 돌아갈 것이다. 그렇지 않고 군사를 거느리고 추적해서 잡으려고만 한다면 아마도 잡히는 대로 또다시 뒤따라 일어나 종국에서는 다 잡아들이지 못하는 지경에 이를 것이다.

　적어도 사관들은 사태의 본질을 정확하게 꿰뚫어보고 있었다.
　훗날 의적으로까지 불리게 되는 임꺽정은 한양 근교 양주의 백정이었다. 도탄에 빠진 백성을 구하기 위해서라고 하면 너무 거창해지지만 그는 평범한 도적과는 분명 달랐다. 4월 21일에는 그를 추격하던 개성부의 포도관 이억근李億根이 임꺽정 무리에게 참살당했다. 이듬해 12월 28일 황해도 순경사 이사증李思曾이 임꺽정을 체포했다는 장계를 올렸다. 그러나 그 전에 이미 체포된 서임徐林은 이때 체포된 임꺽정과 대질신문을 한 후 그가 임꺽정이 아니라고 털어놓았다. 체포된 사람은 임꺽정의 형 가도치였던 것이다. 명종 16년 1월 3일자 실록에서 사관은 당대의 상황을 이렇게 진단한다.

윤원형과 심통원沈通源은 외척의 명문거족으로 물욕을 한없이 부려 백성의 이익을 빼앗는 데에 못하는 짓이 없었으니, 대도大盜가 조정에 도사리고 있는 셈이라, 하류들도 휩쓸려 이익을 추구함에 있어 남에게 뒤질세라 야단임은 물론, 자기만 알고 임금은 생각하지도 않게 되었다. 백성들이 곤궁하여 재물이 떨어지게 되면 모여서 도둑이 되는 것인데 하나의 도둑이 창도하자 1백 사람이 호응하여 서쪽 변방이 소란스럽게 되었고 양민이 해를 입어 마을이 텅 비게 되었으니, 아! 참혹스럽다.

심통원(1499~?)의 집안은 세종의 장인 심온沈溫으로까지 거슬러 올라간다. 심온은 태종에 의해 비참한 최후를 맞았다. 세종 때도 심온의 자식들은 벼슬을 할 수 없었다. 그러나 문종은 족쇄를 풀어주었고 그 덕에 심온의 아들 심회는 영의정에까지 오르게 된다.

심회의 손자 심순문은 오늘날의 총리비서실장격인 사인舍人이라는 벼슬을 지낸 것이 전부이지만 아들 심연원, 심통원, 심봉원은 명종 때 이르러 높은 자리에 오르게 된다. 영의정 심연원은 손녀딸이 명종비인 인순왕후 심씨이며 심씨의 동생 심의겸, 심충겸 등은 선조 때 정치적으로 중요한 역할을 하게 된다. 심통원은 따라서 인순왕후 심씨의 작은 할아버지였던 셈이다.

명종 16년 9월에도 임꺽정을 잡았다고 해서 조정이 안도의 한숨을 내쉬었다가 위장 인물로 밝혀져 관련자들이 사형을 당하는 일까지 있었다. 그리고 4개월 후인 명종 17년 1월 중앙에서 파견한 토포사 남치근南致勤 등이 임꺽정을 체포해온다. 그리고 임꺽정 체포에 공을 세운 서임은 방면되었다. 이렇게 해서 2년 이상 황해도 일대를 휩쓸었던 임꺽정은 형장의 이슬로 사라졌다. 그러나 진실로 핵심적인 문제는 조정 안에 도사리고 있던 대도大盜들이었는지도 모른다.

2

대비, 서인,
그리고 절대군주의 탄생

대비,
서인,
그리고
절대군주의
탄생

왕을 선택하는 권력,
대비의 탄생

❖ **태조비에서 단종비까지 대비가 못 된 왕비들**

조선 왕실에서 대비가 될 수 있는 절대 조건은 왕보다 더 오래 살아야 하는 것이다. 태조 이성계의 왕비 신의왕후 한씨나 신덕왕후 강씨는 모두 이성계보다 일찍 세상을 떠났다. 결국 이들은 대비의 자리에 이르지 못했는데 두 사람 중에서 특히 신덕왕후 강씨가 만약에 대비의 자리를 올랐다면 막강한 권력을 휘두르는 대비가 되었을 것이다.

대비의 권력은 대체적으로 먼저 세상을 떠난 왕의 파워에 비례한다. 생전에 남편인 왕이 강력한 군주였으면 대비가 되어 큰 힘을 발휘할 수 있지만 그렇지 못할 경우에는 설사 대비가 되어도 권력을 제대로 행사할 수가 없다. 그런 점에서 정종의 왕후 정안왕후 김씨(1355~1412)는 대비에 오르지도 못했지만 설사 대비가 되었다 해도 이렇다 할 영향력을 행사하지는 못했을 것이다. 오히려 정안왕후는 남편 정종이 동생인 이방원에게 왕위를 넘겨주고 이름뿐인 상왕으로 물러나 있는 것을 지켜봐야 했던 씁쓸한 기억만 가져야 했던 무력한 왕비였다.

개인의 캐릭터로 볼 때 신덕왕후 강씨 못지않게 막강한 대비가 될 가능성이 있었던 인물은 태종비 원경왕후 민씨(1365~1420)다. 그런데 민씨는 남편 태종이 아들 충녕대군에게 왕위를 전위한 뒤 상왕에 오르는 바람에 대비의 자리에 오르기는 했지만, 남편이 살아 있었기 때문에 힘없는 대비일 수밖에 없었다. 게다가 태종보다 2년 먼저 세상을 떠났기 때문에 아쉽게도 자신의 정치력을 보여줄 기회 자체를 갖지 못했다.

왕비로서 첫 걸음을 내딛자마자 친정아버지 심온(1375~1418)의 죽음과 친정의 몰락이라는 가혹한 시련을 겪어야 했던 소헌왕후 심씨(1395~1446)는 남편 세종이 왕위에 있던 1446년(세종 28)에 세상을 떠났기 때문에 대비의 자리에 오르지 못했다. 병약했던 남편 문종과의 사이에 단종을 낳은 현덕왕후 권씨(1418~1441)는 사실 왕비의 자리에도 오르지 못하고 세자 시절의 문종과 정식 가례도 올리지 못했다. 다만 문종이 즉위한 뒤에 왕비에 추존됐을 뿐이다. 여전히 조선 왕실에서는 권력을 가질 수 있는 독립성 있는 대비는 나오지 않고 있었다.

비운의 국왕 단종비인 정순왕후 송씨(1440~1521)는 남편 못지않게 비극적인 삶을 살아야 했다. 정순왕후 송씨는 어린 남편 단종이 잠시나마 상왕으로 있을 때(1455~1457) 대비의 자리에 올랐지만 이미 세조에게 제압당한 힘없는 상왕의 대비였을 뿐이다. 게다가 민간에 나가 살며 80년 넘게 천수를 누렸던 정순왕후 송씨는 세조-예종-성종-단종-중종의 시대를 모두 다 지켜봐야 했다.

❖ 최초의 파워 대비 정희왕후 윤씨

앞서 잠깐 본 것처럼 대비의 경우 그 남편이 상왕으로 살아 있거나 혹은 먼저 세상을 떠난 남편이 생전에 파워가 없었으면 대비가 된다 해도 힘을 발휘할 수 없다. 또한 자신이 낳은 아들이 이미 성인이 되어 정상적인 왕위 승계를 하게 되면 대비가 특별히 국정에 관여할 여지는 거의 없어진다. 이런 점들을 확연하게 보여주는 것이 세조비인 정희왕후 윤씨 (1418~1483)다.

정희왕후 윤씨가 왕비에서 대비가 되는 그 '하루'로 가보자. 1468년(세조 14) 9월 7일 두 달 가까이 병중에 있던 세조가 세자(예종)에게 전위하겠다는 의사를 밝혔다. 이미 한 달여 전부터 국정을 세자가 맡아오던 터였다. 하지만 왕이 선위禪位 혹은 전위傳位 의사를 밝혔다고 해서 세자가 넙죽 받을 일은 아니다. 세자와 신하들은 한사코 만류했다. 그러자 병중의 세조는 벌컥 화를 내며 이렇게 말한다.

"운이 간 영웅은 자유롭지 못한 것인데, 너희들이 나의 뜻을 어기고자 하느냐? 이는 나의 죽음을 재촉하고자 하는 것이다."

그리고 곧바로 즉위식을 거행하도록 하라고 명했다. 이때서야 정인지, 신숙주, 한명회 등은 더 이상 그 뜻을 돌이키는 것이 불가능하다는 것을 깨닫고 지금의 창경궁 자리에 있던 수강궁에서 세자의 즉위식을 거행한다. 훗날 예종으로 불리게 되는 신왕은 즉위 교서에서 이렇게 말했다.

부왕을 높이어 태상왕太上王이라 이르고, 모비母妃를 왕태비王太妃라 이를 것이며, 오직 군국軍國의 중요한 일은 명을 받들어 행할 것이다.

즉 이날로 정희왕후는 대비의 자리에 오른 것이다. 그리고 바로 다음 날 풍운의 군주 세조는 세상을 떠났다.

그러나 이미 신왕은 친정親政을 할 수 있는 열아홉 살이었기 때문에 대비의 정치적 공간은 없었다. 그러한 공간은 1년 2개월이 지나서야 열렸다. 1469년 11월 28일 재위 1년 2개월밖에 안 된 예종이 세상을 떠났다. 그날 실록의 기록이다.

> 이날 예종께서 병세가 위독하니 고령군 신숙주, 상당군 한명회, 능성군 구치관具致寬, 영성군 최항崔恒, 영의정 홍윤성洪允成, 창녕군 조석문曹錫文, 좌의정 윤자운尹子雲, 우의정 김국광金國光이 사정전 문 밖에 모였다. 진시辰時에 예종이 훙서薨逝하니 대비가 내관 안중경安仲敬에게 명하여 나가서 신숙주 및 도승지 권감權瑊을 불러 들어오게 했다.

진시辰時라면 대략 오전 8시 전후해서다. 예종이 경복궁 자미당에서 숨을 거둔 시각이다. 밤사이에 병세가 갑자기 위독해졌다는 말이 된다. 그날 밤 숙직을 선 승지는 한계순韓繼純과 정효상鄭孝常이었다. 한계순은 유자광柳子光이 남이南怡를 밀고할 때도 숙직을 섰던 인물이다. 그리고 정효상에 대해 실록은 "학문에 뛰어나고 우애가 돈독하다"고 평하고 있다. 두 승지 모두 예종 때 일어난 남이의 옥사 때도 '공'이 있었던 인물이다.

그러나 훨씬 중요한 인물들은 사정전 앞에 모인 8명의 원상院相들이다. 이들이야말로 당대 최고의 실력자들이다. 그중 고령군 신숙주, 상당군 한명회, 창녕군 조석문, 우의정 김국광은 예종이 남이를 친국할 때 예종의 곁을 지켰던 인물들이다.

이들 8명 중에서 일찍 세상을 떠난 구치관을 제외한 7명의 원상들은
그로부터 2년 후 성종 즉위에 공이 있다 하여 논란 끝에 내린 좌리공신佐
理功臣에서 모두 1등공신에 책록된다. 만일 정상적인 절차를 밟은 즉위
였다면 공신을 책봉할 필요가 없다. 그런데 2년이 지나서이긴 하지만 즉
위와 관련해 공신을 책봉했다는 것은 예종에 이어 성종이 즉위하는 데
뭔가 비정상적인 상황이 있었다는 뜻이다.

당시 1등공신은 모두 9명이었는데 나머지 두 사람은 여기서 언급된
도승지 권감과 하성군 정현조鄭顯祖다. 정현조는 정희대비의 외동딸 의
숙공주와 결혼한 사위로서, 원상들과 정희대비의 연락책이 되어 왕위가
예종의 아들인 제안대군이나 세조와 정희왕후의 아들인 의경세자의 장
남 월산군이 아니라 차남인 잘산군(훗날의 성종) 쪽으로 기울도록 하는 데
결정적인 공을 인정받아 파격적으로 1등공신이 된 것이다. 도승지 권감
도 예종이 숨을 거둔 자미당에 있는 정희대비와 원상들이 있는 사정전을
오가며 정현조와 비슷한 역할을 한 공으로 1등공신이 되었다.

즉 제안대군이나 월산군이 아닌 잘산군이 후사가 되는 데 있어 대비의
정치력이 발휘된 것이다. 그것은 조선이 건국된 이래 처음 있는 일이었다.

❖ **공신들과 더불어 수렴청정을 시작하다**

1469년 11월 28일, 즉 예종이 죽던 그날 예종의 조카 잘산군이 한명회의
사위라는 이유로 발탁되어 왕위에 오른다. 정변이 아니고서 왕이 죽은

당일 날 다음 왕이 즉위한다는 것은 이상異狀이었다. 그 이상의 배후에 대비 윤씨와 한명회가 있었다. 그리고 그날 정희대비는 왕대비로 한 단계 뛰어오르고 예종비 안순왕후 한씨가 대비가 된다. 예상하겠지만 이런 상황에서는 대비가 힘을 발휘하기 힘들다. 위로 왕대비가 있는데다가 예종이 왕으로서 이렇다 할 세력을 구축해놓지 못했기 때문이다. 열세 살 어린 왕 성종에게는 왕대비와 대비, 그리고 친어머니가 있었다. 친어머니는 한확의 딸이자 세조의 맏며느리로 의경세자가 오래 살았다면 당연히 왕비의 자리에 올랐을 여인이다. 우리에게는 인수대비 한씨로 더 잘 알려져 있다.

성종은 '준비 안 된 국왕'의 전형이다. 전혀 국왕이 될 가능성이 없었기 때문에 제대로 공부를 배우지 않았다. 아마도 전혀 공부가 되지 않은 성종을 변명하기 위해서인지 할머니인 정희왕대비는 성종 1년 1월 10일 경연을 맡고 있는 신하들에게 이런 지시를 내리고 있다.

세조께서 일찍이 대행왕大行王(예종)에게 이르기를 "글을 외우지 말라. 글을 외우면 기운이 다 없어진다"고 했다. 또 늘 주상(성종)과 월산대군을 볼 때마다 반드시 말씀하기를 "글 읽기를 일삼지 말라. 글 읽는 것은 너희들이 서두를 것이 아니다"라고 했다. 무릇 사람이 어릴 때에는 글 읽기를 좋아하지 않는 것이 대다수인데, 세조의 명령도 또 이와 같은 까닭으로 주상의 학문이 숙달하지 못했다. 지금 주강晝講에서 다만 전일에 수업한 음만 한 번 읽고는 해석은 하지 않으니 나는 혹시 이해하지 못하는 곳이 있을까 염려된다. 지금 이후부터 음과 해석을 각기 한 번씩 읽는 것이 어떻겠는가?

이에 대해 원상 윤자운과 도승지 이극증李克增은 "만약 전일에 두 번 수업한 것을 주해까지 해석하게 된다면 성상의 옥체가 피로하실까 염려되오니, 다만 대문大文(대체적인 개요)만 해석하는 것이 편리할 것입니다"라며 정중하게 거절하고 있다.

그런데 왕대비의 이 말은 차분하게 분석해볼 필요가 있다. 먼저 세조가 했다는 "글을 외우지 말라. 글을 외우면 기운이 다 없어진다"는 말의 뜻과 그에 대한 정희왕대비의 엉뚱한 오해다. 세조는 아버지 세종의 밀명을 받아 훈민정음 창제 이후 불경 번역 사업을 주도했을 만큼 만만찮은 학식을 갖췄다. 만일 세조가 정말로 정확하게 이런 말을 했다면, 그것은 공부를 하지 말라는 뜻이 아니라 공부의 방법에 관해 이야기하는 것으로 봐야 한다. 박식을 자랑하는 암기보다는 문리文理를 깨우치고 뜻을 이해하는 데 더욱 노력하라는 뜻이다. 그것은 다름 아닌 세조의 아버지 세종이 늘 강조하던 공부법이기도 했다. 특히 그 말을 한 대상이 바로 세자이다. 세자에게 공부하지 말라는 이야기는 아마 연산군이라도 하지 않았을 것이다.

다음으로 성종과 월산대군에게 했다는 "글 읽기를 일삼지 말라. 글 읽는 것은 너희들이 서두를 것이 아니다"는 말이다. 여기서 주목해야 할 문장은 두 번째 문장, 즉 너희들은 서둘러 글을 읽을 필요가 없다는 대목이다. 이 말은 세자에 대해서와는 반대로 "왕이 될 리 없으니 책을 가까이 하면 오히려 안 좋다"는 뜻으로 한 말이다. 적당히 인생을 즐길 수 있는 서화나 잡기를 먼저 익히라는 뜻이다.

너무 급하게 한명회에게 떠밀리다시피 성종 즉위를 추진하다 보니 이처럼 엉성한 논리가 나오는 것이다. 게다가 왕대비가 실제로 학문으로서의 글 읽기가 갖는 본래의 뜻을 몰랐을 가능성도 있다. 그건 정희대왕대비가 무식해서라기보다는 한문을 몰랐기 때문이다. 1470년 성종 1년 1월 13일의 기록이다. 신하들이 대비의 수렴청정을 청하자 대비는 이렇게 답한다.

"나는 문자를 알지 못하니 정사政事를 청단하기가 어렵다."

이 말은 그냥 겸양의 표현이 아니었던 것 같다. 왕대비의 이 말에 대해 원상 신숙주는 "승지가 문자를 해석하여 아뢴다면 청단하기에 어려움이 없을 것입니다"고 말하고 있다.

❖ 성종도 막지 못한 정희왕대비의 불심

정희왕대비는 성종의 친할머니다. 실질적으로는 한명회의 힘이 더 컸겠지만, 실록에는 성종을 왕위에 앉힌 장본인이 세조의 왕비였던 정희왕대비였다고 나온다. 열세 살 국왕의 친할머니는 섭정을 실시했다. 특히 초창기 몇 년 동안은 정희왕대비와 한명회를 정점으로 하는 원상들 간의 협조 관계에 의해 국정이 운영되었다고 해도 과언이 아니다.

때로는 정희왕대비의 섭정이 지나쳐 국정의 동반자인 원상들의 반대에 부딪히기도 했다. 그러나 이런 일이 생겼을 때 성종이 할 수 있는 역할은 없었다. 한마디로 정희왕대비는 집안의 최고 어른이었고 성종은 지극정성을 다해 모셨다.

당시 정희왕대비를 성종이 어떤 자세로 모셨는지를 알아보는 가장 좋은 사례는 불교 관련 기사들이다. 왕대비는 세조와 마찬가지로 불교를 숭상했다. 반면 성종은 신하들에 의해 유학 세례를 철저히 받은 결과 정신세계 속에 불교가 차지할 공간이 전혀 없었다. 이는 그의 생애 전체를 거쳐 일관되게 나타난다. 신하들이 일방적으로 시킨 교육의 결과인지는 몰라도 그는 고려 왕조가 망한 것도 불교 때문이라고 확신하고 있었다.

불교 문제는 성종 원년부터 불거진다. 2월 11일 성종은 세종이 말년에 경복궁 안에 지은 내불당을 옮겨야겠다는 뜻을 신하들에게 내린다. 불당을 지은 뒤로 경사가 없고 변고가 겹치기 때문이라는 것이다. 이건 아무리 보아도 성종의 지시가 아니라 왕대비의 지시다. 여기에는 내불당을 옮기면서 보다 멋지게 지으려는 계산이 들어 있었다. 그래서 그해 8월 내불당 역사를 중시할 것을 청하는 상소가 여러 차례 올라왔으나 왕대비는 막무가내였다.

다음 해 1월 20일에는 사간원 정언 남윤종南潤宗과 우승지 이숭원李崇元이 중국에 가는 사은사謝恩使를 통해 불경을 사오게 해서는 안 된다고 아뢰자 성종은 "중국에서도 불교를 숭상하는데 무슨 문제란 말인가"라고 답한다. 이때는 아직 나름의 척불관斥佛觀이 생기기 전이었던데다가 왕대비의 지시였기 때문에 이렇게 답한 것이다. 실제로 이와 관련해 예문관 부제학 김지경金之慶까지 나서 상소를 하자 결국 성종은 "왕대비께서 이를 구하시니 나는 어찌할 수가 없다"고 속마음을 털어놓는다. 그래도 대간들의 상소가 이어지자 이번에는 왕대비가 직접 나서 정면으로 반박한다.

"세조가 살아 계실 때는 감히 간하지 못했을 뿐만 아니라 불경 읽는 것을 듣겠다는 자까지 있었는데 어찌 지금 와서 이렇게 간절히 간하는가?"

세조 대에 만들어진 원각사지십층
석탑. 대리석으로 만들었으며 탑
의 구조가 특이하고 장식 조각이
풍부하다.

그러나 신하들도 전혀 물러서지 않고 불경을 사오도록 한 명령을 거두
어달라고 청하자 어린 성종은 "나도 이미 두 번 왕대비께 청했으나 윤허
를 받지 못한 것이니 더 이상 말하지 말라"고 말한다. 세 과부와 어린 국
왕이 한편이 된 왕실과 신하들의 힘겨루기는 쉽게 끝나지 않았다. 결국
신하들의 척불 상소가 이어지는 가운데 왕대비가 "세조께서 살아 계실
때는 아무 소리도 못하던 사람들이 그분께서 돌아가시고 얼마 되지 않아
갑자기 불교를 배척하니 내가 매우 분하고 민망할 따름이다"며 화를 내
고 나서야 일단락되었다.

성종 4년 7월 18일에는 대사헌 서거정徐居正이 글을 올려 부녀자가 절
에 가지 못하게 했는데 여승은 문제 삼지 않는 것을 비판하면서 금지시
킬 것을 요청했다. 한마디로 여승도 절에 가지 못하게 해야 한다는 것이
다. 이것은 불교 문제라기보다는 풍속 문제에 가까웠다. 21일에는 대사
간 정괄鄭佸도 같은 내용의 차자箚子(바로 이 무렵부터 생겨난 간략한 메모 형

식의 상소문)를 올렸다. 이에 대해 성종은 왕대비의 뜻임을 들어 '중과 여승은 일체이니 여승이 절에 올라가는 것을 금하지 못한다'는 입장을 대신 전한다.

당시 왕족의 불교 신앙과 관련해 중요한 사찰은 세종이 세운 내불당과 세조가 세운 원각사였다. 경연에서 연일 신하들이 불교의 폐해를 이야기하자 성종 6년 5월 27일 성종은 신하들에게 질문을 던진다.

"세조께서 불법을 숭상하여 원각사를 창건하실 때에 아랫사람들이 다 그르다고 했는가?"

그러나 말은 이렇게 하지만 이 무렵 성종의 세계관은 점차 척불 쪽으로 기울고 있었다. 다만 성종 7년 수렴청정을 끝내고 친정 체제를 확립한 이후에도 불교 문제와 왕실 문제에 관한 한 성종은 변함없이 왕대비의 뜻을 존중했다.

❖ **수렴청정의 종지부를 찍은 익명서**

정희왕대비는 1476년(성종 7) 1월 13일 내관 안중경을 시켜 한글 편지 한 장을 원상에게 전했다. 내용은 수렴청정을 거두겠다는 것이었다.

나는 한 가지 일도 친인척이라고 해서 봐주거나 한 것이 없었는데도 지금 익명서에 말한 것은 오로지 내 몸을 지칭했으니 최개지崔盖地의 말을 듣고는 마음이 실로 편안하지 못하다. 또 윤사흔尹士昕이 의정議政이 된 것도 또한 주상의 명령이다. 더구나 해당 관청에서 도량과 재간에 따라 이를 임용한 것이 아니겠는가? 만약 친인척이라 하여 무조건 이를 물리친다면 이 또한 불합리한 것이 아니겠는가?

여기서 왕대비가 말하는 것은 두 가지다. 하나는 익명서 관련이고 또 하나는 친동생 윤사흔 관련이다. 첫째 것은 성종 6년 11월 18일 승정원에서 보고한 익명서 사건을 말한다. 승정원 문에 익명서가 붙어 있었는데 일부가 찢어져 전문은 알 수 없었다. 다만 내용 가운데 "강자평姜子平이 진주목사가 된 것은 왕대비의 특명이다"라는 글이 포함되어 있었고, 또 윤사흔, 윤계겸尹繼謙, 민영견閔永肩, 어유소魚有沼, 이철견李鐵堅, 이계전李季甸의 이름 밑에 적賊 자와 함께 많은 욕이 쓰여 있었다는 것이다. 당대의 육적六賊이었던 셈이다. 사실 여부를 떠나 이들 6명의 이력을 간단히 보자.

윤사흔(?~1485)은 정희왕대비의 친동생이다. 실록의 기록을 종합해보면 '윤사흔의 사람됨은 기량이 활달하고 거침이 없었다. 남의 허물을 보면 정면에서 논박할 만큼 직선적인 성격이었으며, 다만 간혹 술에 취해 선비들을 예로 접대하지 않아 비방을 받기도 했다'고 한다.

윤계겸(1442~1483)은 윤사흔의 아들로 정희왕대비의 조카다. 윤계겸에 대한 사신의 평가는 가혹할 정도다.

윤계겸은 외척으로 일찍 벼슬에 참여하여, 좋은 요직을 여러 번 지내고 일을 꼼꼼하게 살폈다. 그러나 배우지 못하고 아는 것이 없어서 대체大體에 어둡고 성미가 급하고 가혹하여 무릇 남을 해치는 일에는 솔선하여 소매를 걷고서 하고, 명성과 총애가 이미 지극했는데도 늘 만족할 줄 몰랐으니, 작록爵祿을 오래 누리지 못한 것이 마땅하다.

　민영견은 정희왕대비의 언니의 외손자였다. 왕대비의 배려 속에 수렴청정이 끝난 뒤인 성종 8년 양양부사, 성종 13년 돈녕부정을 지낸 민영견은 성종 14년 왕대비가 승하하자 장례를 치르는 데 공이 많았다는 이유로 당상관에 오른다. 연산군 때는 돈녕부동지사에까지 승진했다. 실록은 그가 능력도 없이 아부와 뇌물로 자리를 지키고 왕대비와의 먼 인척 관계를 적극적으로 활용했다고 비판한다.

　어유소(1434~1489)는 1456년(세조 2) 3월에 무과에 장원으로 급제하여 사복시司僕寺 직장直長, 사헌부 감찰을 역임했다. 1467년 이시애李施愛가 반란을 일으키자 좌대장으로 1,000명의 군사를 이끌고 나가 이를 평정했다. 성종 즉위 후 1477년(성종 8) 병조판서, 다음 해 우찬성을 거쳐 이조판서에 제수되었으나, 무신을 이조판서로 해서는 안 된다는 문신들의 반대로 다시 우찬성으로 물러앉았다. 그에 대한 실록의 평은 후하다.

　　성격이 진실하고 솔직하여 사람들과 거슬림이 없이 누구나 사랑하고 대중을 용납하여 겉으로 꾸미는 짓을 하지 않았고, 집에 있을 적에도 돈벌이를 일삼지 않았다. 북방에 드나들어 오랑캐들의 실정을 두루 알았으며 사졸士卒들과 고락을 같이하여 가는 곳마다 금방 공로가 있었고, 높은 벼슬을 역임했지만 교만하게 처신하지 않았다.

　이철견(1435~1496)은 정희왕대비의 사촌동생이다. 실록은 이철견이 죽은 후에 "성질이 과장하기를 좋아하며 배우지 못하여 근본이 없고 탐

하고 음란하고 사치하고 화려했으되, 외척이라는 이유로 벼슬이 찬성에 이르렀으니 요행이었다"고 가차 없이 비판하고 있다.

이계전(1404~1459)은 당시 생존 인물은 아니었다. 이계전은 목은 이색의 손자로 조선 초의 명신 권근權近의 외손자이기도 했다. 1445년 집현전 직제학에 올랐고, 1447년 동부승지, 1450년 좌부승지, 도승지를 지냈다. 계유정난 때 정난공신 1등에 녹훈되어 호조와 병조판서를 지냈다. 병조판서로 있을 때 수양대군이 왕권 강화를 위하여 육조직계제六曹直啓制를 부활하자 하위지河緯地 등과 이를 반대하는 소를 올렸다. 그러나 세조는 더욱 전제권을 강화해갔다. 이에 성삼문成三問 등 집현전 출신 학자가 중심이 되어 세조 제거 운동을 일으켰으나, 그는 이에 참여하지 않고 반대로 세조를 도왔다. 이 공로로 좌익공신에 녹훈되었다.

그런데 사육신의 한 사람인 이개李塏가 바로 이계전의 조카였다. 이개는 일찍부터 이계전이 수양대군과 가까이 지내는 것을 혐오했고 마침내 자신은 물론이고 아들 이공회, 동생 이유기, 동생 아들 이은산도 형장의 이슬로 사라졌다. 당시 인심으로 볼 때 이계전은 이미 죽었어도 좋게 보아줄 인물은 아니었다. 유일하게 죽은 사람으로 익명서에 그의 이름이 등장한 것도 정희왕대비의 남편인 수양대군의 사람이었기 때문이다.

《경국대전》형전에 따르면 익명서는 그 내용을 전해서도 안 되고 불태워 없애도록 되어 있다. 그래서 문제의 익명서는 즉시 불태워 없애졌다. 그러나 성종으로서는 다른 사람도 아닌 왕대비가 관련된 일이라 곤경에 처했다. 게다가 육적은 어쨌거나 왕대비와 직접적으로 연결된 인물들이었다. 그냥 덮어두기에는 그 내용이 너무나도 심각했다. 또 그중 일부는 궁중 내부의 비밀에 해당되는 것까지 일부 포함되어 뭔가 사실을 밝혀내지 않을 수 없는 상황이었다.

윤사흔이 우의정으로 임명된 것은 익명서 사건이 터지기 5개월 전인 성종 6년 7월이었다. 그리고 왕실의 족친이 국정에 참여할 수 있는 길을 열어놓은 것도 왕대비 바로 자신이다. 왕대비는 성종이 즉위한 직후에 "세조는 신하들의 능력을 가릴 줄 알았으므로 족친族親이라 하더라도 그 재주에 따라 임명했는데 예종은 그렇지 않았다. 내가 지금 수렴청정을 하게 됐으니 경은 족친으로서 쓰기에 합당치 아니한 자는 천거하지 말라"고 이조판서 한계미韓繼美(1421~1471)에게 지시를 내린 바 있다. 이 말은 뒤집어 말하면 쓰기에 합당한 자는 족친이라는 이유로 무조건 배제하지 말고 적극 천거하라는 말이다.

그런데 한계미가 누구인가? 한계희, 한계순의 맏형이었던 한계미에게 왕대비는 처형이었다. 말 그대로 족친이었다. 그리고 한명회와는 육촌형제 간이었기 때문에 왕대비와 한명회를 잇는 연결고리이기도 했다.

미관말직에 있던 그는 1452년에 사은사로 북경을 가는 수양대군을 수행했고 그것이 인연이 되어 세조가 즉위하자 좌익공신 3등으로 사간원 지사에 올랐으며 이어 동부승지 우승지를 거쳐 호조와 형조참판을 지냈다. 이시애의 난 진압에 참가하여 공을 세워 적개공신敵愾功臣 3등으로 우찬성에 올랐고 이후 좌찬성으로 이조판서를 겸하고 있었다.

조금만 들여다봐도 이처럼 대부분의 조정 신하들이 왕대비와 친인척 관계로 얽혀 있었던 것이다. 그래서 서울대 최승희 교수는《조선 초기 정치사 연구》에서 "왕대비의 섭정 6년 동안에 갖가지 부정과 비리가 드러나 마침내 익명서 사건이 터졌다"고 분석했다.

❖ 노회한 대정객의 이해하기 힘든 헛발질

다시 성종 7년 1월 13일이다. 왕대비가 수렴청정을 그치겠다고 했을 때 처음에는 성종까지 나서 왕대비에게 그 같은 결정을 거두어달라고 여러 차례 간곡하게 청을 올렸다. 그런데 이 과정에서 아주 흥미로운 일이 발생한다. 성종은 다시 수렴청정 철회를 거두어달라고 하면서 이렇게 말한다.

"제가 만약 학문이 이미 성취되어 큰일을 결단할 만하다면 여러 신하들이 당연히 저에게 정사를 돌려주기를 청할 것인데, 지금은 원상 등이 저에게 정사를 돌려주지 말도록 청하고 있으니, 원컨대 이를 따르소서."

그래도 받아들여지지 않자 성종은 원상과 승지를 선정전에 불러 "내가 간절히 청해도 윤허하지 않으시니 원상들이 마땅히 이를 다시 생각해보라"고 말했다. 좌의정 한명회의 판단 미스였을까? 아니면 어차피 왕대비라는 보호막이 걷히면 마치 예종 때처럼 자신에게 가해질 수도 있는 공세를 예상하고 나름의 결단을 내린 것일까? 시쳇말로 한명회는 '오버'를 한다.

"신 등이 언제나 대궐에 나아와서 안심하고 술을 마시게 되는데, 만약 수렴청정을 이어가지 않으시면 장차는 안심할 수가 없을 것입니다."

한명회의 이 말은 성종에게 상당히 거슬렸던 것 같다. 이런 와중에도 결국 성종이 친권을 행사하는 쪽으로 가닥이 잡히고 바로 그날 의정부에서 중앙과 지방에 공식적으로 성종의 친권 사실을 선포하게 된다.

바로 다음 날인 1월 14일, 즉 친권을 행사하는 첫날 경연을 마치고 신하들과 이야기를 나누던 성종은 한명회가 했던 말을 슥 지나가듯이 거론하며 "그런데 이 말로써만 본다면 여러 정승들이 나를 믿지 못한다는 말인가?"라고 묻는다.

실록을 보면 결과적으로는 성종의 단순한 말실수로 보이지만 국정을 논하면서 성장한 청년 성종이 한명회를 우회적으로 견제하기 위한 고도의 계략이었을 가능성 또한 완전히 배제할 수는 없다. 기다렸다는 듯이 곧바로 한명회를 국문해야 한다는 상소가 양사에서 밀려들었다. 동료 원상인 윤자운과 윤사흔까지 나섰다. 한명회는 곧바로 사죄했다. 그러나 그것은 시작에 불과했다. 결국 한 달 넘게 이어진 상소 끝에 2월 28일 한명회는 장문의 글을 올려 자기변명을 한다. 주로 2월 19일에 올린 유자광의 글에 대한 반박이다. 당시 아무런 직위도 맡고 있지 않던 무령군 유자광이 이런 좋은 기회를 놓칠 리가 없다. 실록이 공식적으로 인정하는 모함의 귀재가 아닌가? 유자광은 한명회를 죽이기로 작정한 듯이 글을 썼고, 너무 심하다고 싶었던지 한명회가 이를 반박한 것이다. 한명회를 추국하라는 상소는 3월이 되어서도 한 달 내내 계속된다. 물론 한명회에 대한 추국은 이뤄지지 않았다.

◈   **성종, 공신들의 보루를 무너뜨리다**

이어 5월 19일 성종은 의정부에 명하여 원상을 폐지한다고 발표하도록 했다. 그 계기를 만든 것은 한명회 탄핵을 주도했던 대사헌 윤계겸이다. 그에게 왕대비는 고모였다. 그로서는 수렴청정이 끝난 마당에 성종에게 권력이 몰린다고 해서 나쁠 게 하나도 없었다. 성종에게 자신은 인척이었기 때문이다. 실제로 그가 다음 해인 성종 8년 1월 26일 올린 상소를 보면 한명회에 대해 적대감까지 묻어난다.

"어찌 성명聖明(왕)이 위에 계신데도 권신의 세력이 이토록 극진하게 될 수 있겠습니까? 법에 의하여 죄를 정한다면 한명회는 죽어도 남는 죄가 있을 것인데, 혼자 큰 법을 벗어나 관록과 직위를 보전할 수 있으니, 전하께서는 죄가 없다고 생각하여 그러십니까? 아니면 죄를 알기는 하나 훈신이라 하여 특별히 용서하시는 것입니까?"

그런 그가 성종 7년 5월 15일 올린 총 9개 항목에 관한 상소에서 "지금이 원상 제도를 혁파하기에 적합한 때"라며 원상제 폐지를 건의했다. 정인지, 김질, 김국광 등 원상들도 더 이상 반대할 수 없었다. 그러면서도 다른 8개 항목들에 대해서는 "아뢴 대로 하소서"라면서 이 항목에 대해서만은 아쉬움을 남긴 채 "주상의 재량에 달려 있습니다"고 말한다. 그리고 나흘 후 성종은 전격적으로 이런 결단을 내린 것이다. 이로써 세조 때 생겨나 훈구 척신들의 사령부 역할을 했던 원상제가 마침내 폐지됐다. 이를 기점으로 성종은 정치제도적인 면에서 홀로서기의 첫걸음을 내딛게 된 셈이었다. 한명회의 발언을, 우연을 가장해 폭로한 것이 고도의 계략일 수 있다고 했던 것은 바로 이 원상제의 폐지와 연결되기 때문이다. 아마도 한명회가 건재했다면 이렇게 쉽게 원상제 폐지를 결단하기는 힘들었을 것이다. 더욱이 원상제와 한명회는 떼려야 뗄 수 없는 관계를 갖고 있었다.

원상제의 폐지가 갖는 의미는 혁명에 가까울 만큼 대단히 큰 것이었다. 원래 이 제도는 세조 13년 9월 명나라 사신이 왔을 때 세조의 건강이 악화되어 승정원에서 일을 잘 처리하지 못할까 우려해서 신숙주, 한명회

등에게 명하여 승정원에 나와 왕 대신 일을 보도록 한 데서 시작됐다. 그러면서 명칭도 원상이라고 불렀던 것이 예종을 거쳐 성종이 수렴청정을 받게 되자 그대로 이어져왔던 것이다. 훈구 공신들에 대해 그처럼 기세등등했던 예종조차도 원상제만은 건드리지 못했다.

여기서 우리는 조선의 정치제도에 대한 약간의 지식을 알아둘 필요가 있다. 가장 크게 보면 태종처럼 강력한 왕권을 지향하는 국왕은 '육조직계제六曹直啓制'를 원하고 유학 교양을 갖춘 신하들은 삼공육경三公六卿 체제, 즉 '의정부서사제議政府署事制'를 기대했다. 군주제와 민주제라는 차이를 감안해서 본다면 육조직계제는 일종의 대통령중심제이고 의정부서사제는 일종의 의원내각제라고 할 수 있다. 전자는 권력이 국왕 한 사람에게 집중되는 것이고 의정부서사제는 국왕과 신하들이 권력을 나눠 갖는 것이다. 그래서 국왕 중심의 육조직계제가 활성화되면 자연스럽게 육조와 왕명을 받드는 승정원이 힘을 발휘했고, 의정부가 권력의 중심에 서면 육조와 승정원은 위축될 수밖에 없었다. 그래서 태종이나 세종처럼 강력한 왕권 중심을 추구하는 국왕의 경우 육조직계제를 선호할 수밖에 없었다. 세종도 후반기에는 건강상의 이유로 의정부서사제를 채택하기는 했다.

그런데 태종이나 세조처럼 쿠데타로 집권할 경우 공신들과의 갈등은 불가피했다. 태종은 결국 공신들을 제압하고 육조직계제를 관철시킨다. 반면 세조는 육조직계제를 원했지만 태종처럼 공신들을 숙청해버리기에는 독자적 권력 기반이 너무나 취약했다. 그래서 외형적으로는 육조직계제를 집권 초기부터 세조 12년까지 유지하다가 건강이 악화되고 나서 원상제를 도입한다. 또 태종처럼 공신이라 하더라도 자신의 권력에 도전하는 사람은 가차 없이 제거하지 않고 오히려 지나칠 정도로 보호하는 절충안을 택했다. 그것이 세조 때 훈구 공신들의 부정부패와 타락으로 이어지는 계기가 된다. 그리고 무엇보다 수렴청정이 실시될 경우 그것을 보완하는 것이 원상제였기 때문에 대비의 권력 행사와 관련해 대단히 중요한 제도였다.

❖ 정희대왕대비와 인수왕대비의 내밀한 파트너십

성종의 친어머니인 인수대비(1437~1504)는 어떤 인물인가? 인수대비는 원래 왕비가 되었어야 할 몸이다. 1455년(세조 1) 의경세자(훗날 덕종으로 추존됨)의 세자빈에 간택되어 수빈粹嬪에 책봉되었다. 의경세자가 일찍 세상을 떠나는 바람에 왕비는 되지 못했지만, 세조를 이은 시동생 예종이 1년 만에 사망함으로써 자신의 둘째 아들 잘살군이 국왕이 된 덕분에 남편 의경세자는 덕종으로 추존되고 이어 자신도 소혜왕후로 책봉되었다가 인수대비에 올랐다. 성종 2년의 일이다.

그리고 이듬해인 성종 3년 정희왕대비는 의지를 내려 다음과 같이 명했다.

안순대비의 서차序次가 일찍이 인수왕비의 위에 있었다. 그러나 세조가 항시 인수왕비에게 명하여 예종을 보호하게 하고 시양侍養이라고 일컬었으며, 또 장유長幼의 차서가 있으니, 그 위차位次는 마땅히 왕대비의 위位에 두어야 한다.

인수대비의 무덤. 경릉敬陵이라 불리며 경기도 고양시 서오릉 내에 위치해 있다.

이렇게 해서 성종 때는 삼대비의 서열이 갖춰졌다. 정희대왕대비-인수왕대비-인혜대비(안순왕후)의 순이었다. 즉 안순대비가 인수대비의 위에 있었는데 의경세자가 덕종으로 추존되자 장유유서의 순서에 따라 서열이 뒤바뀐 것이다. 물론 여기에는 안순대비의 집안보다 인수대비의 집안이 막강했던 이유가 크게 작용했다.

인수대비는 성품이 총명하고 학식이 깊어 정치에도 많은 자문을 했다. 불경에 조예가 깊어 불경을 언해하기도 했고 부녀자를 위하여 지켜야 할 도리인 《내훈》을 간행했다. 성종 때 여성 억압적인 가부장 윤리가 확립되는데 인수대비의 역할이 컸다는 지적이 나오는 것도 이런 맥락에서다. 그러나 인수대비는 불행하게도 며느리 윤씨의 폐비와 사사에 깊이 관여함으로써, 훗날 친손자 연산군이 그 사실을 알고 박해를 가하려 하자 병상에서 이를 꾸짖다가 연산군이 머리로 들이받는 바람에 세상을 떠나게 된다.

실제로 정희대왕대비는 한문을 몰랐지만 인수왕대비는 한문과 언문 모두에 능했다. 그가 정치적으로도 뛰어난 감각을 갖고 있었음을 보여주는 일화가 실록에 있다. 성종 1년 4월 20일 대왕대비는 전지를 내려 "인수왕대비가 총명하고 사리에 밝아서 일의 대체를 아니 내가 큰일을 전하여 맡기고자 하는데 어떠한가?"라며 원상과 승지들의 의견을 묻고 있다. 처음부터 섭정을 인수왕대비에게 넘기겠다는 뜻이었다. 이것은 정희대왕대비와 인수왕대비의 사이가 그만큼 가까웠다는 뜻이기도 하다. 물론 신하들의 반대로 일과성 해프닝으로 끝나긴 했지만 궁궐 깊숙한 곳에서 나오는 '대왕대비'의 뜻 속에는 인수왕대비의 뜻도 그만큼 많이 담겨 있는 것으로 볼 수 있는 중요한 대목이다.

이런 어머니에게 성종이 꼼짝 못했으리라는 것은 쉽게 짐작할 수 있다. 훗날 윤씨를 폐비시키고 사사시키는 과정에서는 특히 대왕대비보다는 인수왕대비의 뜻이 크게 작용했다. 성종도 처음에는 윤씨가 싫지 않았으나, 엄격한 봉건적 윤리로 무장한 인수왕대비의 인정을 받지 못하는 윤씨에 대해 결국은 '효자' 성종도 거리를 두게 된다.

❖ 무력한 왕 중종, 막강한 왕대비 문정왕후

공혜왕후 한씨, 폐비 윤씨에 이어 1480년 성종과 혼례를 올린 윤호의 딸 정현왕후 윤씨는 진성대군을 낳았다. 훗날 연산군이 폐출된 뒤 반정공신들에 의해 왕으로 추대된 중종이다. 성종이 세상을 떠나자 왕실에는 인수왕대비와 인혜대비가 있었는데 성종의 두 번째 계비 정현왕후도 이때 대비로 승격된다. 그래서 연산군 때도 삼전이 있었는데 인수대왕대비, 인혜왕대비, 그리고 자순대비(정현왕후)였다.

1506년 반정과 함께 진성대군이 왕위에 올랐다. 이때 대군의 나이 열아홉 살이었기 때문에 그의 어머니 자순대비는 정치력을 발휘할 기회를 갖지 못했다. 게다가 이때는 반정공신의 세상이었기 때문에 설사 대군의 나이가 10대 초반이었다고 해도 정희대왕대비처럼 수렴청정을 꿈꿀 수 없었을 것이다. 권력의 추가 왕실이 아닌 반정 세력에게 가 있었기 때문이다. 물론 그에 앞선 연산군의 왕비였던 폐비 신씨도 당연히 대비가 될 수 없었다.

운 좋게 왕위에 오른 중종은 힘이 없었기 때문에 조선 왕으로서는 처음으로 신하들에 의해 강제 이혼을 당하는 굴욕과 함께 왕의 길을 걸어야 했다. 진성대군 시절 중종은 연산군의 처남 신수근의 딸과 결혼을 했다. 그래서 반정과 함께 단경왕후 신씨가 잠시나마 왕비에 오르지만 불과 일주일 만에 왕비의 자리에서 쫓겨난다. 그리고 반정을 주도한 박원종의 매부인 윤여필의 딸 숙원 윤씨가 새로운 왕비가 된다. 한명회에 이어 박원종이 왕의 배필 자리를 좌우한 것이다. 그가 바로 인종의 친어머니인 장경왕후 윤씨다. 이로써 다시 정희왕후에 이어 파평 윤씨에서 왕비가 배출되었다. 그러나 장경왕후는 1515년 열일곱 살의 나이로 인종을 낳고 세상을 떠난다. 따라서 단경왕후 신씨나 장경왕후 윤씨는 대비의 자리에 오를 수가 없었다.

2년 후인 1517년 같은 파평 윤씨 윤지임의 딸이 왕비가 되는데 문정왕후 윤씨가 바로 그 주인공이다. 문정왕후는 혼례 17년이 지난 1534년에야 아들(훗날의 명종)을 낳았다. 하지만 이미 세자는 장경왕후 윤씨가 낳은 아들이었다. 1544년 중종이 세상을 떠나자 장성한 세자가 뒤를 이으니 그가 인종이다. 그런데 뜻하지 않게 인종이 8개월 만에 세상을 떠난다.

그 바람에 인종비인 인성왕후 박씨가 대비가 되고 문정왕후는 불과 8개월 만에 대비에서 왕대비로 지위가 올라간다. 게다가 자신이 낳은 아들이 인종의 뒤를 이으면서 모든 권력이 자기 손안에 들어온다. 이때 명종의 나이 겨우 열한 살이었기 때문이다. 이후 명종 재위 기간 중 20년 동안 왕대비 윤씨는 정희대비를 훨씬 능가하는 권력을 행사하며 사실상 조선의 여왕으로 군림했다. 어쩌면 남편인 중종이 40년간 행사한 권력의 총량보다 문정왕후가 왕대비가 되어 수렴청정했던 20년간 행사한 권력의 총량이 훨씬 컸는지 모른다.

게다가 정희대비와 비교해보더라도 문정왕후가 행사한 권력이 훨씬 막강했다. 정희대비는 줄곧 한명회 등 공신 세력과 공존을 추구했지만 문정왕후는 사실상 독자적인 권력을 구축했기 때문이다.

❖　　**인순왕후, 최초로 차기 왕을 결정하다**

명종은 어머니 문정왕대비의 기세에 눌려 이렇다 할 권력을 행사하지 못했다. 그리고 재위 22년째인 1567년 세상을 떠났다. 게다가 큰 숙제를 남겨놓았다. 생전에 순회세자를 두었지만 일찍 세상을 떠났고 이후 인순왕후 심씨와의 사이에서 아들을 낳지 못했다. 즉 조선 왕실의 적통이 끊어진 것이다. 그로써 인순왕후 심씨도 조선의 마지막 적비嫡妃가 되고 말았다.

후사의 문제를 중심으로 명종 시대를 다시 짚어볼 필요가 있다. 그것은 곧 대비의 후사 결정 문제와 연결되기 때문이다.

태조는 건국 왕이고 이어 정종과 태종은 태조와 신의왕후 한씨의 둘째와 다섯째 아들이었다. 세종은 태종과 원경왕후의 셋째 아들, 문종과 세조는 각각 세종과 소헌왕후의 장남과 둘째 아들이었고 단종도 문종과 현덕왕후 권씨의 외아들이었다. 예종은 세조와 정희왕후의 둘째 아들이었고 성종은 제안대군을 제치고 왕이 되긴 했지만 따지고 보면 세조와 정희왕후 사이의 장남인 의경세자(덕종으로 추존됨)의 둘째 아들이었다. 연산군은 성종과 폐비 윤씨의 외동아들이었고 중종도 성종과 정현왕후 윤씨의 외아들이었다. 인종은 중종과 장경왕후 윤씨의 외아들이었고 명종은 중종과 문정왕후 윤씨의 외아들이었다. 즉 선조가 즉위하기 전까지 형제간 순서의 문제는 있었지만 왕후의 몸에서 나지 않은 왕은 단 한 명도 없었다. 몇 차례 피를 부른 쿠데타가 있었지만 왕위를 차지한 인물은 늘 적통을 이어받은 왕후의 자식 중에서 나왔다. 그래서 이때까지는 아무리 막강한 대비라 하더라도 자신이 후사를 결정한 경우는 없었다. 굳이 말하면 정희대비와 한명회가 함께 제안대군이나 월산군을 제치고 잘산군을 정한 것뿐이다.

1563년(명종 18) 10월 23일 순회세자가 세상을 떠났다. 조선조에서 세자 자리에 있으면서 조졸早卒한 경우는 성종의 아버지인 의경세자에 이어 두 번째다. 세자를 국본國本이라 부를 정도로 중히 여겼기 때문에 순회세자의 죽음은 왕실뿐만 아니라 조선이라는 나라의 장래를 뒤흔들어 놓을 수 있는 비극적인 중대 사안이었다. 이때 순회세자의 나이 열세 살이었다. 게다가 명종에게는 아들이 순회세자 하나뿐이었고 명종 자신의 건강도 좋지 못했다. 행인지 불행인지 명종에 앞선 인종에게도 자손이 없었다. 거슬러 올라가 중종이 3명의 왕후를 들이면서 낳은 아들은 인종과 명종이 전부였다. 첫 번째 왕비였던 단경왕후 신씨와의 사이에서는 자식이 없었다. 따라서 순회세자의 죽음은 조선 왕실의 후계 문제를 오리무중 상태로 몰아넣었다. 자칫하면 또 한 번 피를 부르는 국가적 비상사태가 올지도 몰랐다.

그러나 아직 명종 나이 서른이었기 때문에 세자를 다시 생산하는 것은 충분히 가능했다. 암초는 그의 위약한 건강이었다. 그는 심열증을 앓고 있었다. 심열증의 전형적인 증상은 화를 잘 내고 행동이 산만한 것인데 실록에 보면 실제로 명종이 수시로 화를 내는 장면들이 나온다.

명종 20년 4월 6일 어머니 문정대비 윤씨가 사망하자 그의 건강은 더욱 악화되기 시작했다. 열흘 후인 4월 16일 약방제조藥房提調를 맡고 있던 좌의정 심통원에게 명종이 자신의 증세를 이야기한다.

내가 약한 체질로 평소에 위는 열이 나고 아래는 냉한 증세가 있었다. 근년에 들어와서 심기心氣가 허약해져, 계해년(1563년) 가을에 놀라고 슬픈 일을 당한 이후로 작은 병이 자주 있어 간신히 보전하여 날을 보내고 있었더니 올봄에 기운이 조금 돌아오는 듯했는데 갑자기 망극한 변을 당했다. 바야흐로 애통한 중에 있으면서 비위가 편치 못하고 기운도 혹 피곤하기도 하며 가슴과 명치가 막힌 듯하여 음식이 잘 내려가지 않

<u>으므로</u> 지금 환약을 먹고 있다.

5월 19일에도 갑작스런 복통과 설사로 약방제조 심통원이 찾아와 맥을 짚었다. 명종의 병환은 이렇다 할 차도를 보이지 않는 가운데 8월부터는 사간원 대사간 박순朴淳과 사헌부 대사헌 이탁李鐸이 나서 명종의 외삼촌이자 20년간 문정왕후 윤씨와 함께 권력을 휘둘러온 영의정 윤원형에 대한 탄핵 상소가 본격화됐다. 다른 한편에서는 문정왕후 사후부터 중 보우普雨를 죽여야 한다는 상소가 연일 올라오고 있었다. 윤원형도 보우 처벌에 동조할 정도였다. 요즘 식으로 하자면 과거사 청산 문제였다. 그 후 홍문관과 성균관의 유생들까지 나서 연일 윤원형과 보우에 대한 탄핵 상소가 올라왔다.

결국 8월 21일 신하들에게 밀린 명종은 귀양은 보내지 않되 윤원형을 영의정 자리에서 내쫓았다. 다음 날 윤원형을 이어 영의정에 오른 이준경李浚慶은 첫날부터 윤원형을 귀양 보내야 한다고 주청을 올렸다. 마침내 8월 27일 윤원형은 지방으로 쫓겨나게 된다. 당시 식자들의 분위기에 관해 실록의 사관은 이렇게 적고 있다.

더욱 통탄스러운 것은 수십 년간을 전제專制했는데도 조정의 모든 사람들이 입을 다물고 그 죄를 대놓고 지적한 사람이 한 사람도 없었으며, 흉악한 짓을 제멋대로 하게 하여 나라가 거의 망할 지경에 이르렀는데 권세가 제거된 뒤에서야 비로소 논했으니, 너무 늦었다. 이 또한 을사년 이후 사기가 꺾이고 인심이 휩쓸려서 화복禍福을 생각하고 두려워했기 때문인 것이다. 윤원형이 쫓겨난 뒤에 지방의 한 백성이 한쪽 팔만 들고서 노래하고 춤추는 자가 있었는데 사람들이 그 까닭을 물으니, 답하기를 "윤원형은 국가에 해를 끼친 놈인데 지금 쫓아내어 백성의 해를 제거했으니 그래서 기뻐서 춤추는 것이다"고 했다. 그래서 한쪽 팔만 들고 추는 이유를 물으니 답하기를 "지금 윤원형은 쫓겨났으나 또 한 윤원형이 남아 있으니, 만약 모두 제거된다면 양팔을 들고 춤을 출 것이다"고 했으니, 바로 심통원을 가리킨 말이다.

아마도 그 사람은 얼마 지나지 않아서 양팔로 춤을 추었을 것이다. 1537년(중종 32) 문과에서 장원급제한 후 윤원형에게 밀착해 좌의정에까지 오른 심통원은 결국 윤원형이 쫓겨나면서 사헌부, 사간원, 홍문관 등 삼사의 탄핵을 받아 곧바로 사직했고 선조가 즉위한 1567년에는 김안로에게 아부한 죄로 관직마저 삭탈당하게 되기 때문이다. 심통원은 명종비인 인순왕후 심씨의 할아버지인 심연원의 동생으로 말하자면 왕비의 작은할아버지였다.

9월 들어서도 하루가 멀다 하고 보우를 죽여야 한다는 상소가 올라왔고, 윤원형의 첩 정난정이 독살한 본처 김씨의 어머니가 고소를 하면서 윤원형은 점점 더 곤란한 지경으로 빠져들고 있었다. 이런 가운데 명종의 병은 점점 더 깊어져만 갔다. 9월 15일 대궐 분위기는 거의 임종을 앞둔 듯했다. 이날 밤 명종은 영의정 이준경, 좌의정 심통원, 영평부원군 윤개尹漑를 불렀다. 사실상의 유언을 남기는 자리였다. 여기서 이준경 등은 아주 조심스럽게 비어 있는 세자 자리를 정해줄 것을 간접적으로 요청했다. 명종은 안 좋은 기색을 하면서 처음에 거부했다. 그러자 이준경 등은 다시 송나라의 인종, 고려의 성종과 목종 등도 뛰어난 인품이 아니면서도 종묘사직을 생각해 30세 무렵에 '단안'을 내린 적이 있음을 들어 누군가를 지목해줄 것을 은근히 청했다. 명종은 "내전에서 생각하여 처리할 것"이라고만 답한다. 명종으로서는 자신이 반드시 다시 회복할 것을 확신하고 있었다. 실록의 사관은 "주상께서 하답하기 어려워 이렇게 답한 것이었고 실은 후사를 정하겠다는 뜻이 없었다"고 적고 있다.

명종의 병은 죽음의 고비를 넘기기는 했지만 회복될 가능성 또한 보이지 않고 있었다. 이틀 후 영평부원군 윤개, 영의정 이준경, 좌의정 심통원, 우의정 이명, 좌찬성 홍섬, 좌참찬 송기수, 우참찬 조언수, 병조판서 권철, 이조판서 오겸, 공조판서 채세영, 예조판서 박영준, 형조판서 박충원, 대사헌 이탁, 홍문관 부제학 김귀영, 대사간 박순 등이 언서로 중전에게 국본國本을 정해줄 것을 청했다. 완강하게 거부하던 중전, 즉 인순왕후 심씨는 언문 친필로 "국가의 일이 망극하니 덕흥군의 셋째 아들 하성군 이균李鈞(훗날의 선조)을 입시시켜 시약施藥하게 하라"고 답한다. 소위 '을축년의 하서下書'였다.

애매했다. 게다가 명종의 재가가 없었다. 신하들은 다시 중전을 압박했다. 자칫하면 자신들의 목숨이 달아날 수 있는 일이기도 했다. 어쩔 수 없이 중전이 명종을 뵙고 돌아와 답한다.

"방금 국본에 대한 일을 잠시 계품했더니 성심聖心이 몹시 동요하셨다."

명종은 여전히 그럴 생각이 없었다. 다음 날에도 이준경을 비롯한 신하들이 중전을 찾아와 다시 한 번 재촉했지만 중전은 아무런 답을 줄 수 없었다. 9월 19일 이준경을 비롯한 신하들은 중전에게 굳이 이균의 이름을 거명한 사실을 환기시키며 그 마음 변치 말 것을 당부한다. 뭔가 최고 권력을 둘러싼 정치가 은밀하게 이뤄지고 있었다. 17일자 실록도 "부정副正 윤건尹健이 중전과 수상(이준경)의 처소를 일고여덟 차례나 왔다 갔다 했는데 사람들은 모두 이준경이 윤건을 통해 중전에게 은밀하게 아뢰는 것이 아닌가 의심했으니 윤건은 바로 심강沈鋼의 매부였기 때문이다"고 단서를 기록해두고 있다. 심강은 중전의 아버지다.

마침내 10월 4일 질환이 회복되었다. 일주일 정도 몸을 추스른 명종은 10월 10일 윤개와 이준경, 심통원, 이명 등을 불러 국본의 문제에 관한 본인의 생각을 털어놓는다.

"당시 내 병세가 심해 인심이 불안해하자 대신들이 누차 내전에 계를 올려 결정을 보고자 했기 때문에 내전이 어쩔 수 없이 이름을 써서 내렸었다. 이제 내가 소생했고 국본의 탄생을 진실로 기다리고 바라야 하니 앞으로 다시는 다른 의논이 있어서는 안 된다."

대신들도 자신들이 황망 중에 올린 일이라며 간곡하게 용서를 빌었다. 이로써 을축년의 하서는 원인 무효, 없었던 일이 되고 말았다. 잠깐 이름이 언급되고 해프닝으로 끝난 하성군 이균의 그때 나이 열네 살이었다.

❖ **왕통의 운명이 바뀐 어느 밤**

1567년 6월 28일 새벽 2시경 경복궁 내 작은 침소인 양심당에서 명종이 훙薨했다. 이때 그의 나이 34세로 재위 22년째였다. 그러나 그는 어머니와 외삼촌의 위세에 눌려 단 한 순간도 왕권을 제대로 행사해보지 못한 불운의 군주였다. 묘호는 명종明宗이었지만 실은 암군暗君이었다.

사태는 명종이 위독한 상태를 보이던 6월 27일 심야부터 급박하게 돌아가기 시작했다. 밤 11시경 중전이 두 정승과 약방제조를 불렀다. 당시 우의정 권철은 사신이 되어 명나라에 갔고 영의정은 이준경, 좌의정은 이명이었다. 그러나 영의정과 좌의정 두 사람은 궐내에 없었고 약방제조 심통원만이 머물고 있었다. 이렇게 해서 양심당에는 얼마 후 심통원과 병조판서 원혼, 도승지 이양원 등이 입시했다. 얼마 후 영의정 이준경을 비롯해 좌승지 박응남, 동부승지 박소립 등이 뒤따라 들어왔다. 그나마 이준경은 의정부에서 유숙하고 있었기 때문에 임종을 지킬 수 있었다. 당시 상황의 미묘함에 대해 사관은 아주 상세하게 전하고 있다.

만일 이준경의 입시가 늦었으면 중전과 약방제조이자 작은할아버지인 심통원만이 유명遺命을 받게 되어 장차 무슨 일이 일어났을지 모른다는 것이었다.

다행히 소인(심통원)이 그 사이에 미처 손을 쓰지 못하게 되었으니 불행 중 다행이다.

이준경이 들어왔을 때 아직 명종은 숨이 붙어 있었다. 그러나 말은 할 수 없는 지경이었다. 이 자리에서 이준경은 중전에게 하교를 내려주기를 청했고 중전은 다음과 같이 전교한다.

"지난 을축년에 하서한 일이 있었는데 그 일은 경들 역시 알고 있다. 지금 그 일을 정하고자 한다."

명시적이지는 않지만 덕흥군의 셋째 아들 이균을 후사로 삼겠다는 뜻을 넌지시 전한 것이다. 결국 영의정 이준경이 을축년의 하서를 근거로 중전의 승인을 받아 하성군 이균을 다음 국왕으로 결정했다. 그리고 명종은 아무 말도 남기지 않은 채 숨을 거두었다.

당시 긴박했던 상황에 대해 실록은 이렇게 생생하게 전한다.

> 이준경은 평소 중망重望이 있어 나라 사람들이 그를 믿고 의지했다. 모두 하는 말이 "이때에 이 사람이 있으니 나라가 반드시 그의 힘을 입을 것이다"고 했는데 왕위를 계승할 자가 정해지자마자 인심이 크게 안정되었던 것은 다 이준경이 사람들을 진정시킨 공이었다.

오랜 폭정이 난무하면서 썩어 문드러진 명종 시대를 지나면서도 인재는 남아 있었다. 영의정 이준경(1499~1572)이 대표적인 경우다. 그는 말 그대로 진흙탕 속의 진주였다. 이준경은 세조와 성종 때 크게 번성했던 광주 이씨의 후손이었다. 증조할아버지 이극감은 형조판서를 지냈고 할아버지 이세좌도 중추부 판사를 역임했던 조정 대신이었다. 그의 아버지 이수정은 홍문관 부수찬을 지냈다.

그의 나이 여섯 살 때, 즉 1504년(연산군 10) 갑자사화가 일어났다. 할아버지와 아버지가 이에 연루되어 유배를 갔으나 2년 뒤 중종반정이 일어나는 바람에 풀려날 수 있었다. 어려서부터 집안의 분위기가 어떠했으리라는 것은 쉽게 짐작할 수 있다. 실록은 "준경은 어릴 때부터 뜻이 높고 비범했으며 체격이 웅대하여 많은 선비들 사이에 이름이 있었다"고 평하고 있다.

다른 사람들에 비해 다소 늦은 1531년(중종 26) 문과에 급제해 주로 홍문관에서 경력을 쌓았다. 1533년에는 1519년에 일어난 을묘사화로 화를 당한 사림들의 신원을 주장하다가 파직되어 5년 동안 독서를 하며 지내기도 했다. 강직하기로는 그의 형 이윤경이 한 수 위였다. 두 사람 모두 관리로서 청렴과 엄중함이 뛰어나 두 봉황새라는 뜻에서 '이봉二鳳'으로 불렸다.

1537년 호조좌랑으로 복직한 후 홍문관과 사헌부 등의 요직을 두루 거쳤고 성균관 대사성에까지 올랐다. 흥미로운 점은 이런 강직한 성품에도 불구하고 문정왕후와 윤원형이 설쳐대던 명종 정권 하에서 승승장구했다는 것이다. 명종 3년에는 요직 중의 요직인 병조판서에까지 올랐다. 한때 윤원형과 가까운 이기의 모함을 받아 충청도 보은으로 유배를 가기도 했지만 이듬해 풀려났고 그 후 형조·병조·이조·공조판서 등을 두루 역임한다. 명종 10년 을묘왜변이 일어났을 때는 도순찰사를 맡아 성공적으로 왜적을 물리쳤다. 이 공으로 우찬성에 올랐고 이후 좌찬성, 우의정, 좌의정을 거쳐 1565년(명종 20) 마침내 영의정에까지 이른다.

여기서 의문이 든다. 이런 강직한 인물이 어떻게 윤원형의 공세를 피할 수 있었을까? 그것은 을사년(1545년) 인종이 사망한 직후로 거슬러 올라간다. 이때 신하들은 문정왕후에게 알리지도 않고 윤원형의 형 윤원로를 제거하기로 결정했다. 그러나 당시 한성부 우윤이던 이준경은 "대비가 위에 계시는데 어찌 품의하지도 않고 마음대로 그 동기를 주살할 수 있겠는가?"라고 반대해 논의를 중단시켰다. 이 일이 아니었으면 그도 을사사화의 희생자가 되었을 것이 분명하다. 바로 이 일을 윤원형이 고맙게 생각해 평안감사로 좌천시키는 선에서 마무리했고 그 후 정승에까지 오를 수 있었다. 물론 그렇다고 해서 이준경이 윤원형에게 아부를 하거나 하지는 않았다. 실록은 "준경은 조정에서 꼿꼿하게 집정執政하며 끝내 굽히는 일이 없었다"고 적고 있다. 윤원형으로서도 함부로 할 수 없는 대단한 카리스마의 소유자였던 것이다.

선조의 집권에 결정적인 공을 세운 이준경은 원상이 되어 미숙한 선조가 국왕으로서 자리 잡는 데 결정적인 도움을 준다. 그는 선조 1년 기묘사화로 화를 입은 조광조의 관작官爵을 뒤늦게나마 추증했고 노수신盧守愼, 유희춘 등 을사사화의 피해자들을 유배에서 풀어주고 관작을 회복시켜주었다.

1575년(선조 8)은 조선에서 당쟁이 처음으로 생겨난 해다. 바로 그해 6월 8일 사헌부 지평에 제수된 민순閔純이 벼슬을 버리고 낙향해버리자 선조는 홍문관 부제학 이이를 불러 그 연유에 관해 묻는다. 이에 이이는 "세상의 풍습이 잘못되어 뜻있는 자들이 벼슬을 하려 하지 않습니다"고 말한다. 선조는 "어떻게 해야 하느냐?"고 물었고 이이는 "전하께서 친정親政하는 것만이 방법"이라고 답한다. 그런데 여기서 선조는 의미 있는 말을 한다.

"나도 친정을 하고자 하나 대신들이 옳지 않다고 여기니 어떻게 해야 하는가?"

스물네 살의 선조가 드디어 권력 의지를 가지려 했지만 대신들이 받아들이지 않고 있었던 것이다.

여기서 혹시 있을지 모르는 오해 한 가지를 풀고 넘어가야 한다. 선조가 즉위한 직후 인순왕후 심씨가 대비가 되어 수렴청정을 하게 됐고 또 부분적인 원상제를 두어 영의정 이준경, 우찬성 오겸吳謙, 예조판서 홍섬洪暹 등 3명이 돌아가면서 승정원에 나와 주요 사안을 결재했다. 그러나 원상제는 즉위 3개월 정도가 지난 11월 4일 없어졌고 이듬해 2월에는 백인걸白仁傑의 상소 이후 대비의 섭정도 끝났다. 그렇다면 사실상 선조의 친정 체제는 선조 1년부터 시작된 셈인데 선조 8년에 튀어나온 친정 논란은 무엇인가?

군이 말하자면 형식과 내용의 불일치라고 할 수 있다. 형식적인 친정 체제는 시작되었으나 내용적으로는 훨씬 더 강화된 원상제가 작동하고 있었던 것이다. 인사권을 포함한 조정 권력이 고스란히 정승 판서들의 손에 있었다. 이 무렵 영의정은 홍섬, 좌의정은 박순, 우의정은 노수신이었다. 이들의 면면을 보면 권력투쟁 차원에서 선조의 실질적인 친정을 막았다기보다는 아직 전권을 맡기기에는 불안한 면이 많다고 생각했기 때문으로 봐야 할 것이다.

이런 가운데 선조는 선조 8년 8월 1일 즉위 후 처음으로 자신이 직접 사람을 골라 함경도관찰사를 임명한다. 사실상 첫 번째 친정은 이때부터였다. 함경도 백성들이 생업을 잃고 곤경에 빠졌다는 소식을 들은 선조는 박대립朴大立을 물러나게 하고 파직당한 후 집에 머물고 있던 이후백李後白을 사면하여 관찰사로 발탁했다. 사관이 "이후백이 청렴하고 은혜로운 정치를 했으므로 군사와 백성들이 사랑하고 기뻐하여 임기를 마치고 떠난 후에 비를 세워 찬미했다"고 평하고 있는 것으로 볼 때 선조의 첫 번째 친정은 성공작이었다. 이후 선조는 본격적인 인사권을 발휘하면서 인사 관련 부서인 이조에 다음과 같이 명을 내린다. 그것은 선조 특유의 중화中和의 철학을 구체화한 것이다.

"과격한 사람을 쓰지 말고 순후淳厚한 사람을 쓰도록 하라!"

이때 대사헌 김계휘金繼輝가 그 말의 문제점을 지적하기도 했다.

"상의 전교가 옳은 것이지만 왕이 지나치게 이 뜻을 주장하면 아첨하는 사람은 순후하다는 이름을 얻게 되고 강직한 사람은 과격하다는 비난을 받을 것이니 그 해가 적지 않을 것입니다."

이 말은 이이도 늘상 했던 논리다.

그런데 친정을 시작한 선조 8년은 다름 아닌 당쟁 원년이다. 하필이면 선조가 학문 수련을 마치고 왕권을 행사하겠다는 본격적인 의지를 밝힌 그해 10월부터 김효원金孝元과 심의겸沈義謙의 갈등을 시작으로 조선 역사 300년을 뒤흔들게 되는 붕당정치의 불씨가 타오르기 시작한다. 선조에게는 불길한 조짐이었다.

❖　　　여제의 전횡을 극도로 경계한 인순왕후 심씨

청송 심씨가 왕비에 오른 것은 심온의 딸 소헌왕후 심씨가 세종대왕과 혼인한 이후 두 번째다. 세조비 정희왕후 윤씨 이후 윤씨의 입김이 거셌고 한명회 이래 한씨도 만만찮았다.

인순왕후(1532~1575) 심씨는 심온의 현손玄孫이자 영의정을 지낸 심회의 손자인 심연원의 손녀다. 조용할 수밖에 없었던 인성왕후 박씨 집안과 달리 인순왕후 심씨 집안은 명종 대와 선조 대 정치에 적지 않은 영향력을 행사했다는 점에서 주요 인물들을 점검해봐야 한다. 게다가 영의정 이준경과 함께 하성군 이균을 왕위에 올린 장본인이 바로 인순왕후 심씨과 그 집안 사람들 아닌가?

왕후의 할아버지 심연원沈連源(1491~1558)은 어려서 사림 계열의 김안국에게서 학문을 익혔다. 1522년(중종 17) 문과에 급제해 벼슬길에 나섰으나 김안로가 권세를 휘두르던 폭정의 시대를 만나 제주목사로 쫓겨났다. 김안로 실각 후 중앙 조정에 복귀해 예조·이조·형조 등의 참판과 대사간, 대사헌 등을 두루 거쳤다. 호조참판으로 있던 1545년(인종 1) 손녀가 경원대군(훗날의 명종)과 결혼했고 1년도 안 되어 명종 즉위로 왕비에 책봉되자 본인도 호조판서로 발탁됐다. 훗날 우의정, 좌의정을 거쳐 영의정에까지 오른다.

실록에 따르면 그는 정치투쟁에서는 늘 거리를 둔 반면 일처리에 치밀하고 문장이 능했으며 특히 중국말을 잘해 통역 없이도 명나라 사신들과 교제를 할 수 있었다. 한편으로는 늘 겸손하고 처신을 삼갔다는 평과 함께 권간의 횡포에 맞서지 못하고 재물에 욕심이 많았다는 비평도 듣고 있다. 명종 시대는 사돈댁인 문정왕후가 워낙 권세를 휘두를 때여서 심연원으로서도 어찌할 수 없었을 것이다.

반면에 심연원의 동생 심통원은 사림으로부터 지탄의 대상이었다. 심통원은 1537년(중종 32) 문과에 급제한 후 대사간, 승지, 경상도관찰사, 예조참판, 대사헌 등을 두루 거쳐 명종 말년에는 우의정과 좌의정까지 지냈다. 그러나 윤원형에 아부하여 권력을 남용했다는 죄로 탄핵을 받았고 선조가 즉위해서는 중종 때 김안로에게 아부한 죄로 관직을 삭탈당했다.

명종이 승하할 때 마지막 순간에 그 자리를 지킨 단 한 명의 인물이 바로 이 심통원이다. 그리고 곧바로 의정부에서 밤을 새고 있던 영의정 이준경이 뒤따라 들어갔다. 실록은 이때를 참으로 아찔했던 순간으로 기록하고 있다.

만일 이준경이 집에 물러가 자고 심통원이 홀로 들어와 중궁의 명을 받아 명종을 임종했더라면 유명을 올바로 받을 수 있었겠는가? 만일 유명을 따라 왕을 세우는 일이 심통원의 손에서 나왔더라면 후일에 스스로 공신이 되어 사림의 화를 빚어내지 않는다는 것을 어떻게 보장하겠는가?

심통원은 그런 인물이었다. 다행스럽게도 인순왕후의 동생인 심의겸이나 심충겸에 대한 평은 호의적이다. 물론 심의겸은 선조 8년 김효원과 갈등을 빚어 선조시대에 동서 붕당의 단초를 연 인물이기는 하다. 그러나 그는 명종 때 자신의 외숙인 이양李樑 때문에 사림들이 화를 당하자 매형인 명종을 찾아가 사실을 고해 이양을 축출하는 데 결정적인 기여를 했다. 그리고 늘 사림을 보호하려 했기 때문에 사림들로부터 큰 신망을 얻었다. 동생 심충겸도 문과에 장원급제하고 훗날 병조판서에까지 오르지만 외척의 폐단을 보이지 않아 실록은 높게 평가하고 있다.

사림을 중시하는 집안 분위기에다가 남편 명종도 늘 이황을 존경하는 등 사림을 우대하려고 애썼던 것을 잘 아는 인순왕후였기에 몸가짐에 늘 신중했고 사림의 의견을 존중했다. 영의정 이준경의 강압에 가까운 요구로 수렴청정을 하기는 했지만 1년도 채 안 되어 1568년 2월 대사간 백인걸이 선조의 친정을 요구하자 미련 없이 청정을 거두어들였다. 시어머니 문정왕후의 잘못을 되풀이해서는 안 되겠다는 다짐의 실천이었다.

다만 인순왕후가 선조의 법적인 '어머니'로서 권한을 행사한 것은 중궁과 후궁을 간택할 때였다. 인성왕후에게는 자식이 없었고 그 자신도 순회세자를 낳았지만 어려서 잃었기 때문에 왕실의 후사에 관심이 클 수밖에 없었다. 적어도 그의 반대가 있으면 후궁을 들이는 것은 불가능했고 선조의 첫 번째 정빈으로 의인왕후 박씨를 간택한 것도 바로 대비였던 인순왕후였다.

이런 점에서 선조는 적어도 외척으로부터는 상당히 자유로울 수 있었다. 그에게 외척은 법률적일 뿐 혈육지간은 아니었기 때문이다. 게다가 심씨 집안 사람들은 대부분 자질이 뛰어나 부패나 청탁 문제로 선조를 괴롭히지 않았다. 외척 정치를 종식시킨 것이다. 인순왕후는 선조 8년 당쟁의 불씨가 막 타오르려고 할 때 세상을 떠난다.

❖   너무나 짧았던 왕비의 자리, 인성왕후 박씨

선조가 즉위했을 때 왕실에는 부모처럼 모셔야 할 두 분의 어른이 있었다. 인종비인 왕대비 박씨와 명종비인 대비 심씨였다. 왕실 족보상으로는 각각 할머니와 어머니였다. 인종비 인성왕후 박씨(1514~1577)는 중종 19년 열한 살 때 세자빈으로 책봉되어 1544년 인종이 왕위에 오르자 20년을 기다린 끝에 왕비가 되지만 7개월 반 만에 인종이 승하하면서 허무하게 끝나버렸다. 그리고 명종이 즉위하자 명종의 어머니 문정왕후는 왕대비, 자신은 대비가 되었다. 그의 나이 불과 30세일 때였다. 그 후 명종 22년 재위 기간 동안 문정왕후의 수렴청정과 횡포를 묵묵히 지켜보아야 했다. 특히 을사사화는 인성왕후의 입장에서 보자면 먼저 간 남편의 외척과 남편을 따랐던 총신寵臣들이 도륙을 당하는 것이었다. 누구보다 권력의 무상함을 절절하게 느꼈을 인물이 바로 인종비 인성왕후 박씨다.

인성왕후는 조선 왕실에서 처음 나온 반남(나주) 박씨 출신 왕비다. 그런데 하나 건너 선조의 왕비 의인왕후 박씨도 같은 반남 박씨 출신이다. 아마도 명종비의 추천도 있었겠지만 의인왕후 박씨가 간택된 데는 인성왕후 박씨의 힘도 어느 정도 작용했다고 볼 수 있을 것이다.

명종 말년에도 일부 대신들은 인성왕후가 왕실의 최고 어른이니 후사도 인성왕후가 정해야 한다고 주장했다. 그러나 영의정 이준경이 단호하게 반대하면서 명종비 인순왕후 심씨가 정해야 한다며 자신의 주장을 관철시켰다. 하성군 이균(훗날의 선조)을 사저에서 대궐로 모시고 오면서도 어디에 거처케 할 것인가의 문제를 놓고 인순왕후가 "대비전에 물어서 하는 것이 좋겠다"고 하자 이준경은 "이런 때를 맞아 정사政事는 한 곳에서 나와야지 다른 곳에서 나와서는 안 된다"고 반대했다.

선조가 즉위했으나 나이가 어리기 때문에 수렴청정을 하려 했을 때도 비슷한 상황이었다. 서열상으로 보자면 인성왕후가 인순왕후보다 위였기 때문에 수렴청정을 하더라도 인성왕후가 해야 했다. 그러나 결국 이준경의 요청에 따라 수렴청정은 인순왕후가 맡게 된다.

선조는 두 대비를 지성으로 모셨다. 선조가 즉위했을 때 인성왕후는 어느덧 나이 54세였다. 이제 왕대비에까지 오른 그녀에게 남은 바람이 있다면 1년도 왕위에 있지 못하고 세상을 떠난 남편 인종을 대신해 인종의 외가 사람들의 한을 풀어주는 것뿐이었다. 자기 집안의 경우 워낙 한미했던데다가 자신이 중궁으로 1년도 있지 못해 이렇다 할 권세를 누린

적이 없어 명종 때 이렇다 할 피해를 받은 사람도 없었다. 명종도 인성왕후의 이런 바람을 알고 있었다. 그래서 명종은 죽기 직전 인종의 외삼촌인 윤임의 집안 사람들 중에서 을사사화 이후 노비로 전락했던 45명을 면천해주도록 명한다.

선조 대에 와서도 을사사화 때 공신으로 책록된 이들을 삭제해줄 것과 윤임 등 피해자들을 복권해줄 것을 청하는 신진 사림들의 요구가 거셌다. 바로 이 문제로 이준경과 이이는 격렬하게 충돌하기도 했다. 그러나 결국 선조 10년 12월 을사위훈乙巳僞勳은 대거 삭제되고 윤임 등도 명예를 되찾게 된다. 그것은 사림들의 요구도 있었지만 왕대비 인성왕후에 대한 선조의 배려이기도 했다. 사실 인성왕후는 위훈 삭제를 둘러싼 논란이 한창일 때 세상을 떠나는 바람에 위훈 삭제와 신원을 자기 눈으로 목격하지는 못했다. 12월 4일 실록의 한 장면이다. 승정원에서는 위훈 삭제와 신원 문제는 돌아가신 왕대비의 염원이었으므로 지금 상중이긴 하지만 서둘러 반포하는 것이 좋겠다는 의견을 올렸다. 이에 대해 선조는 원칙적인 찬성 입장을 밝히면서도 "생전에 이황이 윤임과 계림군 이유李瑠는 죽이지 않을 수 없었다고 했고 이준경도 경솔하게 고쳐서는 안 된다고 했다"며 뭔가 당시 사람들만이 알고 있는 이유가 있었지 않겠느냐는 생각의 일단을 보였다. 그러나 대세는 위훈 삭제와 신원 쪽이었다. 인성왕후의 생전에 맺힌 한은 죽어서나마 어느 정도 풀릴 수 있었다.

❖ **지아비에게 사랑받지 못한 신산한 삶, 의인왕후 박씨**

선조는 정식 혼인에 앞서 궁중음식을 만드는 소주방 나인을 가까이했던 것으로 보인다. 그가 바로 임해군과 광해군의 어머니인 공빈 김씨 (1553~1577)다.

윤정란의 《조선의 왕비》에 따르면 선조는 일찍부터 공빈 김씨와 교제를 가졌다. 인순왕후 심씨는 처음에는 반대했지만 의인왕후 박씨가 아이를 갖지 못하는 석녀로 판명되자 김씨와의 교제를 허락했다. 이때 나인의 신분이 소용으로 바뀌었다고 한다. 그리고 스무 살 되던 해 장남 임해군을 낳자 단번에 정1품인 공빈으로 직첩이 뛰어올랐다.

선조실록에는 선조의 혼인과 관련해 선조 2년 12월 29일자에 "주상이 가례를 행했다"는 짤막한 문장 하나 밖에 나오지 않는다. 그리고 선조 3년 1월부터 3월까지의 기사는 모두 누락되어 있기 때문에 선조의 혼인을 둘러싼 맥락과 분위기를 알 수 있는 방법이 없다. 그런데 선조수정실록에는 11월 1일자에 가례를 가진 것으로 나온다.

> 현령 박응순의 딸을 왕비로 맞았다. 그리고 박응순을 반성부원군 및 돈녕부 영사로 추대했다.

선조수정실록에는 12월의 기사 전체가 누락되어 있다. 임진왜란 이전의 선조 관련 실록은 자료 유실로 인해 대부분 이런 식이다.

분명한 것은 선조 2년 12월 경 선조가 현령 박응순의 딸을 왕비로 맞아들였다는 사실이다. 그가 의인왕후 박씨다. 선조로서는 왕위에 오른

지 2년 반 만이다. 의인왕후는 후궁들 사이에서도 '살아 있는 관음보살'이라 불릴 만큼 후덕했고 미모도 뛰어났다. 그러나 아이를 낳지 못하는 석녀였다. 그 때문은 아니겠지만 적어도 의인왕후 박씨 집안, 즉 선조의 처족들은 대부분 반듯한 처신으로 존경을 받았다.

여기서 의인왕후 박씨의 집안을 잠깐 살펴볼 필요가 있다. 의인왕후는 반남 박씨였다. 조선 초 태종 때 하륜에 이어 좌의정을 지낸 박은朴블이 반남 박씨다. 그 이후에는 높은 벼슬을 지낸 인물들이 별로 없었다. 이런 가운데 의인왕후의 할아버지인 박소朴紹가 1519년 문과에 장원급제했다. 기묘사화가 일어난 바로 그해다. 박소는 어려서 김굉필 문하에 들어가 공부했고 조광조 등과도 친분이 있었다. 사림계였던 것이다. 홍문관 부수찬, 사헌부 지평 등을 지낸 박소는 그러나 사림들이 화를 입고 김안로가 권력을 전횡하자 합천으로 낙향했다.

의인왕후의 인품을 간접적으로 이해하기 위해 아버지 박응순朴應順(1526~1580)에 대해 간략하게 정리해둘 필요가 있다. 박응순은 명종 10년 진사시에 급제했지만 문과에는 급제하지 못해 이듬해 문음으로 의금부 도사에 특채되었다. 사헌부 감찰, 안음현감 등을 지냈고 딸이 선조의 왕비가 되자 반성부원군에 봉해져 돈녕부 영사, 도총부 도총관 등을 겸임했지만 늘 몸가짐을 조심해 지나는 사람들이 국구임을 몰라볼 정도였다고 한다. 1578년 부인이 죽자 양주에서 여막을 지키다가 병으로 사망했다. 짧지만 단아한 삶을 살다간 인물이다.

의인왕후는 선조에게 존경의 대상은 될 수 있어도 애정의 대상은 아니었다. 의인왕후는 선조에게 본의 아니게 깊은 고민을 안겨주었다. 적장자에 대한 선조의 갈망을 풀어주지 못했기 때문이다. 그래서 후궁을 즐

겨 찾는 선조를 그저 바라만 볼 수밖에 없었다. 임진왜란 때도 선조는 의
주로 가면서 인빈 김씨를 데리고 갔고 정비인 의인왕후는 따로 강계로
피난을 갔다. 1593년 한양 수복 후에도 의인왕후는 줄곧 황해도 해주에
머물렀다. 결국 마음고생을 심하게 하던 의인왕후는 1600년(선조 33) 46
세의 나이로 세상을 떠난다. 즉 의인왕후 박씨는 대비의 자리에 올라보
지도 못하고 세상을 떠난 것이다.

박씨를 이어 계비의 자리에 오르는 인목대비는 비운의 대비로 남아야
했다. 대비로서 권력 행사는커녕 서궁에 유폐당하는 신세로 전락해야 했
기 때문이다.

❖   자살로 생을 마감한 비운의 왕비, 폐비 유씨

광해군의 왕비 유씨는 문화 유씨 유자신柳自新(1541~1612)의 딸로 선조
때 한 살 위인 광해군과 혼례를 올렸다.

아버지 유자신은 공조판서를 지낸 유잠柳潛의 아들로 김굉필과 조광
조에게 배운 이담李湛의 문인이다. 1564년(명종 19) 진사시에 합격, 태릉
참봉을 거쳐 평강현감과 호조좌랑 등을 역임하고, 1579년(선조 12) 형조
정랑 김제군수를 거쳐 1585년 장악원첨정 겸 내승이 되었다.

1587년 셋째 딸이 군부인이 되니 이가 후일 광해군의 비였다. 1589년
정여립鄭汝立의 옥사가 일어나자 특명으로 안악현감에 임명되어 역도들
을 잡아 처리하고 광주목사에 제수되었다.

1592년 임진왜란이 일어나자 광해군을 따라 강원도 방면으로 나갔다.

광해군과 폐비 유씨가 유배되었던 강화성의 남문

1608년 광해군이 즉위하자 '보국숭록대부 영돈녕부사 문양부원군輔國崇
祿大夫領敦寧府事文陽府院君'에 진봉되었다. 그러나 유자신은 왕의 장인이
었음에도 불구하고 평소와 다름없이 겸공謙恭한 마음으로 일상생활에
근신하고 권문세가로 행세하는 일이 없었다고 한다. 인조반정 때 관작과
봉호가 추탈되었으며, 아들 유희분, 유희발, 유희량 등은 처형되거나 유
배되었다.

유씨는 1576년생으로 광해군과 혼인을 올릴 때는 그냥 군부인이었을
뿐이다. 그때까지만 해도 광해군이 왕의 자리에 오를지는 아무도 몰랐
다. 따라서 그 결혼은 엄밀한 의미에서 국혼이라고 할 수 없다. 이후 광
해군이 세자가 되면서 세자빈이 됐고, 그 후 광해군이 왕의 자리에 올라

자신도 왕비에 오를 수 있었다. 광해군 재위 15년간 왕비로 있었지만 1623년 3월 일어난 인조반정으로 유씨는 하루아침에 폐비 신세로 전락했고 남편과 함께 강화도로 유배를 가야 했다. 3개월 후인 6월에는 아들 이질과 며느리 박씨가 탈출을 기도하다 실패해 자결했고 10월에는 유씨마저 세상을 떠났다. 실록은 병으로 죽었다고 기록하고 있지만 야사에는 스스로 곡기를 끊어 생을 마감했다고 전한다. 어쩌면 연산군의 폐비 신씨보다 훨씬 비극적인 삶을 살았다고 해야 할 것이다.

왕권을 위협하는
신권의 출현, 서인 세력

❖ **서인들, 무실국혼의 결의를 하다**

능양군(인조)은 1623년 3월 반정 당시 스물아홉 살로 이미 한씨와의 사이에 4남을 두고 있었다. 인열왕후 한씨(1594~1635)는 청주 한씨로 선조 때의 총신이었던 한준겸韓浚謙(1557~1627)의 딸이다. 한준겸은 선조로부터 영창대군의 보필을 부탁받은 유교칠신遺敎七臣의 한 사람으로 1613년 (광해군 5) 계축옥사에 연루되어 전리방귀田里放歸(벼슬을 삭탈하고 원래 시골로 내쫓는 형벌)되고, 1617년 충주에 유배되었으며, 1621년 여주에 이배되었다.

그해 오랑캐 침입의 조짐이 보이자 이에 대비할 적임자로 뽑혀 유배지에서 지중추부사에 임명되었고, 오도도원수가 되어 국경 수비에 힘썼다. 1623년(인조 1) 인조반정으로 그의 딸이 왕후로 책봉되자 영돈녕부사로 서평부원군에 봉해졌다. 한준겸은 서인의 핵심 인물이었다.

그의 딸 한씨는 1610년에 열일곱 살의 나이로 한 살 연하였던 능양군과 가례를 올리고 청성현부인(청성현은 청주를 뜻한다)에 봉해졌다. 이후 1623년 능양군이 인조반정을 일으키고 왕위에 오르자 왕비에 책봉되었다. 1635년 음력 12월 5일, 다섯째 아들을 낳았으나 곧 숨졌고, 나흘 뒤인 음력 12월 9일 왕후 자신도 산후병으로 창경궁 여휘당에서 춘추 42세를 일기로 승하했다. 인을 베풀고 의를 따르는 것을 인仁, 공로가 있고 백성을 편안하게 하는 것을 열烈이라 하여 인열仁烈의 시호를 받았다. 원래 인조는 명헌明憲이라는 시호를 내리길 원했으나, 대사헌이었던 김상헌金尙憲이 시호를 정하는 일을 담당 관원이 아닌 군주의 의향대로 할 수 없다 하여 바꾼 것이다. 이때부터 벌써 국왕권을 압도하는 서인들의 힘이 행사되고 있었다.

실은 거사 직후 반정공신들은 향후 '국혼을 결코 놓쳐서는 안 된다(無失國婚)'는 결의를 한 바 있다. 서인이 주축이 된 공신들은 향후 왕비의 자리를 통해 국정에 영향력을 행사하겠다는 구상을 갖췄던 것이다. 다만 한씨의 경우는 이미 결혼을 했기 때문에 그들의 이 같은 결의는 차차기 왕, 즉 현종 때부터 적용된다. 왜냐하면 인조를 뒤이어 왕위에 오르게 되는 봉림대군(훗날의 효종) 역시 세자가 아닌 상태에서 이미 혼인을 한 상태였기 때문이다.

인열왕후 한씨는 군의 부인이었다가 운 좋게 왕비의 자리에까지 올랐지만 1635년(인조 13) 세상을 떠났기 때문에 대비의 지위에는 오르지 못했다.

3년 후 인조는 계비를 맞아들인다. 우리에게는 예송 논쟁과 관련해 '자의대비'로 더 알려진 장렬왕후 조씨다. 장렬왕후 조씨는 국혼을 통해 왕비가 되었지만 말 그대로 비운의 왕비였다. 1624년생으로 열다섯 살 때인 1638년(인조 16) 3년 전 세상을 떠난 인열왕후 한씨의 뒤를 이어 인조의 계비가 되었다. 그러나 피부병이 있는데다가 후궁 중에서 소용(귀인) 조씨가 인조의 총애를 받는 바람에 이궁離宮으로 쫓겨나 사실상 별거에 들어갔다. 게다가 장렬왕후는 아이를 낳지 못하는 석녀였다. 다만 소현세자가 죽고 세자위에 오른 봉림대군은 장렬왕후에 대해 친어머니 대하듯 지극한 효성을 보였다. 실제로 경덕궁에 쫓겨나 있던 장렬왕후가 왕실의 어른으로 제대로 대접을 받게 된 것은 인조가 죽고 효종이 즉위한 뒤부터였다. 효종은 즉위하자마자 계모인 장렬왕후를 창덕궁으로 모셔왔고 효종 2년에는 자의慈懿라는 존호까지 올렸다. 유명한 '자의대비'라는 말은 이렇게 해서 탄생하게 된 것이다.

이처럼 장렬왕후 조씨가 왕비로서 그리고 대비로서 제대로 힘을 발휘하지 못한 이유는 뭘까? 그것은 장렬왕후의 한양 조씨 집안이 당시 크게 현달하지 못해 권세가 약했기 때문으로 보인다. 외척이라는 이유만으로 힘을 발휘하는 것이 아니라 힘 있는 외척이라야 힘을 발휘할 수 있었다는 뜻이다.

◈ **예송 논쟁에 휩싸이는 자의대비**

1659년 5월 아버지 효종이 죽고 현종이 즉위했다. 이때 효종의 국상에 인조의 계비, 즉 효종의 계모인 자의대비 조씨가 삼년상에 해당하는 상복을 입어야 하는지 1년상에 해당하는 상복을 입어야 하는지를 둘러싸

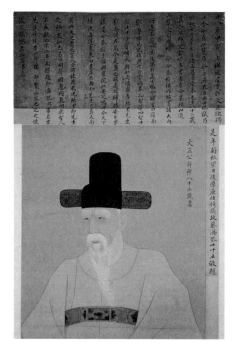

예송 논쟁 당시 서인 진영에 맞서 3년상을 주장한 허목의 영정. 자는 문보文甫·화보和甫, 호는 미수眉叟. 복제 논쟁의 시비로 정계가 소란해지자 현종은 그를 삼척부사로 임명했다.

고 남인과 서인 간에 1차 예송 논쟁이 시작된다. 송시열을 필두로 한 서인 진영은 1년상을 해야 한다는 것이었고, 허목許穆, 윤선도 등은 "송시열과 송준길宋浚吉이 이끄는 서인의 1년상 이론은 효종의 적통을 부정한 것"이라며 날을 세웠다가 힘에서 밀린 윤선도는 유배를 가야 했다. 예로부터 장자를 위해 3년복을 입고 나머지 자식을 위해서는 1년복을 입도록 되어 있었다. 서인의 입장은 은근히 효종은 장자가 아니므로, 즉 적통이 아니므로 자의대비가 군이 3년복을 입을 필요가 없다는 것이었다. 반면 남인은 효종이 둘째이긴 하나 왕위를 이었으므로 적통으로 봐야 하고 따라서 3년복을 입는 게 정상이라는 것이었다. 적어도 양측의 외형적인 논지는 그랬다.

그 속을 들여다보면 서인은 왕실을 부정하려는 의도였고 남인은 왕실을 존숭하려는 의도였다. 그럼에도 서인이 이겼다는 것은 외척과 신권이 왕권을 능가했다는 뜻이다.

그것은 동시에 효종비 또한 대비가 되고서도 이렇다 할 힘을 행사하지 못했다는 의미를 갖는다. 효종은 봉림대군 시절 덕수 장씨 장유張維의 딸과 이미 혼인한 상태였다. 이 혼인은 세자의 결혼이 아니라 대군의 결혼이었기 때문에 서인의 힘 있는 가문이 개입하지 않았다. 장유는 서인이기는 했지만 주도 세력은 아니었다. 그 결과 효종이 세상을 떠났을 때, 왕대비 조씨의 존재 때문이기도 했지만 효종비였던 인선왕후 장씨(1618~1674)는 대비로서 아무런 힘도 행사할 수 없었던 것이다.

자신의 집권 초기 1차 예송 논쟁으로 조정 신하들이 남인과 서인으로 갈려 예송 문제에 관한 끝없는 논란을 벌이자 현종은 "만일 다시 복제를 가지고 서로 모함하는 자가 있으면 중형을 쓰리라"고 금지령을 내렸다. 그런데 현종 15년 2월 효종의 비이자 현종의 모친인 인선왕후 장씨가 세상을 떠났다. 행인지 불행인지 그때까지 1차 예송 논쟁을 촉발시킨 장본인이었던 인조의 계비 자의왕대비가 여전히 생존해 있었다. 1차 예송 논쟁 때는 아들의 사망에 따른 복제 문제였다면 이번에는 며느리의 사망에 따른 복제 문제였다. 그러나 구조적으로는 동일했기 때문에 이미 예송 논쟁의 재촉발은 예정된 것이나 마찬가지였다.

1차 때만 해도 현종이 어렸지만 그 사이에 15년이라는 세월이 흘렀다. 현종도 이제 나름의 관점을 갖고 있을 때였다. 그리고 세자도 열서너 살이었으므로 조정에서 돌아가는 문제에 대한 최소한의 의식을 갖추고 있었다.

1674년(현종 15) 2월 23일 대비(인선왕후 장씨)가 56세를 일기로 승하했다. 예조판서 조형趙珩과 참판 김익경金益炅 등은 당초 사흘 후인 2월 26일 자의왕대비의 상복과 관련해 기년복을 입어야 한다는 의견을 올렸다. 그것은 곧 대비를 인조의 큰며느리로 본다는 뜻이고 이는 곧 효종도 장자로 본다는 뜻이었다. 그런데 15년 전에 있었던 1차 예송에서는 효종은 사실상 장자가 아닌, 둘째 아들로 간주되어 자의왕대비는 당시 3년복(참최복斬衰服)이 아닌 1년복(기년복朞年服)을 입은 바 있다. 송시열이 이끄는 서인의 예론에 따른 것이었다. 결과적으로 이번 예조의 의견은 송시열의 예론을 뒤집은 것이다.

문제는 바로 다음 날 터진다. 예조에서 자신들의 의견을 스스로 번복하는 입장을 아뢴 것이다.

"신들이 어제 복제의 절목 가운데 왕대비께서 입을 복제에 대해 기년복으로 헤아려 정해 재가를 받았습니다. 그런데 《가례복도家禮服圖》 및 명나라 제도에 며느리의 복은 기년복과 대공복大功服(9개월)의 구분이 있었으며, 기해년 국상 때에도 왕대비께서 기년복을 입으셨습니다. 이로 본다면 이번 복제는 대공복이라는 게 의심할 것이 없는데, 다급한 사이에 자세히 살피지 못하여 이처럼 경솔히 하다 어긋나게 한 잘못이 있었으니 황공함을 금하지 못하겠습니다."

이에 현종은 일단 "알았다"고 짧게 답한다. 그러나 이미 속으로는 10년 이상 참아왔던 분노의 불길이 타오르고 있었다. 분위기는 이날 기사에 대한 사관의 평을 통해 어느 정도 엿볼 수 있다.

기해년의 복제를 처음 정할 때 송시열이 의논을 수렴하면서 국가의 복제는 기년이라고 핑계 대었는데, 그 뜻은 사실 가공언賈公彦의 주소注疏 중에서 서자를 세워 후사를 삼았을 경우에 해당하는 설을 위주로 한 것이었다. 이때에 이르러 예조가 애초에 국가의 복제는 기년이라고 의논을 정해 올리자, 당시 선비의 이름으로 행세하며 송시열에게 편당 지은 자들이 송시열의 의논과 크게 차이가 나는 것을 미워해 옥당 사람들에게 편지를 보내 위협하니 예조판서 조형 등이 여론에 죄를 얻을까 두려워서 기년복을 다시 대공복으로 고쳐서 올렸다.

현종실록의 편찬을 주로 남인이 맡은 것을 감안하더라도 사관의 이 지적은 사실과 크게 다르지 않은 것으로 보인다. 당시 '여론'이란 공론이 아니라 송시열 당의 당론, 혹은 송시열의 의견이었다.

침착한 성품의 현종은 일단 기년복이냐 대공복이냐를 떠나 대비의 장례 절차에 차질을 빚었다는 이유로 예조판서 조형, 참판 김익경, 참의 홍주국, 정랑 임의도 등을 잡아다가 심문할 것을 명했다. 본질적인 문제는 일단 남겨두고 우회하려는 뜻이었다. 아직은 때가 아니라고 판단한 것이다. 여기서는 조형이 어떤 인물인지 알아둘 필요가 있다. 그가 남인이라면 의도적인 도발을 한 것이고 서인이라면 서인들의 입장에서 볼 때는 정말로 어처구니없는 실수를 한 것이기 때문이다. 더욱이 서인이라면 실은 많은 서인들이 송시열이 세운 당론과 달리 무의식 중에 현종을 장자로 보고 있었다는 뜻이기도 하다는 점에서 조형의 인물됨과 당파는 대단히 중요하다.

경력부터 보자. 조형(1606~1679)은 승지를 지낸 조희보趙希輔의 아들로 1630년(인조 8) 문과에 급제했고 1636년 병자호란 때 남한산성에 들어가 독전어사督戰御史가 됐으며, 인조의 환도 후 병조좌랑에 올랐다. 이후 이조좌랑, 승지, 충청감사, 대사간, 도승지 등을 두루 거쳤으며 이어 형조판서와 공조판서를 거쳐 대사헌을 지냈다. 1665년 의금부 지사, 우참찬을 거쳐 이듬해 공조판서, 좌참찬, 예조판서, 의금부 판사 등을 거쳐 이때 예조판서로 있다가 고초를 겪게 된 것이다. 이미 이때 그의 나이 칠십을 바라보고 있었다. 그는 당파와는 일정하게 거리를 두는 입장이었고 굳이 말하자면 대세에 따라 서인의 입장을 따르는 편이었다고 할 수 있다. 그러나 당쟁의 시대였다. 어느 한쪽에 온몸을 던지지 않는 인물들이 설 자리는 거의 없었다. 이는 그가 숙종 5년 6월 18일 세상을 떠났을 때 서인 쪽에서 쓴 그의 졸기를 보아도 알 수 있다.

전 판서 조형이 졸卒했다. 조형이 조금 간약簡約하다는 평이 있었으나, 사람됨이 느슨하고 무능하기 때문에 요직에 등용되지 못한데다 또 사당邪黨(남인)들이 그가 일찍이 예론에 가담했다 하여 여러 해 동안 폐치했는데, 이때에 와서 죽으니, 나이 74세였다. 뒤에 충정忠貞이란 시호가 내려졌다.

즉 자신들의 편에 섰음에도 불구하고 자의왕대비의 복제를 처음에 기년제로 올리는 등의 '잘못'을 저지른 데 대해 "사람됨이 느슨하고 무능하다"고 통박하고 그로 인해 훗날 양주에 유배를 가게 된 것 또한 깎아내리고 있다. 조형은 서인과 남인 모두로부터 환영받지 못했던 것이다. 이유는 적극적 당파주의자가 아니라는 이유에서였다. 한편 입장을 바꿔 대공복 설을 올렸다 하여 훗날 조형과 함께 유배를 가게 되는 참판 김익경은 철저한 서인으로 송시열의 문인이었다. 특히 그는 세자(훗날 숙종)의 장인인 김만기의 아버지 김익겸의 막내 동생이었다. 숙종에게는 처작은할아버지였던 셈이다.

❖ 왕의 분노에 불을 붙인 도신징의 상소

자의왕대비의 복제를 둘러싼 논쟁은 조형 등이 유배를 가는 것으로 일단락되는 듯했다. 자의왕대비의 복제는 대공복으로 결정되었다. 적어도 중앙 조정에서는 현종이나 중신들도 더 이상 그 문제는 언급하지 않았기 때문이다. 그러나 중대 현안 앞에서 이뤄진 과도한 침묵은 더 큰 폭풍우를 부르는 조짐이었다.

인선왕후가 세상을 떠나고 자의왕대비의 복제가 대공복으로 정해져 5개월이 흐른 현종 15년 7월 6일 남인 계통의 대구 유생 도신징都愼徵이 문제의 상소를 올렸다. 이 상소는 남인들의 논리를 일목요연하게 정리해 보여줄 뿐만 아니라 실은 당시 현종 자신의 생각을 거의 그대로 대변하고 있었다.

> 신이 비록 보잘 것이 없으나, 그래도 없어지지 않는 이성이 있으므로 충정에 격동되어 어리석고 미천한 신분을 헤아려보지도 않은 채 천 리 길을 달려와 엄한 질책을 받게 되더라도 신의 소견을 말씀드리려고 했습니다. 그런데 나이 육십이 넘어 근력이 쇠약한데다 불꽃같은 더위를 무릅쓰고 오다가 중도에서 병이 나 지체한 바람에 집에서 떠난 지 한 달이

넘어서야 간신히 도성으로 들어와 보니, 말씀드릴 기회는 벌써 지나 이미 발인한 뒤였습니다. 전하의 지극하신 효성에 감동되어 하늘과 사람이 순조롭게 도와 대례大禮를 완전하게 마쳤으니 이는 오늘날의 큰 다행이긴 하나, 사실 후세에 보일 원대한 계책은 아닙니다. 그러나 "지나간 일이므로 말하지 않는다"고 공자가 말씀하셨으므로 지금 이에 대해서는 논하지 않겠고 예가 잘못된 점만 들어 말씀드리겠습니다.

왕대비께서 인선왕후를 위해 입는 복에 대해 처음에는 기년복으로 정했다가 나중에 대공복으로 고쳤는데 이는 어떤 전례를 따라 한 것입니까? 대체로 큰아들이나 큰며느리를 위해 입는 복은 모두 기년의 제도로 되어 있으니 이는 국조國朝 경전에 기록되어 있는 바입니다. 그리고 기해년 국상 때에 왕대비께서 입은 기년복의 제도에 대해서 이미 "국조 전례에 따라 거행한다"고 했는데, 오늘날 정한 대공복은 또 국조 전례에 벗어났으니, 왜 이렇게 전후가 다르단 말입니까.

만약 주공周公이 제정한 "큰며느리를 위해서는 대공복을 입어준다"는 예에 따라 행했다고 한다면, 주례周禮 가운데 "시아버지와 시어머니를 위해서는 기년복을 입고 큰며느리를 위해서는 대공복을 입는다"는 것은 증명할 수 없는 것으로, 모두 후세에서 준행하지 않고 있습니다. 당나라 위징魏徵이 건의하여 이 부분을 고쳤고, 송나라 주자도 고전을 모아 《가례家禮》를 편찬하면서 "큰며느리를 위해서는 기년복을 입어준다"고 했으며, 명나라 구준丘濬이 《가례의절家禮儀節》을 편찬할 적에도 변동하지 않고 그대로 따랐습니다. 그리고 본조(조선)의 선정신先正臣(옛 명신) 정구鄭逑가 만든 《오복도五服圖》 가운데 주례의 "큰며느리는 대공복을 입어준다"는 것을 버리지 않고 그대로 둔 것은, 의심스러운

것은 그대로 전하는 춘추의 예를 지킨 것뿐이지 후세에서 따라 하라고
한 것이 아닙니다.

그리고 보면 큰며느리에게 기년복을 입어주는 것은 역대 여러 선비들
이 짐작해 정한 것으로서 성인이 나오더라도 개정할 수 없다는 것이 이
처럼 명백합니다. 그런데 지금 사사로운 견해로 참작해 가까운 명나라
가 제정한 제도를 버리고 저 멀리 삼대三代의 옛날 예를 취했으니 전도
된 것이 아닙니까. 더구나 일찍이 국가에서 제정한 예에 따라 기해년에
는 큰아들에게 기년복을 입어주었는데, 반대로 지금에 와서는 국가에서
제정한 뭇 며느리에게 입어주는 복을 입게 하면서《예경禮經》에 지장이
없다고 했으니 그 의리가 후일에 관계됩니다. 왜냐하면, 왕대비의 위치
에서 볼 때 전하가 만일 뭇 며느리한테서 탄생한 것으로 친다면 전하는
서손庶孫이 되는데, 왕대비께서 춘추가 한이 있어 뒷날 돌아가셨을 경
우 전하께서 왕대비를 위해 감히 중대한 대통을 전해 받은 적장손嫡長孫
으로 자처하지 않을 수 있겠느냐는 것입니다. 예로부터 지금까지 중대
한 대통을 이어받아 종사의 주인이 되었는데도 적장자나 적장손이 되지
못한 경우가 과연 있었습니까. 전하께서 적장손으로 자처하신다면 양세
兩世를 위해 복을 입어드리는 의리에 있어서 앞뒤가 다르게 되었으니
천리의 절문에 어긋나지 않습니까.

무릇 혈기가 있는 사람치고 어느 누가 놀라고 분개하지 않겠습니까.
그런데 안으로는 울분을 품고도 겉으로는 서로가 경계하고 주의시키면
서 아직까지도 누구 하나 전하를 위해 입을 열어 말하는 사람이 없으니,
이러고도 나라에 사람이 있다고 할 수 있겠습니까. 예禮라는 한 글자가
세상 사람들이 기피하는 바가 되어 사람마다 제 몸을 아끼느라 감히 입

을 열지 못하더니 더없이 중대하여 말하지 않을 수 없는 이러한 때를 당해서도 일체 침묵을 지키는 것을 으뜸으로 여기어, 조정에 공론이 없어지고 재야의 사기가 떨어지고 말았습니다. 국사가 이 지경에 이르렀으니 어찌 한심하지 않겠습니까.

전하께서 참으로 선뜻 깨닫고 즉시 반성하여 예관으로 하여금 자세히 전례를 상고하도록 분명하게 지시해서 잘못된 것을 고치고 올바른 제도로 회복시킨 다음, 후회한다는 전교를 널리 내려 안팎의 의혹을 말끔히 씻어준다면, 상례 치르는 예에 여한이 없을 것이고 적장손의 의리도 밝혀질 것입니다. 떳떳한 법을 바로잡아 도에 합치되게 하는 것이 참으로 이 일에 달려 있으며, 말 한 마디로 나라를 일으켜 세울 수 있는 기회가 바로 오늘입니다. 이렇게 했는데도 능히 백성의 마음을 기쁘게 하고 국시를 확실히 정하지 못하게 된다면, 망령된 말을 한 죄로 벌을 받는다 하더라도 신은 실로 달게 여기겠습니다.

신이 대궐문 앞에서 이마를 조아린 지 반달이 지났는데도 시종 기각을 당하기만 했으니, 국가의 언로가 막혔으며 백성의 목숨이 장차 끊어지게 되었습니다. 신이 말하려 하는 것은 오늘날 복을 낮추어 입은 잘못에 대한 것일 뿐인데, 승정원이 금지령을 어기고 예를 논한다는 말로 억압하면서 받아주지 않고 물리쳤습니다. 아, 기해년의 기년복에 대해서는 경상도 선비들이 올린 소로 인해 이미 교서를 반포하고 금령을 만들어놓았습니다. 그러나 오늘날의 대공복에 대해서는 금령을 만들지도 않았는데 지레 막아버리니 승정원의 의도가 아무래도 이상합니다.

과거에 기년복으로 정할 때 근거로 한 것은 국조 전례였는데 지금 대공복으로 정한 것은 상고해볼 데가 없으니, 맹자가 이른바 "예가 아닌

예"란 것이 이를 두고 한 말입니다. 대공복이 잘못되었다는 것은 미천한 자들도 알 수 있는데 잘 알고 있을 정원政院으로서 이렇게까지 막아가리고 있으니, 전하께서 너무 고립되어 있습니다. 재야의 아름다운 말이 어디에서 올 수 있겠습니까. 진秦나라는 시서詩書를 읽지 못하도록 금령을 만들었다가 결국 나라를 망치고 말았습니다. 그런데 어찌 성스런 이 시대에 《예경》을 논하지 말라는 금령을 새로 만들 줄이야 생각이나 했겠습니까. 신이 소를 올려 한 번 깨닫게 되기를 기대했는데 안에서 저지하니 뜻을 못 펴고 되돌아가다 넘어져 죽을 뿐입니다만, 국가가 장차 어느 지경에 놓일지 모르겠습니다. 마음이 조여들고 말이 움츠러들어 뜻대로 다 쓰지 못했습니다. 대궐을 향해 절하고 하직하면서 통곡할 뿐입니다.

읽고 또 읽었다. 어렵사리 도신징의 상소를 전해 받은 현종은 한 구절 한 구절 읽을 때마다 분노가 머리끝까지 솟구치는 것을 느껴야 했다. 어느 하나 자신의 속뜻과 다를 바가 전혀 없었다. '도대체 서인이란 자들은 뭐하자는 사람들인가?', '송시열, 그대는 과연 무슨 생각으로 일을 이 방향으로 끌어왔으며 지금은 도대체 무슨 생각을 하고 있는가?', '대신이란 자들은 나를 왕이라고 생각이나 하는가?' 끝 모를 분노의 의문들이 머릿속을 복잡하게 만들었다.

'나는 그동안 뭘 했던 건가?'

자책과 함께 향후 대처 방안에 대해 고민하지 않을 수 없었다. 일전불사一戰不辭. 현종의 마음은 이미 확전 쪽으로 잡혀가고 있었다. 평소의 그답지 않은 면모였다. 하지만 그러지 않고서는 나라가 더 이상 나라가 아닐 것이기 때문이었다.

'한창 잘 자라고 있는 세자에게 무엇을 물려주겠는가?'

도신징의 상소는 크게 두 가지로 구성되어 있다. 하나는 송시열을 필두로 한 예론이 실은 효종을 서자로 취급하는 논리라는 것이고, 또 하나는 자신의 상소를 승정원에 포진된 서인 세력이 반달 동안이나 가로막았다는 것이다. 국왕을 가장 가까이에서 모셔야 하는 승지들까지 자기편이 아니라는 데 현종은 경악했다. 도신징의 말대로 자신은 고립되어 있었다.

도신징의 상소가 올라오자마자 대사간으로 임명된 전 예조참판 김익경이 현종을 찾아와 인피引避하겠다는 의사를 밝혔다. 인피란 어떤 사건이 발생했을 때 직간접적으로 연루된 사람이 관직을 내놓고 물러나 처벌을 기다리겠다는 뜻을 말한다.

"삼가 듣건대, 어떤 유생이 소를 올려 왕대비께서 입은 복제에 대해 예조에서 정한 것이 예에 맞지 않다고 논했다 들었습니다. 그러나 그 소가 하달되지 않아 어떻게 말했는지 자세히 알 수 없는데다가 또 옳고 그름과 잘잘못에 대해 지레 논해 가릴 필요는 없습니다만, 신은 그 당시 예관의 한 사람이었는데 어떻게 태연히 있을 수 있겠습니까?"

일종의 선수를 치고 나온 것이다. 그런데 여기서 중요한 것은 두 가지다. 하나는 도신징의 상소가 현종에게 전달되자마자 승정원에 포진된 서인 계통의 승지들이 김익경을 비롯한 서인의 핵심 인사들에게 그 같은 사실을 전달했다는 것이다. 또 하나는 현종이 그 내용을 공개하지 않았다는 점이다. 서인 진영은 불안과 공포에 빠져들기 시작했다. 전전긍긍 戰戰兢兢.

'과연 주상은 이 일을 어떤 방향으로 끌고 가려고 하는가?'

김익경이 인피하자 사간원의 사간 이하진李夏鎭, 정언 안후태安後泰 등이 엄호 사격에 나섰다.

"이미 지나간 일인데 그 일로 인피할 것까지야 뭐가 있겠습니까. 김익경으로 하여금 출사하게 하소서."

그러나 서인의 입장에서 보자면 이하진이나 안후태의 지원 논리는 무성의한 것이었다. '이미 지나간 일'이 아니라 '잘못된 일'이라고 했어야 하는 것이다. 결국 닷새 후인 7월 11일 사헌부 장령 이광적李光迪이 나서 소를 올렸다.

"상복 제도는 이미 정해져 있는 것인데 유생이 올린 소는 망령되고 그릇된 것입니다. 그런데도 그것을 제대로 분변하지 못하여 공론으로부터의 비난을 면치 못하게 되었습니다. 이하진과 안후태는 좌천시키고 김익경은 출사하게 하소서."

'공론으로부터의 비난을 면치 못하게 되었다? 또 공론인가?'

현종이 볼 때 서인들이 '노는 꼴'이 가관이었지만 일단은 이광적의 상소를 받아들여 이하진과 안후태를 체차遞差했다. 체차란 현직에서 내쫓았다는 뜻이다.

이때 현종은 몸이 좋지 않은데다가 치통에 시달리고 있었다. 그러면서도 그동안 틈틈이 공부하고 연마해온 예론 탐구를 바탕으로 도신징의 상소에 대한 치밀한 검토에 들어갔다. 검토 결과 도저히 묵과할 수 없다는 결론을 내린 현종은 7월 13일 영의정 김수흥金壽興을 비롯한 대신들을 부른다.

❖ 현종과 서인, 정면으로 충돌하다

현종은 먼저 영의정 김수흥(1626~1690)에게 질문을 던진다.

"왕대비께서 입을 상복 제도에 대해 예조가 처음엔 기년복으로 의논해 정하여 들였다가 뒤이어 대공복으로 고친 것은 무슨 곡절 때문에 그런 것인가?"

이 말을 듣는 순간 김수흥은 '올 것이 오고야 말았구나!'라고 생각했을 것이다. 현종과 김수흥의 예론 쟁론에 앞서 먼저 김수흥에 대해 알아둘 필요가 있다. 김수흥은 좌의정을 지낸 김상헌의 손자로 원래는 중추부 동지사 김광찬의 아들인데 동부승지를 지낸 김광혁에게 양자로 입적되었다.

무엇보다 눈여겨봐야 할 사실은 그가 병자호란 당시 척화파의 선봉장이었던 김상헌의 손자라는 사실이다. 김상헌의 형 김상용金尙容도 호란 때 일부 종실을 호종하여 강화도로 피난했다가 1637년(인조 15) 1월 청군이 강화도를 함락시킬 때 남문 누각에 올라가 화약을 터트려 분사焚死한 절의의 인물이었다. 청나라 태종에게 굴욕을 당한 인조로서는 절의의 두 형제가 아무래도 부담스러웠겠지만 의문의 죽음을 당한 형 소현세자를 이어 왕위에 오른 효종은 정당성 강화 차원에서 두 사람의 절의節義가 필수 불가결했다. 특히 김상헌은 칠십 노구를 이끌고 청나라에 인질로 끌려갔다가 다시 돌아오면서 대로大老라는 극찬을 받으며 하늘을 찌를 듯한 명망을 이뤘다. 송시열은 예론이라는 이론 면에서는 김장생金長生, 김집金集의 정신을 계승했다면, 절의의 현실 정치에서는 김상헌을 이었다. 송시열에게 김장생, 김집 부자가 마음이었다면 김상헌은 몸이었다.

송시열은 1645년(인조 23) 경기도 모처에 은거하고 있던 김상헌을 직접 찾아뵈었고 자신의 아버지 송갑조의 묘갈명을 부탁하기도 했다. 당시 산림들 사이에 묘갈명을 부탁한다는 것은 그만큼 존경을 표시한다는 뜻이었다. 김상헌 또한 송시열을 "태평책을 품은 경세가", "주자를 이은 종유宗儒"라며 극찬을 아끼지 않았다. 이때 김상헌은 75세였고 송시열은 38세였다. 두 사람의 만남은 이후 3년 동안 이어졌다고 한다.

김수흥은 바로 이 무렵인 1648년(인조 26) 사마시를 거쳐 1655년(효종 6) 문과에 급제했다. 이듬해에는 아우 김수항과 함께 문과 중시에서도 거듭 급제했다. 송시열이 김상헌의 손자인 김수증, 김수흥, 김수항 3형제에게 건 기대는 각별했다. 특히 양자 입적을 통해 김상헌의 종지宗旨를 계승한 김수흥에게 모든 애정을 쏟아부었다. 이런 지원에 힘입어 김수흥은 대사간, 도승지 등을 거쳐 현종 3년에는 서른네 살의 나이로 예조판서에 오른다. 송시열을 비롯한 서인의 지원이 절대적이었음은 물론이다. 부친상을 당해 한동안 중앙 정계를 떠나 있던 김수흥은 1672년(현종 13) 우의정으로 복귀했는데 이때 좌의정이 바로 송시열이었다. 그리고 2년 후 송시열은 배후로 물러나고 김수흥은 영의정에 올랐을 때 자의왕대비의 복제 문제가 점차 커져가고 있었던 것이다.

김수흥의 입장에서 보자면 효종을 서자로 보려는 서인의 예론은 단순히 왕권에 대한 반대를 넘어 할아버지 김상헌의 절개를 드높이 숭상하는 사안이기도 했다. 현종의 질문에 김수흥은 간단하게 답한다.

"기해년에 이미 기년복을 입으셨기 때문입니다."

그러나 이는 현종을 너무 얕잡아본 대답이 아닐 수 없었다. 이미 현종은 예론에 관한 이론 무장을 거의 끝낸 상태였기 때문이다.

"그때의 이야기를 다 기억은 못하지만 중국 고대의 예법古禮이 아닌 국제國制에 따라 1년복으로 정한 것으로 안다. 그렇다면 이번 왕대비의 대공복도 국제에 따른 것인가?"

여기서 약간의 설명이 필요하다. 고례란 주나라 예법인 주례를 의미하고 국제란《경국대전》에 명문화되어 있는 예법을 말한다. 주례에 따르면 장자의 상에는 참최복(3년복)을 입어야 하고 나머지 아들〔衆子〕의 상에는 기년복을 입어야 한다. 반면 국제에 따르면 장자와 중자는 구별 없이 그 상에는 기년복을 입어야 한다.

명확한 사실은 효종이 승하한 기해년 때 자의왕대비는 기년복을 입었다. 그런데 현종은 국제에 따랐다고 생각하고 있었고 송시열을 비롯한 서인들은 '내심' 고례를 따른 것으로 간주하고 있었다. 문제는 다시 인선왕후가 죽자 자의왕대비의 복제 문제가 불거지면서 이 점을 분명히 하지 않을 수 없게 되었다는 데 있었다. 서인들도 외형적으로는 국제를 따랐다고 이야기를 해오고 있었기 때문에 이번에도 자의왕대비의 복제는 두말할 것도 없이 국제에 따라 기년복을 입어야 했다. 하지만 서인들도 더 이상 내심을 숨기고 있을 수만은 없었다. 그래서 무리수를 써가며 기년복을 대공복으로 바꾼 것인데 도신징의 상소가 계기가 되어 자신들의 의도가 만천하에, 그것도 현종 앞에서 드러나게 되어버린 것이었다.

김수홍은 "고례에 따르면 대공복입니다"고 정면 돌파를 시도했다. 문제는 이럴 경우 자기모순에 빠진다는 것이다. 이 점을 현종은 놓치지 않았다.

"기해년에는 국제를 사용하고 오늘날에는 옛날의 예를 쓰자는 말인데 왜 앞뒤가 다른가?"

김수홍은 "기해년에도 고례와 국제를 함께 참작해 사용했고 지금도 그렇게 한 것"이라고 얼버무리며 넘어가려하자 현종은 평소와 달리 단호함을 보였다.

"그렇지 않다. 그때는 분명 국제를 썼던 것이고 그 뒤 문제가 되어 고례대로 하자는 다툼이 있었을 뿐이다."

김수홍이 수세에 몰리자 같은 서인 계열의 행 호조판서 민유중閔維重이 거들고 나섰다.

"기해년에는 고례와 국제를 함께 참작해 인용했습니다."

그러나 현종은 들은 척도 아니하고 다시 김수홍에게 따져 물었다.

"자, 그러면 국제에 따를 경우 이번에는 어떤 복이 되는가?"

김수홍은 "국제에는 맏며느리의 복은 기년으로 되어 있습니다"고 답한다. 이에 현종의 목소리는 점점 커져가고 얼굴에도 노기가 나타나기 시작했다.

"그렇다면 지금 왕대비께서 거행하고 있는 대공복은 국제와 무슨 관계가 있는가? 이건 놀라운 일이다. 기해년에 사용한 것은 국제였지 고례가 아니다. 만일 경들의 주장대로 기해년에 고례와 국제를 함께 참작해 사용했다고 한다면 오늘날 대공복은 국제를 참작한 것이 뭐가 있는가? 내 실로 이해가 안 간다."

맏며느리라면, 즉 효종을 장자로 간주했다면 국제로 기년복이 아닌가 하는 정면 반박이었다. '효종을 적장자로 삼을 수 없다'는 서인들의 묵계는 하나둘 허물어지기 시작했다. 현종이 다시 한 번 "기해년에 조정에서 결정한 것은 국제를 따른 것"이라고 못 박으려 하자 결국 김수홍은 본심을 드러낸다.

"그렇지 않습니다. 고례를 따랐기 때문에 따지는 자가 그렇게 많은 것입니다."

너무 나갔다. 현종은 확실하게 논의의 주도권을 잡았다.

"고례에서 장자의 복은 어떻게 되는가?"

김수홍으로서는 "참최 3년복입니다"고 답할 수밖에 없었다. 자기모순의 덫에 단단히 걸려들었다. 자기 입으로 기해년에는 국제가 아닌 고례를 따랐다고 해놓고 장자의 복은 참최 3년복이라고 말해버렸으니 당시 현종은 장자가 아닌 중자衆子 취급을 받았다는 것을 스스로 인정한 꼴이 되어버린 것이다. 상황은 끝났다. 그때서야 현종은 도신징의 상소를 김수홍에게 내보이며 읽어볼 것을 권한다. 김수홍과의 논쟁을 통해 현종은 자기 아버지가 서인들로부터 정통성을 인정받지 못하고 인조의 서자 취급을 당하고 있다는 것을 분명하게 알았다. 더불어 도신징의 상소가 한 치 어긋남도 없이 정확했다는 확신을 갖게 됐다.

이후 현종은 자의왕대비의 복제를 기년복으로 바꾸고 영의정 김수홍을 춘천으로 귀양 보냈다. 또 예론의 주무 부서인 예조의 판서, 참판 등을 하옥한 다음 귀양을 보냈다. 그리고 충주에 물러나 있던 남인의 영수 허적許積을 불러올려 영의정으로 삼았다. 전광석화 같은 조치를 통해 정권 교체를 추진한 것이다. 훗날 숙종이 여러 차례 보여주게 되는 환국換局의 모델이라고 할 수 있다. 그런데 예송 논쟁 불과 한 달여 만인 8월 10일 갑작스런 복통을 호소하던 현종이 위독한 상태에 빠진다. 허적이 명을 받고 한양에 들어온 것은 8월 16일. 영의정 허적은 남인이었지만 좌의정 김수항, 우의정 정지화 등은 서인이었다. 병환의 와중에도 이들 삼상과 함께 처사촌인 우승지 김석주金錫冑 등을 두루 인견하고 세자를 부탁한 현종은 8월 18일 창덕궁에서 숨을 거둔다. 이때 현종의 나이 서른 네 살이었다. 그로써 서인 세력을 숙청하려는 계획은 일단 전면 중단될 수밖에 없었고 예송 논쟁도 미완으로 남았다.

❖ 현종의 유일한 여인 명성왕후 김씨

숙종의 아버지 현종(1641~1674)은 비교적 무난하고 반듯한 인물이었다. 정치를 함에 있어서도 크게 무리수를 두지 않았고 재위 15년 3개월 동안 커다란 업적도 없었지만 이렇다 할 큰 실정도 없었다. 특이하게도 현종은 조선 국왕 중에 유일하게 정실왕후 한 사람만을 아내로 두었다. 그가 바로 명성왕후 김씨다. 공식적으로는 후궁이 단 한 명도 없었다. 두 사람 사이에는 1남 3녀가 있었다. 1남은 숙종이고 3녀는 명선공주, 명혜공주, 명안공주였다.

현종이 승하하자 어린 숙종이 의지할 데라고는 어머니 명성왕후와 그 집안밖에 없었다. 명성왕후 김씨는 훗날 숙종이 즉위한 후 일어나는 주요 사건에서 배후 조정자로서 막대한 영향력을 행사하게 된다는 점에서도 주목을 요한다. 명성왕후 김씨는 청풍 김씨 김우명金佑明의 딸로 1642년 5월 17일 서울에서 태어났다. 김우명은 영의정을 지낸 김육金堉(1580~1658)의 아들이다. 김육은 한때 출사를 꿈꾸었으나 성균관 태학생으로 있으면서 사림들의 문묘 배향을 건의했다가 광해군의 노여움을 사 초야에 묻혀 지냈다. 산림거사가 된 것이다. 1623년 인조반정으로 서인이 집권하자 그에게도 기회가 찾아왔다. 제일 먼저 '유일遺逸(벼슬을 버리고 초

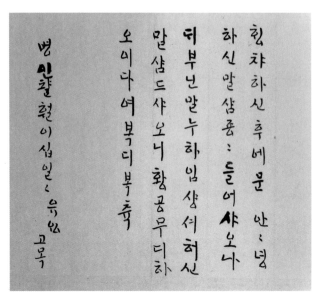

현종의 막내딸 명안공주가 1686년(숙종 12)에 쓴 간찰

야에서 지내던 선비)'로 추천되어 음성현감을 맡았고 인조 2년 문과에 장원 급제해 본격적인 벼슬길에 오른다. 충청도관찰사로 있으면서 대동법 실시를 건의했고 효종 즉위 후에는 영의정에 올라 충청도 지방에 대동법을 시험 실시해 성공을 거두었다. 그는 성리학에 조예가 깊으면서 신문물에도 관심이 많아 1653년부터 새로운 역법인 '시헌력時憲曆'을 시행했고 수레와 수차水車 등의 개발에도 적극적이었다. 또 상평통보 주조 등을 통해 화폐 경제를 활성화시키려 했던 실학의 선구자라는 평을 받는다. 그는 죽기 직전 상소를 올려 "나라의 근본을 기르는 일은 오늘의 급선무인데 그 책임을 맡길 사람은 송시열과 송준길보다 나은 사람이 없을 것"이라며 세자(현종)의 스승으로 두 사람을 추천하기도 했다. 그래서일까? 훗날 서인이 집필한 효종실록을 보면 김육에 대해서는 극찬을 아끼지 않았다.

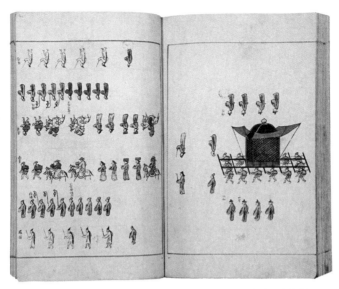

현종과 명성왕후의 혼인식 풍경을 담은 〈현종 명성왕후 가례도감의궤〉

　반면 송시열과 충돌했던 명성왕후의 아버지 김우명에 대한 졸기는 "성품이 어리석고 지나치게 거만했다"는 문장으로 시작하고 있다. 김육의 큰아들 김좌명金佐明은 병조판서를 지냈고 작은아들 김우명(1619~1675)은 딸이 왕비가 되는 바람에 청풍부원군에 봉해져 현종 시대의 막강한 실력자로 부상한다. 그는 집안 배경상 서인이면서도 송시열과 틀어지는 바람에 남인 계열의 허적과 가깝게 지냈다. 현종 말기에서 숙종 초기까지 남인 세력이 득세한 데는 김우명과 함께 그의 조카이기도 한 김좌명의 아들 김석주의 역할이 크게 작용했다. 얼마나 사실인지 모르지만 이 무렵 현종은 명성왕후에게 "장인이 너무 남인과 가까이 지내니 중궁은 경계하는 데 힘쓰시오"라고 당부하기도 했다고 실록은 기록하고 있다.

　1651년(효종 2) 11월 21일 영의정 김육의 손녀이자 세마洗馬 김우명의

딸 김씨가 세자빈으로 책봉됐다. 이때 세자빈의 나이 열 살이었다. 1661
년(현종 2) 7월 29일 만삭이던 김씨는 중궁으로 책봉됐고 보름여가 지난
8월 15일 왕자를 생산했다. 그리고 숙종이 즉위했을 때 명성왕후 김씨의
나이는 서른세 살이었다.

절대군주 숙종,
환국 정치로 외척을 베다

❖ **대비가 수렴청정을 포기한 이유**

숙종이 즉위했을 당시 열네 살 어린 왕의 어머니인 명성왕후 김씨(이때는 이미 대비였지만 편의상 명성왕후라고 칭하겠다)는 아마도 수렴청정을 하고 싶었을 것이다. 아무리 똑똑하다고 해도 열네 살은 너무 어렸다. 성종의 경우를 보더라도 정희왕대비가 스무 살이 될 때까지 수렴청정을 했던 전례가 있었다. 명종의 경우에도 문정왕후의 수렴청정이 있었다. 그런데도 숙종이 즉위할 당시 원상들이 국정을 사실상 대행하는 체제는 세우면서도 대비의 수렴청정 이야기는 한 번도 나오지 않았다.

수렴청정을 하고 싶었으나 어쩔 수 없이 그만둘 수밖에 없었다면, 그것은 아마도 자의대왕대비의 존재 때문이었을 것이다. 수렴청정을 하게 된다면 우선순위는 명성왕후 김씨가 아니라 자의대왕대비에게 있었다. 힘없는 집안 출신의 자의대비였기에 왕실 내에서 별다른 파워가 있을 리 없었다. 자신의 상복을 둘러싼 당쟁이 격화될 때에도 자의대비는 그와 관련된 단 한 마디의 말도 하지 않았다. 실은 말할 처지도 되지 않았고, 말을 한다고 해도 귀 기울여 줄 사람이 단 한 명도 없다는 것을 정확히 인식하고 있었을 것이다.

그럼에도 불구하고 명성왕후의 입장에서 보자면 자의대왕대비의 존재 자체가 껄끄러울 수밖에 없었다. 수렴청정을 할 경우 절차가 대단히 복잡해지고 시간이 지나면서 적대 세력이 자의대왕대비에게 접근하지 말란 법도 없었다. 결국 수렴청정보다는 숙종의 친정親政을 자기 집안이 음양으로 돕는 것이 가장 효과적이겠다는 쪽으로 의견이 수렴된 것으로 보인다. 마침 자신의 뜻을 정확히 대변해 아들 국왕의 곁에서 보좌할 수 있는 사촌 김석주가 있었다. 아들도 똑똑한데다가 효심이 깊어 자기 뜻을 거스르지는 않을 것이라는 자신감까지 있었다.

❖ 표범의 정치 숙종, 범의 정치 김석주

명성왕후 김씨의 종형從兄, 즉 사촌오빠인 김석주의 존재가 아니었다면 명성왕후는 수렴청정 포기라는 결단을 못 내렸을지 모른다. 김육의 후손답게 서인이면서도 '친親 남인 반反 송시열' 성향을 갖고 있던 김석주는 특히 서인과의 일전불사 및 남인으로의 정권 교체를 추진했던 현종 말년에 주목을 끌 수밖에 없는 위치에 있었다. 그리고 현종이 급사했을 때 현종의 그 같은 유지를 고스란히 이어서 관철할 수 있는 유일한 적임자였다. 게다가 숙종과 혈육지간이었다. 결론부터 말하자면 흔들리는 집권

초반기의 혼란을 극복하고 어리고 미숙한 숙종을 권력의 반석 위에 올려놓은 일등공신이 다름 아닌 김석주였다.

김석주(1634~1684)는 영의정 김육의 손자이자 병조판서를 지낸 김좌명의 아들로 어려서부터 문무에 뛰어났다. 남아 있는 영정에서 보듯이 어릴 때부터 그의 모습은 호랑이를 닮았다는 소리를 들었다. 현종 3년 문과에 장원급제해 사헌부, 사간원 등의 청요직을 두루 거쳤으나 한당漢黨이라 하여 서인 중에서도 핵심인 송시열의 산

김석주의 초상. 자 사백斯百. 호 식암息庵. 사은사로 청나라에 다녀온 뒤로는 남인의 타도를 획책하여 같은 서인의 소장파로부터 반감을 샀고 이것은 서인이 노론과 소론으로 분열하는 원인 중 하나가 되었다.

당山黨에는 들지 못했다. 전통적으로 김육 집안과 송시열은 같은 서인이면서도 대동법 논쟁에서 촉발된 현실주의 노선(한당)과 명분주의 노선(산당)의 대립으로 인해 갈등을 빚어왔다. 여기에는 약간의 추가 설명이 필요하다. 김석주의 조부 김육은 일찍이 대동법을 힘써 주장했고 반면 김장생의 아들 김집은 철저한 반대론이었다. 그 때문에 김집이 조정을 떠나갔고, 김육도 끝까지 굽히지 않아 이후 김육은 사림들로부터 부정적인 평가를 받게 된다. 그러나 김육은 공리공담空理空談을 일삼는 사림이라기보다는 국태민안國泰民安을 염려한 탁월한 경세가였다.

그런데 한당과 산당의 대립은 김육이 죽자 더욱 격화되며 대를 이어가

김육의 영정. 자 백후伯厚. 호 잠곡潛谷. 대동법 실시, 수차 사용, 화폐 통용, 역법 개선 등으로 18세기 실학 융성에 큰 영향을 미친 선구자였다.

게 된다. 김육을 장례 지내면서 김좌명 등이 '참람하게' 수도隧道를 파서 산당의 비난을 자초했다. 수도란 평지에서 묘소까지 난 길을 말하는 것으로 왕실에서만 할 수 있었다. '참람하게'란 분수를 넘어서 왕실의 영역을 침범했다는 뜻이다. 서인 계통의 대신臺臣 민유중 등이 법에 의거하여 김좌명 등을 죄주기를 청했다. 이때 이조판서 송시열이 민유중의 편을 들어 김좌명을 몰아세웠다. 그로 인해 김석주 집안에서는 산당에 대해 깊은 원망을 갖게 되었다.

게다가 현종 때 김석주는 중궁의 사촌이라는 이유로 인사상의 불이익까지 받아야 했다. 그러나 현종이 말년에 제차 예송 논쟁을 주도하면서 김석주는 핵심 참모로 떠오른다. 도신징의 상소가 올라왔을 때 현종이 은밀하게 부른 이가 바로 좌부승지였던 처사촌 김석주였다. 당시 현종은 1차 예송 논쟁을 재검토하기 위해 김석주로 하여금 당시의 주요 문건들을 정리해 보고할 것을 명했는데, 김석주는 남인 허목의 상소를 비롯해 주로 남인의 입장을 옹호하는 문건들을 중심으로 보고를 함으로써 현종이 서인 제거를 결심하는 데 결정적인 영향을 미쳤다.

이후 그가 숙종 10년 50세로 세상을 떠나기까지 김석주의 노선이 곧 숙종의 노선이었다고 할 만큼 두 사람은 정확하게 같은 노선을 걸었다. 숙종은 처사촌 김석주의 길을 따랐고 김석주는 숙종의 의중을 미리 따랐다. '표범의 정치' 숙종과 '범의 정치' 김석주는 누가 먼저랄 것도 없이 같은 길을 걸어간다.

우선 숙종 즉위년 한 해 4개월 여 동안 김석주의 특진 과정을 추적해보자. 8월 23일 숙종이 즉위했을 때 김석주는 우승지로 있었다. 그리고 한 달 후인 9월 20일 김석주는 수어사守禦使로 임명된다. 수어사란 정묘호란 이후 북방의 경계를 강화하면서 남한산성에 설치됐던 중앙 군영으로, 오늘날에 비유하자면 수도방위사령관에 해당하는 요직이었다. 원래 이조와 병조에서 올린 인사 후보군에는 들어 있지 않았으나 숙종의 특명으로 품계가 다소 낮음에도 불구하고 김석주가 발탁된 것이다. 그리고 수어사의 경우 비변사의 일원으로 국가 중대사를 논의할 때 직접 참여하여 발언할 수 있었다.

10월 10일에는 송시열에게 현종의 묘지문을 지으라고 명했으나 끝까지 사양하자 신하들은 이단하와 김석주 두 사람을 추천했고 결국 숙종은 김석주로 하여금 묘지문을 쓰도록 한다. 이 또한 김석주에 대한 총애를 만천하에 확인해주는 결정이었다. 또 열흘 후인 10월 20일 이조참판 남구만南九萬이 사직서를 내자 통상 만류하는 관례를 뿌리치고 단번에 수리해버렸다. 이조참판은 사람을 뽑는 자리이므로 서인 세력을 물리치고 그 자리에 김석주를 박아놓기 위함이었다. 실록의 평이다.

당시 왕은 서인들을 미워했는데 김석주는 서인임에도 불구하고 취향이 조금 다르다고 생각하여 김석주를 인사 책임자로 끌어다 두기 위함이었다.

실제로 이날 김석주는 이조참판에 오른다. 그러면서도 수어사를 겸직했다. 문무의 핵심 요직을 동시에 장악한 것이다.

서인들은 반발했다. 혈육을 중용해서는 안 된다는 논리였다. 그게 부담스러웠는지 11월 13일 김석주는 이조참판에서 물러나겠다는 사직 상소를 올렸다. 그러나 숙종은 일언지하에 사직서를 물린다.

"맡은 바 직무에 충실하라!"

오히려 숙종은 불과 22일 후인 12월 5일 김석주를 도승지로 제수하여 최측근에 갖다놓는다. 서인 제거 작전을 보다 긴밀하게 협의하기 위한 조처였다. 서인들은 분노와 원망 속에서도 김석주의 일거수일투족을 그저 바라볼 수밖에 없었다. 그의 말과 행동이 곧 숙종의 뜻이었기 때문이다. 한마디로 김석주는 숙종의 주석지신柱石之臣이었다.

❖ 통곡으로 당쟁에 맞선 명성왕후 김씨

숙종의 즉위와 더불어 남인이 집권했지만 서인 집권 50년 동안 늘 소수파로 머물렀기 때문에 국정을 운영할 만한 경륜을 갖춘 인재 풀이 턱없이 부족했다. 그러나보니 어설픈 정책 실험들이 이뤄지다가 얼마 안 가 폐지되는 일이 잦았다. 또 사실상 처음으로 권력을 잡다 보니 제대로 권력을 다룰 줄도 몰랐다. 권력은 불과 같다. 자칫하면 덴다. 조심조심 다뤄야 원하는 대로 쓸 수 있는 것이 바로 권력이다.

남인의 집권과 더불어 힘을 갖게 된 왕실 인물은 남인과 가까웠던 복창군 이정李楨의 형제들이었다. 인조와 인열왕후 한씨 사이에는 6남이 있었다. 첫째가 일찍 죽는 바람에 소현세자가 사실상 장남이었고 이어 봉림대군(효종), 인평대군, 용성대군이 있었고 여섯째도 일찍 죽었다. 그중 봉림대군과 인평대군의 자질이 뛰어났고 소현세자가 죽자 봉림대군이 대통을 이었다.

　봉림대군보다 세 살 아래였던 인평대군 이요李㴭(1622~1658)는 1630년(인조 8) 대군에 봉해졌다. 한양의 종로구 이화동 27번지의 석양루에 거처했으며 1640년 볼모로 심양에 갔다가 이듬해 돌아왔고, 1650년(효종 1)부터 네 차례에 걸쳐 사은사에 임명되어 청나라에 다녀왔다. 서인들로부터 몇 차례 불온한 혐의의 무고를 받기도 했으나 친형 효종의 끔찍한 사랑을 받아 목숨을 부지할 수 있었다. 학문에 소양이 있어 제자백가에 정통했고 시·서·화에도 능했다. 그래서 사람들은 종종 그를 세종의 아들 안평대군에 비유하기도 했다. 특히 1645년 소현세자를 따라 왔던 중국 화가 맹영광孟永光과 가깝게 지냈다. 그 자신의 작품으로는 맹영광의 영향을 받은 〈고백도古栢圖〉 등이 전한다. 그는 오단吳端의 딸과 혼인해 4남 2녀를 두었는데 네 아들은 각각 복녕군, 복창군, 복선군, 복평군이었다. 그중 장남인 복녕군 이욱李栯은 숙종이 즉위하기 전인 1670년(현종 11) 33세의 나이에 세상을 떠났다.

　숙종에게 복창군 3형제는 종친 중에서는 가장 가까웠다. 특히 효종도 인선왕후 장씨와의 사이에 1남 6녀를 두어 현종이 외아들이었기 때문에 현종은 사촌인 복창군 형제들을 친형제처럼 대했고, 청나라에 사신으로 파견하는 등 조정의 중대사에도 참여시켰다. 게다가 숙종도 외아들이었기 때문에 '삼복三福'으로 불리던 복창군 형제들은 오촌 아저씨들이기는 하지만 가장 가까운 집안 어른들인 셈이었다.

숙종 1년 3월 12일, 숙종은 외할아버지인 청풍부원군 김우명이 올린 상소라며 영의정 허적에게 검토해볼 것을 명한다. 상소의 내용은 복창군 형제들이 궁인들과 내통했다는 것이었다. 문제가 된 형제는 복창군 이정과 복평군 이연李㮒이었다. 조사 결과 이들은 궁녀들과 관계를 가졌을 뿐만 아니라 자식까지 낳은 것으로 밝혀졌다. 이들과 관계를 가진 나인은 각각 군기시의 서원書員 김이선의 딸 상업과 내수사의 종 귀례였다. 다음 날 의금부에서 이들을 문초했으나 승복하지 않자 숙종은 이들을 풀어줄 것을 명했다. 이렇게 되면 김우명이 무고를 한 셈이다. 급기야 숙종의 어머니인 명성왕후 김씨가 나선다. 이미 자신의 남편인 현종도 복창군과 복평군의 일을 알고 있었지만 형제와 같이 여겨 크게 문제 삼지 않았을 뿐 그 일은 명백한 사실이라고 허적 등을 불러 이야기했다. 숙종은 어려서 궁궐 내의 일을 몰랐을 뿐이라는 것이다. 그리고 죽이지는 않더라도 먼 곳으로 유배를 보내야 한다며 처벌 방향까지 제시했다.

사실 대비가 수렴청정을 하지 않는 한 국정에 관여하는 것은 있을 수 없는 일이었다. 그러나 자기 아버지의 일이었기 때문인지 이날 대비가 숙종과 신하들이 옆방에 머물고 있는데 큰 소리로 울며불며 했기 때문에 숙종이나 신하들도 대비의 청을 들어주지 않을 수 없었다. 결국 복창군·복평군과 두 나인은 유배를 가야 했다. 이때 복창군은 이정은 30세, 복평군 이연은 28세였다. 그러나 불과 몇 달 후에 복창군과 복평군은 석방되어 한양으로 돌아온다. 그만큼 복창군 형제들에 대한 숙종의 애정은 각별했고 남인들의 비호도 만만치 않았다.

'삼복'은 모두 남인들과 가까웠다. 특히 이때의 사건에 연루되지 않은 복선군 이남李楠은 셋 중에서 지략과 권모술수가 가장 뛰어났다. 그리고 현실 정치와 관련해 외형적으로는 김석주가, 내부적으로는 복선군이 숙종에게 가장 큰 영향을 주고 있었다.

❖ 왕의 그늘 아래 숨은 삼복 세력

현종 말 숙종 초 궁궐 내의 파워 게임을 이해하려면 '삼복'을 둘러싼 인맥에 대한 분석이 필수적이다. 효종과 현종의 연이은 사랑과 총애를 받은 복창군 형제들은 궁궐을 내 집 드나들 듯이 할 수 있었고 세자 시절 숙종도 아껴주었기 때문에 대단히 가까웠다. 게다가 복창군과 복선군은 자신들에게 들어오는 뇌물들을 환관이나 나인들에게 아낌없이 베풀었기 때문에 궁궐 내의 어지간한 정보들은 두 사람에게 집중되었다. 내시 중에서는 세자궁을 담당했던 김현金鉉과 그의 부하 조희맹趙希孟이 복창군 형제의 심복이었다.

또 한 명의 중요한 인물은 어린 시절 숙종의 유모였던 윤상궁이다. 원래는 인조의 궁인이었다가 당시 권세를 휘두르던 귀인 조씨의 참소를 받아 인평대군의 집에 머물렀다. 그런데 윤상궁은 궁에 있을 때 당시 세자이던 효종과 각별한 인연을 맺을 수 있었다. 당시 세자가 인조의 수라상을 올렸는데 귀인 조씨가 은막대기를 수라상에 있는 생선탕에 꽂으며 "은의 색깔이 변했으니 매우 기이하다"고 말했다. 세자가 일생일대의 위기에 처한 것이다. 장남도 죽인 아버지 아니던가? 이때 윤상궁이 나섰다.

"열을 받은 탕에 은을 담그면 은의 빛깔이 죽어서 변하지 않을 수 없습니다. 다른 생선탕으로 바로 시험을 해보면 알 수 있습니다."

인조가 직접 시험해보니 정말로 그러했다. 세자는 무사할 수 있었다.

그때의 일을 잊지 못하던 효종은 즉위하자마자 윤상궁을 다시 궁으로 불러들였다. 그리고 "원손元孫이 태어나면 반드시 너를 보모로 삼을 것"이라고 말했다. 윤상궁은 지혜가 많고 서사書史에도 통달한 지적인 여인이기도 했다. 게다가 그가 오랫동안 인평대군의 집에 있으면서 복창군 형제들을 키우다시피 했기 때문에 서로 모자에 가까운 정을 나눠 갖고 있었다. 마침내 효종의 말대로 어린 시절 숙종의 보모를 맡았다. 서인들이 쓴 숙종실록조차 복선군 이남에 대해 "침착하고 슬기가 있었다"고 평하고 있다. 그보다 훨씬 뛰어난 인물이었다는 뜻이다. 숙종은 '삼복' 중에서도 복선군을 각별히 좋아하고 따랐다.

게다가 복창군 형제들은 유난히 그들의 외삼촌들과 가까웠다. 즉 인평대군의 장인 오단의 자식들이다. 복창군 형제들이 남인 성향을 보이게 된 것도 외삼촌 집안의 영향이 절대적이었다. 외삼촌 집안을 거슬러 올라가면 외삼촌들의 조부인 오백령吳百齡까지 거슬러 올라간다. 오억령, 오백령 형제는 각각 선조 때부터 인조 때까지 형조판서와 대사성에까지 올랐고 동인이 남인과 북인이 갈릴 때부터 남인의 길을 걷기 시작했다. 오백령에게는 오준과 오단 등의 아들이 있었고 오준은 좌참찬에까지 올랐으며 오단은 황해도관찰사를 지냈다. 오단은 인평대군을 사위로 맞아들이면서 국구 못지않은 권세를 누릴 수 있었다. 게다가 그에게는 오정일吳挺一, 오정위吳挺緯, 오정창吳挺昌이라고 하는 뛰어난 아들들이 있었다.

　오정일(1610~1670)은 숙종이 즉위했을 때는 이미 이 세상 사람이 아니었다. 1627년(인조 5) 진사시에 합격하여 성균관 유생으로 지내던 1636년 당시 정권을 잡고 있던 서인들이 이이와 성혼의 문묘 배향을 추진하자 반대하는 상소를 주도하다가 성균관에서 축출당했다. 1639년(인조 17) 문과에 급제해 사헌부, 사간원, 이조 등의 요직을 두루 거쳤고 황해도와 경기도관찰사 등을 지냈다. 효종 6년 사은사의 부사로 청나라에 다녀왔으며 이듬해 도승지로 발탁된다. 당시 이조판서이던 송시열의 반대가 있었으나 인평대군을 아낀 효종의 배려로 특진할 수 있었다고 서인들이 쓴 실록은 비평하고 있다. 현종 1년 다시 도승지가 되어 효종실록 편찬에 참여했으며 1663년 형조판서, 1670년 호조판서를 지냈다. 서인의 시대였음에도 불구하고 남인이라는 이력을 딛고 승승장구할 수 있었던 배경에는 인평대군의 처남이라는 요인이 분명 있었다.

　오정위(1616~1692)는 오단의 아들로 오전에게 입양됐다. 1645년(인조 23) 문과에 급제해 1652년(효종 3) 홍문관 수찬을 역임했고 1659년 승지에 올랐다. 1664년(현종 5) 예조참의에 오른 뒤 충청도와 경기도관찰사를 거쳐 현종 말기인 1672년에는 호조·형조·공조판서를 두루 역임한다. 숙종과 함께 남인이 득세하자 배후의 핵심 인물로 서인 숙청과 남인 등용에 앞장섰으며 얼마 후 송시열 처벌 문제로 남인이 온건파와 강경파로 갈라질 때 그는 윤휴 등과 함께 강경파인 청남淸南에 섰다. 숙종 1년 당시 그의 나이 60세였다.

　오정창(1634~1680)은 1662년(현종 3) 문과에 급제해 사간원 정언, 사헌부 지평 등을 거쳐 숙종 즉위와 함께 남인 세상이 열리면서 승진가도를 달리기 시작한다. 불과 2년 만에 대사간을 거쳐 성균관 대사성에 오른 것이다. 그런데 청남과 탁남이 갈릴 때는 형 오정위와 달리 탁남에 가담했다. 이후 허적이 이끄는 탁남이 중용되면서 대사헌을 거쳐 1680년 예조판서에 오르지만 이때 경신환국이 일어났고 정원로鄭元老의 옥사에 연루되어 처형되고 만다. 반면 오정위는 이때 전라도 무안으로 유배되었다가 삭주, 보성 등으로 이배되는 등 고초를 겪지만 1689년 다시 남인이 집권하는 기사환국 때 조정에 복귀해 공조판서를 지낸다.

숙종의 어머니 명성왕후 김씨의 집안은 송시열과 같은 서인임에도 불구하고 대동법을 비롯해 여러 가지 문제로 송시열과 갈등을 빚어왔다. 그가 사촌오빠 김석주와 함께 남인들이 추진한 송시열 제거에 동의했던 것도 그런 맥락에서였다. 그렇다고 서인과는 서로 죽여야 할 정도의 원수는 아니었다. 명성왕후 김씨와 김석주는 어떻게 보면 송시열과 '삼복' 사이에 끼여 있는 형국이었다.

시아버지인 효종은 세자빈 시절의 명성왕후 김씨에게 이런 걱정을 한 적이 있다. 송시열계의 민유중(훗날 숙종의 두 번째 장인)이 김육의 묘를 조성하면서 길을 낸 문제로 논란을 벌였을 때, 효종은 자신이 죽고 나면 현종의 장인으로서 힘을 얻게 될 김씨 집안에서 송시열을 죽이려 할지 모른다는 우려를 명성왕후 김씨에게 전했다.

"너의 큰아버지(김좌명)는 총명하니 염려될 것이 없을 듯하지만, 너의 아버지(김우명)는 반드시 보복할 마음을 가질 것이니 너는 이를 알아야 한다."

자기 집안을 생각하면 송시열에게 좋은 마음을 가질 수 없지만 시아버지나 남편은 누구보다 송시열을 중하게 생각했다. 그런데 남인들이 복창군 형제들을 중심으로 힘을 얻어가면서 서인들이 몰락한 것은 물론이고 점차 송시열의 목숨까지 위협하는 사태로 나아가고 있었다.

실록의 기록이 얼마나 사실인지 모르지만 이 무렵 궁궐의 실권자는 숙종과 명성왕후 김씨가 아니라 복선군 이남이라는 소리까지 있었다고 한다. 실제로 복창군 형제를 벌하려다가 취소하자 명성왕후 김씨가 울며불며 난리를 피운 것을 보면 힘의 저울이 복선군 쪽으로 기울어 있었던 것 또한 분명한 사실이었던 것으로 보인다. 숙종이 처벌 의사를 밝혔다가 하루 만에 취소한 배경에는 복선군의 영향이 결정적이었다.

김씨 집안 입장에서는 범을 쫓아내려다가 사자를 불러들인 꼴이었다. 사실 송시열을 축출할 때까지만 해도 김우명과 복창군 형제를 같은 배를 타고 있었다. 그러나 막상 송시열이 유배를 떠나고 나자 조정에서는 영의정 허적이, 궁궐에서는 복창군 형제가 무서운 속도로 남인들을 등용시키기 시작했다. 굳이 창평부원군 김우명이 복창군, 복평군을 고발하는 상소를 올린 것도 상황의 긴박성 때문이었다. 명성왕후 김씨까지 나서 복창군 형제들을 내쫓는가 했으나 결국 7월 9일 두 사람은 유배에서 풀려나고 말았다. 원래의 상태로 돌아간 것이다. 이는 다시 말해 숙종을 둘러싼 세 갈래의 세력, 즉 명성왕후와 김석주를 중심으로 한 서인 잔여 세력과 허적이 중심이 된 조정의 온건파 남인 세력, 그리고 복창군 형제를 중심으로 그들의 외삼촌 오정위 형제와 윤휴 등이 결합된 강경파 남인 세력이 앞으로도 거대한 파열음을 낼 가능성이 그대로 남게 되었다는 뜻이다.

❖　　　**환국 정치와 네 명의 왕비 1: 인경왕후 김씨**

숙종은 세자로 있던 시절 혼인을 했다는 점에서 이미 당시의 당쟁 구도
와 밀접하게 연결될 수밖에 없었다.

　김만기金萬基의 딸이 세자빈으로 책봉된 것은 1671년(현종 12) 3월 22
일이었다. 세자빈에 대해 실록은 "예법 있는 집에서 태어나 일찍부터
참하고 얌전한 여자의 덕이 드러났었는데 때마침 세가世家의 처녀를 뽑
는 데에 들어 궁중에 들어갔다. 빈의 나이가 겨우 열 살이었는데도 행
동거지가 예에 어긋나는 것이 없었으므로 사전四殿이 모두 사랑하여 드
디어 세자빈으로 정했다"고 적고 있다. 그가 훗날 숙종비인 인경왕후
김씨다.

　김만기(1633~1687)는 '예학의 원조' 김장생의 증손자로 그의 할아버지
는 김장생의 셋째 김반이고 아버지는 김반의 셋째 아들 김익겸으로 병자
호란 때 강화도에서 김상용과 함께 청나라 오랑캐에 맞서 싸우다가 장렬
하게 전사했다. 그리고 우리에게는《사씨남정기謝氏南征記》와《구운몽九
雲夢》으로 유명한 김만중金萬重(1637~1692)이 바로 김만기의 친동생이
다. 따라서 두말할 것 없는 서인의 핵심 집안이자 송시열계였다. 김만기
자신이 송시열의 제자이기도 했다. 세자빈 선택 과정에 송시열이 어떤
영향력을 행사했는지는 알 수 없지만 일단 송시열 세력은 차기 국왕의
'절반'은 장악한 셈이었다.

　인조반정을 일으킨 공신들은 회맹하는 자리에서 두 가지 약속을 한 바
있다고 이건창李建昌은《당의통략黨議通略》에서 쓰고 있다. 하나는 명분
으로 산림山林을 숭용乘用하자는 것이고 또 하나는 실리로 국혼을 잃어

서는 안 된다는 것이었다. 김만기의 딸을 세자빈으로 넣은 것은 바로 이 '무실국혼無失國婚'을 실천에 옮긴 것이다.

김만기는 1653년(효종 4) 문과에 급제해 수찬, 정언, 교리 등 청요직을 거쳤고 현종 초 예송이 일어났을 때 송시열의 기년설을 지지해 삼년복을 주장하는 남인 윤선도를 제거하는 데 앞장섰다.

1671년(현종 12) 딸이 세자빈이 되자 외척으로서 정치적 지위가 더욱 굳어져 서인의 핵심 인물로 떠올랐으며, 1674년 병조판서가 되어 군사권을 장악했고 같은 해 숙종이 즉위하자 국구로서 돈녕부 영사, 광성부원군에 봉해졌다. 이어 총융사를 겸하여 남인 정권에 대해 군사권으로써 서인의 입장을 대변했다. 특히 1680년(숙종 6) 경신환국이 진행되는 가운데 숙종의 특지로 훈련대장이 되어 김석주 등과 함께 영의정 허적의 아들인 허견許堅의 역모를 다스린 공으로 보사공신保社功臣 1등에 책록된다. 이로써 다시 정권은 남인에서 서인으로 넘어가게 된다.

그런데 바로 이 해 10월에 인경왕후 김씨는 천연두에 걸려 20세의 나이로 세상을 떠난다.

숙종의 아버지 현종이 1남 7녀 중의 독자였고, 숙종 또한 현종과 명성왕후 김씨 사이에서 1남 3녀로 독자였다. 1661년 8월 15일 경덕궁의 회상전에서 태어난 숙종은 1667년(현종 8) 정월 세자위에 올랐고 열 살 때인 1671년 3월 김만기의 딸을 세자빈으로 맞아들였다. 역사에 가정은 없다지만 만일 김만기의 딸인 인경왕후가 아들을 낳아 후계 문제가 해결되고 인경왕후가 오래 살았다면 숙종 대의 역사는 완전히 다르게 전개됐을 것이다.

숙종과 동갑이었던 인경왕후 김씨는 승문원 교리 등을 지낸 전형적인

김만기의 초상. 자는 영숙永淑, 호는 서석
瑞石 · 정관재靜觀齋. 노론의 과격파로서
1689년 기사환국으로 남인이 정권을 잡자
삭직되었다가 뒤에 복직되었다.

서인 김만기의 딸이다. 그러나 이
렇게 이야기해서는 당시의 분위기
를 정확하게 알기 어렵다.

김장생, 김만기 집안에 대해서
는 앞서 살펴본 바 있지만, 여기서
다시 한 번 인경왕후 김씨를 중심
으로 정리해본다. 김만기의 증조
할아버지는 산림학자의 거두이자
조선 예학의 창시자로 불리는 사
계沙溪 김장생(1548~1631)이다. 율
곡 이이의 제자인 김장생은 왜란
과 호란으로 황폐해진 조선 재조
再造의 가능성을 예학에서 찾았다.
대사헌을 지낸 김계휘의 아들인
김장생은 한때 세자의 교육을 맡는
등 관직을 맡기도 했지만 벼슬을
버리고 산중에 머물면서 학문을 연
마하고 제자들을 키우는 데 전념했다. 그의 학문을 이어받은 이가 그의
아들인 김집(1574~1656)을 비롯해 송시열, 송준길, 이유태, 최명길, 정홍
명 등으로 기호학파의 핵심 인물들이었다.

김집의 동생인 김반은 대사헌 이조참판 등을 지냈으며 그의 아들 김익
희, 김익겸, 김익훈, 김익경 등은 학문과 기개 면에서 큰 족적을 남겼다.
김익겸은 삼전도 굴복 이후에도 강화도에서 항전을 계속하다가 남문에

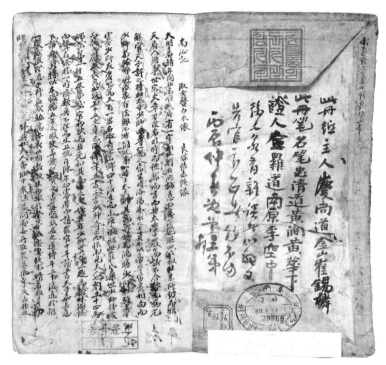

김만중이 지은 《사씨남정기》. 김만중은 한국 문학이 마땅히 한글로 쓰여야 한다고 주장하며 이 작품을 창작했다. 이것은 김시습의 《금오신화》 이후 잠잠하던 소설 문학에 허균의 뒤를 이어 획기적인 전기를 가져왔다.

서 분신 자결했다. 김익겸에게는 아들 김만기과 김만중이 있었다. 김만중은 유복자였고 훗날 숙종을 일깨울 목적으로 《사씨남정기》라는 문학 작품을 남긴 바로 그 인물이다.

김만중의 형 김만기에게는 김진구, 김진규 등의 아들이 있었고 딸이 인경왕후 김씨다. 그리고 김진구에게는 김춘택, 김보택, 김운택 등의 아들이 있었다. 이들은 훗날 서인이 집권한 후 노론과 소론으로 분리되자 송시열 계통의 집안답게 노론의 중추 역할을 하면서 소론의 남구만 등과 날카롭게 대립하다가 유배와 복직을 거듭하게 된다.

그런데 인경왕후는 숙종이 즉위할 때 왕후에 오르는 영광을 맛보았음에도 불구하고 딸만 둘을 낳았고 모두 어릴 때 죽었다. 게다가 정국은 현종 말기 2차 예송 논쟁에서 승리한 남인들이 주도하고 있었기 때문에 이렇다 할 권세를 누릴 입장도 아니었다. 하필이면 1680년 4월 경신환국으로 정권이 남인에서 서인으로 넘어가고 6개월 후인 10월 인경왕후 김씨는 천연두에 걸려 발병 8일 만에 스무 살의 나이로 세상을 떠나고 만 것이다.

❖　환국 정치와 네 명의 왕비 2: 인현왕후 민씨

1680년 인경왕후 김씨가 세상을 떠났을 때는 이미 경신환국이 일어나 서인 세상이었다. 장례가 끝나자 이듬해 자연스럽게 계비 선정 문제가 떠올랐다. 계비도 서인 집안에서 골라야 했다. 국혼물실國婚勿失, 왕비나 세자빈은 서인 집안에서 내겠다는 일종의 암묵적인 원칙은 인조반정 이후 서인들이 정권 유지책 중 하나로 세워놓은 철칙과 같은 것이었다. 그리고 혼사 문제였기 때문에 숙종의 어머니, 즉 현종의 부인인 명성왕후 김씨의 발언권이 클 수밖에 없었다. 명성왕후의 아버지 김우명도 서인이었다.

김우명은 같은 서인 계통인 민유중(1630~1687)과 송준길의 딸 사이에서 난 민씨(1667~1701)를 적극 추천했다. 민씨는 1667년 4월 23일 서울에서 태어나 생모 송씨를 일찍 여의었고 계모 조씨 슬하에서 성장했다.

1681년 숙종과의 혼인 당시 아버지 민유중은 병조판서이자 노론의 중진으로 자리 잡고 있었다. 송시열과 함께 노론의 양대 산맥으로 불리는 송준길의 외손녀였던 인현왕후 민씨는 그래서 간택 절차도 거치지 않고 왕후의 자리에 오를 수 있었다.

인현왕후 민씨 집안 또한 파워 면에서 인경왕후 김씨 집안에 못지않았다. 민유중은 강원도관찰사를 지낸 민광훈(1595~1659)과 이조판서를 지낸 이광정의 딸 사이에서 났으며 그의 형 민시중은 송시열의 문인으로 대사헌, 형조참판을 지냈고 또 다른 형 민정중은 좌의정에까지 오른다. 특히 민정중의 아들 민진장도 문과에서 장원급제함으로써 민광훈, 민정중, 민진장 3대가 모두 장원으로 벼슬길에 들어섰다 해서 '삼세문장三世文壯'으로 불리었다.

민유중에게는 딸 인현왕후 이외에 송시열의 문인인 민진후와 훗날 좌의정을 지내게 되는 민진원 등의 아들이 있었다. 특히 민진원은 노론의 영수로 활약하며 정치적 부침을 거듭하게 된다.

열일곱 살에 숙종의 계비가 된 인현왕후 민씨를 기다리고 있던 것은 불행이었다. 이미 숙종의 마음은 어머니 명성왕후 김씨가 내쫓은 궁녀 장옥정張玉貞에게 가 있었고 더욱이 민씨는 후사를 생산하지 못했다. 딸도 낳지 못했다. 숙종의 총애 여부를 떠나 아들 하나만 낳았어도 숙종 때의 후사를 둘러싼 피비린내 나는 정치투쟁은 없었을지 모른다. 그러나 역사는 그 길을 따르지 않았다.

장희빈, 아니 장옥정은 1659년 8월 9일생이다. 숙종보다 두 살 위다. 아버지는 중인 신분의 장형張炯이고 어머니는 천인 신분의 윤씨였다. 여기서부터 이미 뭔가 심상찮다. 아버지 장형에 대해서는 역관이었다는 사실 이외에 이렇다 할 전하는 정보가 없고 어머니 윤씨에 대해서는 흥미로운 사실 몇 가지가 전해져 온다.

먼저 윤씨는 인조의 계비인 장렬왕후(훗날 자의대비 조씨)의 사촌동생인 조사석趙師錫(1632~1693)과 연인 관계였다. 아마도 아버지 장형이 일찍 죽고 이런 관계를 맺게 된 것으로 보인다. 원래 윤씨는 조사석 처가의 여종으로 있다가 남편이 죽자 조사석의 집을 드나들면서 내연의 관계로까지 발전했다. 여기서 우리는 윤씨의 미모가 출중했다는 사실을 간접적으로 추출해낼 수 있다. 조사석은 형조판서를 지낸 조계원(1592~1670)의 일곱 아들 중 넷째로 숙종 14년에 좌의정에까지 오르게 되는 인물이다.

어머니를 닮아 미모가 출중했을 것이 분명한 장옥정은 당시의 관습에 따라 대략 열 살을 전후해서 궁궐에 들어간 것으로 보인다. 그러면 1670년 전후가 된다. 궁녀가 되는 데 조사석이 큰 역할을 했음은 물론이다. 궁궐에 들어간 장옥정은 처음에는 자의대비 조씨의 시종으로 일했다. 그리고 이때부터 이미 세자로 있던 숙종의 총애를 받았다. 반면 숙종의 어머니인 명성왕후 김씨는 지나치게 미색을 갖춘 장옥정을 극도로 싫어했다. 아들의 장래를 염려한 때문이었다. 물론 장옥정이 남인 계통의 인물이었다는 것도 배척의 이유로 작용했을 것이다.

1680년 허적의 서자 허견으로 인해 생겨난 역모 사건과 그에 연루된

장옥정이 아버지 장형을 위해 세운 신도비. 장형은 장옥정이 어렸을 때 사망했으며 이후에는 당숙 장현이 장옥정 일가를 거둔 것으로 알려져 있다.

복선군 삼형제 사건이 터지자 서인의 선봉장이었던 병조판서 김석주는 5월 7일 숙종에게 탄핵 상소를 올렸다. 역관으로 보기 드물게 종1품 숭록대부에 오른 거부巨富 장현張炫과 아들 장천익, 동생 장찬을 유배시켜야 한다는 것이었다. 실은 장현과 장천익은 이미 유배를 가 있었고 이때의 주요 내용은 장찬도 유배형에 처해야 한다는 내용이다. 이유는 장찬과 복선군이 친밀했기 때문이었다. 장현과 장찬은 바로 장옥정의 아버지 장형과 사촌지간이었다.

복선군 형제는 앞서 살펴본 대로 종친 중에서 남인 세력의 핵심 인물들이었다. 반면 명성왕후 김씨는 서인 세력이었다. 명성왕후는 장옥정도 남인의 영향권에 있다고 볼 수밖에 없었다. 결국 명성왕후는 직접 장옥정을 사저로 내쫓아버렸다.

그러나 3년 후인 1683년 12월 5일 명성왕후가 세상을 떠났고 숙종은 삼년상이 끝난 1686년 초 장옥정을 다시 궁궐로 불러들였다. 이때도 조사석과 자의대비 조씨의 역할이 컸다고 봐야 한다. 그리고 그해 12월 숙종은 장옥정에게 파격적으로 숙원이라는 종4품의 첩지까지 하사했다.

당시 세상은 경술환국으로 서인 천하였다. 그런데도 숙종은 남인과 연결된 숙원 장씨에게 흠뻑 빠져들었다. 서인 세력의 공포는 더욱 커갔다. 서인 쪽의 인현왕후 민씨가 있긴 했지만 아들을 생산하지 못하고 있었다. 이런 가운데 1688년 정월 숙원 장씨에게 태기가 있다는 소식이 들려왔다. 이때부터 그해 10월 28일 장씨가 출산을 할 때까지 서인 세력들이 느꼈을 공포감을 추체험해보기란 그리 어렵지 않다. 가히 패닉 상태였을 것이다. 게다가 그날 장씨는 보란 듯이 아들(훗날의 경종)을 낳았다. 그리고 이듬해 1월 숙종은 서인들의 결사반대에도 불구하고 이 아들을 원자로 책봉하고 숙원 장씨는 정1품 희빈으로 승격시켰다. 이때 숙종의 나이 삼십을 눈앞에 둔 29세 때였다.

1689년(숙종 15) 1월 15일 숙종은 전현직 정승과 육경판서, 한성부 판윤과 삼사의 장관들을 모두 입궐하도록 명했다. 이런 일은 대개 국가 중대사를 결정할 때 그랬다. 이미 무슨 일이 일어날지 알고 있었기 때문에 불참자들도 많았다. 이 자리에는 영의정 김수흥, 이조판서 남용익, 호조판서 유상운, 병조판서 윤지완, 공조판서 심재, 대사간 최규서가 참석했고 사헌부의 대사헌을 대신해서는 지평 이언기, 홍문관의 대제학을 대신해서는 수찬 목임일이 참석했다. 즉 좌의정과 우의정이 안 왔고 판서 중에는 예조와 형조판서가 빠졌으며 한성부 판윤도 오지 않았다. 통상은 이런 경우 의제를 던진 다음 다양하게 의견을 구하는 형식으로 진행된다. 그러나 그것은 직선적인 숙종의 스타일이 아니었다.

"국본(세자)을 정하지 못하여 민심이 매인 곳이 없으니, 오늘의 계책은 다른 데에 있지 않다. 만약 선뜻 결단하지 않고 머뭇거리며 관망만 하고, 감히 이의를 제기하려는 자가 있다면, 벼슬을 바치고 물러가라."

먼저 이조판서 남용익南龍翼이 나섰다. 물러나기는 하겠지만 인현왕후 민씨의 춘추가 아직 한창이니 후궁에게서 난 아들을 원자로 삼는 것은 너무 때 이르다고 말했다. 이어 윤지완, 최규서, 유상운 등도 같은 의견을 말하고 물러날 뜻을 밝혔다.

숙종의 생각은 달랐다. 자신의 나이 삼십이 되어서야 겨우 아들을 보았기 때문에 서둘지 않을 수 없었다. 물론 후궁 장씨에 대한 남다른 사랑도 왕자의 원자 정호定號를 서두른 결정적 요소 중 하나였다. 닷새 후인 1월 15일 왕자를 원자로 정했다는 사실을 종묘에 고했고 같은 날 소의昭儀 장씨는 희빈으로 승격됐다. 빈이 됐다는 것은 후궁 중에서도 최고위에 올랐다는 뜻이다. 이렇게 해서 그 유명한 '장희빈'이 탄생하게 된다. 이날의 분위기에 대해 실록은 이렇게 적고 있다. 당시 서인들이 느꼈을 공포감을 고스란히 느낄 수 있다.

> 당시에 장씨에 대한 총애가 날로 성했는데, 동평군 이항李杭과 장씨의 오빠 장희재張希載가 민암閔黯, 민종도閔宗道, 이의징李義徵 등과 연결되어 서로 통하고 모의함에 못하는 바가 없었으니, 국가의 화가 장차 눈앞에 있어 사람들이 모두 무서워서 떨었다.

모두 무서워서 떨 일은 아니었고 서인들이 그렇게 떨어야 했다. 이때까지만 해도 숙종은 서인을 모두 배제하는 또 한 번의 정계 갈아엎기를 염두에 둔 것 같지는 않다. 숙종은 기본적으로 서인들의 국정 운영 능력을 훨씬 신뢰하는 입장이었다. 아마도 서인 내 강경파를 배제하고 온건파인 소론과 남인의 연합 정권 정도로 정국을 풀어가려 했을 것이다. 그가 직접 여성제呂聖齊를 우의정에 제수하고 관직에서 물러나 있는 남구만을 다시 불러들여 중추부 판사로 임명한 것도 그런 맥락에서 볼 수 있다. 여성제나 남구만 모두 서인이기는 하지만 남인에 대해서는 노론과 달리 온건한 입장을 보였던 소론의 중심인물들이었다. 이 무렵 영의정은 김수흥이었고 좌의정은 조사석이었지만 조사석은 병으로 오랫동안 정사에는 참여치 못하고 있었다.

이 무렵 숙종은 도목정都目政을 직접 행사하고 있었다. 도목정이란 이조와 병조에서 매년 두 차례씩 인사 평가를 하여 승진과 좌천을 시키던 것으로, 숙종은 여성제를 우의정으로 제수할 때도 친히 도목정을 행사했다. 자신이 원하는 바대로 조정 관리들을 짜겠다는 강력한 친정 의지였다. 사실 이때쯤이면 15년 통치 경력이 있을 때이므로 사람들에 대한 나름의 판단은 자리 잡아가고 있었다. 그래서 연일 주요 요직에 대한 인사가 발표됐다. 그러나 서른이란 나이의 한계는 분명 있었을 것이다.

이런 가운데 1월 27일 조사석이 스물네 번째 사직소를 올리자 숙종은 마침내 받아들였다. 남인의 중대한 축이 사라져버린 것이다. 숙종으로서는 자신의 정국 구상을 새롭게 짜야 하는 곤경에 처했다. 남인 중에서 자신의 의중을 조사석만큼 제대로 관철해줄 만한 인물을 찾을 수가 없었기 때문이다.

이런 고민이 깊어가던 2월 1일 봉조하奉朝賀 송시열이 장문의 상소를 올렸다. 원자 정호가 너무 이르다며 송나라 철종을 인용한 송시열의 상소를 읽은 숙종은 노기 띤 목소리로 승지들을 불러 의견을 내볼 것을 명한다. 그러나 이미 방향은 정해져 있었다.

"일이 아직 정해지기 전에 말하는 것은 진실로 불가할 것이 없다. 그러나 일이 이미 정해졌는데도 말하는 것은 반드시 그 뜻의 소재가 있다. 제신들은 그것을 다 진달하여 숨김이 없도록 하라."

남인 계통의 신하들은 송시열의 망발이라고 답했고 서인 계통의 신하들은 묵묵부답이었다. 신하들과의 토론 중에 숙종은 아주 의미심장한 말을 던진다.

"송시열의 상소가 이미 이와 같으니, 그 문하의 제자들이 반드시 이어서 일어날 것이다."

이어 '송시열을 삭탈관작하고 도성 밖으로 내칠 것'을 명한 다음 성난 목소리로 대응 방안까지 정한다.

"반드시 송시열을 구원하는 자가 있겠지만, 비록 대신이라 하더라도 용서하지 않을 것이다. 이런 소는 승정원에서 받아들이지 않음이 마땅하다."

숙종의 분노는 바로 다음 날 나타났다. 당초 서인 온건파와 남인의 연합 정권을 구상했던 계획은 접었다. 조금이라도 송시열을 비호하거나 구원하려는 뜻이 있는 인물들은 그 즉시 파직되거나 유배행이었다. 먼저 승정원에서만 도승지 이세백을 비롯한 4명의 승지가 이날 파직되었다. 이어 영의정 김수흥을 파직했다. 파직 이유는 일전에 경연에서 국사를 논의하다가 김수흥이 무의식중에 "예로부터 왕의 무리들은"이라는 말을 했다는 것이었다. 그리고 바로 이날 중추부 지사 목래선을 좌의정, 예조 판서 김덕원을 우의정, 여성제를 영의정으로 전격 임명했다. 목래선은 남인 중에서도 허목의 제자였고 남인 김덕원은 청남과 탁남이 갈릴 때 허적의 반대편에 섰던 청남이었고 여성제는 앞서 본 대로 서인 중에서 소론이었다. 남인과 소론의 연합 정권이라는 숙종의 기본 구상은 이때까지도 유효했다.

서인 노론이 떠난 자리는 컸다. 결국 그 자리에는 하나둘 남인들이 채워지면서 연합 정권의 성격은 쇠퇴하고 하루가 다르게 정권의 남인화가 이뤄진다. 삼정승 중에서 유일한 서인이었던 여성제는 결국 2월 9일 사직소를 냈고 숙종은 받아들인다.

그에 앞서 2월 3일 숙종은 허적과 함께 제1차 남인 정권 때 오래 정승을 지내다가 물러나 있던 권대운을 조정으로 불러들였고 훈련대장을 신여철에서 이집으로 전격 교체했다. 2월 6일에는 어영대장도 남인 윤이제로 교체했다. 정권 교체에서 병권 교체는 필수적이었기 때문이다. 2월 10일 여성제가 물러난 영의정에 권대운을 임명하는 등 정권은 순식간에 남인이 장악한다. 남인들로서는 정확히 10년 만에 이뤄진 재집권이었다.

❖   **바람 앞의 촛불 신세가 된 인현왕후**

인현왕후는 1681년 숙종의 계비로 들어온 유감스럽게도 자식을 낳지 못했다. 게다가 아버지 민유중은 살아 있을 때 서인 중에서도 노론의 핵심 인물이었다. 숙종은 권력 의지에 관한 한 비정非情이었다. 서인 세력에 대한 숙청이 거의 마무리되어가던 4월 21일 대사헌 목창명을 비롯한 삼사의 관리들이 송시열의 국문을 청하자 의미심장한 말을 던진다.

"단지 송시열의 일만 그런 것이 아니고 궁위宮闈 사이에도 변괴가 있으니, 대간들이 다 논한 다음에 말하겠다."

궁위란 인현왕후 민씨를 지칭하는 말이다. 즉 신하들이 송시열 문제를 제기하자 중궁의 문제도 함께 이야기를 해야 한다는 뜻이었다. 송시열에 대한 신하들의 의견 개진이 모두 끝나자 숙종은 신하들로서는 대단히 충격적인 이야기를 던진다.

말세로 올수록 인심이 점점 나빠지는 것이기는 하지만 어찌 내가 당한 것 같은 일이 있겠는가? 경들에게 발본색원할 뜻이 있으니, 나도 할 말이 있다. 궁위에게는 관저關雎(주나라 문왕의 부인 태사太姒의 덕스러움을 노래한 시가)의 덕풍德風은 없고 투기의 습관이 있어서 병인년(숙종 12) 희빈이 처음 숙원이 될 때부터 나에게 분을 터뜨리고 투기를 일삼은 정상은 이루 다 말할 수가 없다. 어느 날 나에게 말하기를 "꿈에 선왕(현종)과 선후(현종비)를 만났는데 두 분이 나를 가리키면서 말하기를 '내전內殿은 선묘宣廟(선조) 때처럼 복록이 두텁고 자손이 많을 것이다. 그러나 숙원은 아들이 없을 뿐만 아니라 복도 없으니, 오랫동안 후궁 자리에 있게 되면 경신년에 실각한 사람들에게 붙게 되어 국가에 이롭지 못할 것이다'라고 했습니다"라고 했다. 부인의 투기는 옛날에도 있었지만 어찌 선왕, 선후의 말을 가탁하여 엄청난 일을 꾸밀 계책을 세운 것이 이토록 극심한 지경에 이를 수가 있겠는가? 투기가 통하지 않게 되자 이러한 헤아릴 수 없는 말을 만들었는데 삼척동자인들 어찌 이 말을 믿겠는가? 간교한 정상이 폐부를 들여다보듯 환하다. 이런 사람은 고금에 다시없을 것이다. 그리고 숙원에게 아들이 없는 것이 사실이라면 원자는 어떻게 탄생되었는가? 그 거짓된 작태가 여기에서 더욱 증험되었다.

졸렬拙劣, 치졸稚拙, 용렬庸劣, 그 자체였다. 성종이 연산군의 어머니였던 윤씨를 폐비시키려 할 때처럼 유치했다. 숙종은 국왕으로서의 자의식이 너무 강한 나머지 뭐든지 마음대로 하지 않고서는 못 배기는 성품이었다. 이후 그게 문제가 되면 그때 가서 간단하게 자기 입장을 바꿔버렸다. 양심의 가책이나 인간적인 연민 같은 것과는 거리가 먼 인물이었다. 숙종 때의 잦은 환국은 흔히 말하듯이 여자 문제 때문이라기보다는 이같은 숙종의 성격이 더 크게 작용했다고 봐야 한다.

이틀 후인 4월 23일은 마침 인현왕후 민씨의 탄신일이었다. 원래는 신하들이 내전에 하례를 올리는 것이 관례였다. 그러나 숙종은 하례 금지를 명한다. 그리고 영의정 권대운, 좌의정 목래선, 우의정 김덕원 등 삼정승과 육조판서와 당상관들이 대거 빈청에 모여 하례 금지는 예법에 맞지 않는 조처라는 글을 올렸다. 이에 대한 숙종의 답이다.

내 나이 삼십에 비로소 원자를 두었으니 이것은 종묘사직의 무한한 복이다. 그런데 중궁은 원자가 탄생했다는 말을 듣고부터는 매우 노여운 기색을 드러내며 도리에 어긋난 불평하는 말을 한 것이 한두 번이 아니다. 그리고 주가主家(친정 민씨 집안)와 더욱 친밀히 지내는 그 정적情迹이 주도면밀하여 뒷날의 걱정이 이루 말할 수 없을 것 같아 일찍 국본

(세자)을 정한 것이다. 이는 중국의 고사를 원용하여 한 것일 뿐만이 아니라 내가 원대한 장래를 생각하여 한 것으로, 실로 이유가 있는 것이었다. 하늘에 계신 조종의 영혼이 어두운 가운데서 내려다보시고 우리 동방을 보우하기 위해 원자를 탄생시킨 것이다. 그런데 무함하는 정상情狀이 갈수록 더욱 드러나고 있으니, 실로 종묘사직에 죄를 짓는 사람이다. 하루인들 이런 사람이 일국의 국모로 군림할 수 있겠는가? 구전舊典을 상세히 조사하여 속히 거행해야 한다. 나의 이 거조擧措는 만부득이한 데서 나온 조처이다. 경들이 나의 말을 믿을 수 없다고 한다면 내가 망언한 책임을 감수할 것이다. 그러나 그것이 사실인데도 어머니로 섬기는 지위에 있는 이를 위하여 절의를 세우려 한다면, 내가 무슨 면목으로 다시 공경公卿들 위에 군림할 수 있겠는가? 과인을 아버지로 섬김으로써 스스로 수치를 더하지 말기 바란다.

다음 날에도 신하들은 중전이 실덕失德했다는 말을 들어본 적이 없다며 한사코 만류했으나 결국 숙종은 중전에 대한 폐서인廢庶人을 관철시킨다. 이후 반대하는 신하들은 즉시 파면당했고 상소를 올린 유생들에 대해서는 숙종 자신이 직접 친국을 해서 배후를 조사했다. 오죽했으면 돈녕부 판사로 정치 일선에서 물러나 있던 남인의 핵심인 조사석까지 글을 올려 중궁의 폐서인 조치는 잘못이라는 글을 올렸을까. 그러나 숙종은 눈 하나 깜짝하지 않고 밀어붙였다. 5월 2일 민씨는 서인이 되어 흰 가마를 타고 친정으로 돌아갔다. 성종 때의 윤씨처럼 사약을 받지 않은 게 그나마 다행이라고나 할까? 이날의 일에 대해 실록의 사관은 이렇게 평하고 있다.

왕이 바야흐로 장희빈에 대한 총애에 치우치고 분노에 과격하여, 무릇 잘못을 크게 드러내어 그 죄를 만드는 것에 이르지 아니하는 바가 없었다.

노론의 관점에서 나온 평이기는 하나 진실에 가깝다고 할 수 있다. 왜냐하면 민씨의 폐서인 조치가 내려진 지 불과 나흘 후에 희빈 장씨를 제2계비로 정한다는 명이 내려졌기 때문이다.

❖   **'숙종 대의 윤원형', 장희재**

장희빈의 오빠 장희재는 1651년(효종 2)생으로 숙종보다 열 살, 장희빈보다는 여덟 살 위였다. 명종 때의 척신 윤원형에게 첩 정난정이 있었다면 장희재에게는 기생 숙정이 있었다. 숙정은 원래 동평군 이항의 계집종이었다. 인조와 귀인 조씨 사이에서 난 숭선군 이징의 아들인 동평군 이항은 이 무렵 거의 독보적으로 숙종의 총애를 받던 종친이었다. 장희재의 입장에서 보자면 한편으로는 여동생을 통해, 다른 한편으로는 동평군을 통해 숙종에게 영향력을 행사할 수 있었다.

원래 장희재는 시전에서 입신출세한 인물로 종실에서는 동평군과, 관리들 중에서는 민암의 세력과 긴밀한 네트워크를 형성했다. 1683년(숙종 9) 3월 13일에 인조반정 60주년을 맞아 정명공주의 집에 조정 대신들이 대거 모이는 잔치가 벌어졌다. 선조와 인목대비 사이에서 난 딸인 정명공주는 이때 80세로 아직 살아 있었다.

이때 숙정은 노래를 잘한다는 소문이 있어 잔치에 불려갔다. 술이 몇 순배 돌고 한 손님이 숙정의 손을 잡고 희롱하자 당시 포도부장으로 문 앞에 와 있던 장희재가 숙정을 몰래 빼내어 달아나버렸다. 이 소식이 좌의정 민정중閔鼎重의 귀에 들어갔다. 민정중은 당장 장희재를 불러들일 것을 명했고 장희재는 장형을 당했다. 민씨 집안에 대한 장희재의 원한은 여기서 비롯됐다고 실록은 풀이한다.

윤원형이 을사사화를 주도해 사림에 치명타를 안겼다면 장희재는 동평군, 민암 등과 함께 숙종을 움직여 서인들을 일거에 축출하는 기사환국을 이끌어냈다. 다만 윤원형의 경우 문과 급제 출신의 문신이었던 데 비해 장희재는 중인 신분에 불과했다는 점이 달랐다.

환국 이후 1년여가 지난 숙종 16년 8월 장희재는 내금위장에 특채된다. 당시 병조판서가 민암이다. 이듬해에는 병조판서 민종도의 후원으로 장희재는 금군 별장에 오른다. 민종도도 민암처럼 여흥 민씨이면서 남인 계통 집안이었고, 민암 못지않게 장희재의 후원자 역할을 했다. 그리고 숙종 18년 3월 6일 장희재는 다시 총융사로 발탁된다. 특채, 특진, 발탁의 연속이었다. 김익훈이 역임한 바 있는 총융사는 수도 외곽의 남양, 수원, 장단의 군사 요충지를 관장하는 총융청의 최고 지휘관으로 종2품에 해당하는 고위직이었다.

그리고 이듬해 2월 장희재는 한성부 우윤에 임명된다. 오늘날의 서울시 부시장에 해당한다. 이에 대해 사간원 등의 비판이 이어지자 숙종은 곧바로 장희재를 포도대장으로 임명한다. 그 또한 종2품직이다. 그러나 장희재의 벼락출세는 이것으로 끝이었다. 이미 희빈 장씨에 대해 숙종은 싫증 내지 염증을 느끼고 있었고 남인과 함께 하는 국정 운영에 대해서도 부정적 의견이 커졌기 때문이다.

❖ 절대군주 숙종, 단칼에 남인들의 목을 치다

숙종 15년 기사환국 직후 숙종과 장희빈 사이의 관계가 계속 좋았다는 사실은 이듬해 9월 6일경 두 번째 왕자를 생산한 데서도 간접적으로 확인할 수 있다. 그러나 두 번째 왕자는 유감스럽게도 열흘 만에 죽었다. 왕자에 대한 갈증이 여전했던 숙종에게 이 일은 적지 않은 충격을 주었을 것이 분명했다.

그리고 3년이 지난 1693년(숙종 19) 10월 6일 소의昭儀 최씨가 왕자를 생산했다. 숙종의 기쁨은 말할 수 없이 컸다. 이름은 오래 살라는 염원을 담아 영수永壽라고 지었다. 그러나 이 아이도 두 달 만인 12월 13일 조졸早卒했다. 다시 한 번 아들에 대한 숙종의 갈증이 커질 수밖에 없었다.

여기서 중요한 점은 숙종이 이제 장희빈이 아닌 다른 여인에게 눈길을 주기 시작했다는 사실이다. 소의 최씨가 숙종 19년 10월에 왕자를 낳았다는 것은 적어도 숙종 18년 후반부터는 두 사람 사이에 사랑이 싹트기 시작했다는 뜻이다.

소의 최씨는 무수리 출신으로 인현왕후 민씨의 시녀였다. 그리고 당시에는 이미 세상을 떠나긴 했지만 숙종의 첫 번째 장인이자 서인 중진이었던 김만기와 연결되어 있던 숙종의 유모 봉모부인과도 가까웠다. 서인에게도 실낱같은 회생의 희망이 보이는 순간이었다.

숙종은 이 무렵 장희빈에게서 조금씩 멀어지고 있었다. 여러 이유가 있겠지만 출생에 따른 신분과 생각의 차이를 뛰어넘지 못한 게 가장 큰 이유였을 것이다. 처음에야 미모에 반했겠지만 가까이 지내면서 날 때부터 궁중에서 자란 숙종으로서는 중인 집안의 장희빈의 이런저런 행동에서 실망감을 쌓아갔을 가능성이 높다. 그렇다고 장희빈이 크게 문제가 되는 행동을 보이지는 않았다. 격의 문제일 뿐이었다.

이런 점에서 본다면 야사에 전하듯이, 어느 날 밤 숙종이 궁궐을 거닐다가 한 궁녀의 방에 불이 켜진 것을 발견하고서 그 방에 들어갔더니 최씨가 폐서인된 민씨의 만수무강을 기원하는 축원을 드리고 있는 것을 보고서 최씨와의 인연이 시작되었다는 이야기가 어느 정도 현실성은 있다고 볼 수 있다. 이게 사실이라면 최씨는 당시로서는 중죄를 저지른 셈이었다. 그러나 순간 숙종은 일개 궁녀만도 못한 자신의 '부도덕했던 처사'를 후회했을지 모른다. 만일 미모의 장희빈이 인간적인 품격까지 갖췄다면 물론 숙종은 이런 후회를 하지 않았을지 모른다.

이미 이 무렵 장희빈에 대한 총애가 시들해져가고 있음을 확인할 수 있는 일이 생겨났다. 욱일승천하던 포도대장 장희재가 숙종 19년 4월 3일 '권력 남용 혐의'로 포도대장에서 쫓겨난다. 권력 남용을 사실상 방조했던 숙종이 그 점을 이유로 장희재를 내쳤다는 것만으로도 이미 숙종의 마음은 눈에 띄게 장희빈에게서 떠나가고 있었던 것이다. 그것은 장희빈에게 많은 부분을 의존하고 있던 남인 세력에게 위험이 찾아오고 있다는 뜻이기도 했다.

이 무렵 서인 세력의 재기를 위해 가장 부지런하게 움직인 인물은 김춘택金春澤이었다. 이때 20대 초반의 열혈 청년이었던 김춘택은 숙종의 장인 김만기의 손자로 이미 뛰어난 문재文才를 자랑하고 있었다. 그러나 기사환국과 함께 남인이 집권하자 서인 노론 핵심 집안의 후손으로서 앞길이 막힌 데 대한 불만이 클 수밖에 없었다.

조금 빗나간 이야기지만 정철, 윤선도, 김만중 등과 같이 문학적 자질이 뛰어난 인물들의 정치는 상당히 과격하다는 공통점을 갖고 있었다. 이런 점에서 김춘택도 예외는 아니었다. 이건창의 《당의통략》에 따르면 김춘택은 김석주의 사람됨을 흠모했다고 한다. 김석주가 김만기와 가까운 때문이기도 했겠지만 김석주의 음모와 공작 정치를 멋지게 생각한 때문인지도 모른다.

김춘택은 위험할 정도로 대담했다. 먼저 궁인의 동생을 첩으로 맞아들여 궁중의 정보 입수에 나선다. 이를 위해 은화 1,000금을 아낌없이 투자했다. 심지어 당대 최고의 실력자인 장희재의 부인과 정을 통하며 남인들의 동태에 대한 깊은 정보를 빼냈다고 한다. 말 그대로 온몸을 던졌다.

일설에 의하면 그는 작은할아버지 김만중이 유배지 남해에서 쓴 《사씨남정기》를 한문으로 번역해 은밀하게 궁녀들을 통해 숙종에게 전달하도록 했다고 한다. 비록 중국을 무대로 했지만 《사씨남정기》에 나오는 사씨 부인은 인현왕후, 유한림은 숙종, 요첩 교씨는 희빈 장씨임을 누구나 알 수 있다. 물론 이런 이야기는 실록에는 전하지 않는다. 다만 숙종의 마음을 바꿔보려는 김춘택의 집요함이 두드러지는 일화다.

김춘택은 심지어 왕실의 숙안공주와 숙명공주도 포섭하는 데 성공했다. 두 공주는 효종의 딸로 숙종에게는 고모들이었다. 그중 특히 숙안공주는 남인에 대해 뿌리 깊은 원한을 갖고 있었다. 숙안공주와 익평군 홍득기 사이에서 난 아들 홍치상이 기사환국 때 남인들에 의해 사사를 당했기 때문이었다.

김춘택을 비롯해 신진 인사들이 중심이 된 서인 세력의 움직임을 남인이라고 해서 내버려두지는 않았다. 남인은 적어도 실권을 갖고 있었다. 남인 쪽의 사령탑은 우의정 민암이었다. 양측의 정보전은 치열하게 전개

됐다.

숙종 20년 3월 23일 대신과 비변사 신하들을 인견하는 자리에서 우의정 민암은 중대한 발언을 한다. 함이완咸以完이라는 김석주의 옛 가인家人을 통해 직접 전해들은 일종의 역모 고변이었다. 정확한 상황 파악을 위해 함이완의 말을 일단 그대로 들어보자.

김춘택의 초상. 개인 소장. 어려서부터 문재文才가 비범했다고 전해진다. 김만중이 쓴 《구운몽》과 《사씨남정기》를 한문으로 옮겼으며, 제주 유배중인 1708년에 지은 〈별사미인곡別思美人曲〉도 전해진다.

제가 최격이라는 자와 이웃이 되었는데, 최격의 말에 따르면 승지를 지낸 한구의 아들 한중혁이 김경함과 내외종 형제가 되는데, 김경함이 귀양 간 후로부터 이내 그 일을 주장하여 김만기의 장남인 김진구의 아들 김춘택과 유명일의 아들 유복기, 유태기 등과 모여서 의논했습니다. 또한 강만태, 변진영, 홍만익, 변학령, 이돌, 김보명, 김도명, 이동번, 박세건, 이기정, 이후성, 채이장, 이진명, 이시도, 이시회 등과 무리를 이뤄 각기 금전과 포백布帛을 내었으며, 홍이도가 전라병사가 되었을 때 군포를 많이 내어 이를 도왔습니다. 이에 모두 그 재물을 한중혁과 강만태에게 맡겨서 그들이 하는 대로 내버려두고서 그 남는 비용은 쓴 데를 묻지 않았으니, 술과 음식으로 따뜻하게 먹여서 당여黨與를 기르고 환관·궁녀와 척가戚家(장희재)에게 뇌물을 써서 그들로 하여금 거짓말과 허위의 풍문을 만들어 내어, 조정 신하들을 헐뜯고 인심을 불안하게 하여 음험하게 간악한 짓을 시행하려는 계획을 만들었다는 이야기를 들었습니다.

이게 전부였다. 물론 주로 서인 세력의 자제들이 무리를 지어 돈을 모으고 술을 먹고 다녔다는 것은 미심쩍긴 하지만 이것만으로 역모 운운하기에는 무리가 따를 수밖에 없다. 그래서일까, 숙종은 의금부를 통해 엄히 조사해야 한다는 민암의 주청에 이상하리만치도 차분하게 딱 한 마디만 한다.

"좋다."

왜 이 한마디뿐이었을까? 억지로 역모 사건을 만들어 남아 있는 서인 잔존 세력을 소탕하려는 민암의 의도를 읽은 때문일까, 아니면 더 나아가 이미 남인들을 축출하고 서인들을 불러들이기 위한 마스터플랜을 세워놓은 입장에서 일단 "너 하고 싶은 대로 한번 해봐라"는 심정의 발로일까?

숙종의 명이 있었기 때문에 일단 국청이 설치됐고 관련자들이 하나둘 붙잡혀 와 모진 고문을 당해야 했다. 그런데 한중혁韓重爀을 비롯해 붙잡혀온 사람들은 하나같이 은화를 서로 주고받은 일은 있지만 모계謀計(역모)가 있었다는 것은 어불성설이라고 답했다. 오직 함이완咸以完만이 민암이 했던 이야기를 그대로 반복했다. 여러 날 조사가 진행됐지만 정작 역모라고 할 만한 결정적 증거나 사실은 나오지 않았다.

이런 가운데 엿새 후인 3월 29일 동트기 직전 정말로 미관말직에 있는 유학幼學 김인金寅, 서리書吏 박귀근朴貴根, 보인保人 박의길朴義吉 등 3명이 편전 앞까지 찾아와 직접 고변서를 올렸다. 역모 고변의 경우에나 있을 수 있는 일이었다. 이들 고변서는 먼저 한중혁, 김춘택 등이 모의한 내용을 상세하게 언급한 다음 이어 아주 충격적인 내용을 담고 있었다. 먼저 장희재가 한중혁, 김춘택 등으로부터 받은 은화로 김해성金海成을 꾀어, 김해성의 장모인 숙원 최씨의 숙모로 하여금 최씨의 생일날에 음식물을 들고 입궐하여 최씨를 독살시키도록 도모했다는 것이었다. 게다가 이 계획에는 우의정 민암, 병조판서 목창명睦昌明, 호조판서 오시복吳始復, 신천군수 윤희尹憘, 훈국별장 성호빈成虎彬 등이 연루되어 있다고 덧붙였다. 함이완을 동원한 민암의 고변을 정면으로 맞받아치는 역고변이었다. 물론 김인을 비롯한 3인은 서인이었다.

김인 등 3인의 고변서를 받자마자 숙종은 국청에 내려보냈다. 잠시 후 국청의 신하들이 숙종을 직접 찾아왔다. 원래 고변서는 언문으로 되어 있었기 때문에 국청에서 다시 예서체로 고쳐 쓴 다음 승지로 하여금 읽게 했다. 고변서 낭독이 끝나자 숙종은 "거짓이 많고 흉악 음험하기가 어찌 이럴 수 있는가?"라고 개탄했다. 일단은 남인의 손을 들어주는 듯했다. 권대운權大運 등이 고변서의 내용은 상호 모순된 내용으로 가득 차 있어 조사해볼 필요도 없다고 했다. 우의정에서 물러나 중추부 영사로 있던 김덕원金德遠도 "원래 김인이 신천군수 윤희에게 흉악한 말을 하여 윤희가 즉각 장희재와 민암 등에게 전했으나, 이들이 물리치고 듣지 않았을 뿐만 아니라 오히려 김인을 잡아들이려 하자 김인 등이 고변을 하게 된 것"이라고 배경을 설명했다. 두 사람의 말에 숙종도 동의했다.

그래서 함이완의 고변에 대해서는 관련자들이 속속 잡혀 들어와 심문을 당한 반면, 김인 등의 고변은 고변자 3인만 체포되어 조사를 받는 선에서 일이 끝나는 듯했다.

4월 1일에도 한중혁을 비롯해 함이완의 고변에 연루된 자들이 계속 늘어났다. 숙종은 국문 현장에서 그 모든 것을 지켜보았다. 국문의 규모가 커지면서 연루자의 이름에 서인 대신들의 이름이 등장하는 것은 물론 왕실 내의 서인 계통 군이나 공주의 이름까지 등장했다. 숙종은 민암의 일처리에 분노했다. 그날 밤 숙종은 비망기를 내린다. 별도의 해석이 필요 없는 숙종 자신의 정확한 속마음이며 남인의 몰락 이유를 단적으로 보여준다.

지난번 대신과 비변사 신하들이 입시入侍했을 때 우의정 민암이 함이완의 일을 아뢰고, 이어서 의금부를 시켜 가두고서 추핵하기를 청하므로 내가 본디 윤허하기는 했으나, 사실 나는 그때부터 민암이 홀로 함이완을 만나 수작한 것이 있다는 것을 의심스러워했다. 그런데도 겨우 하루가 지나니 의금부의 당상堂上이 방자하게 청대請對하여 옥사를 확대하여, 예전에 갇혀서 조사받던 자(남인)가 이제는 도리어 옥사를 국문하게 되고, 예전에 죄를 정하던 자(서인)가 이제는 도리어 극형을 받게 되었다. 하루 이틀에 차꼬 칼 용수를 쓴 수인囚人들이 금오金吾(의금부의 별칭)에 가득 차게 하고, 서로 고하고 끌어대면 문득 대질을 청하고, 대질이 겨우 끝나면 거의 죄다 처형을 청하니, 이렇게 해댈 것 같으면 그 전후에 끌어댄 자도 장차 차례로 죄로 얽어맬 것이다. 그렇게 되면 공주의 집과 한편인 사람들(서인)은 고문과 귀양 가는 죄를 면할 자가 드물 것이다. 왕을 우롱하고 진신搢紳을 함부로 죽이는 정상이 매우 통탄스러우니, 국문을 주도한 대신 이하는 모두 관작을 삭탈하여 내쫓고, 민암과

의금부 당상은 모두 절도에 안치하라.

과하다고 본 것이다. 그리고 그 중심인물이 민암이라고 보았다. 지금까지 우리가 보아온 숙종의 성격을 볼 때 더 이상의 요인을 끌어들일 필요는 없을 것 같다. 숙종이 어떤 인물인지 모르면 그럴싸한 음모론에 유혹을 느끼겠지만 왕실의 존엄을 누구보다 중요하게 생각하는 그로서는 익평, 청평, 인평 등 세 공주까지 물고 들어가는 민암의 공세를 자신에 대한 도전으로 인식했을 것이 분명하다. 효종의 딸인 세 공주는 모두 서인 쪽 사람들과 혼인을 한 서인 사람들이었다. 이로써 두 차례에 걸친 숙종과 남인의 인연은 종지부를 찍는다.

❖ "폐비를 복위하고 장씨를 강등하라!"

갑술환국을 단행하던 그날 밤 숙종은 분명히 폐비 민씨를 신원하려는 자는 역률로 다스리겠다고 엄명을 내린 바 있다. 그러나 4월 9일 숙종은 폐인을 별궁으로 옮기고 경호를 강화할 것을 명한다. 복위를 위한 절차를 밟겠다는 의사의 표현이었다. 이때 숙종은 민씨에게 반성문과도 같은 친필 서찰을 내린다.

처음에 권간에게 조롱당하여 잘못 처분했으나, 곧 깨달아서 그 심사를 환히 알고 그 억울한 정상을 깊이 알았다. 그립고 답답한 마음이 세월이 갈수록 깊어져, 때때로 꿈에 만나면 그대가 내 옷을 잡고 비 오듯이 눈물을 흘리니, 깨어서 그 일을 생각하면 하루가 다하도록 안정하지 못하거니와, 이때의 정경을 그대가 어찌 알겠는가? 시인時人(당대에 권력을 잡은 무리)이 왕을 속이고 공도公道를 저버리는 것을 보게 되니, 지난날 경신년(숙종 6)의 여당餘黨(서인)에 연결된 말이 참으로 나라를 위한 지극한 정성에서 나왔고, 조금도 사의私意가 있는 것이 아니었다는 것을 더욱 알았다. 옛 인연을 다시 이으려는 것은 자나 깨나 잊지 않으나, 국가의 처사는 또한 용이하지 않으므로 참고 머뭇거린 지 이제 6년이 되었는데, 어쩌면 다행히도 암적黯賊(민암)이 진신搢紳을 도륙하려는 생각이 남김없이 드러났으므로, 비로소 뭇 흉악한 자를 내치고 구신舊臣을 거두어 쓰고, 이어서 별궁에 이처하는 일이 있게 되었으니 이 뒤에 어찌 다시 만날 기약이 없겠는가?

그리고 사흘 후인 4월 12일 폐비 민씨를 신원하려는 자는 역률로 다스리겠다고 한 자신의 분부를 철회한다고 발표했다. 동시에 중궁 장씨를 희빈으로 강봉하고 대신 세자가 장희빈을 조석으로 문안하는 예는 폐하지 말 것을 명했다. 어머니로서의 위치는 그대로 유지시켜주겠다는 뜻이었다.

4월 21일 중궁의 복위를 태묘太廟(이성계의 신위)에 고했다. 더불어 4월 25일 왕비의 폐비를 극렬 반대하지 않았다는 이유로 당시의 영의정 권대운, 우의정 민암, 대사헌 목창명 등은 극변에 위리안치圍籬安置되는 처벌을 추가로 받아야 했다. 이제 장희빈이 위험에 처하게 됐다.

❖ 장희재, 죽음의 위기에 놓이다

짧지만 한동안 최고의 권력을 누렸던 장희빈의 오빠 포도대장 장희재도 어느새 바람 앞의 등불 같은 처량한 신세로 전락했다. 특히 한때 그가 데리고 있던 이시도李時棹라는 인물을 책망하다가 사사로이 고문을 가했다 하여 귀양을 떠나게 되었다. 게다가 고변서에도 그의 이름 석 자가 나왔으므로 숙종은 장희재를 죽이려 했다. 장희재는 유배지에서 다시 한양으로 불려와 모진 고문을 당했다. 이때 영의정 남구만이 나섰다. 장희재는 세자의 외삼촌인데 경솔하게 죽여서는 안 된다는 것이었다. 특히 장희재가 죽게 되면 그 여파가 희빈에게 미치고, 다시 희빈이 불안하면 세자도 불안해할 것이고, 세자가 불안해하면 종사가 위태로워질 수 있다는 논리였다. 이에 박세채朴世采는 "장희재를 구하는 것은 옳지 않다"고 맞섰다. 그러나 숙종은 일단 남구만의 의견을 받아들여 장희재를 죽이지 않고 유배지 제주도로 보냈다.

유배 2년째인 1696년(숙종 22) 4월 29일 장희재의 종인 업동이 장희빈과 장희재의 아버지 장형의 묘소에 흉물이 묻혀 있다고 고변을 했다. 누군가가 장희빈을 저주할 목적으로 그랬다는 것이었다. 이때는 이미 숙종도 남인에 대해 일부 정치 참여를 허용하는 등 온건한 입장을 보이고 있을 때였다. 실제로 그런 일이 있었던 것인지 장희재가 재기를 위해 업동을 시켜 음모를 꾸몄는지는 분명치 않다.

형조에서는 즉각 관련자들을 소환해 조사를 벌였다. 그러나 전후 사정이 딱 들어맞지 않고 오히려 조작의 냄새까지 났다. 이러다가는 자칫 장희빈의 목숨까지 위태로워질 것을 걱정한 삼정승이 나서 추가 조사를 만류했고 숙종도 장희빈이 세자의 모친임을 감안해 일단 그냥 넘어갔다.

그리고 5년 후인 1701년(숙종 27) 8월 14일 인현왕후 민씨가 세상을 떠났다. 그리고 복상 기간 중이던 8월 27일 남인인 행부사직 이봉징李鳳徵이 대단히 민감한 문제를 건드리는 상소를 올렸다. 장희빈의 경우 6년간 왕비에 있었기 때문에 다른 후궁과는 복제가 달라야 한다는 것이었다. 나름대로 일리가 있는 견해이기는 했다. 그러나 남인들로서는 민씨의 죽음이 어쩌면 장희빈의 복위로 이어질 수도 있다는 기대를 했는지 모른다. 이봉징이 남인이었음에도 불구하고 형조참판을 거쳐 행부사직에 오를 수 있었던 것은 당시 숙종이 제한적인 남인 포용 정책을 쓴 때문이었다.

숙종도 처음에는 이봉징의 상소를 그저 복제 문제에 관한 일리 있는 건의 정도로만 생각했다. 그러나 시간이 지날수록 뭔가가 있다고 서인 쪽에서는 판단했다. 9월 2일 영의정 최석정崔錫鼎이 나서 문제를 제기했고 숙종도 "이봉징의 상소는 나도 옳지 않다고 여기고 있다"고 답한다. 그리고 다음 날 숙종은 이봉징을 삭탈관작하고 극변으로 유배를 보냈다.

❖ **영조의 어머니 숙빈 최씨의 밀고**

한동안 잠잠했다. 그런데 20여 일이 지난 9월 23일 숙종은 죽은 왕비를 무고했다는 이유로 장희재를 처형하라는 비망기를 전격적으로 내렸다. 실은 무고의 당사자는 장희재가 아니라 장희빈이었다. 장희빈은 틈만 나면 취선당 서쪽에 몰래 신당을 설치하고 민씨가 죽기를 기도했다는 것이다.

밀고자는 다름 아닌 영조의 어머니인 숙빈 최씨였다. 최씨는 갑술환국이 있던 1694년 9월 훗날의 영조가 되는 왕자를 출산했다. 최씨는 앞서 본 대로 민씨의 사람이었다. 실록은 "숙빈 최씨가 평상시에 왕비가 베푼 은혜를 잊지 못하고 원통한 마음을 이기지 못해 왕에게 몰래 고했다"고 적고 있다.

그러나 그 이상의 생각도 했을 것이다. 민씨가 사라진 상황에서 자신이 그 자리를 잇지 못할 것은 분명했다. 자신은 애초부터 출신이 너무 낮았다. 실록에는 명시되어 있지 않지만 서인 쪽에서 남인의 재기를 사전에 차단하기 위해 손을 썼을 수도 있었다. 20여 일이면 생각하고 일을 꾸미기에 충분한 시간이 흘렀기 때문이다. 게다가 당시 신하들은 어느 정도의 일이면 숙종이 행동에 옮기리라는 것까지 훤히 알고 있었다. 그리고 이틀 후인 9월 25일 밤 숙종은 "희빈 장씨로 하여금 자진하도록 하라"는 명을 내린다. 이에 놀란 승지 서종헌徐宗憲과 윤지인尹趾仁 등이 나서 만류했다. 세자의 생모인 장희빈을 보존해야 세자도 보존할 수 있다는 것이었다. 처음에는 "금일의 조치는 국가를 위한 것이고 세자를 위한 것이지 즐거워서 하는 일이 아니다. 처음에 잘 처리하지 아니하여 그 화가 마침내 자라게 된다면 반드시 끝없는 걱정이 생길 것이니, 다만 이 것은 국가를 위한 것이고 세자를 위한 것이다. 지금 비망기는 갑자기 나온 것이 아니고 밤낮으로 생각하고 또 생각한 나머지 부득이하여 낸 것이다"며 단호한 태도를 보이던 숙종도 승지들의 간곡한 만류가 계속되지 일단 한 걸음 물러선다. 특히 윤지인은 강경하게 맞섰다. 심지어 국가의 중대사를 격분한 마음으로 결정해서는 안 된다고 했다가 숙종의 분노를 사게 된다.

이후 여러 날 동안 숙종은 관련된 궁녀들에 대한 친국을 주관했다. 그 와중에 영의정 최석정은 세자를 위해 장희빈을 죽여서는 안 된다고 간곡하게 청하다가 유배를 가야 했다. 아무도 말릴 수 없는 상황이 되어버렸다. 정승들을 비롯한 신하들의 반대 상소가 이어지는 가운데 10월 7일 숙종은 엉뚱하게도 빈이 후비의 자리를 이을 수 없도록 국법으로 정하라는 명을 내린다. 그리고 다음 날 "장희빈이 내전을 질투하여 모해하려고 했다"며 자진 명령을 내린다. 당시 세자는 조정 대신들에게 자신의 어머니를 살려달라고 애걸했다. 그러나 어느 신하도 숙종의 마음을 되돌릴 수 없었다. 결국 10월 10일 장희빈은 사약을 마셨다.

❖ 환국 정치와 네 명의 왕비 4: 인원왕후 김씨

장희빈이 사약을 마시고 세상을 떠난 지 10개월이 지난 1702년(숙종 28) 8월 43세의 숙종은 왕비 간택령을 내린다. 세 번째 혹은 네 번째 계비를 얻기 위함이었다. 그런데 원래 맹만택의 딸이 간택되었는데 그의 외할아버지 이홍일에 대한 조정 신하들의 의견이 좋지 않아 취소됐다. 그래서 결국 소론계 김주신金柱臣의 딸이 왕비로 간택됐다. 이때 인원왕후 김씨의 나이 열여섯으로 숙종과는 스물일곱 살의 나이 차이가 있었다. 묘하게도 인경왕후 김씨나 인현왕후 민씨처럼 인원왕후 김씨도 아들을 낳지 못했다. 민씨처럼 아예 아이를 낳지 못했다. 그래서 결국 왕위는 장희빈이 낳은 아들 경종으로 이어지게 된다.

당시 숙종이 김주신의 딸을 세 번째 계비로 삼은 이유 중 하나는 김주

신이 소론계였기 때문이
다. 서인과 남인의 싸움에
서 서인이 압승을 거둔 이
후에 다시 서인이 강경파
인 노론과 온건파인 소론
으로 나뉘자, 이 무렵의 숙
종은 소론과 함께 정국을
운영하고 있었다. 소론은
상대적으로 왕권을 인정하
는 입장이었다.

그런데 소론은 경종을
지지하는 입장이었고, 근
원적으로 남인과 함께 할

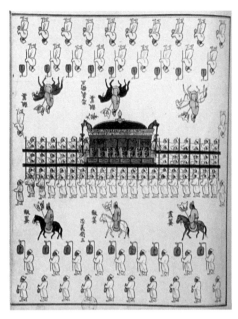

숙종의 장례식 장면을 담은 〈숙종국장도감의궤〉

수 없었던 노론은 숙빈 최씨의 소생 연잉군을 지지할 수밖에 없었다. 이
런 상황에서 인원왕후 김씨는 숙종이 세상을 떠나자 일관되게 연잉군 보
호 및 지지에 나선다. 그것은 친정의 당론을 버리고 남편의 속뜻인 노론
을 따르는 결정이었다. 그런 점에서 뒤에 보게 되겠지만 순조비이자 안
동 김씨 출신인 순원왕후 김씨가 일관되게 친정의 당론만을 따른 것과는
대비를 이룬다.

3

왕실과 외척 간의
200년 전쟁

경종에서 정조까지
5인의 왕비들

❖ **연잉군이 살아남은 이유**

1720년 6월 8일 강명剛明했던 군주 숙종이 오랜 병상 생활 끝에 세상을 떠났다. 그리고 숙종과 희빈 장씨 사이에서 난 세자가 닷새 후인 6월 13일 경덕궁에서 왕위를 이었다. 숙종에게는 어려서 죽은 아들을 제외한다면 희빈 장씨와의 사이에 세자, 명빈 박씨와의 사이에 연령군 이훤李昍, 숙빈 최씨와의 사이에 연잉군 이금李昑 등 세 아들이 있었다. 나이는 연잉군 이금이 다섯 살 위였지만 왕위 계승 서열상으로는 연령군 이훤이 높았다. 명빈 박씨가 숙빈 최씨보다 서열이 위였기 때문이다. 그러나 연령군은 숙종이 세상을 떠나기 8개월 전인 1719년 10월 2일 21세의 나이로 세상을 떠났다. 다섯 살 때 어머니를 여읜 연령군을 숙종은 끔찍이 사랑했다. 당시 숙종도 죽음을 앞둔 중병을 앓고 있었지만 연령군의 입관 장면이라도 직접 보겠다며 애통함을 표현했다. 신하들이 병세를 더욱 악화시킬 수 있다며 거세게 만류하자 숙종은 오열하며 말한다.

"나의 두 눈이 물건을 보지 못하니 비록 가더라도 무엇을 하겠는가만, 단지 입관하기 전에 그 시신이라도 한번 어루만져보려는 것이다. 경 등은 모름지기 나의 지극한 정리를 헤아려 억지로 다투지 말라."

숙종은 세 아들 모두를 이처럼 극진히 사랑했다. 그런 사랑이 있었기에 세 아들은 모두 배가 달랐음에도 형제들 간의 우애는 두터울 수 있었다. 특히 경종의 연잉군에 대한 사랑은 각별했다.

경종이 즉위했을 때 33세, 연잉군은 27세였다. 숙종과 노론 대신 이이명李頤命의 정유독대가 경종을 내치고 연잉군을 추대하려는 음모였다는 세간의 의심이 있었지만 경종은 즉위 후에도 연잉군을 내몰지 않았다. 오히려 자신의 왕위를 이을 유일한 혈육이라 하여 조정의 논란에도 불구하고 왕세제로 책봉해 대궐로 불러들인다.

여기에는 경종 개인의 성품을 떠나 그럴 수밖에 없는 사정이 있었다. 첫째는 그때까지 경종이 자식을 낳지 못했다. 아마도 경종은 앞으로도 자신이 아들, 아니 자식을 낳을 수 없다는 것을 알고 있었다. 이런 상황에서 후사의 문제를 공백 상태로 내버려둔다는 것은 종묘사직에 죄를 짓는 일이었다.

그러나 이보다 더 중요한 문제는 효종 이래 혈통이래야 경종과 연잉군 단 둘뿐이라는 점이었다. 효종은 인선왕후 장씨와의 사이에 1남 6녀를 두었고 그 1남이 바로 현종이다. 그리고 현종은 명성왕후 김씨와의 사이에 1남 3녀를 두었고 그 1남이 숙종이다. 그리고 숙종에게 3명의 아들이 있었는데 실은 정비인 인경왕후 김씨, 인현왕후 민씨, 인원왕후 김씨 사이에서는 아들을 낳지 못했다. 그나마 인경왕후는 딸 둘을 낳았지만 모두 조졸早卒했다. 그리고 희빈 장씨, 숙빈 최씨, 명빈 박씨에게서 각각 아들을 하나씩 얻었다. 그나마 장남은 비록 훗날 폐위되기는 했지만 한때 정비의 자리에 올랐던 희빈 장씨의 몸에서 나왔다.

숙종이 송시열을 필두로 한 노론과의 정치투쟁을 통해 소현세자가 아니라 효종으로 이어져 내려온 왕통의 정당성 내지 정통성 문제를 상당 부분 해결해놓기는 했지만 여전히 효종으로 이어져온 왕실에 대한 부정적 시각이 산림들 사이에서는 없지 않았다. 이런 상황에서 만일 연잉군에게 변고가 생기고 자신마저 아들 없이 세상을 떠날 경우 왕위 승계는 자연스럽게 소

영조가 연잉군 시절이었던 당시의 초상화. 만약 경종에게 효종의 혈맥을 지키려는 의식이 없었다면 연잉군은 왕위에 오르기도 전에 죽었을지도 모른다.

현세자의 후손으로 넘어갈 수밖에 없는 상황이었다.

간략하게 보면 경종 재위 4년 동안 소론은 경종을 지지했고 노론은 은연중에 연잉군의 조속한 즉위를 추진했다. 이런 구도 속에서도 경종이 자신의 왕위를 위협할 수도 있는 연잉군에 대해 일관되게 따뜻한 태도를 보일 수 있었던 것은 경종 개인의 품성과 더불어 이 같이 자신과 연잉군은 한 배를 타고 있다는 의식이 크게 작용했다. 경종의 그 같은 의식이 굳건하지 않았다면 연잉군은 왕위에 오르지도 못한 채 저 세상 사람이

되고 말았을 것이다.

❖ 경종의 두 부인 단의왕후와 선의왕후

숙종과 장희빈 사이에서 난 경종은 조선 왕들 중에서 존재감이 없는 몇
몇 중의 한 사람이다. 그러다 보니 두 명의 왕비가 있었음에도 불구하
고 이들에 대해 역사 전문가들조차 거의 아는 바가 없다 해도 과언이
아니다.

먼저 단의왕후 심씨(1686~1718)는 세종의 장인인 심온의 12대손이고,
명종의 국구인 심강의 7대손이며, 동서 분당의 원인을 제공한 심의겸의
아우 심충겸의 6대손이다. 조선의 전통적인 왕비 집안 출신인 것이다.
보다 구체적으로는 심봉서의 손녀이며, 첨정으로 후일 우의정, 영의정
등으로 추증된 청은부원군 심호沈浩의 딸이다. 세자빈으로 책봉될 당시
증조부 심권沈權(당시 종4품 부응교)이 생존한 상태로, 심권은 서인 핵심
인물 중 한 명이었다. 1696년에 열한 살의 나이로 세자빈에 간택되어 경
종과 가례를 올렸다. 당시는 서인이 득세하던 시절이었다.

흔히 병약한 왕세자(경종)를 곁에서 극진히 모시다가 급환을 얻어 사
망한 것으로 묘사되지만, 실록에 따르면 오히려 왕세자는 건강한 편이었
고 병약한 쪽은 세자빈 심씨였다. 지병으로 풍질風疾(중풍 등의 신경질환)
을 앓았고, 1701년 9월에는 말이 횡설수설하는 증상이 있어 내의원에서
약을 의논했다. 앞서 8월에는 병으로 인현왕후의 상사에 예를 갖추지 못
했다.

경종 즉위 2년 전인 1718년(숙종 44) 3월 8일(음력 2월 7일), 갑자기 혼절하여 돌연사했다. 결국 심씨는 왕비의 자리에는 오르지 못한 왕비였던 셈이다. 숙종은 그녀의 죽음을 비통해하며 단의端懿의 시호를 추서하고 단의빈으로 삼았다. 1720년 경종이 즉위하자 혜릉惠陵의 능호와 영휘永徽의 전호를 받고 단의왕후로 추봉되었다. 후일 영조가 그녀에게 공효정목恭孝定穆의 휘호를 올렸다. 훗날 경종의 급서 후 그녀의 동생 심유현沈維賢은 경종이 노론 환관들에 의해 유폐당한 뒤 독살되었다고 주장하며 이인좌李麟佐의 난에 동참했고 그로 인해 그녀의 친정 가문은 몰락했다. 살아서건 죽어서건 불행과 비극이 그치지 않았던 여인이다.

1718년 영돈녕부사 어유구魚有龜의 딸 어씨(1705~1730)가 열네 살(만 열두 살)의 나이로 세자빈에 간택되어 왕세자와 가례를 올렸다. 어유구는 노론 영수 김창집金昌集의 제자이며 일가가 모두 노론계이다. 경종은 노론보다는 소론과 가까웠음에도 불구하고 세자빈으로 간택될 시점이 숙종 말기로 노론이 지배력을 갖고 있었기 때문이라 할 수 있다.

같은 해에 왕세자(경종)와 가례를 올렸고 다음 해인 1719년 9월에 관례를 올렸다. 숙종이 서거하고 경종이 즉위하자 왕비가 되었다. 경종의 첫 부인인 단의왕후 심씨의 왕비 추봉과 그녀의 왕비 책봉을 동시에 주청한 것이 청나라에 트집 잡혀 1721년에야 고명誥命을 받을 수 있었다. 경종 1년 경종 부부에게 후사가 없다는 이유로 하여 노론 4대신 이이명, 김창집, 이건명李健命, 조태채趙泰采와 왕대비 인원왕후 김씨의 강력한 추진으로, 연잉군(영조)의 왕세제 책봉이 결정되었을 때 그녀의 나이는 갓 열일곱 살에 불과했다. 일설에 따르면 연잉군을 반대하여 종실과 비밀리에 연합하여 소현세자의 직손인 밀풍군 탄, 혹은 밀풍군의 아들인

관석을 입양하려 했으나 경종의 급서로 실패했다고 한다.

1724년 경종이 서거하고 영조가 즉위하면서 20세에 불과한 나이로 왕대비가 되었다. 그러나 경종의 경우 독살설이 유력한 데서 알 수 있듯이 이미 자연스러운 죽음이 아니었기에 대비로서의 권한도 행사할 수 없는 상황이었다.

영조 2년에 대비전이 있는 창덕궁이 아닌 경종이 세자 시절 거처하던 창경궁 저승전에서 지냈으며 1730년(영조 6) 8월 12일 창경궁 어조당에서 세상을 떠났다. 그녀가 거처하던 저승전은 후에 세자궁으로 개조되어 사도세자의 처소가 되었으며 저승전 건너편에 위치했던 취선당은 세자궁의 소주방으로 개조되었는데, 훗날 혜경궁 홍씨는 《한중록閑中錄》에서 사도세자가 정신질환을 앓게 된 근본 원인을 불길한 저승전에서 자라고 취선당에서 지은 밥을 먹은 탓이라 지목하기도 했다.

❖　　　**홍릉에 홀로 남겨진 정성왕후 서씨**

영조비 정성왕후 서씨(1692~1757)는 무려 34년 동안 왕비의 자리에 있었다는 점에서 조선 왕비로서는 재위 기간이 가장 길다. 그럼에도 불구하고 영조가 83년을 사는 바람에 결국 대비의 자리에 오르지 못했다. 게다가 영조와의 사이에 자식을 낳지 못해 왕비로서의 외형적인 격식을 누리는 데 그쳐야 했다. 그런 점에서 정성왕후 서씨는 선조의 첫 부인 의인왕후 박씨와 여러모로 닮은 인생을 살았다.

정성왕후 서씨는 1693년 1월 12일 태어났다. 1704년 연잉군(훗날의 영조)과 혼인하여 달성군부인으로 책봉되었다. 혼인 첫날 밤 연잉군이 그녀의 손을 보고는 왜 이리 곱냐고 물어보자 고생을 안 한 덕에 물에 손을 묻히지 않아 그리했다고 대답하니, 연잉군이 자신의 어머니인 숙빈 최씨를 깔본 것으로 생각하고 이후로 찾지 않았다는 일화가 전한다. 1721년 연잉군이 왕세제로 책봉되자 세제빈世弟嬪이 되었으며, 1724년 경종이 승하하고 왕세제인 연잉군이 영조로 즉위하자 왕비로 책봉되었다. 어질고 너그러운 성품을 가졌다고 전해지며 생전에 영빈 이씨의 아들인 사도세자를 친자식처럼 대했다. 그러나 남편인 영조가 장수한 탓에 60대에 이르러서도 대비가 되지 못하다가, 1757년 창덕궁 관리각에서 66세의 나이로 승하했다. 능은 경기도 고양시의 서오릉 내에 위치한 홍릉이다.

1757년 66세의 나이로 정성왕후가 승하하자 영조는 정성왕후의 능을 아버지인 숙종의 명릉 근처에 만들고 훗날 자신이 정성왕후의 옆에 묻히기 위해 옆자리를 비워놓았으나, 1776년 영조가 승하한 뒤 손자인 정조는 당시 왕대비였던 영조의 계비인 정순왕후를 의식하여 현재의 동구릉 위치에 영조와 정순왕후의 무덤인 원릉을 조성했고 결국 정성왕후는 옆자리가 비워진 채 홍릉에 홀로 남겨지게 되었다.

❖　**정조와의 악연으로 얽힌 정순왕후**

1759년(영조 35) 6월 2년 전 세상을 떠난 정성왕후 서씨의 뒤를 이어 영조의 계비로서 왕비에 책봉된 정순왕후 김씨는 경주 김씨 노론 집안 김한구金漢耉의 딸로 불과 열다섯 살이었다. 이때 영조의 나이 66세로 나이

정순왕후 김씨가 태어난 생가의 모습. 충남 서산시 음암면에 있다. 영조의 계비가 된 정순왕후는 훗날 영조의 손자 정조와 정치적으로 날카로운 대립각을 세우게 된다.

차가 무려 쉰한 살이었다. 참고로 선조가 인목왕후를 맞아들인 1602년(선조 35) 당시 선조는 51세, 인목왕후는 19세로 나이 차가 서른 두 살이었다. 계비를 맞아들일 경우 처녀 간택을 해야 했기 때문에 일어날 수 있는 일이었다. 실록은 정순왕후가 "관인寬仁하고 공검恭儉하게 영조의 정치를 도운 것이 18년"이라고 말한다.

정순왕후에게는 다섯 살 위의 오빠가 있었다. 김귀주金龜柱(1740~1786)가 그다. 김귀주는 홍량해洪量海의 문인으로 1759년(영조 35) 여동생이 왕비가 되자 궁중을 출입하면서 이런저런 실력자들과 관계를 맺었고 3년 후에 일어난 사도세자 사사賜死의 배후 인물 중 한 명으로 지목당하게 된다. 그러나 그것은 정조와 그 측근들의 주장일 뿐이고 당시 나이가 20대 초반에 불과했기 때문에 주도적인 역할을 했을 가능성은 별로 없다.

김귀주는 사도세자가 뒤주에 갇혀 죽은 임오화변 다음 해인 1763년(영조 39) 문과에 급제하면서 본격적으로 관직에 진출해 영조의 신임과 정순왕후를 배경으로 특진을 거듭하게 된다. 이듬해 2월 영조는 세손을 데리고 홍문관 앞을 지나다가 벌써 홍문관 교리에 올라 있던 김귀주를 친히 불러 세손과 가깝게 지낼 것을 당부하고 세손에게도 친구처럼 대할 것을 명했다. 이때 김귀주의 나이 25세, 세손의 나이 열세 살이었다.

같은 해 5월 김귀주는 당파에 관여했다는 이유로 파직됐다가 3개월 후에 복직되기도 했다. 그것은 일찍부터 김귀주가 노론 활동에 열성적이었다는 뜻이다. 이후 김귀주는 강원도관찰사를 거쳐 승지에 올라 영조를 측근에서 모시게 된다. 경주 김씨를 중심으로 독자 세력을 형성해가던 김귀주는 점차 왕세손의 외척인 영의정 홍봉한洪鳳漢과도 맞설 만큼 파워를 키웠다. 1769년(영조 45) 홍봉한은 자청해서 김한구의 자급資級(품계)을 올려줘야 한다고 건의한다. 이에 영조는 정순왕후가 내버려둘 것을 청했다며 그냥 두라고 한다. 홍봉한도 김귀주의 눈치를 보지 않을 수 없을 정도였던 것이다.

오히려 3년 후인 1772년(영조 48) 임진년 7월 21일 공조참의 김귀주는 홍봉한을 비난하는 상소를 올린다. 상소 내용은 주로 자기 아버지가 자신에게 은밀하게 해주었던 이야기라며 1766년(영조 42) 영조가 큰 병을 앓고 있을 때 약방제조들이 최고 품질의 인삼을 써야 한다고 했으나 홍봉한은 은근히 모른 척하면서 싸구려 인삼을 사용하도록 했다는 것이다.

사도세자의 장인이었던 홍봉한의 초상.
홍봉한에 대해서는 사도세자의 죽음을
방조했다는 역사적 의문이 존재한다.

이렇게 해서 영조가 일찍 죽게 만들려 했으니 역적이나 마찬가지라는 비
판이었다. 김귀주는 정조 즉위 후에도 이 문제를 물고 늘어진다.

이 무렵 왕세손의 지위를 둘러싼 김귀주 세력과 홍봉한 세력의 암투는
극에 달하고 있을 때였다. 김귀주는 흔들려 했고 홍봉한은 외손자를 지
키려 했다. 이 무렵의 홍봉한은 일생일대의 위기를 맞고 있었다. 영조 47
년 2월 3일 영조는 봉조하 홍봉한이 세손을 믿고 월권을 하고 있으며 특
히 그 덕에 세손이 오만 방자하다는 이야기가 있는데도, 홍봉한의 권세
가 두려워 그 실상을 자신에게 전하는 이가 하나도 없는 현실을 개탄했
다. 실제로 그랬는지는 모르지만 세손의 '오만 방자' 문제는 정순왕후를
통해 전해 들었을 것이다. 영조는 홍봉한이 사도세자의 서출인 이인李䄄
과 이진李䄙을 지나치게 비호하려 했다 하여 청주로 유배를 보내고 서인

영조의 영정. 영조는 탕평책을 통해 조선
의 르네상스를 이끈 중흥 군주였지만 자
기 손으로 자식 사도세자를 죽인 비정한
부왕이기도 했다.

으로 강등시켜버렸다. 영조 48년 신분은 복귀됐으나 아직 관직에 복귀하
지는 못하고 있던 때에 김귀주가 상소를 올려 홍봉한을 공박한 것이다.
아마도 재기의 움직임에 쐐기를 박으려 했던 것 같다.

나이는 80세에 이르렀지만 영조는 말 그대로 산전수전 다 겪은 노회
하기 그지없는 정객이었다. 김귀주의 노림수를 모를 리 없었다. 김귀주
의 계산은 엇나가기 시작했다. 승지가 장문의 장소를 반쯤 읽었을 무렵
영조는 읽기를 멈추게 한 다음 "연소한 자가 원로를 공박하는 정도가 지
나치다"며 "즉각 현직에서 해임하고 앞으로도 요직에 추천하지 말라"고
명했다. 대신 홍봉한에게는 한양으로 들어오라며 위로의 사신을 보냈다.
이틀 후 다시 영조는 "김귀주의 사람됨은 예전부터 내가 염려했었다"며
석고대죄席藁待罪할 것을 명했다. 정순왕후가 아닌, 세손의 편을 들어준

것이다. 이후 김귀주는 영조가 세상을 떠날 때까지 이렇다 할 직책에 복귀하지 못했다.

❖ 선비 정조에게 어울리는 여인 효의왕후

정조는 열한 살 때인 1762년(영조 38) 2월 조선 중기부터 명문가로 자리 잡은 청풍 김씨 김시묵金時默(1722~1772)의 딸과 가례를 올렸다. 김시묵은 당시 경기도관찰사였다. 먼저 김시묵의 아버지 김성응金聖應의 경우 영조 때 병조판서를 지냈다. 실록은 김성응에 대해 "무과에 급제했고 얼마 안 되어 훈련대장으로 뛰어올라 거의 20년 동안이나 군을 맡고 있었다. 비록 재능은 없었으나 성품이 본디 너그러웠으므로 군졸들이 편하게 여기었다"고 평하고 있다. 김성응이 영조의 총애를 받을 수 있었던 이유 중 하나는 그의 증조부인 김우명이 현종의 장인이었기 때문이다. 즉 김우명은 숙종의 외할아버지로 청풍 김씨는 숙종의 외가였다. 영조로서는 아버지의 외가를 배려하는 차원에서 김성응을 중용했다.

김우명의 아버지는 인조와 효종 때 대표적인 명신으로 꼽히는 영의정 김육이다. 김육은 중종 때 조광조 등과 함께 사화를 당한 기묘명현己卯名賢 중 한 명으로 대사성을 지낸 김식金湜의 현손이다. 청풍 김씨 집안은 이처럼 지조와 경륜이 함께 갖춰진 명문가였고 김우명의 딸(명성왕후 김씨)이 현종과 결혼함으로써 왕실과도 깊은 연관을 맺게 되었다. 숙종 초 숙종의 왕위를 강화하는 데 크게 기여한 김석주는 김우명의 형인 김좌명의 아들이다.

김우명에게는 3명의 아들이 있었는데 그중 판서를 지낸 막내 김석연의 둘째 아들 김도영이 세자빈의 할아버지인 김성응의 아버지 김도영이다.

정조의 장인 김시묵은 1750년(영조 26) 문과에 급제해 예문관 검열, 홍문관 교리 등을 거쳐 1759년 대사간에 오른다. 1762년 경기도관찰사로 있을 때 딸이 세손빈이 되자 총융사摠戎使에 발탁되었고, 그 후 이조와 호조의 참판을 거쳐 한성부 판윤 등을 지냈다. 1769년에는 병조판서로서 어영대장을 겸했다. 그만큼 영조의 총애가 깊었다는 뜻이다. 실록은 "영묘英廟(영조)께서 세손의 장인이 됨으로 인해 더욱 중히 여기어 병조판서, 어영대장, 총융사 겸 선혜청 당상, 의금부 판사 등을 두루 시켰으며 성상의 권우眷遇(총애)가 날로 융성했는데 이때 병으로 졸卒하니 겨우 50여 세였다"고 적고 있다. 그는 이처럼 정조 즉위 4년 전에 세상을 떠남으로 인해 국구의 영예를 누리지는 못했다. 그 대신 딸이 왕비로 봉해지면서 청원부원군 및 영의정에 추증됐다.

결과적으로 김시묵이 일찍 세상을 떠남으로써 정조는 외척 문제로부터 비교적 자유로울 수 있었다. 김시묵의 아들, 즉 정조의 처남 김기대金器大가 있었지만 영조 50년 병조판서에 올랐던 김기대 또한 영조 말년인 영조 51년 11월 세상을 떠났다. 정조가 왕위에 오르기 몇 달 전이다. 김기대에게는 김종선金宗善이라는 아들이 있었다.

정조 즉위와 함께 효의왕후에 오르게 되는 김씨는 정조보다 한 살이 어렸다. 정조와 가례를 옮겼을 때 세손빈의 나이 열 살이었던 셈이다. 효의왕후 김씨(1753~1821)는 김시묵과 어머니 남양 홍씨 사이에서 한양 가회방에서 났으며 시어머니인 혜경궁 홍씨를 잘 섬겨 영조의 큰 총애를 받았다. 세손빈은 이미 사가에 있을 때부터 효성과 공손이 독실하다는 소문이 장안에 파다했고 하는 행동마다 법도에 어긋남이 없었다. 간택 후 그를 눈여겨보던 영조는 너무 만족해하며 '오세계석식위종국五世繼昔寔爲宗國' 여덟 자 글씨를 하사했다. 그 뜻은 5세 동안 옛 가풍을 이어왔으니 이는 나라의 종통이 될 만하다는 것이다. 이는 김육을 염두에 둔 말로 영조 특유의 최고 선물이었다.

가례의 기쁨을 만끽하기도 전인 그해 윤5월 사도세자를 죽게 한 영조는 혜경궁 홍씨와 세손빈을 각각 친정으로 돌아가도록 명했다. 그러나 세손빈 김씨는 자기 친정이 아니라 시어머니의 친정으로 가겠다고 말했다. 이를 기특하게 여긴 영조는 허락해주었다. 물론 두 사람은 얼마 후 대궐로 돌아온다.

1776년 정조 즉위와 함께 왕비로 책봉되었다. 그러나 혼인한 지 16년이 되어도 자식이 생기지 않자 1778년(정조 2) 정순대비가 "중전에게 병이 있어 아들을 가질 수 없다"며 사족士族(양반) 중에서 규수를 간택하여 후궁을 두어 왕자를 생산하도록 하라는 언문 교지를 내렸다. 이때는 홍국영洪國榮이 국권을 쥐고 흔들 때였기 때문에 자기 여동생을 간택에 응하도록 했다. 그가 홍빈洪嬪이다. 그러나 홍빈은 이듬해 사망하고 홍국영도 권좌에서 쫓겨난다.

홍빈이 살아 있을 때 사헌부 관리 박재원朴在源이 뛰어난 의원을 구해 중전의 병을 치료해 후사를 낳도록 해야 한다고 하자 홍국영은 공개 석상에서 박재원을 위협하기도 했다. 그런데도 효의왕후는 못 들은 체하면서 오히려 여유 있게 대처하므로 정조는 왕비를 더욱 소중하게 생각하고 사랑했다. 훗날 후궁의 몸에서 왕자가 나자 정조는 즉시 왕비의 아들로 삼도록 명했고, 왕비도 "돌보는 은정과 옳은 방도를 가르치는 훈계를 자신이 낳은 아들과 조금도 차이가 없도록 했다"고 한다.

왕비로 있으면서 효의왕후는 혹시 친정집을 방문해도 세상의 일과 조정의 흐름, 인물의 옳고 그름 등에 대해 일체 언급하지 않았다. 그것은 남편 정조의 확고부동한 뜻이기도 했다. 정조가 세상을 떠난 후에도 더 큰 도량으로 아랫사람들의 잘못을 용서했다. 특히 세손 시절 정조를 압박했던 화완옹주마저 감싸 안은 포용력은 어지간한 남자도 흉내 내지 못할 정도다. 영조 말기 화완옹주는 정후겸鄭厚謙과 함께 세손뿐만 아니라 세손빈도 말할 수 없이 압박하며 곤경에 빠트렸다. 그런데 정조의 즉위와 함께 유배 생활을 하던 화완옹주를 말년에 용서하여 궐내에 들어와 살게 했다. 그러자 효의왕후는 화완옹주를 불쌍히 여겨 깍듯이 모셨다.

60세가 넘어서도 영조의 계비인 정순왕후 김씨와 혜빈(혜경궁 홍씨)을 잘 공양하여 궁중에 칭송이 자자했다고 한다. 69세를 일기로 창경궁 자경전에서 세상을 떠났다.

승하하시던 날 외딴 곳의 여염집 지어미까지 너나없이 달려와 울부짖으며 마치 자신들의 어머니를 잃은 듯이 하여 오랜 세월이 흘러도 더욱 잊지 못했으니 어찌 그럴만한 까닭이 없겠는가?

담백하고 선비적인 정조에게 딱 어울리는 배필이었다.

여인천하, 권력을 장악하는 외척들

정조의 흔적을 지우다

정순대왕대비, 정조의 흔적을 지우다

1800년(정조 24) 6월 28일 정조가 창경궁 영춘헌에서 승하했다. 7월 4일 세자 순조가 왕위에 오르지만 나이가 아직 열다섯 살이었기 때문에 순조의 증조할머니 격인 정순대왕대비가 수렴청정을 하기로 했다. 같은 날이었다. 이날 대왕대비는 심환지沈煥之를 영의정, 이시수李時秀를 좌의정, 서용보徐龍輔를 우의정으로 임명했다.

우리는 어떤 이유에선지 정순대왕대비를 '반反 개혁의 상징', '정조의 업적을 물거품으로 만들어버린 악녀', '세도정치를 연 장본인' 등으로 매도해왔다. 특히 대왕대비의 수렴청정 때 대대적인 천주교 박해가 일어났기 때문에 서학의 물결을 가로막은 장본인으로 지목하기도 한다. 정조의 죽음을 안타까워하는 세력이나 사람일수록 정순대왕대비에 대한 비판은 증오의 수준으로 치닫기도 한다. 심지어 아무런 증거도 없이 대왕대비를

'정조 독살의 기획 연출자'로 싸잡아 비난하기도 한다.

　그러나 정조 승하 이후 흔들리는 왕실과 조정의 중심을 바로잡아 그나마 큰 혼란으로 몰아가지 않은 공은 전적으로 정순대왕대비에게 있다. 그 이전까지 조선의 왕실 역사에서 수렴청정을 했던 대비로는 예종 초와 성종 초 수렴청정을 했던 세조비 정희왕대비 윤씨, 명종 때 수렴청정을 했던 중종의 계비 문정왕후 윤씨, 선조 초 잠시 수렴청정을 했던 명종비 인순왕후 심씨 등이 있었다. 굳이 비교를 하자면 정순대왕대비의 통치는 정희왕대비와 문정왕후 윤씨의 중간쯤이었다고 할 수 있다. 자신의 권력을 당당하게 행사했다는 점에서는 한 걸음 물러서 있었던 정희왕대비와 달랐고, 시대적 한계에서나마 선정을 베풀려 했다는 점에서는 권력 장악 자체에 집착했던 문정왕후와 달랐다.

　정순대왕대비는 왕실의 최고 어른으로서 어른답게 행동했다. 그에 대해 보수냐 개혁이냐 운운하는 것 자체가 철없는 탁상공론일 수 있다. 정조의 죽음은 왕실 차원에서나 국가 차원에서나 중대한 위기 국면임에는 틀림없었다. 여기서 문제의 핵심은 성공적인 위기 탈출이다. 정순대왕대비에 대한 성패 평가는 이런 맥락에서 이뤄져야 한다.

　수렴청정을 맡은 이후 처음으로 눈에 띄는 조치는 혜경궁 홍씨 집안에 대한 사실상의 복권이다. 청정을 시작한 7월 4일 대왕대비는 언서諺書로 하교하기를 "홍용한, 홍준한, 홍낙임, 홍낙륜, 전 직장直長 정의, 홍취영, 홍서영, 홍후영과 전 부호군副護軍 조관진, 전 군수 조용진을 아울러 종척宗戚의 집사執事에 차임하도록 하라"고 했다. 이에 대해 심환지를 비롯한 원상들은 "홍낙임은 진 죄가 지중하니, 청컨대 성명成命을 거두어들이소서"라고 청을 올렸으나 대왕대비는 원상들의 청을 받아들이지 않았다.

특히 8월 7일 대왕대비의 하교는 정국을 풀어가는 열쇠를 보여주었다는 점에서 시사하는 바가 크다. 그것은 어린 순조가 대궐의 여성 어른들에 대한 문안 인사를 하는 순서와 관련된 것이었다. 원래대로 하자면 순조는 대왕대비, 왕대비(정조비) 효의왕후 김씨, 가순궁 박씨(친모), 혜경궁 홍씨 순서로 문안 인사를 해야 했다. 그러나 왕대비는 형식도 중요하지만 내용도 함께 살펴야 한다며 "혜경궁은 겸손한 덕을 지녔고 명달明達함이 이와 같다"고 칭찬한 후에 "지금 이후로 대전 문안의 차서는 대왕대비전-왕대비전-혜경궁-가순궁嘉順宮(순조의 친모)의 순서로 하라. 그리하여 문서로 차서를 밝혀 혜경궁의 겸손한 덕을 드러내게 하라"고 명한다.

대왕대비는 자신의 오빠를 비롯한 경주 김씨 가문을 초토화시킨 정조를 미워하지 않았다. 오히려 어른스럽게 정조의 친어머니인 혜경궁 홍씨를 높여주었다. 거기에는 정조가 자신에 대해서는 지극정성을 다했다는 사실과 혜경궁 홍씨의 조신한 행실이 함께 작용했을 것이다. 적어도 정조처럼 개인의 호불호(私)로 일(公)을 처리하지는 않았다. 8월 16일자 실록이다.

가설감역加設監役 홍낙수, 홍낙선은 승륙陞六(7품 이하를 6품으로 승진)시키고 홍서영은 초사初仕에 제수하라고 명했는데, 모두 혜경궁 본가의 사람들이었다.

왕실 외척들에 대한 배려는 홍씨 가문에만 그치지 않았다. 순조가 왕위에 오른 상황에서 힘을 얻게 된 외척은 처가 안동 김씨, 친어머니의 집안 반남 박씨, 그리고 실권을 갖고 있는 대왕대비의 경주 김씨였다. 마음먹기에 따라서는 대왕대비가 경주 김씨의 독주 체제를 갖출 수도 있었다. 그러나 대왕대비는 3대 외척의 공존을 모색했던 것 같다. 그리고 영조의 첫 번째 비 정성왕후 서씨나 정조비 효의왕후 김씨 집안도 그 역할을 인정해주었다.

대왕대비는 청정 첫날 순조의 친모인 가순궁 박씨의 아버지 박준원朴準源을 특진시켜 어영대장으로 발탁했다. 그리고 보름 후인 7월 20일 영의정 심환지의 청을 받아들여 정2품 정경正卿으로 승진 발탁한 다음 공조판서로 임명했다. 사흘 후에는 박준원의 아들 전 도사都事 박종보朴宗輔를 승지로 임명한다. 순조에게는 외삼촌이었다. 같은 날 정조의 처남인 의령현감 김종선도 함께 승지 발령을 받는다.

대왕대비는 1월 10일 천주교를 사학邪學으로 규정하면서 이렇게 말한다.

"선왕께서는 매번 정학正學이 밝아지면 사학은 저절로 종식될 것이라고 하셨다. 지금 듣건대, 이른바 사학이 옛날과 다름이 없어서 서울에서부터 기호에 이르기까지 날로 더욱 치성熾盛해지고 있다고 한다. 사람이 사람 구실을 하는 것은 인륜이 있기 때문이며, 나라가 나라꼴이 되는 것은 교화가 있기 때문이다. 그런데 지금 이른바 사학은 어버이도 없고 왕도 없어서 인륜을 무너뜨리고 교화에 배치되어 저절로 이적夷狄과 금수의 지경에 돌아가고 있는데, 저 어리석은 백성들이 점점 물들고 어그러져서 마치 어린 아기가 우물에 빠져 들어가는 것 같으니, 이 어찌 측은하게 여겨 상심하지 않을 수 있겠는가?"

천주교 내지 서학에 대한 정조의 대응 원칙을 폐기하겠다는 선언이었다. 처음에는 대간들도 경솔하게 큰 옥사를 일으켜서는 안 된다고 반대했으나 대왕대비는 단호했다.

"이들을 다스리지 않으면 사람들이 모두 금수가 되어 나라가 망할 것이다. 다스릴 경우 혹 난亂을 초래하게 될 우려가 있기는 하지만 나라가 더럽혀져 망하는 것보다는 어찌 깨끗하게 보존하여 망하는 것이 낫지 않겠는가?"

100여 명이 사형당하고 400여 명이 유배를 가게 되는 신유박해의 시작을 알리는 신호탄이었다.

한편 천주교에 대한 탄압을 결정하던 1월 10일 흥미롭게도 조정에서는 이조판서 윤행임尹行恁의 건의를 받아들이는 형식으로 전면적인 서얼허통庶孼許通을 발표한다. 게다가 1월 28일에는 가히 혁명적인 조치라 할 수 있는 관노비 6만 6,000명을 대한 전격적인 해방 조치가 이뤄졌다. 그리고 창덕궁 돈화문 앞에서는 이들의 인적사항을 담은 노비안 1,400여 권을 불태워버렸다. 이 같은 대규모의 노비 해방이 개혁 군주라는 정조가 아니라 수구 세력이라 규정되고 있는 노론 벽파에 의해 이뤄졌다는 것은 충격적이기까지 하다.

정조에 대한 과도한 극찬은 정순대왕대비에 대한 과도한 매도와 짝을 이루고 있다. 우리는 어느 쪽도 편들 필요가 없고 그럴 이유도 없다. 그저 누가 당대의 중요 사안을 정확히 파악해 정도에 따라 일을 풀어나갔는지만 보면 된다. 개혁이니 수구니 하는 도식은 오히려 과거에 있었던 일을 지나치게 단순화하고 왜곡시키기 때문에 따르지 않는다.

예를 들어 대왕대비의 아버지 김한구는 사도세자의 죽음에 깊이 연루됐었다. 사건의 발단이 된 나경언羅景彦의 밀고를 뒤에서 사주한 장본인이 김한구라는 지적도 있다. 그러나 정순왕대비는 세손 시절의 정조를 보호하는 데 누구 못지않게 적극적이었다. 왕실 내에서 정후겸이 화완옹주를 등에 업고 대리청정을 방해하면서 동궁의 자리에서 밀어내려 할 때 정순왕대비는 세손의 편에 서서 화완옹주의 공세를 막아주었다.

그 밖에도 몇 차례 정조와 충돌했을 때도 대왕대비는 공론에 바탕을 둔 명분에 따라 행동한 반면 오히려 정조가 사적인 정의情意에 매달리는 모습을 보였다.

정순대왕대비가 사적인 이해관계를 뛰어넘어 왕실의 어른으로서 공인의 모습을 보여준 대표적인 사례는 불확실한 상황에 놓여 있던 순조의 혼인 문제를 명쾌하게 해결한 것이다. 정조는 정조 24년 정월 초하루부터 그렇게 서둘렀음에도 불구하고 결국 2월 26일 첫 번째 간택, 윤4월 9일 두 번째 간택을 통해 김조순의 딸을 세자빈으로 확정만 지어놓았지만 가례를 치르지는 못한 상황에서 세상을 떠났다.

김조순은 노론 시파時派였다. 정권은 노론 벽파僻派에게 있었다. 노론 벽파로서는 얼마든지 간택을 무효로 하고 자기 파의 딸을 골라 새롭게 가례를 추진할 수 있었다. 실제로 그런 움직임이 있었다. 심환지의 측근인 대사헌 권유權裕가 순조 1년 6월 12일 상소를 올려 국혼을 재고해야 한다는 뜻을 은밀하게 청했다. 그런데 권유의 상소는 당장 문제가 되지 않다가 그해 10월 18일 노론 벽파의 실세 심환지가 세상을 떠나고 3년이 지난 순조 4년 5월 14일 뒤늦게 조정의 쟁점으로 떠오른다. 순조 2년에 결국 김조순의 딸이 순조와 가례를 올렸고 이후 김조순의 세력이 조정에서 조금씩 힘을 얻어가면서 문제가 된 것이다.

이 일을 처리함에 있어 정순대왕대비는 분명 정도를 걸었다. 앞으로 자기 집안을 견제할 수 있는 가장 강력한 잠재적 적대 세력이 김조순 집안이었음에도 불구하고, 김조순에 대한 배려를 아끼지 않았으며 정조의 뜻에 따라 국혼을 원칙대로 강행했다. 오히려 권유를 대역죄로 다스렸다.

정조와 정순대왕대비의 이 같이 얽히고설킨 인연을 떠나 정책만 놓고 본다면 대왕대비는 철저하게 정조와 대척점에 섰다. 먼저 노론 벽파 정권을 추진했던 대왕대비는 당파를 섞어서 등용하는 탕평을 전면적으로 부정했다. 한동안 정조가 금과옥조처럼 받들었던 탕평책에 대해 대왕대비는 냉소적이었다. 파워 폴리틱의 입장에서 보자면 대왕대비의 시각도 틀린 것이 아니다. 정치란 이긴 쪽이 전부를 갖는 게임이기 때문이다.

"이조나 병조에서 단지 절차에 따라 사람을 뽑아 올리는 일만 할 뿐이라면 단 한 사람의 이조 관리만 있으면 그뿐이다."

적과 동지를 확연히 구분해서 동지들과 함께 정치를 하는 것이 정당하다는 것이다.

규장각은 껍데기는 유지됐지만 초계문신抄啓文臣(정조 때의 엘리트 신진 관료)을 선발하지 않음으로써 사실상 폐지한 것이나 마찬가지였다. 대왕대비의 시각에서는 굳이 친위 세력을 둘 필요가 없고 기존의 의정부나 전조銓曹(이조와 병조)가 유능한 인사들을 골라서 쓰면 자연스럽게 조정에는 좋은 인재들이 넘치게 될 것이라고 보았던 것이다.

정조의 개인적인 경호를 위해 창설된 장용영으로 자금이 집중되어 호조에서조차 경비가 부족하다는 것을 알게 된 대왕대비는 일거에 장용영을 혁파해버렸다. 사실 장용영 설치에 대해서는 정조의 측근들 사이에서는 무용론이 제기될 정도였기 때문에 별다른 저항이 없었다.

화성의 경우도 사정은 크게 다르지 않았다. 정조는 화성을 건설하면서 그것은 사도세자만을 위한 것이 아니라 유재족민裕財足民, 즉 국가 재정을 넉넉하게 하고 백성들의 삶을 풍족하게 하기 위한 사업이라고 말했다. 그러나 화성 건설을 바라보는 대왕대비와 노론 벽파의 시각은 정반대였다. 민궁재갈民窮財竭, 즉 백성을 궁핍하게 하고 국가 재정을 고갈시켰다는 것이었다.

❖ 정조는 왜 그토록 서두르고 있었을까?

통상 새해 첫날 조선의 왕들은 종묘에 배알하고 신하들의 신년 하례 인사를 받은 다음 농정에 관한 교서를 발표하는 정도로 보내기 마련이었다. 요즘 식으로 하자면 공휴일이나 마찬가지였기 때문이다. 이 점에서는 정조도 예외가 아니었다. 권농에 관한 의례적인 윤음綸音 하나가 거의 전부이다시피 했다.

그런 점에서 보자면 1800년(정조 24) 1월 1일은 정말 특이한 하루였다. 한 달 동안 해도 될까 말까 한 일들을 이날 하루 동안 정신없이 해치웠기 때문이다. '왜 정조는 그렇게 서두르고 있었을까?'라는 의문을 갖고서 이날 하루를 되밟아본다.

이날 정조의 머릿속에는 이틀 전, 즉 1799년(정조 23) 12월 29일 홍문관 부수찬 김희주金熙周가 올린 상소로 가득 차 있었다.

전하께서는 평소에 길러두지 않으시다가 꼭 하루아침에 요구를 해 오시는가 하면, 재이災異가 일어나지 않았을 때는 구언求言을 하지 않으시다가 재이를 당하게 된 뒤에야 구언을 하곤 하시니, 이것이 바로 재이가 거듭 발생하는 원인이고 강직한 말이 들리지 않게 된 이유라고 하겠습니다.

대신臺臣이 아뢰는 말에 대해서는 수용해주시는 자세가 중요한데, 체례體例와 어긋나기만 하면 대번에 꺾어버리면서 용서해주시지 않습니다. 그런가 하면, 승선承宣이야말로 출납하는 직분을 수행하며 왕의 재가를 받으려고 두고 있는 것인데, 성상의 마음에 들지 않으면 반드시 견책을 가하시며 밖에서부터 막아버리시곤 합니다.

그러고 보면 평소에 길러주시지 않는다는 것 정도가 아니라 그야말로 들어오게 하면서 문을 닫아버리는 것이라고 하겠습니다. 그러니 전하께서 구언을 한다면서 내리신 분부도 형식적으로 하신 것으로서, 결국에는 불성실한 허물로 귀결되는 것이 아니라고 어떻게 보장하겠습니까.

옛날 신의 선조인 부제학 신 김우굉金宇宏이 일찍이 연석筵席에서 어떤 일을 아뢰다가 성상의 도량이 넓지 못하다는 말씀을 드리게 되자 성상께서 힐책하신 일이 있었습니다. 그때 좌우에 있던 신하들이 모두 두려움에 몸을 벌벌 떨었는데도 자리에서 일어나 대답하기를 "이것이 바로 하나의 증거입니다" 하자, 마침내 위엄을 거두시면서 화평스럽게 말씀해주신 적이 있었으니, 군신 사이에 성의誠意가 서로 돈독했던 것이 이와 같았습니다. 우리 전하께서 과연 성조聖祖의 마음으로 마음을 삼고 계신다면 직언이 들리지 않을 걱정을 하실 것이 뭐가 있겠습니까.

신은 또 나름대로 생각만 지닌 채 아직 진달드리지 못한 것이 있습니다. 선정先正이신 이황 선생이 평생토록 자료로 제시해드리면서 왕을 섬긴 것은 바로 《성학십도聖學十圖》였습니다. 선정이 성학십도에 못내 정성을 쏟아부으면서 왕의 마음을 바로잡고 교화의 근원을 맑게 하려고 했던 것이 과연 어떠하다 하겠습니까.

당시에 온후하게 비답을 내리시고 성심으로 받아들이면서 병풍에 걸어두어 스스로 경계로 삼으시는 한편, 이를 찍어서 신료들에게 나누어주어 좌우명으로 삼게 했습니다. 그런데 지금 이 성학십도를 강講하지 않은 지가 오래되었으니 어찌 너무도 개탄스러운 마음이 들지 않겠습니까.

종묘와 경모궁을 배알하고 돌아온 정조는 정치 일선에서 물러나 있던 중추부 영사 이병모李秉模(1742~1806)를 영의정으로 임명한다. 그가 지난해 11월 8일 사직한 이래 영의정 자리는 공석이었고 좌의정 심환지, 우의정 이시수가 자리를 지키고 있었다. 이병모는 대표적인 정조의 측근 인사였다. 이병모는 숙종 때의 명신 이단하의 현손으로 1773년(영조 49) 문과에 급제해 당시 영의정 한익모의 주청으로 6품에 올랐다. 노론 집안이었기 때문이다. 1776년 정조가 즉위하자 김상로의 죄를 탄핵했다. 한때 유배를 당하고 1781년에는 사판仕版에서 제명되기도 했으나 곧 복직되어 대사성을 거쳐 예조·형조·호조·병조판서를 두루 지냈고 1794년 우의정과 좌의정을 거쳐 1799년에 영의정에 임명되었다. 노론으로서 모나지 않은 처신 때문에 순조 때도 영의정을 지내게 된다. 이로써 이병모, 심환지, 이시수의 삼상 체제가 갖춰졌다.

굳이 물러나겠다는 이병모를 불러들여 영의정으로 임명한 데는 다른 뜻이 있었다. 왕세자 책봉을 위한 것이었다. 이병모의 영의정 임명 직후 정조는 당상관 이상의 조정 신료들을 모두 들어오도록 했다.

"오늘은 바로 정월 초하루이다. 그래서 새벽에 종묘와 경모궁을 전알展謁했다. 그리고 이제 국가의 막대한 전례典禮(세자 책봉)를 경들에게 자문하고자 하는데, 이런 때에 삼공의 자리가 다 차지 않아서는 안 되겠으므로, 아까 궁문 밖에서 특별히 영의정을 제수하는 명을 내리었다."

이 자리에서 정조는 관례와 가례, 즉 성인식과 혼례를 동시에 치르도록 하겠다고 선언한다. 마음이 바빠진 것이다. 이어 정조는 김문순金文淳을 이조판서로 임명하고 이만수李晩秀의 품계를 정2품으로 올리라는 명을 내린다. 김문순(1744~1811)은 안동 김씨 명문가 김창집의 고손자로 1767년(영조 43) 문과에 장원급제해 7년 만에 당상관에 올라 승지에 임명된다. 노론인 그는 지속적으로 남인 채제공蔡濟恭의 죄과를 논하고 유배시킬 것을 주장하다가 오히려 파직당하기도 했다. 그러나 곧 기용되어 충청도관찰사가 되고 1784년 공조참판이 되었으나 채제공과 의가 맞지 않는다고 탄핵을 받아 파직당했다. 형조·예조·이조판서를 여러 차례 반복해서 역임했으며, 1792년 형조판서로 있을 때 평택현감 이승훈李承薰이 천주교인으로서 향교의 문묘에 알성謁聖할 때 무릎을 꿇지 않았다는 여론이 분분함에도 이를 처벌하지 않았다는 죄로 위리안치되었다가 곧 풀려나 다시 한성판윤이 되고, 1796년 경기도관찰사를 지낸 뒤 이듬해 동지 겸 사은정사로 청나라에 다녀왔다. 그리고 이때 이조판서 제수의 명을 받은 것이다. 순조의 즉위 후에는 국구인 김조순을 중심으로 김희순金羲淳과 함께 안동 김씨의 중심인물이 되어 세도정치의 기반을 확립했다. 이만수는 우의정 이시수의 동생이었다.

이어 이재학을 호조판서로, 홍양호를 홍문관 및 예문관 대제학으로, 서매수를 한성부 판윤으로 삼았다. 그리고 이병모를 세자사, 심환지를 세자부로 추가 임명했다. 그리고 이만수를 예조판서로 임명했다. 품계를 올린 것은 바로 그를 판서를 임명하기 위한 사전 조치였던 것이다. 그리고 불러도 조정에 나오지 않는 이성보와 송환기를 시강원 찬선으로 임명했다.

어느 정도 준비가 됐다고 판단한 정조는 열한 살부터 열세 살 사이의 처녀들에게 금혼령을 내린다.

다음 날 정조는 관례도감 도제조 이병모, 상의원 제조 정민시鄭民始, 예조판서 이만수 3인을 불러 앞으로의 절차를 논의한다. 이들은 모두 관계 책봉례 가례 등을 담당하게 될 실무 총책임자들이었기 때문이다. 이 자리에서 정조는 "3례를 동시에 추진하겠다는 생각은 그저께까지만 해도 하지 않았던 것인데 종묘에 배알하면서 신령의 부름을 받아 전격적으로 행하기로 했다"며 "세자빈의 경우에도 간택이 아닌 중매의 방식으로 추진하는 게 좋겠다"고 밝힌다. 자기가 원하는 집안을 고르겠다는 뜻이었다. 그것은 곧 이미 오래 전부터 마음에 정해둔 혼처가 있었다는 것이다.

그러면서도 정조는 연막전술을 편다. 1월 3일 정민시, 이만수, 한성부 판윤 서매수徐邁修 등 3인을 부른 뒤 이렇게 말한다.

바깥사람들은 반드시 내가 사대부 집 가운데 마음을 둔 곳이 있을 것이라고 하겠지만, 실상은 어느 집에 처자가 있는지조차 모르는 실정이다. 모두가 하늘이 정하는 일이지, 어찌 사람의 힘으로 할 수 있겠는가. 오직 하늘과 조종이 도와주시기만을 바랄 뿐이다. 옛 규례에는 사조四祖(부, 조부, 증조부, 외조부) 중에 현관顯官(고위 관리)이 없는 집에 대해서는 한성부에서 빼버리는 대상에 두기로 되어 있으나, 지금은 각각 단자單子를 봉하여 예조로 직접 보내서 그냥 두거나 빼버릴 수 있도록 해야 한다. 대체로 처자란 스스로 나타나는 것이 아니기 때문에 조정에서 누차 칙교를 내리고 심지어는 각 집의 종들을 다그쳐 조사하는 지경에 이른 다음에야 마지못해 단자를 작성해서 바치곤 했다. 그러나 이번에는 절대로 종들을 다그치지 말고, 경들의 인척이나 혹 친지 중에서 서로 찾아보도록 하라.

정조는 약간 들떠 있었다. 아마도 평생 꿈꾸었던 아버지 사도세자의 추숭追崇 문제가 조만간 가능해지리라는 기대감 때문이었을 것이다. 그것은 1월 16일 현륭원 성묘 때 드러난다. 당시 건강이 좋지 않았지만 세자 책봉의 소식을 전해야 한다는 일념으로 정조는 성묘를 강행했다. 다음 날 현륭원을 돌아보던 정조는 여느 때보다 더 서글프게 땅을 치며 통곡을 했다. 대신들이 만류하자 정조는 이렇게 말한다.

"금년의 경례敬禮가 나에게 있어 그 얼마나 큰일인가? 경사를 당하여 선대를 추모하는 중에 크나큰 아픔이 북받쳐 올라서 그러는데, 어찌 차마 나더러 진정을 하란 말인가?"

1월 21일은 사도세자의 탄생일이었다. 정조는 그 전날부터 경모궁을 찾아가 밤을 새며 격한 감정을 토로했다. 정조의 건강은 더욱 나빠지고 있었다.

이런 가운데 2월 2일 창경궁 내 집복헌에서 관례와 책봉례가 열렸다. 그때 본격적으로 가례 준비에 들어갔다. 2월 26일 첫 간택도 집복헌에서 열렸다.

"행호군 김조순의 딸, 진사 서기수의 딸, 유학 박종만의 딸, 유학 신집의 딸, 통덕랑 윤수만의 딸만 두 번째 간택에 들게 하고 그 나머지는 모

사도세자의 무덤인 화성 현륭원. 1899년(광무 3) 사도세자를 장조莊祖로 추존하면서 융릉隆陵
으로 개칭했다.

두 허혼許婚하도록 하라."

  그리고 곧바로 관상감 제조를 겸하고 있던 예조판서 이만수 등을 불러
이미 자신의 마음은 김조순의 딸에 가 있다는 사실을 밝힌다.

  "내가 김조순 가문에 대해 처음에는 별 마음을 두지 않았었는데 현륭
원 참배를 하던 날 밤에 꿈이 너무 좋아 마치 직접 나를 대하여 그렇게
하라고 하신 것 같았었다. 그래도 처음에는 해득을 못했다가 오래 지나
서야 마음에 깨치는 바가 있었다. 오늘 간택 때도 그가 들어왔을 때 보니
얼굴에는 복이 가득하고 행동거지도 타고나 궁중 사람들 모두가 관심이
쏠렸으며 자전과 자궁도 한번 보시고는 첫눈에 좋아하셨다."

물론 앞부분의 이야기는 거짓말이다. 신하들도 그것을 알고 있었다. 정조는 일찍이 김조순의 딸을 찍어놓았다. 그것은 딸 때문이 아니라 김조순에 대한 믿음 때문이었다. 간택이 끝나자 정조는 세자의 외삼촌 박종보로 하여금 김조순 딸의 귀갓길을 호위하도록 했다. 자기의 구상대로 세자가 훗날 사도세자를 추숭하려면 정조 자신의 뜻을 정확히 알고 있는 신하가 세자 곁에 있어야 했다. 더불어 명문가 외척이라야 왕권이 흔들리지 않을 것이라는 자기 체험도 녹아들어 있었다. 그러나 그것이 결국 안동 김씨 세도정치를 여는 단서가 될 것이라고 정조는 생각지 못했을 것이다. 윤4월 9일 열린 두 번째 간택에서 김조순의 딸은 사실상 세자빈으로 확정된다.

❖ 안동 김문의 세상을 여는 순원왕후 김씨

그러나 훗날 안동 김씨의 세도정치 혹은 외척 정치를 활짝 열게 되는 김조순의 딸 순원왕후 김씨가 왕비에 오르는 과정은 결코 순탄치 않았다.

1800년 6월 28일 병상에 있던 정조가 창경궁 영춘헌에서 승하했다. 7월 4일 세자(훗날의 순조)가 왕위에 오르지만 나이가 아직 열다섯 살이었기 때문에 순조의 증조할머니격인 정순대왕대비가 수렴청정에 나서게 된다. 문제는 김조순의 딸이 세자빈으로 확정되기 전에 이런 일들이 벌어졌다는 데 있었다. 결국 정순대왕대비가 반대할 경우 김조순의 딸은 왕비에 오르지 못할 수도 있었다.

그러나 대왕대비는 이 점에 관한 한 정조의 뜻을 존중했다. 7월 10일

김조순의 초상. 초명은 낙순洛淳, 자는 사원士源, 호는 풍고楓皐. 그를 둘러싼 척족 세력들이 후세 안동 김씨 세도정치의 기반을 조성하는 결과를 초래했다. 문장이 뛰어나 초계문신이 되었다.

순조의 미래 장인인 김조순을 특별 근위대장 격인 장용대장으로 임명했다. 이에 김조순은 8월 1일 상소를 올려 간곡하게 사직을 청한다. 다음 날에는 대왕대비가 김조순을 병조판서로 임명하자 당일 날 사직 상소를 올렸다. 정치 감각이 탁월했던 김조순으로서는 넙죽하고 받았을 경우의 후환을 염두에 두었을 것이다. 일단 정조의 상중이었기 때문에 새로운 왕과 자기 딸의 혼례는 자동적으로 3년(실질적으로는 2년) 후로 미뤄질 수밖에 없었다. 김조순으로서는 그때까지 기다려야 했다.

1802년 9월 6일 마침내 삼간택 끝에 김조순의 딸이 왕비로 뽑힌다. 이날 정순대왕대비는 자신이 정조의 뜻을 받들어 김조순의 딸을 중궁으로 뽑았다며 이렇게 말한다.

"중궁의 덕성이 뛰어나다는 것은 이미 보아 알고 있었으나 3년 만에 다시 보니 더욱 성숙하여 그 행동거지가 옳지 않은 것이 없다."

물론 정순대왕대비로서는 자신의 남편 영조가 왕위에 오르는 데 결정적인 공을 세운 4대신 중의 한 명인 김창집의 4대손이 김조순이었다는 점도 감안했을 것이다.

순조가 집권 5년째를 맞던 1805년 1월 12일 정순대왕대비가 세상을 떠났다. 이어 장인 김조순의 지원을 받은 순조는 정순대비의 노론 벽파 세력을 제거하고 시파가 주도하는 정권을 구축한다. 그로 인해 당연히 순원왕후 김씨의 입김도 커졌다. 안동 김씨 김조순의 집안 사람들의 조정 진출이 본격화됐다.

1809년(순조 9) 순원왕후 김씨는 왕실에서 그렇게도 갈구하던 왕자를 생산했다. 훗날 의문사하게 되는 효명세자다. 그러고도 순조와의 사이에서 1남 3녀를 더 낳았는데 1남은 어려서 세상을 떠난다.

여기서 잠깐 거슬러 올라가면서 왕비의 출산사를 짚어봐야 한다. 정조는 효의왕후 김씨와의 사이에서 적통을 낳지 못했고 영조 또한 정성왕후 서씨와의 사이에서 적통을 낳지 못했다. 경종, 숙종 또한 마찬가지였다. 이렇게 되면 왕비의 권세는 강해질 수 없다. 바로 이 점에서 순원왕후 김씨는 권세의 탄탄한 기반을 만들었다고 할 수 있다.

조선 왕실의 마지막 희망,
효명세자의 죽음

❖ **대리청정 중이던 세자의 죽음**

1830년(순조 30) 5월 6일 새벽 6시경 4년째 대리청정을 해오던 순조의 적장자 효명세자가 창덕궁 희정당에서 숨을 거두었다. 이때 그의 나이 혈기왕성한 스물두 살. 평소 건강했던 세자가 윤4월 22일 갑자기 각혈을 하기 시작한 지 불과 보름 만에 세상을 떠났다. 왕실에서 일어난 의문의 죽음에 대해서는 늘 그렇지만, 그에 관해서도 세도가들에 의한 암살설이 제기된 바 있다. 그러나 그다지 신빙성이 있는 것 같지는 않다. 오히려 쇠퇴해가는 조선 왕실의 운명 탓으로 돌리는 것이 훨씬 더 현실적인 설명이 될 듯하다.

다만 정조의 급서와 그에 따른 남인들의 의구심이 만들어낸 암살설과 마찬가지로 효명세자의 급서가 '암살' 음모설을 만들어낸 배경에는 일단 주목할 필요가 있다. 그 당시의 정세가 그런 음모설을 '그럴 듯하게'

만들어주는 결정적 요인이 되고 있었음은 부인할 수 없기 때문이다. 그 당시의 정세를 살피기에 앞서 먼저 '대리청정을 하던 세자의 죽음'이 갖는 충격부터 짚어야 한다.

대리청정 중이던 세자가 젊은 나이에 갑자기 세상을 떠난 충격적 사건은 조선 왕실 400여 년 역사에서 처음 있는 일이었다. 당시 순조를 비롯한 왕실과 조정 신하, 그리고 백성들이 받았을 충격을 조금이라도 제대로 이해하기 위해서는 과거에 있었던 '세자의 죽음'을 짚어봐야 한다. 그때까지 세자위世子位에 있다가 죽은 인물들은 세조의 아들 의경세자, 인조의 아들 소현세자, 영조의 아들 효장세자와 사도세자, 정조의 아들 문효세자 등 5명이다.

성종과 월산대군의 친아버지이자 인수대비 한씨의 남편이었던 의경세자(1438~1457)는 아버지 수양대군이 거사에 성공한 덕분에 1455년(세조 1) 세자로 책봉되었으며, 서원부원군 한확의 딸 소혜왕후(인수대비 한씨)를 비로 맞아 월산대군과 성종을 낳았다. 어려서부터 예절이 바르고 글 읽기를 즐겼으며 해서楷書에도 능했으나 병약했다고 한다. 1457년 병이 크게 들어 21명의 승려가 경회루에 공작재孔雀齋를 베풀고 병의 치유를 빌었으며, 의정부 당상관, 육조판서와 좌찬성 신숙주, 도승지 한명회 등도 함께 참여하여 속한 쾌유를 기원했다고 한다. 그러나 병세가 더욱 악화되어 20세의 나이로 죽었다. 1471년(성종 2) 아들 성종에 의해 덕종으로 추존되었다. 아버지와의 갈등이 없었고 나이도 스무 살 전후였으며 갑작스런 질병으로 사망한 점에서는 효명세자와 거의 유사하다. 다만 이때 의경세자는 대리청정을 하지는 않았다. 세조가 집권 3년차로 한창 정권의 기반을 다져야 할 때였기 때문이다. 세조는 의경세자를 잃은 슬픔을 이렇게 표현했다.

> 사람들은 네가 좋은 군왕의 자질이 있다 했고, 너는 나의 일을 잘 계승
> 하는 후사가 되리라고 일렀으며, 나도 또한 네가 장수를 누리어 이 나라
> 의 큰 계모計謀를 이어받기를 바랐더니, 어찌 우리 집을 저 하늘이 돕지
> 않아 네 몸이 갑자기 요상夭殤(요절)에 빠질 줄 생각했겠느냐? 흐르는 세
> 월이 갈수록 피로한 이 마음이 더욱 슬프고, 이제 너의 묘지를 정하니
> 슬픈 눈물이 마를 줄을 모르는도다.

이 슬픔은 고스란히 순조가 느꼈을 애통 그대로이다. 어쩌면 그보다
더했을 것이다. 효명은 순조가 대리청정까지 맡겼던 세자였기 때문이다.
소현세자의 경우 적어도 인조의 묵인 하에 권신들에 의해 독살됐을 가
능성이 크다. 부자의 권력 싸움이 끼어들어 있기 때문이다. 영조와 정빈
이씨 사이에서 난 효장세자는 열한 살 때 어린 나이로 세상을 떠났고, 영
조와 영빈 이씨 사이에서 난 사도세자는 잘 아는 대로 부자 갈등으로 인
해 뒤주 안에서 생을 마쳐야 했다. 정조와 의빈 성씨 사이에서 난 문효세
자는 여섯 살 때 세상을 떠났다.
자식을 잃은 마음의 고통에 차이가 있을 수는 없다. 그러나 어린 세자
의 죽음과 즉위를 앞둔 성년에다가 자질이 출중한 세자의 죽음이 같은
충격을 안길 수도 없다. 그것은 말 그대로 국가 미래의 죽음이나 마찬가지
였기 때문이다. 따라서 '대리청정 중이던 세자의 급서'는 그 자체로 이미
정치적 사건이 될 수밖에 없었다. 그 정치적 의미를 정확히 파악하려면 먼
저 조선 왕실에서 이뤄진 세자 대리청정의 약사略史를 짚어봐야 한다.

대리청정이란 국왕이 생존해 있는 가운데 다음 국왕을 잇게 될 세자가 국왕 수련 차원에서 주요 국사를 맡아서 처리하는 것이다. 세종의 경우 말년에 건강 악화 등을 이유로 세자(훗날의 문종)에게 대리청정을 시켰고, 임진왜란 때 선조는 광해군에게, 숙종은 경종에게, 영조는 사도세자와 정조에게 대리청정을 시켰다. 그런데 대리청정은 세종 때처럼 순수하게 군왕의 직무를 견습케 하려는 의도에서만 이뤄진 것은 아니었다. 오히려 자신에게 가해지는 정치적 부담에서 벗어나기 위해 부자간의 인륜을 뛰어넘어 오로지 권력투쟁적인 차원에서 이뤄지는 경우가 대부분이었다. 게다가 대리청정은 의도했건 의도하지 않았건 신하들 간의 암투를 격화시킬 수밖에 없었다.

따라서 '대리청정 중이던 세자의 급서'가 당시 조선에 주었던 충격파를 정확히 재려면 왜 순조는 대리청정을 결단했는지, 그리고 대리청정으로 인해 신하들 간의 권력 지도는 어떻게 바뀌었는지 혹은 바뀌려 하고 있었는지 등을 정밀하게 추적해봐야 한다.

❖　　**순조의 마지막 승부수**

순조 27년 2월 9일 순조는 전현직 정승과 2품 이상의 고위 관리들을 부른 다음 왕세자 대리청정을 명하는 비망기를 내렸다.

> 한편으로는 나의 노고를 분담하여 조양調養을 편하게 하려는 것이고,
> 한편으로는 왕세자로 하여금 밝게 익혀서 치도治道를 통달하게 하려는

것이니, 이는 종사와 생민生民(백성)의 복이다.

　이때 순조의 나이 38세였다. 그는 아직 젊은 나이였지만 지쳐 있었다. 열한 살에 왕위에 올라 정순대왕대비의 수렴청정을 받아야 했고 이어 장인 김조순의 천하가 펼쳐졌다. 역사책에서 말하는 안동 김씨 세도정치가 본격화된 것이 순조 때였다. 권력은 순조가 아니라 김조순과 그 집안에 있었다.

　이해하기 힘든 일은 순조의 비망기가 내려진 그날 대신들의 반응이다. 중추부 판사 한용귀, 김사목, 남공철, 이상황, 우의정 심상규 등 전현직 정승들은 하나같이 위대한 결단이라며 극구 찬양을 하고 나섰다. 적어도 두세 달 이상 '아니되옵니다'를 반복해야 하는 사안이 바로 대리청정 의사 표명이다. 그런데 경쟁적으로 찬양을 하고 있었다. 사전에 어떤 합의나 논의가 있지 않고서는 결코 있을 수 없는 일이었다. 세자 홀로 사양하는 청을 올렸지만 순조는 명을 받들라고 했다. 이후 몇 차례 더 세자의 사양하는 상소가 올라갔지만 의례적인데 불과했고 결국 열흘 후인 2월 18일 세자의 대리청정이 현실화된다.

　실록에 묘사된 순조는 영명했으나 너무 어려서 왕위에 올라 자기 사람을 키울 기회가 없었다. 그나마 순조가 처가 안동 김씨의 전횡에 문제의식을 갖고 인재 등용의 폭을 넓히려 애쓴 것은 재위 18년(1818)을 맞으면서부터다. 그해 5월 정약용丁若鏞이 오랜 유배 생활에서 마침내 풀려난다. 정약용은 남인이었다. 정조 때 남인을 상징했던 채제공에 대한 신원을 요청하는 상소도 올라온다. 이듬해 6월에는 안동 김씨 세도정치를 정면으로 비판하다가 축출됐던 이서구李書九(1754~1825)를 등용했다. 이서구는 16세부터 박지원朴趾源을 만나 문장을 배우기 시작했고 1774년 문과에 급제해 영조, 정조 등의 총애를 받으며 관찰사와 형조·이조판서 등을 지내며 정조의 큰 총애를 받았다. 그러나 순조 6년 김조순 세력이 노론 벽파를 제거하고 정권을 장악하는 과정에서 숙청당했다. 남인을 복권시키고 대표적인 반反 안동 김씨 세력을 재등용했다는 것은 순조의 홀로서기 움직임이 시작됐다는 뜻이다.

순조는 여기서 그치지 않았다. 같은 해 8월 조만영趙萬永의 딸을 세자빈으로 봉했다. 이로써 일단 안동 김씨를 견제할 수 있는 외척 기반의 하나로 풍양 조씨 집안을 끌어들였다. 1823년에는 노론 골수인 안동 김씨 집안으로서는 도저히 받아들이기 힘든 정조 때의 정승 채제공의 명예 회복을 시켜주었다. 다소 빠른 감이 있는 세자의 대리청정은 이런 흐름 속에서 이뤄진 것이다. 세자에게 힘을 더 실어줌으로써 안동 김씨의 세력을 약화시켜보려는 구상이었다.

실은 그에 앞서 순조가 홀로서기를 시도했던 적이 있었다. 스무 살을 바라보던 순조 8년을 전후해서 순조는 친위 세력 양성과 군사권 장악을 통한 왕권 강화에 나선다. 이때 그의 후견인이 되어준 인물이 외삼촌 박종경朴宗慶(1765~1817)과 외척 정치에 대해 비판적 태도를 보였던 김재찬金載瓚(1746~1827)이다. 박종경은 판서 박준원의 아들로 누이는 순조의 생모인 수빈 박씨다. 음보로 관직에 나와 내외직을 돌다가 1800년 순조가 즉위하고 정순왕후 김씨가 수렴청정을 하자, 지극한 총애를 입어 이듬해 홍문관 부수찬으로 기용되고 대사헌, 도승지, 판서 등을 지냈다. 1811년 홍경래洪景來의 난이 일어나 매일 사방에 격문이 나돌자, 당시 훈련도감에 있어서 군심軍心을 진정시키기에 힘썼다. 1812년 호조판서가 되어 군국기무軍國機務에서 공부貢賦까지 실권을 쥐었다. 이때 대사헌 조득영趙得永으로부터 왕의 인척으로 위복을 누리면서 음탕과 뇌물만 탐내고 사적인 감정으로 살인하는 등 행패가 많다는 탄핵을 받자 사직을 청했다. 그리하여 양주목사로 좌천되었으나 부임하지 않았다. 다시 내직에 들어와 몇 년 후 훈련도감을 맡았다.

반남 박씨의 대표 주자였던 박종경은 안동 김씨 김조순의 노론 시파가 경주 김씨의 벽파를 제거할 때 손을 잡았다가 점차 안동 김씨와는 거리를 두면서 친왕親王 노선을 걸었고, 그에 맞서 안동 김씨는 풍양 조씨와 손을 잡고서 반남 박씨를 견제하기 시작했다. 조득영의 박종경 탄핵은 그런 맥락에서 이뤄진 것이었다.

안동 김씨도 아니고 경주 김씨도 아닌 연안 김씨였던 김재찬은 정조 때 영의정을 지낸 김익의 아들로 안동 김씨 세도정치에 대해 일관되게 비판적이었던 인물이다. 김재찬은 1774년(영조 50) 문과에 급제했고 초계문신을 거쳐 대사성, 관찰사 등을 지낸 후 형조 이조·예조·병조판서 등을 두루 거치며 정초의 큰 총애를 받았다. 1805년 우의정에 임명되었으나 부임을 거절하여 황해도 재령에 유배되었고 이듬해 석방되어 중추부 영사에 임명되었다.

1807년 우의정에 다시 임명되어 당시 공정함을 잃고 있었던 과거의 폐단을 지적, 시정을 요구했다. 1808년 좌의정이 되었고 이듬해 영의정에 오른다. 당시 안동 김씨는 비변사를 장악해 실질적 권한을 행사하고 있었지만 김재찬은 정승으로 있으면서 견제자의 역할을 했다. 얼마 안 되는 순조의 핵심 지원 세력이었다.

그러나 순조 9년의 극심한 흉년과 순조 11년 홍경래의 난 등으로 인해 자기 세력을 형성하려는 순조의 구상은 실패로 돌아갔고, 순조 18년 전후해서 다시 한 번 왕권 강화를 시도했다가 이마저도 실패하자, 결국 10년을 다시 기다려 세자 대리청정을 통한 왕권 강화에 나서게 되는 것이다.

사실 왕권 강화의 결단은 국왕 자신밖에 할 수 있는 사람이 없다. 그런 점에서는 순조는 여린 성품의 소유자였다. 명민할 뿐이었다. 안동 김씨를 견제하고 왕권을 강화하려던 순조가 결국은 결단을 내리지 못하고 물러서려 하자, 사간 임업任爗은 순조 19년 4월 여러 차례 글을 올려 순조의 결단을 촉구했다. 그중 하나다.

지금 우리 전하께서는 하늘에서 허여許與한 성덕으로 큰일을 하여야 할 때를 당하여 선치善治를 바라는 정성이 지극하십니다만, 즉위하신 이후로 침묵이 너무 지나쳐 정령政令 등 사무를 일체로 뭇 신하에게 일임하시고, 장주章奏와 품계稟啓에 모두 '윤允' 자로 판하判下하시며, 가부에 대하여 재결하시는 분부가 전혀 없으시니, 이해의 구분과 공사의 구별이 이제 기약하지 않아도 저절로 권병權柄(여기서는 안동 김씨 집안)에게 돌아갑니다. 뇌문賂門이 크게 열려 뇌물이 공공연히 거래되어, 한 관직, 한 과거에 있어서도 족당이 아니고 또 거실巨室이 아니면 곧 뇌물이 거래되는 지름길입니다. 경사京司의 경우를 말한다면 각 아문衙門, 각 영문營門의 전곡 비축은 한갓 문부文簿만을 보유하고, 멋대로 지출하며 서로 감싸주어 창고가 바닥이 나게 되었습니다. 감영, 병영, 읍창邑倉의 비축도 경사京司의 경우와 같이 거의 소모되었고, 뇌물이 거래되는 바에 위복威福을 멋대로 시행하고 있습니다. 인재로서 말한다면, 선비가 비록 재행才行이 있더라도 권문에 인연이 없거나 뇌물에 힘입는 바가 없으면, 벼슬길에 오르게 된다는 것은 거의 나무에 올라가 물고기를 잡는 것과 같습니다. 온 세상이 걷잡을 수 없이 오직 이익에만 치닫고 있으니, 인심이 타락됨은 오로지 요행을 바라는 뇌물에서 말미암습니다. 진실로 그 근원을 구명한다면 전하께서 지나치게 침묵을 지키시고, 모든 사무의 재결을 일체 뭇 신하에게 맡기신 소치입니다. 엎드려 원하건대, 전하의 마음으로 결단하시고 특별히 공평 정직한 사람을 가려서 이 일을 조사하게 하여 시정되도록 기약하되, 죄를 범한 바가 드러난 경우에는 장오臟汚(관아의 재산이나 백성의 재물을 부정하게 차지한 죄)의 율을 시행하소서.

그러나 임업의 상소는 고장난명孤掌難鳴이었다. 순조 자신이 이미 그럴 의지가 꺾여 있었기 때문이다. 이로 인해 임업은 유배를 가야 했다. 게다가 순조는 오래 전부터 신경증을 앓기 시작했다. 스트레스였다. 결국 이런 저런 궁리 끝에 순조는 아들이 장성하기를 기다려 대리청정이라는 마지막 승부수를 던지게 되는 것이다.

❖ 효명세자의 성장 과정

효명세자는 1809년(순조 9) 8월 9일 오후 4시경 창덕궁 대조전에서 탄강誕降했다. 스무 살 순조와 순원왕후 김씨 사이에서 난 효명세자는 숙종(1661년생) 이후 150년 만에 나온 적장자 세자였다. 그 사이에 있었던 경종, 영조, 효장세자, 사도세자, 정조, 순조는 모두 후궁 소생이었다. 정비

효명세자가 탄강한 창덕궁 대조전. 효명세자는 1827년 대리청정을 하여, 인재를 등용하고 형옥刑獄을 신중하게 하는 등 치적에 힘썼으나 대리청정 4년 만에 죽었다. 헌종이 즉위한 뒤에 익종翼宗으로 추존되었고, 대한제국이 출범한 뒤에 고종에 의하여 다시 문조익황제文祖翼皇帝로 추존되었다.

소생 세자와 후궁 소생 세자는 그 위엄이 생래적으로 차원을 달리할 수밖에 없었다. 만일 그가 죽지 않고 오래 살아 선정을 펼쳤다면 숙종에 버금가는 인물이 되었을 것이다. 그런 면모는 3년간의 대리청정 기간에 충분히 드러나게 된다. 그의 성품을 정확하게 알기 위해서는 간략하게나마 어린 시절의 모습을 살펴보지 않을 수 없다.

탄강 2년 후인 순조 11년 윤3월 15일 순조는 가까이에서 원자를 보살필 좌유선左諭善에 남공철南公轍, 우유선右諭善에 이직보李直輔를 임명하고 박종우朴宗羽, 유한준兪漢雋을 요속僚屬으로 삼았다. 요속이란 신진기

예新進氣銳로서 글을 가르치거나 행실을 잡아주는 일을 하는 관리를 뜻한다. 그리고 원자가 네 살이 된 이듬해 7월 6일 왕세자로 책봉했다. 이날 교명문의 일부다.

아! 너 원자는 모습이 준수하고 자질이 영명했다. 큰 경사로 인해서 태어났음을 진실로 알겠으니 아름다운 상서祥瑞가 여러 차례 드러났고, 사물을 대하는 가르침을 번거롭게 하지 않고도 지혜가 스스로 열렸다. 우뚝함이 거인巨人같아 엄연한 의표儀表가 본받을 만하고 위엄은 두려워할 만하며, 천성에 타고난 것은 온화하게 어른을 공경하고 어버이를 사랑할 줄 알았다. 유선諭善과 속료屬僚의 관원들은 선조先朝 때 나에게 가르쳐준 것을 그대로 따라 너를 가르칠 것이고, 옷을 단정히 입고 나와서 절하는 모습에서 오늘날 백성들의 칭찬하는 노래가 원자에게로 돌아감을 기쁘게 여긴다. 몸은 비록 손을 이끌고 다니는 아이이지만 바탕이 사실 종사를 공고히하게 되어, 처지가 이미 책봉한 것이나 다름이 없으므로 성대한 전례典禮를 우선 늦추려 했는데, 이 해에 와서 사람과 천도天道가 같이 길한 데 맞으므로 유사有司가 굳이 청하게 되었다. 나라의 계통을 잇는 의리를 깊이 생각하여 이에 목을 길게 빼고 몹시 기다리는 정성에 답하기로 했다. 이에 너를 명하여 왕세자로 삼으니, 너는 어릴 때의 그 마음을 보존하고《효경孝經》의 뜻을 통달하라.

이 교명문은 세자의 외할아버지인 돈녕부 영사 김조순이 찬출撰出했다. 같은 해 10월 세자는 가벼운 수두를 앓았다. 공부는 순조 14년 2월 세자 나이 여섯 살 때부터 시작된다. 영의정 김재찬의 건의에 따라《천자

효명세자가 쓴 춘방春坊
현판. '춘방'은 세자시강
원의 다른 이름이다.

문千字文》에서 시작했고 3월 20일 천자문이 끝나자 세자시강원에서는
《효경》,《소학》,《동몽선습童蒙先習》 중에서 하나를 순조가 골라줄 것을
청했다. 이에 순조는 교명문에도 언급됐던《효경》을 진강하도록 하라고
명한다.

《효경》 강독은 1년 가까이 걸려 순조 15년 1월에 끝났다. 이어 바로
《소학》을 읽지 않고 김재찬의 의견에 따라《소학초략小學抄略》을 진강한
다. 이때부터 공부에 속도를 내기 시작해 4월 11일 교재는 증선지曾先之
가 지은《십칠사략十七史略》으로 바뀐다. 당초《소학》으로 나가가야 한다
는 주장도 있었지만 세자의 총명함이 뛰어나니 역사의 자취를 가르쳐도
무방할 것이라는 의견이 제기되어 순조는 이를 따랐다. 그만큼 순조는
세자가 어서 군왕의 자질을 갖춰주기를 간절하게 바라고 있었다.

그러나 순조 15년 말 혜경궁 홍씨가 세상을 떠나는 바람에 세자의 서
연은 한동안 중단되었다가 순조 16년 윤6월 15일 재개되는데 이때부터
는《소학》을 주된 텍스트로 하고《십칠사략》은 함께 읽어나가도록 한다.
뛰어난 학습 능력을 보이고 있었기 때문이다.

해가 바뀌어 좌의정 한용귀韓用龜와 우의정 김사목金思穆이 청을 올려 왕세자의 입학을 건의했다. 이에 예조에서는 3월 11일이 길일이라며 입학 날짜를 정해 올렸다. 3월 11일 성균관 문묘에서 거행된 입학례가 끝난 후 사관의 평이다.

이때 세자의 보령은 9세가 되었으며 비로소 입학했는데, 자질이 온순단아하고 예의범절이 숙성했다. 선성先聖을 지알祇謁하는 데 주선周旋이 법도에 맞았고, 강독할 때에 글 읽는 소리가 가락에 맞았으며, 천인天人 성명性命의 토론과 문답에 있어서 의젓하기가 성덕成德한 이처럼 의표가 있었으니 시종하던 신하들과 선비로써 다리[橋]를 에워싸고 구경한 사람이 수천 명이나 되었는데, 모두 목을 길게 늘이고 손을 모아 송축했다.

세자 입학 당시 대제학 남공철, 대사성 홍희준과 세자빈객 이만수, 김희순, 김이교 등은 순조로부터 큰 상을 받았다. 이어 7월 4일 시강원에서는 《소학》이 끝났다며 경서로는 《대학》을 진강할 수 있고 사서로는 《자치통감資治通鑑》을 진강할 수 있다고 하자 순조는 《대학》을 하되 주註까지 철저하게 가르칠 것을 명했다. 학문을 아는 순조였다. 《대학》은 워낙 분량이 짧기 때문에 정확히 한 달 만에 끝났고 8월 4일부터는 《통감》을 진강하게 된다. 《통감》 강독은 1년 7개월이 걸려 순조 19년 3월 초에야 끝난다. 그리고 얼마 후 세자는 성인식에 해당하는 관례를 치렀다. 결혼이 임박했다는 뜻이다.

4월 16일 전국적으로 9세에서 13세 이하 처자에 대한 금혼령이 내려

〈효명세자성균관입학식도〉. 빠른 학업 성취를 보였던 효명세자는 1817년 아홉 살의 나이로 성균관에 입학한다.

졌다. 세자빈 간택을 위함이었다. 5월에 초간택과 재간택을 거쳐 8월 11일 최종적인 삼간택이 이뤄졌다. 최종 간택된 세자빈은 당시 부사직으로 있던 조만영의 딸이었다. 훗날의 조대비다.

이런 가운데도 세자의 학문은 이어져 3월부터 시작한 《논어》는 12월 19일경 마무리됐고 이어 《맹자》를 읽기 시작한다. 《맹자》 강독은 정확히 1년이 걸려 순조 20년 12월 24일 끝났다. 아주 빠른 속도는 아니지만 학문적 성취가 눈에 띄게 이뤄지고 있었다. 이어 《중용》을 읽었는데 두 달도 안 된 순조 21년 2월 14일 끝났다. 이로써 《논어》·《맹자》·《대학》·《중용》, 사서四書의 강독은 끝났다. 학문적인 기본 교양은 갖췄다고 할 수 있다. 이때 세자의 나이 열세 살이었다.

이제 남은 삼경三經 중에서 먼저 《시경詩經》을 시작한다. 그런데 3월에 정조비였던 효의대비 김씨가 세상을 떠나는 바람에 세자는 또 상복을 입어야 했다. 이듬해(순조 22년) 11월에는 약한 홍역 증세가 나타났으나 수두 때와 마찬가지로 다행히 금세 가라앉았다. 12월에는 순조를 낳은 가순궁 수빈 박씨가 세상을 떠났다. 이런 와중에도 《시경》 강독은 끊어졌다 이어졌다 하며 겨우 마무리됐고 순조 23년 12월 8일 순서에 따라 《서경書經》 강독을 시작한다. 이때 세자의 학문을 도운 이는 좌빈객 심상규, 우빈객 김이양, 좌부빈객 김이교, 우부빈객 김노경이었다. 이처럼 세자는 큰 물의를 일으키지 않고 반듯하게 성장했다.

❖　　**외가와의 피할 수 없는 대결**

세자는 안동 김씨 외가를 중심으로 한 권문세가들에 대해 일찍부터 불편한 시각을 갖고 있었다. 그런 시각을 불어넣어준 인물은 다름 아닌 아버지 순조였다. 세자의 대리청정이 시작되려 하자 그간 정권을 쥐고 있던 안동 김문으로서는 크게 긴장하지 않을 수 없었다. 게다가 이 세자는 그 전까지 후궁들 몸에서 난 세자들과 출신 성분 자체가 남다른 인물이었다.

효명세자의 대리청정을 연구한 김명숙은 대리청정이 있기 직전 친親 안동 김씨 계열인 정원용鄭元容과 이상황李相璜이 나눈 대화를 소개한다. 그것은 정원용의 증언이었다.

이상황이 정해년(1827년) 봄 고양의 시골에 가 있었는데, 하루 저녁에는 집으로 돌아가는 길에 나(정원용)를 만나보고자 했다. 이에 내가 무슨 일로 입성하는가 물으니 이상황이 말하기를 "김조순의 편지에 이르기를 일간 장차 주상께서 왕세자에게 대리청정을 시키는 일로 대신을 불러 그 뜻을 물을 것이라고 했기 때문에 그 일로 입성합니다. 만일 연석 筵席(경연장)에서 하교를 받으면 장차 무어라고 대답을 해야 합니까?" 했다. 내가 말하기를 "왕가에서 아들이 아버지의 수고로움을 대신하는 것은 가히 경축할 만한 일입니다. 그러나 주상의 나이가 많지 않은 때에 정사에 싫증이 나서 이렇게 정무를 놓아버리는 일이 있으면 뭇 신하들의 마음이 서운하지 않겠습니까? 그러나 신하된 도리로서는 대청을 반대하기에 어려움이 있으니 우리는 주상의 뜻에 순종할 뿐입니다"고 했다. 이상황이 답하기를 "그렇습니다. 그런데 김조순의 말이 약현대신(김재찬)이 수석首席으로서 또한 장차 경축사를 올린다고 합니다"고 했다. 그런데 하교가 내렸을 때 여러 대신들이 모두 이구동성으로 찬성했으나 그 후 심상규沈象奎가 당시 영의정으로서 유독 혼자 구설을 입었다.

김명숙은 당시 상황을 "김재찬이 세자의 대청을 주도하는 가운데 김조순, 이상황, 정원용 등 안김계 인물들이 이에 마지못해 따르고 있음"이라고 풀이했다. 여기서 보듯 세도정치의 수장 김조순은 사전에 대리청정 사실을 간파하고 있었다. 그만큼 우려도 깊었다.

세도가들의 우려는 대리청정 불과 사흘 후 세자의 첫 번째 행사에서 현실화된다. 2월 21일 태묘太廟(종묘)와 경모궁景慕宮(사도세자 사당), 영희전永禧殿(태조, 세조, 숙종, 영조 등의 영정을 모셔놓은 전각), 저경궁儲慶宮(선조의 후궁 인빈 김씨의 위패를 모셔놓은 사당)에 나아가 전배展拜를 하고 돌아온 세자는 의식을 거행하는 데 착오가 있었다며 전 이조판서 이희갑李羲甲·김재창金在昌과 이조판서 김이교金履喬에 대해 모두 봉급 2등을 감하라고 엄명을 내렸다. 김이교는 안동 김씨로 권력 핵심 중 한 명이었다.

이 작지만 중대한 에피소드에서 보듯 세자의 성품은 직선적이었다. 학식 또한 신하들에게 밀리지 않을 수준을 갖추고 있었다. 세자가 자신에게 부여된 권력을 정당하게 행사하는 한 외척 권세가들이라 하더라도 어찌할 수가 없었다. 군군신신君君臣臣, 왕은 지존이었고 신하는 신하일 뿐이었다. 그들로서는 세자의 눈빛 하나, 손짓 하나, 숨결 하나까지 그저 숨죽인 채 지켜보는 수밖에 없었다.

위풍당당威風堂堂. 대리청정하면서 보여준 세자의 모습이다. 3월 14일 이조판서 김이교가 사직을 청했다. 봉급 2등을 감하는 조치를 받았던 그 김이교다. 이유는 자신이 강원도관찰사로 천거한 김우순에 대해 세자가 문제가 있다며 퇴짜를 놓았기 때문이다. 일단 김이교의 사직서는 반려했다. 김이교(1764~1832)는 관찰사를 지낸 김방행의 아들로 1789년(정조 13) 문과에 급제해 초계문신으로 뽑혔고 같은 집안의 김조순과 함께 정조의 측근 그룹인 노론 시파의 일원으로 활약했다. 1800년 순조 즉위와 함께 노론 벽파가 정권을 장악하자 함경도 명천으로 유배됐다가 이듬해 석방됐고, 순조 6년 김조순이 이끄는 시파가 정권을 잡으면서 관직에 복귀해 동부승지, 이조참의, 강원도관찰사 등을 지냈다. 이후 대사성, 대사헌, 도승지 등을 거쳐 이조, 병조, 형조, 공조, 예조 등의 판서를 두루 역임했다. 세자 대리청정으로 한동안 고초를 겪게 되지만 순조 31년 영의정과 좌의정이 공석 중인 가운데 우의정에 올라 독상獨相으로서 국정을 좌우하는 위치에 오르게 된다.

3월 22일 세자는 임존상任存常을 대사간으로 낙점했다. 임존상은 문과 출신이기는 해도 이렇다 할 관직을 맡은 적이 없는 중견 관리였다. 1772년생으로 이때 그의 나이 53세였다. 1809년(순조 9) 문과에 급제해 이때 대사간에 오른 것이 그로서는 최고위직이었다. 그는 노론이 경멸해마지 않는 북인 출신이었다. 파격적 발탁의 이유는 바로 다음 날 드러난다. 3월 23일 임존상이 글을 올려 영의정 좌의정이 공석인 가운데 홀로 정승 자리를 지키고 있던 우의정 심상규를 겨냥해 "교만과 사치에 물든 자"라고 정면으로 공박했다. 세자 진영과 묵계 같은 것이 있지 않고서는 결코 있을 수 없는 일이 벌어졌다. 또 한 가지 3월 18일 안동 김씨를 공박하다가 대사간 정원용의 공격을 받고 함경도 경원부로 유배를 갔던 임업이 유배에서 풀려났다. 임업은 임존상의 종조부로 같은 집안이었다. 세자의 치밀한 계산을 엿볼 수 있는 대목이다.

'대리청정의 첫 번째 희생물' 심상규(1766~1838)의 아버지는 이조참판을 지낸 심념조이고 어려서부터 총명하여 책을 한꺼번에 다섯줄씩 읽은 것으로 유명하다. 1789년(정조 13) 문과에 급제해 정조의 총애를 받았고 정조를 가까이에서 보필한 노론 시파의 주요 인물이다. 김조순의 사람이었다. 순조 즉위 후 이조참의에 기용됐으나 노론 벽파의 정순대왕대비가 수렴청정을 하면서 탄핵을 받아 함경도 홍원으로 유배를 가야 했다. 그러나 김조순이 왕의 장인으로 세도를 장악하면서 관직에 복직해 대사간, 전라도관찰사, 도승지 등을 거쳐 육조판서를 두루 역임했다. 1825년 우의정에 올라 국정을 관장하게 되지만 이때 신임 대사간 임존상의 탄핵을 받아 고초를 겪게 된다. 황해도 장단으로 유배되어 한동안 정계에서 떠나 있던 심상규는 1832년에야 재기용되어 훗날 영의정에까지 오른다.

세자는 심상규의 교만과 사치 자체는 부인하지 않고 대리청정 초기에 대신臺臣이 대신大臣을 공박한 것은 "매우 한탄스럽고 놀랍다"며 임존상을 대사간 자리에서 내쫓는다. 노련한 견제구였다. 심상규도 성 밖으로 물러났다. 일종의 항의 표시였다. 그러나 이후 진행 과정을 보면 세자는 시나리오를 갖고 있었다.

다음 날인 3월 24일 우의정 심상규는 아예 시골로 낙향해버렸다. 항의의 강도를 높인 것이다. 그리고 세자는 이날 임존상의 후임으로 박기수를 대사간에 임명했다. 외형상으로 세자는 심상규가 다시 궐내로 돌아와 우의정에 복귀해줄 것을 요청하는 글을 계속 내렸다. 그러나 얼마 가지 않았다. 3월 30일 세자는 기강 확립을 이유로 심상규를 우의정에서 내친다는 글을 전격 발표했다. 이번에는 교만과 사치 때문이 아니라 자신의 거듭된 요청을 거부했다는 이유였다. 결국 심상규는 유배형 중에서는 가장 가벼운 중도부처형中途付處刑을 받아 경기도 이천으로 유배를 가야 했다. 흥미로운 것은 바로 이날 문제의 임존상을 핵심 요직인 이조참의로 임명했다는 점이다.

효명세자는 독상獨相 심상규를 내친 지 이틀 만에 영의정에 남공철, 좌의정에 이상황을 낙점한다. 두 사람 다 철저한 친親 안김이었다. 눈여겨봐야 할 점은 정승 임명을 순조가 아니라 세자가 직접 했다는 사실이다. 그만큼 세자의 결정을 순조도 전폭적으로 지지하고 있었다. 아니, 부자가 같은 노선을 걷고 있었다. 그렇지 않으면 아무리 대리청정이라 해도 정승의 임명까지 세자에게 맡길 수는 없었다.

영의정에 임명된 남공철(1760~1840)은 대제학을 지낸 남유용南有容의 아들로 1784년(정조 8) 그의 아버지가 정조의 사부師傅였기 때문에 음보로 세마에 등용되고 이어 산청 임실의 현감을 지냈다. 1792년(정조 16) 문과에 급제해 규장각 관리로 있으며 정조의 지극한 총애를 받았고 초계문신에 선임되어 김조순, 심상규 등과 함께 문체반정 운동에 앞장섰다. 무난한 처신으로 정치적 격랑 속에서도 큰 시련을 겪지 않았고 순조 즉위 후 이조판서를 아홉 차례나 역임하는 기록을 세우기도 했다. 1817년(순조 17) 우의정에 올라 줄곧 재상직에 있었다. 당대 제일의 문장가라는 평을 들었다. 좌의정에 임명된 이상황(1763~1841)은 성품이 검소하고 빈틈없는 일처리로 아래위로부터 모두 신망이 높았던 인물이다. 이상황은 효령대군의 후손으로 1786년(정조 10) 문과에 급제해 대사간, 관찰사, 형조·호조·이조판서 등을 두루 거쳐 1824년 좌의정에 오른 바 있었다. 1833년 영의정에 오른다.

권세를 누리던 안동 김씨 집안은 순조에게는 처가, 세자에게는 외가였다. 이조판서 김이교가 감봉을 당하고 사직 파동을 일으킨 것은 미미한 시작에 불과했다. 심상규 문제로 조정이 한창 어수선하던 3월 26일 세자는 전직 대신들의 천거를 받아들여 김유근金逌根을 평안도관찰사로 삼았다. 김유근은 김조순의 장남으로 순원왕후 김씨의 네 살 위 오빠였다. 순조에게는 윗처남, 세자에게는 큰외삼촌이었다.

김유근(1785~1840)은 1810년(순조 10) 문과에 급제해 이조참의를 거쳐 1819년에는 성균관 대사성에 오르는 등 초고속 승진가도를 달렸다. 3년 후 이조참판에 오르고 다시 3년 후인 1825년 대사헌이 되었다. 그리고 이때 평안도관찰사로 임명된다. 그런데 한 달 후인 4월 27일 김유근은 부임을 위해 평양으로 가던 중 강도를 당했으니 자신의 평안도관찰사 임명을 철회해달라는 글을 올렸다. 바로 다음 날 일단 김유근의 청을 받아들여 서능보徐能輔를 대신 평안도관찰사로 임명하고 김유근은 공조판서로 임명했다. 그런데 이틀 후인 4월 30일 소론 출신인 사헌부 집의 조경진趙璟鎭이 글을 올려 김유근은 천첩을 데리고 임지로 가려다가 험한 꼴을 당했으니 당장 파직의 벌을 시행해야 한다고 청했다. 일단 "다시 생각해보겠다"고 답했던 세자는 얼마 후 조경진을 당장 귀양 보낼 것을 명한다. 아마도 중전을 비롯한 외가의 반발이 거셌기 때문일 것이다. 거기서 한 걸음 나아가 세자는 다시 조경진을 국문할 것을 명한다.

"부덕한 내가 외람되이 대리청정의 명을 받들고 아침저녁으로 전전긍긍하여 마치 엷은 얼음을 밟듯이 했다. 내가 평소 나의 외가를 깎아내리는 뜻을 조정의 신하들에게 보인 적이 있었는가? 그런데 대리청정한 지 얼마 되지 않아 조경진 같은 무리들이 감히 안면을 싹 바꾸어 앞서거니 뒤서거니 한 패거리가 되어 반드시 우리 조정을 어지럽히고 우리 외가를 없애고자 하니, 그들의 심보를 따져보면 그들이 장차 어떤 변고를 일으킬지 어찌 알겠는가?"

귀양 가던 조경진을 다시 잡아들여 국문하도록 한 것은 외가의 반발이 더 강해졌다는 뜻이다. 국문할 경우 목숨을 잃을 수도 있었다. 그러나 이때 순조가 조정에 나섰다. 국문은 하지 말고 위리안치하도록 했다. 목숨은 구해주었다. 안동 김씨에 대한 공세에서 완급 조절이 이뤄지고 있었다. 대신 5월 19일 김유근은 병조판서로 임명된다. 하지만 조정 분위기를 모를 리 없는 김유근은 5월 24일 사직 상소를 올려 자신을 병조판서에서 체차할 뿐만 아니라 아예 사적仕籍에서 빼달라고 청했다. 최후통첩이었을까? 순조는 받아들이지 않았다.

이에 김유근은 성 밖으로 나가버렸고 세자는 연일 김유근을 찾아올 것을 신하들에게 명했다. 사단은 5월 29일에 올린 김유근의 상소였다. 세자에 대한 서운함을 조금도 숨기지 않는 직설적인 내용이었다. 이런 상소는 조선조 전체를 통틀어서도 드문 경우가 아닐 수 없었다.

신이 일전에 괴롭고 참통慘痛한 정상을 모두 다 진달했기에 양찰諒察하시고 즉시 신을 물리쳐서, 신으로 하여금 문을 닫고 허물을 자책하며 평생 동안 조용히 지내게 해주실 줄로 여기었습니다. 그런데 내리신 하답을 받아보니 불쌍히 여기지 않았을 뿐만 아니라, 도리어 단단히 붙들어매서 반드시 신으로 하여금 거꾸러져 창피한 꼴을 당하여 지키는 바를 잃게 하고야 말려고 하셨습니다. 어쩌면 그렇게도 저하께서는 신의 사람됨을 박하게 여겨 이 지경에 이르도록 하십니까?

우회를 모르는 젊은 세자의 분노가 폭발했다.

"나는 말할 때마다 심곡心曲을 다 쏟았는데, 병조판서는 계속 고집을 부리고 있으니 도리로 보아 실로 한탄스럽다. 공사 간에 사적인 것으로 공적인 일을 무시할 수 없으니, 병조판서 김유근을 우선 의금부에 내려 추고케 하라."

우의정 심상규를 날릴 때와 같은 이유였다. 더불어 김유근이 사은숙배謝恩肅拜도 없이 임의로 대궐 밖으로 나가도록 방치한 승정원 관리들도 모두 교체할 것을 명했다. 실은 그에 앞서 김이재金履載에 이어 이조판서를 맡고 있던 김조순의 칠촌조카 김교근金教根도 이 같은 분위기를 감지한 때문인지 5월 5일 판서직을 물러나겠다고 했으나 세자는 허락하지 않았다. 그러나 결국 7월 4일 물러나고 후임 이조판서에는 세자의 장인 조만영이 임명된다.

반면 김유근을 탄핵했다가 위리안치의 형을 받았던 조경진은 9월 7일 이조참의로 관직에 복귀한다. 심상규를 탄핵했던 임존상이 쫓겨났다가 복직한 자리도 이조참의다. 이조는 문신들의 인사를 담당하는 핵심 요직이다. 9월 20일 조경진은 임존상의 뒤를 이어 성균관 대사성에 오른다. 그러나 임존상이나 조경진 모두 3년 후 세자가 급서하자 조정에서 흔적도 없이 사라지게 된다.

'세자의 외삼촌' 김유근이 한창 험한 꼴을 당하고 있던 6월 김유근과 8촌인 이조판서 김교근이 병을 이유로 사직했다. 그 자리는 세자의 장인 조만영이 맡는다. 그 후 호조·형조판서로 자리를 옮겼던 김교근은 결국 순조 29년 아들 김병조와 함께 탄핵을 받았고 황해수사로 좌천되자 이를 거부하다가 옹진에 유배를 가게 된다. 김조순 다음으로 고위직에 있던 김유근과 김교근이 순차적으로 제거되었다는 것은 안동 김문으로서는 크나큰 타격이 아닐 수 없었다.

❖ **안동 김문의 대항마, 풍양 조씨 가문**

순조 27년 7월 18일 세자빈이 원손을 낳았다. 정비 순원왕후 김씨의 장남이 적장자를 낳은 것이다. 훗날의 헌종이다. 세자가 대리청정을 시작한지 정확히 5개월 만에 큰 경사였다. 근 100년 이래 적통 원자를 보기도 어렵던 조선 왕실에서 적통 원손이 탄생한 것이다.

역으로 거슬러 올라가보자. 순조는 정조와 수빈 박씨 사이에서 난 아들이다. 정조와 효의왕후 김씨 사이에는 자식이 없었다. 정조는 사도세자의 본부인에게서 났지만 사도세자는 영조와 영빈 이씨 사이에서 났다. 영조와 정성왕후 서씨 사이에는 자식이 없었다.

순조의 입장에서 보자면 자신은 처가 집안의 등쌀에 제대로 왕권을 발휘하지 못했지만 아들 대부터는 사정이 나아질 수 있다고 보았는지 모른다. 게다가 아들은 똑똑했고 결단력이 있었으며 며느리 세자빈의 태기까지 들려왔다. 순조가 서둘러 세자 대리청정을 결단한 여러 가지 배경 이유 중에 원손의 탄생 가능성도 유력한 이유였을 것이 분명하다. 사극 등을 통해 우리에게는 조대비로 익히 알려진 세자빈 조씨는 세자보다 한 살 위로 이때 스무 살이었다.

드디어 권력의 축이 순조의 장인 김조순(안동 김씨)에서 세자의 장인 조만영(풍양 조씨)으로 옮아갈 조짐을 보이기 시작했다. 순조가 전폭적으로 힘을 실어준 세자의 대리청정은 실제로 급속한 정권 교체 과정으로 진행되고 있었다.

조만영(1776~1846)은 판서를 지낸 조진관趙鎭寬의 아들로 1813년(순조 13) 문과에 급제했다. 1815년 문필이 뛰어나 홍문록弘文錄에 올랐고 이어 실시된 2차의 도당록都堂錄에도 오른 수재로 청요직을 거쳐 전라도 암행어사로 나가 각종 민폐를 바로잡는 데 크게 공을 세웠다. 1817년에는 심양사 서장관으로 청나라에 다녀왔으며 1819년 10월 부사직으로 있을 때 그의 딸이 세자빈(추증 익종비)으로 책봉되어 풍은부원군으로 왕실과 인척 관계를 맺었다. 이를 인연으로 하여 1820년 순조의 특지特旨로 이조참의에 승서되고 이어 성균관 대사성을 오래 지냈다. 1825년에는 금위

조만영의 초상. 자는 윤경胤卿, 호는 석애石厓. 풍양 조씨 가문의 핵심 인물로서 왕실 안전을 명분으로 각 군영의 대장직을 차례로 역임, 오랫동안 군사권을 장악하여 조씨 세도의 군사적 배경을 이루었다.

대장에 올랐고 비변사 제조를 거쳐 예조판서와 이조판서를 번갈아 맡기도 했다. 이미 대리청정 이전에도 만만치 않은 인물로 성장해 있었던 것이다.

대리청정과 함께 진행되는 그의 급부상은 눈부셨다. 대리청정 직전인 순조 27년 1월 10일 어영대장으로 있던 조만영은 윤5월 25일 훈련대장으로 옮긴다. 금위·어영·훈련 등 군의 3대 요직을 두루 역임한 것이다. 7월 4일 김교근이 이조판서에서 물러나자 후임이 된 조만영은 그해 12월 4일 형조판서로 자리를 옮긴다. 이듬해 8월 9일에는 호조판서로 임명되고 그러면서도 계속 훈련대장과 선혜청 제조를 겸직했다. 훗날 세자의 급서로 다른 측근들은 탄압을 받았지만 조만영은 특수한 관계로 인해 이 같은 공세에서 비켜갈 수 있었다.

여기서 조선 왕실과 풍양 조씨의 인연을 짚어볼 필요가 있다. 사실 풍양 조씨도 영조 때 왕실 외척이 될 기회가 있었다. 영조와 정성왕후 서씨와의 사이에 자손이 없는 가운데 정빈 이씨(훗날의 연우궁)가 아들을 낳았다. 훗날 진종으로 추존되는 효장세자다. 아홉 살 때 좌의정 조문명趙文命의 딸과 혼인을 하는데 이듬해 세상을 떠난다. 조문명이 바로 풍양 조씨다. 물론 효장세자와 세자빈 사이에는 후손이 없었다. 그 후 영빈 이씨가 다시 아들을 낳자 그 아이가 사도세자로 왕위에 오를 뻔하다가 영조에 의해 뒤주에 갇혀 비극적 죽음을 맞게 되고, 그 아들은 효장세자의 아들로 입적되어 영조의 왕통을 잇게 된다. 그가 바로 정조다. 훗날 효순왕후로 추존되는 효장세자의 부인 풍양 조씨는 1751년(영조 27) 37세의 젊은 나이로 삶을 마쳤다.

따라서 1819년 풍양 조씨 조만영의 딸이 세자빈이 됐다는 것은 90년 만에 다시 풍양 조씨가 왕실의 외척이 될 수 있는 기회를 맞았다는 뜻이기도 했다. 조만영의 집안은 안동 김씨만큼 권문세가는 아니어도 그 당시 만만치 않은 명문가 중 하나였다. 그의 증조부 조상경趙尙絅은 노론 이론가 김창협金昌協의 문인으로 1710년(숙종 36) 문과에 급제했고 삼사의 요직을 두루 거쳐 경종 때는 대사간, 승지 등을 역임했다. 그러나 1722년 노론 4대신이 참화를 입은 신임사화 때 그도 안주로 유배되었다가 아산으로 이배되었다. 1725년(영조 1) 풀려나 함경도관찰사에 임명되었다가 1727년 정미환국 때 파직되었으나 1729년 다시 기용되어 그해 5월 한성부 좌윤에 취임했다. 이어 병조·이조판서 등을 지냈다. 그가 죽자 영조는 충후공평忠厚公平한 인물을 잃었다고 애도했다. 이후 풍양 조씨 집안은 노론 성향에도 불구하고 충후공평한 분위기를 계속 이어오게 된다.

조상경에게는 조돈趙暾, 조엄趙曮 등의 아들이 있었다. 둘 다 문과에 급제해 조돈은 이조판서에까지 올랐고 조만영의 조부인 조엄도 이조판서에까지 오르지만 정조 초 홍국영의 미움을 받아 유배 생활을 하던 중 세상을 떠났다. 조엄은 특히 경사經史에 밝을 뿐만 아니라 민생 문제에도 깊은 관심을 갖고 있어 1763년 통신사로 일본에 갔다가 올 때 대마도에서 고구마 종자를 들여와 조선 백성들의 구황식물로 자리 잡게 한 장본인이다.

조만영의 아버지 조진관(1739~1808)은 1762년(영조 38) 사마시에 합격하여 1771년 의금부 도사에 임명된 뒤 1775년 세자익위사 시직으로 있을 때 구현시에 장원급제해 동부승지, 광주부윤을 지냈다. 1776년(정조 즉위년) 당시 평안도 관찰사로 있던 아버지 조엄이 이조판서로 있었을 때의 인사 문제와 관련해 홍국영 일당의 무고로 죄인의 누명을 쓰자 신문고를 울리고, 옥중에서 자살을 기도하는 등 홍국영의 세도 권력에 항거했다. 홍국영이 실각한 후 1788년 관직에 복귀해 도승지, 형조·이조판서 등을 지냈고 순조 때도 호조·병조·형조·공조판서 등을 두루 지냈다. 조진관에게는 조만영과 조인영趙寅永 두 아들이 있었다.

조인영은 흥선대원군과 관련해서는 조만영보다 더 주목해서 봐야 할 인물이다. 대원군의 든든한 후견인 역할을 하게 되는 김노경金魯敬, 김정희金正喜 부자와 밀접하게 연결되어 있었기 때문이다. 조인영과 김정희는 과거 동기생이다. 조인영(1782~1850)은 1819년(순조 19) 문과에 장원급제했고 1822년에는 홍문록과 도당록에 나란히 오를 만큼 최고 엘리트로 인정을 받아 같은 해 함경도 암행어사로 나갔다. 이때 조인영은 부패한 수령을 처벌하고 선정을 베푼 수령에 대한 특진을 건의하는 등 지방 행정 개혁에 눈부신 공을 세웠다. 이듬해 대사헌에 오르고 1825년 경상 도관찰사로 부임했다.

세자 대리청정 직후인 1827년 4월 19일 조인영은 이조참의로 발령을 받아 한양으로 올라온다. 두 달 후인 윤5월 14일 홍문관 부제학으로 자리를 옮긴 조인영은 다시 한 달 후인 6월 21일 김로와 함께 규장각 직제학으로 보임된다. 11월 21일 성균관 대사성으로 갔던 12월 12일 그는 통정대부(정3품 당상관)에서 가선대부(종2품)로 가자加資(품계가 올라가는 것) 됐다. 참판급에 올랐다는 뜻이다. 이듬해 1월 13일 조인영은 전라도관찰사로 발령을 받는다. 1년여가 지난 1830년(순조 30) 3월 23일 조인영은 비변사 제조로 임명된다. 그리고 세자가 급서하기 직전 홍문관 제학에 오른다. 본격적인 정치적 도약을 앞둔 시점에서 세자가 급서하게 되는 것이다. 이후 순조가 죽고 1835년 헌종이 즉위하자 세자의 부인인 조대비, 형 조만영과 함께 풍양 조씨 세도정치의 중심축을 형성하게 되고, 호조판서, 이조판서를 거쳐 우의정에 오른다. 이 무렵 기해박해를 일으켜 천주교 탄압에 앞장섰고 헌종 7년 영의정에 오른 뒤 네 차례나 영의정을 지낸다. 그는 문장, 글씨, 그림에 모두 능해 당대 제1인자라는 평을 들었으며 김정희와 깊은 학문적 교유 관계를 가졌다. 실록에 담긴 그의 졸기의 일부다.

집안은 효우孝友로 전해왔고 몸소 검약을 실천하여 언행과 마음가짐이 가히 5척의 어린 왕을 부탁하고 큰일을 맡길 만했다. 순조의 지우知遇(총애)를 받아 헌종을 보도輔導하느라 8년을 궁중에서 지냈는데, 전일專

—한 충심은 왕을 받들고 백성을 보살핌을 자기의 소임으로 삼았고, 나라를 걱정하고 집안을 잊음을 살림살이로 여겼다. 일을 헤아리고 이치를 보는 데에는 조금도 어긋남이 없었고, 모든 일을 설계하여 펼치고 시행함에 있어 조야朝野가 믿고 중히 여겼음이 마치 시귀蓍龜(시초점과 거북점을 뜻하는 것으로 나라의 중추적 역할이었다는 뜻)와 같았다. 문학과 사장詞章에 있어서도 세상의 종장이 되었는데, 육경에 근저를 두고 백가를 섭렵하여 문단의 맹주로 지냄이 10여 년이나 되었다.

　그 밖에 풍양 조씨 집안에서는 조종영趙鍾永, 조병현趙秉鉉이 대리청정기에 두각을 나타냈다. 조만영, 조인영 형제와는 6촌간인 조종영(1771~1829)은 경상도관찰사를 지낸 조진택의 아들로 1799년(정조 23) 문과에 급제해 관찰사와 공조·형조·호조 등의 참판을 역임하고 이조판서에 올랐다. 그는 박규수朴珪壽와 깊은 친분을 나눴다. 세자 대리청정 중이던 1829년 의정부 우참찬에 제수되어 정승 임명이 얼마 남지 않았을 때 세상을 떠난다. 그의 죽음은 세자 진영으로서는 크나큰 전력 손실이었다.
　조만영 형제에게 먼 조카뻘 되는 조병현이 대리청정기에 보여준 활약은 눈부셨다. 그만큼 안동 김씨에게는 눈엣가시 같은 존재였다고 할 수 있다. 조병현(1791~1849)은 이조판서 조득영의 아들로 1822년(순조 22) 문과에 급제해 사헌부 지평을 거쳐 대리청정이 있던 1827년 암행어사가 된다. 세자의 배려 때문이었다. 이때의 경험을 바탕으로 그는 오히려 훗날 풍양 조씨 세도정치의 핵심 인물로 성장하게 된다. 1838년(헌종 4) 예조판서에 오르고 다음 해 병조판서, 형조판서 등을 지내며 안동 김씨를 배척하는 벽파의 실권자로서 천주교를 탄압, 기해박해의 중심인물이 되었다. 그 후 안동 김씨 세력의 탄핵을 받아 거제도에 위리안치되고 잠시 풀려나기는 했지만 1849년 6월 철종의 즉위로 대왕대비 김씨(순조비)가 수렴청정하자 다시 전라남도 지도에 위리안치되었다가 그해 9월 사사되었다.

❖ 인적 쇄신에 나서는 세자

기득권 세력인 안동 김씨 입장에서 보자면 자신들의 목을 직접 죄어오는 세자의 손길 이상으로, 그동안 권력에서 소외되어 있던 세력들을 즉각 발굴 발탁해 핵심 부서에 딱딱 배치하는 세자의 포석이 더 무서웠는지 모른다. 모든 면에서 정통성을 가진 세자였다. 임존상이나 조경진은 빙산의 일각이 드러난 데 불과했다.

먼저 대리청정 3년 동안 세자의 장인 조만영의 진출 과정을 다시 한번 상세하게 추적해볼 필요가 있다. 순조 27년 윤5월 18일 세자우부빈객, 윤5월 25일 어영대장, 7월 4일 이조판서(김교근) 후임, 8월 16일 선혜청 제조, 12월 4일 형조판서, 순조 28년 3월 5일 한성부 판윤, 순조 29년 8월 29일 호조판서로 훈련대장 겸임 등으로 이어지면서 정승을 제외한 거의 모든 문무 요직을 두루 거쳤다. 반면 순조의 장인 김조순은 대제학에서 물러나 돈녕부 영사로 있으며 3년 내내 이렇다 할 움직임을 전혀 보이지 않았다. 김조순은 누구보다 권력의 속성을 잘 알고 있는 인물이었다. 불과도 같은 권력이 활활 타오를 때는 멀찌감치 물러나 기다릴 줄 알았다.

한편 세자는 안동 김씨 세력권에 포함되지 않아 한직에 머물러 있던 숨은 인재들을 무서운 속도로 발탁하기 시작했다. 대부분 개혁 성향이 강하고 청렴한 인물들이었다는 점에서 눈길이 간다. 그 대표적인 인물이 이지연李止淵(1777~1841)이다. 이지연은 세종의 다섯째 아들 광평대군의 후손으로 공조참판을 지낸 이의열의 아들이다. 1805년(순조 5) 문과에 급제해 병조좌랑, 사헌부 지평, 예조참판, 경상도관찰사 등을 지냈으나 요직에는 오르지 못했다. 세자의 대리청정이 시작된 후 순조 27년 7월 16일 이조참판에 제수된 것을 시작으로 10월 4일 예조판서, 10월 20일 공조판서, 순조 28년 홍문관 제학, 4월 1일 형조판서, 5월 25일 광주부 유수, 순조 29년 8월 24일 다시 형조판서, 순조 30년 윤4월 8일 한성부 판윤을 지냈다. 특진에 특진을 거듭한 것이다. 이후에 그는 1837년(헌종 3) 우의정에 오르고 이듬해 영의정 이상황과 좌의정 박종훈朴宗薰이 사직하자, 홀로 상신相臣(정승)의 자리에 있으면서 조세를 고르게 하고 연화燕貨를 금하며 전정田政을 바로잡을 것 등을 건의했다. 조대비의 최측근으로서 1839년 사교를 금할 것을 주장하여 앙베르, 모방, 샤스탕 등 프랑스 신부를 비롯한 많은 천주교인을 학살한 기해박해를 일으킨 장본인이기도 하다. 같은 해 사직하고 중추부 판사로 물러나 있다가 1840년 대사간 이재학李在鶴, 대사헌 이희준李羲準 등에 의하여 정권을 마음대로 했다는 탄핵을 받고 함경도 명천에 유배되어 그곳에서 죽었다. 실록은 그에 대해 "용모가 뛰어나고 마음이 곧고 신의가 있었으며 뜻이 깊고 생각이 원대했다"고 평한다. 이지연의 정치 스타일은 여러 점에서 훗날의 흥선대원군과 지향하는 바가 같다는 점에서 주목을 요한다.

홍기섭洪起燮(1776~1831)의 도약도 이지연 못지않다. 홍기섭은 병조판서 홍만섭의 아우로 1802년(순조 2) 문과에 급제해 순조 10년 김유근과 함께 홍문록에 올랐고 순조 12년 역시 김유근과 함께 도당록에 오른 것으로 보아 장래가 촉망되는 문신이었다고 할 수 있다. 순조 17년 대사간에 올랐고 순조 21년 성균관 대사성을 지냈으며 이후 이조참의, 승지 등을 지냈지만 현직顯職에 나아가지는 못했다. 그러나 세자의 대리청정은 모든 것을 바꿔놓았다. 대리청정과 함께 특진을 거듭했고 순조 27년 8월 13일 한성부 판윤에 제수되었다. 이후 9월 7일 형조판서, 10월 7일 예조판서, 순조 28년 4월 3일 대사헌, 10월 25일 동지사 정사 등을 지냈고 순조 29년 7월 28일부터 예조판서를 맡고 있다가 11월 29일 조만영, 홍석주 등과 함께 세손(훗날의 헌종) 책례도감 제조를 역임했다. 그러나 순조 30년 5월 6일 세자가 급서하면서 홍기섭의 운명은 바람 앞에 등불 신세로 바뀌게 된다. 삼사는 말할 것도 없고 성균관 유생들까지 나서 '내의원 제조'를 겸했던 홍기섭의 처벌을 상소하고 나섰기 때문이다. 이후 그의 정치생명은 사실상 끝나고 만다.

또 하나 주목해야 한 인물은 흥선대원군 이하응李昰應과 직간접적으로 연결됐었던 추사 김정희의 아버지 김노경(1766~1840)이다. 김노경은 영조의 부마였던 월성위 김한신의 손자이며 판서를 지낸 김이주의 아들로 추사 김정희의 생부이다. 조부 월성위의 궁宮이 인왕산 밑 백운동에 있었던 관계로 여기서 성장했다. 1801년(순조 1) 음보로 선공부정을 지내고 1805년 문과에 급제해 사헌부 지평을 거쳐 1830년까지 승지, 이조참판, 경상도관찰사, 평안도관찰사, 그리고 육조의 판서와 대사헌, 광주유수 등 요직을 역임하는 동안 동지 겸 사은부사(1809년), 동지사(1822년)로 두 차례 북경을 다녀왔고, 1824년 3월과 9월 두 차례에 걸쳐 한성부 판윤을 지냈다. 순조의 총애를 받은 그는 1825년 대사헌, 예조판서, 의금부판사, 홍문관 제학, 병조판서, 세자빈객, 한성부 판윤, 병조판서 등을 지내다가 세자의 대리청정을 맞았다. 세자는 각종 판결을 위해 대리청정과 함께 김노경을 다시 의금부 판사로 임명했고 이어 예문관 제학, 광주유수, 호조판서, 평안도관찰사 등을 지냈다. 김노경 또한 순조 30년 5월 세자의 급서와 함께 삼사로부터 권력을 농단하고 윤상도尹尙度의 옥獄을 일으킨 배후 조종자였다는 탄핵을 받아 거제도에 유배되었다. 1833년 순조의 특별 배려로 죄가 풀려 의금부 판사에 오르기도 했으나 헌종 즉위 후 순원왕후 김씨의 수렴청정 하에서 다시 권력을 잡게 된 안동 김씨 일파에 의해 전라도 강진현 고금도에 위리안치되고 1840년 사사되었다.

김노경과 함께 세자의 대리청정 때 최측근 권신으로 부상한 인물이 김로金鏴(1783~?)다. 김로는 대리청정을 추진했던 영의정 김재찬의 조카로 1823년(순조 23) 문과에 급제해 이듬해 평안도 암행어사로 나갔고 이어 대리청정 한 달여가 지난 3월 26일 세자는 직접 김로를 성균관 대사성으로 임명한다. 5월 17일 홍문관 부제학으로 자리를 옮겼던 김로는 다시 한 달여 후인 윤5월 25일 요직 중에서도 핵심인 비변사 부제조로 차출된다. 이어 6월 1일 홍문관 부제학에서 이조참의로 자리를 옮긴 김로는 6월 21일 조인영과 함께 규장각 직제학으로 임명된다. 훗날 대원군의 최측근이 되는 조두순趙斗淳도 같은 날 규장각 대교로 임명됐다.

세자는 다시 7월 13일 자신의 학문을 가까이에서 보좌할 경연 동지사로 김로를 발탁했다. 눈부신 승진이었다. 잠시 홍문관 부제학을 다시 맡았던 김로는 9월 18일 이조참판으로 승진한다. 문신 인사를 다루는 요직이었다. 10월 20일 홍문관 제학으로 다시 자리를 옮겼던 김로는 순조 28

년 1월 2일 이조판서에 임명된다. 6개월 만에 참의에서 판서에 오른 것이다. 참고로 이조참의는 정3품 당상관이고 참판은 종2품, 판서는 정2품이다. 이후에도 예문관 홍문관의 제학을 거쳐 6월 24일 세자는 특지로 김로를 병조판서로 임명한다. 7월 10일 호조판서로 자리를 옮긴 김로는 다시 이조판서를 맡았다가 이듬해 2월 25일 스스로 이조판서직에서 물러난다. 그러나 얼마 후 세자가 급서하자 그에 관한 정적들의 탄핵이 쏟아졌다. 결국 경상도 남해로 유배를 가야 했다. 하지만 김노경과 달리 김로는 헌종 즉위 초 유배에서 풀려나 사은사로 북경을 다녀오고 그 후 대사헌을 거쳐 이조판서에 복귀했다. 다만 졸卒한 연대는 불분명하다.

훗날 세자가 급서하자 김로, 홍기섭, 이인부李寅溥, 김노경 4인은 '익종 4간신'으로 낙인찍혔다. 물론 안동 김씨 쪽에서 그렇게 불렀다. 이인부는 순조 13년 문과에 급제해 관직에 나왔고 순조 17년 11월 임존상과 같이 홍문록에 올랐다. 홍문록에 올랐다는 것은 홍문관 후보 명단에 든 것으로 엘리트 코스를 걷기 시작했다는 뜻이다. 순조 21년 조종영이 홍문관 부제학으로 있을 때 이인부는 그 밑에서 부수찬으로 근무하고 있었다. 2년 후 대사간에 오르고, 순조 25년 성균관 대사성을 거쳐 대리청정 때는 주로 대사간으로 있으면서 안동 김씨와 삼정승을 압박하는 역할을 했다.

순조 30년 5월 6일 세자가 급서하자 5월 30일부터 삼사에서는 경쟁적으로 '익종 4간신'에 대한 탄핵이 잇따랐다. 남공철을 비롯한 정승들까지 나서 이들에 대한 처벌을 주청하자 결국 순조는 8월 29일 이들에 대한 처벌을 명한다. 이때 순조의 말이 인상적이다.

"아껴도 도와줄 수 없다."

이 말은 김로를 남해로 귀양 보내라면서 한 말이지만 '익종 4간신' 모두에 해당된다고 할 수 있다. 이후 이인부라는 이름은 역사 속에서 사라지고 만다.

❖ 물거품으로 돌아간 왕권 강화의 꿈

여전히 조정의 힘을 장악하고 있던 안동 김씨로서는 특단의 대책을 세우지 않을 수 없었다. 열아홉 살 세자의 공세가 자신들의 예상을 훨씬 뛰어넘고 있었기 때문이다. 적어도 자신들이 가진 힘의 존재를 은근하게라도 과시할 필요가 있었다. 반격은 대리청정 6개월여 만에 나왔다.

8월 4일 서유규徐有圭라는 사람이 창덕궁 돈화문 안쪽에 설치된 신문고를 쳤다. 내용은 순조 14년에 풍양 조씨와 가까운 이조원李肇源, 이용수李龍秀 부자가 역모를 꾸미려다가 이를 자기 아버지 서만수徐萬修가 고발하려 하자 오히려 자기 아버지를 역모로 몰아 죽게 만들었다는 것이었다. 당시 이조원은 봉조하로 있으며 현직에서는 물러나 있었다.

이조원(1758~1832)은 형조판서를 지낸 이민보의 아들로 1792년(정조 16) 문과에 장원급제해 대사간을 거쳐 1812년(순조 12) 형조판서에 올랐다. 그러나 한성의 서부에 사는 사대부의 노비가 살인을 하고 도망한 사건을 해결하지 못하여 파직되기도 했다. 얼마 뒤 풀려나 좌참찬, 예조판서 등을 지내고 여러 차례 사신으로 북경을 다녀온 뒤 정계에서 물러나 이때는 봉조하로 있었다.

세자는 일단 서유규를 변방으로 유배를 보낼 것을 명했다. 한편 형조판서 이면승李勉昇은 서유규가 신문고를 통해 밝힌 이조원의 '역모 사건'은 별도로 조사해야 한다고 상서했고 세자는 거부했다. 이에 안동 김씨는 바로 다음 날인 8월 5일부터 사헌부, 사간원, 홍문관은 삼사와 승지들을 동원해 이조원을 탄핵하기 시작했다. 이에 맞서 세자도 이조원을 탄핵한 사간 홍영관, 승지 이해청, 지평 한진호 등을 사판仕版(관리 명부)에서 삭제하거나 극변으로의 유배를 명했다. 8월 7일에는 대사간 이문회李文會 등이 연명으로 이조원을 국문할 것을 청했다. 세자가 힘에서 밀리기 시작했다. 결국 8월 12일 안동 김씨의 최고 실력자이자 세자의 외할아버지인 돈녕부 영사 김조순이 나선다. 당시 상황에 대한 재조사를 은근히 촉구하는 내용이었다.

상황이 바뀌었다. 8월 16일에는 영의정 남공철, 좌의정 이상황, 우의정 이존수 등 삼정승까지 나서 조사의 불가피성을 논하면서 대조大朝(순조)의 허락을 얻어내야 한다는 입장을 밝혔다. 정승은 안동 김씨, 대간은 반反 안동 김씨였기 때문이다. 세자도 대조께 여쭙겠노라며 한 걸음 물러서야 했다. 결국 이날 이조원은 귀양을 가야 했고 훗날 귀양지에서 사약을 받고 삶을 마감하게 된다. 안동 김씨와 풍양 조씨의 파워 게임에서 희생양이 되고 만 것이다. 세자로서는 현실 정치의 벽을 절감하는 위기의 순간이기도 했다.

상황이 이처럼 대리청정을 하는 세자와 안동 김씨 세도정치를 이끄는 김조순의 충돌로 확산되자 삼정승들의 입장이 난처해졌다. 이들은 8월 하순부터 차례로 사직 상소를 올려 정승직에서 물러날 것을 청했고 세자는 이를 반려하는 일을 그해 연말까지 반복해야 했다. 급기야 이듬해(순조 28년) 1월 23일 세자의 불만이 폭발한다.

"요즈음 조정의 일을 보면 가히 백 가지가 다 해이해져서 수습할 수가 없다고 이르겠다. 위로는 대관大官(정승)으로부터 아래로 백집사百執事의 끄트머리에 이르기까지, 모두 나라를 생각하는 마음이 있어서 험난한 것을 꺼리지 않는 뜻을 가졌다면 거의 나라를 유지하며 날을 보낼 수 있겠지만, 지금은 이와 반대로 되어서 대관이 오래 자리를 지키지 않으려고 사직하는 글을 올리기를 그치지 않으니, 국사를 장차 믿을 수가 없겠으며 백성의 운명은 가까운 장래에 끝날 것 같다. 나는 부덕한 사람으로서 외람되게 대리청정을 하는 직위를 맡았는데, 만일 조금이라도 무엇인가 할 수 있는 자질과 일신日新하는 정사가 있다고 하면, 어찌 혹시라도 모두들 돌아보며 뒤로 물러가 조정에 서고 싶지 않은 마음이 있을 수 있겠는가? 스스로 돌아보며 부끄러운 마음으로 한탄하며 차라리 아무 말도 하고 싶지 않고 듣고 싶지도 않다."

답답함과 분노가 함께 녹아들어 있는 언급이다. 한편 바로 이 무렵인 2월 1일 이하응의 첫째 형인 흥녕군 이창응李昌應이 사망했다는 기록이 실록에 나온다. 이하응의 나이 열 살 때였다. 2월 11일에는 우의정 이존수가 스물한 번째로 올린 상소를 받아들여 사직을 허락한다.

대리청정이 본격화된 순조 29년 12월 안동 김씨 출신의 한성부 판윤 김이재가 본격적으로 세자에 맞선다. 김이재는 대리청정 기간 내내 대사헌으로 있다가 얼마 전 판윤으로 자리를 옮긴 터였다. 작심을 하고서 글을 올려 사직을 청하면서 세자의 정치와 측근 세력을 비판했다. 김이재의 상소는 상당히 중요하다. 안동 김문과 세자 측근의 대립이 실은 노론 시파와 노론 벽파의 대립이라는 근본적 사실을 명확하게 보여주고 있기 때문이다. 김노경 김정희 부자의 경우 경주 김씨로 정순왕대비와 같은 집안이다. 즉 풍양 조씨가 시파에서 벽파로 전환하면서 김재찬, 김노경 등과 손을 잡고 세자를 지원해 안동 김씨를 고립시키려는 정국에 대해 김이재는 정면으로 비판하고 있었다.

대개 저들 일변一邊의 흉도들이 신의 집안을 원수로 보는 데는 거기에 곡절이 있습니다. 김한록金漢祿은 곧 김귀주의 종숙從叔이며, 그들 무리가 영수로 추대하는 자인데, 신의 조부인 신臣 김시찬金時粲의 한마디 말에 그 흉모凶謀가 좌절되었으니 김귀주, 김한록의 죄는 저하께서도 또한 거의 환하게 다 아실 것입니다. 신의 집안 여러 사람들은 대대로 이 의리를 지켜온 까닭에, 신의 재종형인 참판 신臣 김이성金履成이 이 일로 연석에서 여러 번 아뢰었습니다. 김이성이 세상을 떠나게 되자, 벽파의 거두인 심환지, 정일환鄭日煥의 무리가 기염을 토함이 바야흐로 치성熾盛했는데, 이에 그들의 영수를 위해서 그 지난날의 흔적을 지워 버리려고 신의 형제를 향하여 온갖 방법으로 협박하고 구슬렸으나, 집 안에서 전하여 지켜온 바를 감히 신으로부터 민몰泯沒시킬 수 없었으 니, 서신으로 왕복하며 변척辨斥한 것이 모두 증거가 있습니다.

원래 11월 대사헌으로 있던 김이재가 세자가 중시하는 이서구를 '벽 파의 와주窩主'라 하여 비판하자 부호군 신의학愼宜學이 오히려 김이재를 소인으로 몰아 공격했다. 군왕이 언급하지 않았는데도 조정의 요직에 있 는 인물을 소인이라고 지목하는 것은 당시로서는 목숨을 건 비판이었다. 세자는 그 즉시 신의학을 유배 보낸 후 사형에 처했다. 굳이 세자가 벽파 의 화신으로 낙인찍힐 필요는 없었기 때문이다. 그러나 대체적으로 세자가 신임했던 인물들이 벽파 쪽에 섰던 인물임은 부인하기 어려웠기 때문에 김이재의 반격은 대단히 효과적이었다. 안동 김씨의 파워는 그만큼 막강했던 것이다. 훗날 김이재는 좌의정에까지 오르게 된다.

이처럼 세자는 자기 세상을 열기 위한 준비 단계로 인적 쇄신이 어느 정도 마무리되어가던 시점에서 급서를 하게 된 것이다.

조대비와
흥선대원군의 시대

❖ **소현세자의 저주, 삼종혈맥이 끊어지다**

1863년 12월 8일 33세의 철종이 재위 14년 만에 병으로 창덕궁 대조전
에서 세상을 떠났다. 철종의 죽음으로 500년 가까이 이어온 조선 왕실의
대통은 사실상 끊어진 것이나 마찬가지였다. 이 점을 정확히 이해하려면
삼종혈맥 계승을 위한 영조와 정조의 간절한 염원을 먼저 알아야 한다.

　삼종三宗이란 효종-현종-숙종을 말한다. 그것은 곧 인조 이후 소현세
자나 그 밖의 다른 형제가 아니라 봉림대군(효종)으로 내려오는 혈통을
뜻한다. 인조에게는 소현세자, 봉림대군, 인평대군, 용성대군 등 4명의
아들이 있었다. 인조 때 소현세자가 의문사하고 처가인 강씨 집안까지
초토화됐다. 왕위는 인조의 뜻에 따라 소현세자의 아들이 아니라 봉림대
군이 이었다. 봉림대군과 인평대군 사이에도 세종 이후 수양대군과 안평
대군의 충돌만큼 노골적인 대립은 아니지만 왕통 계승을 둘러싼 갈등이

없지 않았다. 봉림대군은 서인 중에서도 노론의 지지를 받은 반면 인평대군은 남인과 깊은 인연을 맺었다.

말년의 숙종은 후계 문제를 두고 깊은 고민에 빠졌다. 아버지와 자신은 독자였고 자신의 아들들은 모두 서출이다. 적장자여도 왕권을 장악하는 일이 얼마나 어려운데 서자 출신이 왕이 될 경우 과연 왕 노릇을 제대로 해나갈 수 있을까? 용성대군은 일찍 세상을 떠나서 그렇다 치더라도 소현세자 집안이나 인평대군 집안은 자손이 번성하고 있는데 봉림대군(효종)으로 이어져 내려오는 혈통은 점점 씨가 말라가고 있는 것은 아닐까? 1718년(숙종 44) 3월 25일 숙종이 대신들을 불러 소현세자빈 강씨의 신원을 명한 것도 그 때문이었다. 그리고 《주역周易》의 〈곤괘坤卦〉에 나오는 말, "선을 쌓은 집안은 반드시 남는 경사가 있고, 불선을 쌓는 집안은 반드시 남는 재앙이 있다"를 언급하면서 소현세자의 후손인 임창군의 자손이 번성하는 것도 이 곤괘가 옳다는 것을 입증해주는 것이라고 말한다.

소현세자에게는 석철石鐵, 석린石麟, 석견石堅, 세 아들이 있었다. 뒤에 각각 경선군, 경완군, 경안군으로 추봉되는데 막내 경안군의 장남이 바로 임창군 이혼李焜이다. 인평대군 이요의 집안도 숙종이 아꼈던 삼복(복창군, 복선군, 복평군)이 정쟁으로 참화를 당하기는 했지만 그 다음 대에 가서 크게 번성했다. 뒤에 살펴보게 되겠지만 흥선대원군은 봉림대군의 핏줄이 아니라 인평대군의 후손이다. 아버지 남연군 이구李球는 인평대군의 5대손인 생원 이병원의 둘째 아들이었는데 사도세자와 숙빈 임씨 사이에서 난 서자 은신군의 양자로 입적되면서 군君을 하사받았다. 은신군 이진은 정조의 배다른 동생으로 영조 47년 영조의 계비인 정순왕후 김씨의 오빠 김귀주의 공작으로 제주도에 유배되어 그곳에서 죽었다.

숙종의 후손을 따라가보자. 숙종의 서출 3명 중에서 연령군은 1719년(숙종 45) 21세의 나이로 후사 없이 세상을 떠났다. 정조 1년 연령군의 적통은 이미 세상을 떠난 은신군 이진이 잇도록 하는 조처가 내려졌다. 따라서 실질적인 핏줄이 아니라 족보상의 핏줄로 따지자면 숙종-연령군-은신군-남연군-흥선대원군-고종이 되는 것이다. 숙종 사후 왕통은 세자(경종)와 연잉군(영조)으로 이어진다. 경종은 후사가 없었다. 경종 사후 숙종의 혈맥을 잇고 있는 사람은 조선에 영조 딱 한 사람뿐이었다. 숙종이 우려했던 '소현세자의 저주'가 본격화되는 것은 영조 때에 와서다. 이 때부터 삼종혈맥을 이어야 한다는 것은 하나의 강박관념이 됐다.

연잉군으로 있을 때 혼인한 정성왕후 서씨가 자식을 낳지 못했다. 후궁인 정빈 이씨가 훗날 진종으로 추존되는 효장세자를 낳았지만 어려서 죽었다. 그리고 영빈 이씨가 아들을 낳으니 그가 사도세자다. 그 후 계비인 정순왕후 김씨, 귀인 조씨, 숙의 문씨 등이 있었지만 아이를 낳지 못하거나 아들을 낳지 못했다. 삼종혈맥은 사도세자 하나뿐이었다. 영조는 바로 그 사도세자를 자기 손으로 죽였다.

사도세자가 뒤주에서 죽을 때 세자에게는 본부인 혜경궁 홍씨가 낳은 열한 살 세손이 있었다. 그가 바로 정조다. 원래 정조 위로 의소세손懿昭世孫이 있었지만 두 살 무렵 죽었다. 또 사도세자는 숙빈 임씨와의 사이에 은언군, 은신군 형제를, 경빈 박씨와의 사이에 은전군을 두었다. 그러나 앞서 본대로 은신군은 영조 말 제주도로 유배되었다가 죽었고 은전군도 정조 즉위 초 역모에 연루되어 사형을 당했다. 하나 남은 이복형제 은언군마저 정순왕대비 세력이 제거하려 했으나 정조가 온몸으로 막아서

는 바람에 강화도 유폐라는 타협책을 통해 목숨은 건졌다. 바로 그 은언
군의 손자가 '강화 도령' 철종이다.

정조도 '소현세자의 저주'에서 벗어나지 못했다. 효의왕후 김씨가 자
식을 낳지 못했고 의빈 성씨가 문효세자를 낳았으나 어려서 죽었다. 그
나마 수빈 박씨가 아들을 낳음으로써 겨우 삼종혈맥은 끊어지지 않을 수
있었다. 순조는 순원왕후 김씨와의 나이에 영명한 효명세자를 두었다.
그런데 대리청정을 통해 정치를 익혀가면서 안동 김씨의 세도를 견제하
고 탕평을 꾀하려던 세자는 1830년(순조 30) 22세의 나이로 의문의 죽음
을 당한다. 훗날 익종으로 추존된다. 순조에게는 효명세자의 남동생도
있었으나 일찍 죽었기 때문에 1834년 순조가 세상을 떠나자 효명세자의
여덟 살짜리 아들이 즉위하게 된다. 헌종이다. 그런데 헌종은 효현왕후
김씨와 효정왕후 홍씨 사이에서 자식을 두지 못했고 숙의 김씨와의 사
이에 딸 하나를 얻었는데 그 공주 또한 어려서 죽었다. 그리고 1849년
헌종은 세상을 떠났다. 왕실의 정맥이 끊어졌다. 조선 왕실로 보자면 명
종 이후 두 번째의 중대한 위기였다. 이 정도 되자 왕실의 권위는 온 데
간 데 없었다. 안동 김씨와 풍양 조씨의 세도정치가 정국을 좌우하고 있
었다.

삼종혈맥을 잇는다는 원칙 하에 뒤지고 뒤진 결과 찾아낸 인물이 강화
도에 유폐됐던 은언군의 손자다. 순조비였던 안동 김씨 집안 순원왕대비
의 결정에 따른 것이었다. 헌종 즉위로 서열상 순원왕대비가 수렴청정을
맡았기 때문이다. 열아홉 살의 강화도령 철종은 14년 7개월 재위하며 철
인왕후 김씨를 비롯해 많은 후궁들 사이에 아들을 낳았지만 하나같이 어
려서 죽었다. 철인왕후 김씨(1837~1878)는 안동 김씨 영은부원군 김문근

철종이 태어난 강화도 생가 용흥궁. 조선 왕실은 강화 도령 철종을 왕좌에 앉히며 대를 이어갔으나 철종은 정치에 어두웠고 안동 김문의 전횡으로 전국에서 민란이 속출했다.

金汶根의 딸로 1851년 왕비에 책봉되었다. 본래 그녀가 왕비가 된 것은 안동 김씨 집안이 비가 없던 철종에게 자기 집안의 사람을 왕비로 들여 권력을 독점하고 자신들의 부를 축적시키기 위한 의도였다. 철종이 승하한 후 고종 때에 대비가 되었고 1878년 창경궁 양화당에서 죽었다. 철인왕후는 평소 친정을 두둔하지 않았고 정치에 관여하지 않았다. 철인왕후는 말이 적고 자신의 감정을 내면에 쉽게 드러내지 않았다고 한다. 1858년 원자를 낳았으나 6개월 만에 죽었다.

유일하게 숙의 범씨와의 사이에서 낳은 영혜옹주가 성장해 1872년 박영효朴泳孝와 결혼하지만 3개월 후에 죽었다. 옹주와 결혼해 금릉위가 된 박영효는 훗날 마지막 순간까지 조선 왕조를 무너뜨리려 하는 실패한 혁명가의 길을 걷게 된다.

억지로 뒤져서 찾아낸 철종마저 후사 없이 1863년 12월 8일 세상을 떠나자 삼종혈맥은 완전히 끊어지게 된다. 누가 철종의 뒤를 잇게 될 것인가? 아니, 정확한 질문은 '누가 후사가 되어야 기존의 세력 판도가 온전하게 유지될 수 있는가?'였다.

❖ 몰락에서 부활한 왕손 남연군

19세기 조선 최후의 풍운아 흥선대원군 이하응은 1820년(순조 20) 12월 21일 한양의 안국동에서 태어났다. 사실 이하응은 아버지 남연군 이구가 은신군의 양자로 입양되지 않았더라면 왕실과는 무관하게 살았을 것이다.

여기서 우선 조선의 왕실 작호에 대한 간단한 이해를 갖출 필요가 있다. 태조 때만 해도 고려의 작호법을 이어받아 친왕자는 공公, 종친은 후侯, 정1품 관리는 백伯으로 불렀다. 그러나 공후백의 작호는 황제국의 작호라 하여 태종 때 공후백을 각각 대군大君, 윤尹, 군君으로 바꿨다. 그래서 정비 소생은 대군, 후궁 소생은 군으로 부르게 된다. 이는 봉군封君의 절차를 밟아야 했다. 참고로 대군은 정1품, 군은 종1품이다.

건국 초기에야 왕실이랄 게 태조와 그 형제들, 그리고 자식들뿐이었지만 점차 세월이 흐르고 왕위 계승이 누적되면서 왕실 관리는 조정의 중대 사안 중 하나로 자리 잡게 된다. 고려 말에는 제왕자부諸王子府라는

기구가 있었고 그것이 태조 때 재내제군소在內諸君所로 바뀐다. 태종 14년 6월 재내제군부在內諸君府로 승격되었다가 마침내 세종 12년 종친부로 자리잡게 된다. 요즘 식으로 하자면 청와대 민정수석실과 같은 친인척 관리 기구인 셈이다. 종친 혹은 종실이라고 하면 외척이나 사위는 포함되지 않았고, 대군의 자손은 4대손까지 봉군했고 왕자군의 자손은 3대손까지 봉군했다.

조선 말 최대의 풍운아 홍선대원군 이하응의 영정. 자는 시백時伯, 호는 석파石坡. 영조의 현손 남연군 이구의 넷째 아들이며 조선 제26대 왕 고종의 아버지이다. 세간에서는 대원위대감大院位大監이라 불렸다.

갑자기 조선의 왕실 작호를 상세하게 짚어보는 이유는 홍선대원군의 원래 가계를 정확하게 이해하기 위함이다. 이하응은 남연군 이구의 넷째 아들이다. 남연군 이구는 원래 이름이 이채중李寀重이었고 인평대군의 5세손인 생원 이병원의 둘째 아들로 태어났다. 이병원은 대군의 후손이지만 5대까지 내려간데다가 인평대군의 아들 복창군, 복선군 등이 숙종 때 남인 계열에 섰다가 역모에 연루되어 참화를 입었기 때문에, 사실상 종실의 범위에서 배제되었다고 볼 수 있다. 그리고 이병원에 대해서는 인평대군의 5대손에 생원을 지냈다는 것 외에 별다른 정보가 없다.

다행스럽게도 남연군에 대한 정보는 실록에 상당 부분 나온다. 남연군은 1788년(정조 12)에 태어났다. 그가 28세 때인 1815년(순조 15) 12월 19일 예조에서 은신군의 양자와 관련해 다음과 같은 건의를 올렸다.

> 인조대왕의 셋째 아들 인평대군 이요의 5대손인 생원 이병원의 둘째 아들 유학幼學 이채중을 지명하여 단자를 올렸습니다. 예에 따라 품계를 내리되 이름을 이구로 고치고 남연군의 칭호를 주소서.

바로 다음 날 실록에 순조가 직접 '남연군 이구'를 불러서 만나보고 사도세자의 묘소를 지키는 수원관守園官으로 임명했다는 대목이 나오는 것으로 보아 예조의 건의는 그날로 승낙을 받았다. 왕실과는 거의 인연이 끊어져가던 한미한 선비에서 하루아침에 왕의 '사촌형제'의 지위에 오른 것이다.

벼락출세에 분수를 잊은 것일까? 이듬해 7월 13일 사간원 정언을 지낸 이이희李履熙가 남연군을 탄핵하는 상소를 올렸다.

> 만약 윤리를 어지럽힌 죄를 논한다면, 남연군 이구가 바로 그 사람입니다. 경박한 성품과 패악한 버릇 때문에 선비로 있을 때부터 사람들에게 버림받았습니다. 그런데 가까운 종친이 되어서도 옛날의 버릇을 고치지 않고 혼궁魂宮에 들어오자마자 병을 칭탁하고 집에 돌아가 평민처럼 고기를 구워 먹고 주사위를 던졌으며, 수원관으로서 원소園所(현릉원)에 가서는 고을의 노예를 데리고서 용주사의 꽃과 버들 속에 술에 취하여 평립平笠을 벗어버렸으며, 연못에서 고기를 잡으면서 포건布巾을 거꾸로 썼습니다. 무뢰배를 불러 모아 백성의 가산을 때려 부수었으므로, 백

리 안의 사람들이 가게를 닫고 도망해 피했습니다. 악실堊室(상주가 머무르는 방)은 바로 짚자리를 깔고 거처하는 곳인데, 요사스러운 기생들을 데리고 와서 낭자하게 술을 마시고 즐기었으며, 혼궁 앞에서 가마를 타고 곧바로 들어오고, 침원寢園에서 가마를 타고 마음대로 달리는 등 흉패한 행동이 갈수록 더욱 심했습니다. 능의 참봉을 바꾼 것으로 말하더라도 한 달 전에 강제로 그 수종자를 바꾸고 곧바로 자신의 형을 차출했으니, 이것도 조정을 얕잡아 보는 하나의 큰 안건입니다. 이와 같은 흉하고 더러운 무리를 결코 수원관이나 가까운 종친의 서열에 둘 수 없습니다.

마치 야사에 전해 내려오는 '탕아 이하응'의 모습을 보는 듯하다. 그러나 순조는 이이희를 처벌했다. 종실의 사소한 문제를 트집 잡으려 했다는 죄목이었다. 3년 후인 순조 19년에도 남연군의 하인들이 백성들에게 횡포를 부렸다 하여 문책을 받기는 하지만 그리 중대한 사안은 아니었다. 그리고 이듬해 넷째 아들 흥선군 이하응이 태어났다. 오히려 그 이후 남연군은 자세를 낮춰 조신한 행동으로 일관했고 헌종 2년 세상을 떠났다.

왕위를 위해 아버지의 묘를 이장하다

남연군에게는 이창응, 이정응李晸應, 이최응李最應, 이하응 4형제가 있었다. 철종이 세상을 떠났을 때 양자로라도 삼종혈맥을 잇고 있는 것은 남연군 자식들이 전부였다. 이정응에게 이재원, 이재완 두 아들이 있었고 이최응에게는 외아들 이재긍, 이하응에게는 이재면李載冕, 이재황李載晃 두 아들이 있었다. 이들 5명은 철종이 죽었을 때 항렬상으로 왕위를 이을 수 있는 유일한 후보군이었다. 그것은 이채중이 하루아침에 은신군의 양자가 됨으로써 가능했던 일이다.

이하응이 태어날 때 어머니 여흥 민씨는 꿈에서 신선을 보았다. 신선이 그에게 아이를 주면서 잘 기르라고 했다. 탄생한 후 모습이 꿈에 보았던 아이와 닮았다. 어려서부터 총명하기 이를 데 없고 도량이 크고 깊어 남연군과 민씨는 늘 "우리 집안을 번창하게 하는 것은 바로 이 아이"라고 각별한 사랑을 쏟았다.

1836년(헌종 2) 아버지 남연군이 세상을 떠났다. 당시 이하응은 열일곱 어린 나이였다. 열두 살 때(1831) 어머니 민씨를 잃었기 때문에 이하응은 하루아침에 고아가 됐다. 슬픔은 이루 말할 수 없이 컸다. 3년을 여막에서 시묘살이를 하며 지냈다. 특히 어머니의 죽음과 관련해 이런 일화가 전한다. 《국태공행록國太公行錄》에 있는 기록이다.

신유년(1831년)에 군부인郡夫人(어머니 민씨)이 병환이 나자 서둘러 길일을 택해 혼례를 행했다. 얼마 안 되어 군부인이 서거하자 애상哀喪의 정이 하늘에 닿을 듯하고 행례行禮를 따르는 것이 어른스러워 지켜보는 사람들이 다 옷깃을 바로잡기까지 했다.

1841년(헌종 7) 22세의 이하응은 흥선정興宣正으로 작호가 올랐다. 이하응은 아버지 남연군이 살아 있던 1834년에 흥선부정興宣副正의 작호를 받은 바 있다. 정正은 군君 아래의 작호로 대군은 정1품, 군은 종1품에서 종2품, 도정都正은 정3품 당상, 정은 정3품 당하, 부정은 종3품이었다. 종친의 호칭은 내려갈수록 대군, 군, 정, 수守, 령令으로 되어 있었다. 그리고 2년 후인 1843년(헌종 9) 이하응은 흥선군에 봉작됐다. 이 무렵 이하응은 친구를 좋아하고 재물을 얻으면 주변 사람들에게 나누어주기를 즐겼으며 스스로는 늘 삼가는 모습을 보여 둘째형 흥완군 이정응은 아우 이하응을 '현제賢弟'라 부르며 아꼈다고 한다. 참고로 맏형 흥녕군 이창응은 이하응이 아홉 살 때인 1828년(순조 28) 세상을 떠났기 때문에 흥완군 이정응이 집안의 장남 역할을 하고 있었다. 바로 위의 형 이최응의 작호는 흥인군이었다.

흥선군으로 품계가 올랐지만 안동 김씨 세도가 극에 달한 정국에서 그가 할 일이라고는 왕실의 제사를 돕는 것 이외에 별달리 할 게 없었다. 조선은 더 이상 전주 이씨의 나라가 아니었다.

1846년(헌종 12) 윤5월 24일 27세의 흥선군 이하응은 수릉綏陵 천장遷葬을 성공적으로 마무리한 공으로 가자加資된다. 가자란 자급(품계)을 올리는 것을 말한다. 여기서 우리가 눈여겨봐야 할 것은 '수릉'이다. 수릉은 다름 아닌 추존 왕 익종(효명세자)의 능이다. 원래는 경종의 묘인 의릉이 있던 지금의 서울 석관동 근처에 묘가 있었으나, 이때 풍수지리상으로 불길하다 하여 명당을 찾은 끝에 양주의 용마봉 아래로 천장했던 것이다. 10년 후에 수릉은 다시 한 번 천장을 하게 된다.

흥선군 이하응은 당시 대전관代奠官으로 수릉 천장에 참여했다. 익종의 부인은 다름 아닌 헌종의 어머니 조대비다. 안동 김씨에 그나마 맞설 수 있었던 풍양 조씨 집안의 잠재적 리더였다. 이하응이 바로 그 익종의 천장에 깊이 관여했다는 것은 조대비와의 돈독한 관계가 이때부터 혹은 그 이전부터 싹텄다는 것을 시사해주기에 충분하다.

또 하나 주목해야 할 점은 이때 천장에 관계하면서 이하응이 풍수의 중요성에 눈을 떴다는 사실이다. 아니면 그 전부터 풍수에 조예가 깊었을 수도 있다. 그래서 수릉 천장을 했던 바로 그해에 원래는 경기도 연천 남송정에 있던 아버지 남연군의 묘를 명당으로 옮기기로 결심한다. 수릉 천장을 할 때 알게 된 지관 정만인鄭萬仁에게 부탁을 하자 충청도 예산의 가야산을 지목하며 "2대에 걸쳐 왕이 나올 자리〔二代君王之地〕"라고 말했다고 한다. 이하응은 당장 실행에 들어갔다.

문제는 지관들이 명혈이라고 지목한 곳에 보덕사라는 사찰의 석탑이 있었다는 점이다. 산역山役을 시작하려 하자 일꾼들은 하나같이 이곳을 범하면 천벌을 받는다며 꼼짝도 하지 않았다. 이에 홍선군은 형님 홍완군 이정응과 함께 "부모님을 위해서 하는 대사인데 어찌 부모님을 위해 죽는 것을 두려워하겠느냐?"며 직접 땅을 파기 시작했다. 물론 아무 일도 일어나지 않았다. 그의 담대함을 보여주는 일화다. 그리고 7년 후에 얻은 둘째 아들이 훗날 왕위에 오르게 된다. 고종이다.

❖ 철종이 아닌 익종의 대를 잇게 하라!

1820년(순조 20) 12월 21일 이하응이 태어난 곳은 한양 안국동궁이다. 이곳에는 숙종 때 장희빈으로 인해 쫓겨났던 인현왕후 민씨의 친정이 대대로 살아왔다. 이하응이 민씨 집안의 본거지인 안국동에서 태어나게 된

이하응이 왕좌를 위해 이장한 남연군의 무덤. 충남 예산에 있다.

것은 그의 어머니가 여흥 민씨였기 때문이다.

이하응이 태어나기 5년 전인 1815년 이채중이 이름을 이구로 고치고 남연군에 봉해져 사도세자 묘를 지키는 수릉관의 직책을 받기는 했지만, 이미 몰락해버린 한미한 종실 집안의 처지를 하루아침에 바꿔놓을 수는 없었다. 남연군은 여전히 처가살이를 하던 중에 넷째 이하응을 안국동 처가에서 보았던 것이다.

그의 어머니는 이하응이 열두 살 때인 1831년 공조판서를 지낸 민치구閔致久의 딸과 혼인한 직후 세상을 떠났다. 부인 민씨가 두 살 연상이었다. 민씨의 형제인 민찬호는 훗날 중책을 맡게 되고 또 다른 형제 민태호의 아들이 바로 나라가 망하자 자결한 민영환閔泳煥이다. 명성황후 민씨는 민치구와 같은 항렬인 민치록의 딸이다. 민치구와 민치록은 인현왕후의 아버지인 민유중의 후손으로 십촌 간이었다. 같은 민유중의 후손으로 민치삼의 손녀가 순종비인 순명왕후 민씨다. 여흥 민씨는 이처럼 오늘날의 대원군을 있게 해준 요람 같은 존재임과 동시에 평생 두 번 다시 만나기 어려운 장벽이기도 했다.

1863년(철종 14) 12월 8일 '강화 도령' 철종이 33세의 나이로 세상을 떠났다. 철인왕후 김씨와 후궁들 사이에 모두 5남 6녀를 두었지만 숙의 범씨 사이에서 난 영혜옹주 한 명을 제외한 5남 5녀가 모두 어려서 죽었다. 직계도 아닌 방계의 방계를 통해 기신기신 이어져오던 왕실의 맥이 그나마 끊어져버린 것이다.

사인은 전혀 알 수 없다. 실록에 따르면 11월 말까지도 정상적인 업무를 보았고 12월 의 경우에는 12월 2일과 12월 8일 이틀치의 기록만이 실려 있다. 12월 2일에는 아프다는 기록이 전혀 없고 12월 8일 "왕의 환후가 위독한 지경에 이르렀다"는 딱 한 문장과 함께 묘시卯時(오전 6시경)에 창덕궁의 내전을 겸한 침전인 대조전에서 승하했다고만 되어 있다.

대왕대비의 첫 하명은 "원상院相은 중추부 영사가 하라"였다. 원상이란 왕이 죽고 뒤를 잇는 새 왕이 어리거나 하여 수렴청정을 해야 할 때 전현직 정승(영의정, 좌의정, 우의정)들이 집단 지도 체제 형태로 국정을 이끌어가는 원로를 말한다. 그런데 특이하게도 대왕대비는 현직 정승들을 배제한 채 중추부 영사 한 명만 원상으로 임명했다. 당시 중추부 영사는 사실상 정계를 은퇴해 있던 80세의 정원용이었다. 정원용은 헌종이 후사 없이 세상을 떠나자 강화도에 살고 있던 덕완군 원범元範을 왕위에 추대하는 데 결정적인 기여를 했던 인물이다.

정원용(1783~1873)은 1802년(순조 2) 문과에 급제해 홍문관 부응교, 이조참의, 대사간 등을 지냈고 강원도관찰사를 거쳐 1831년 동지사로 청나라 연경에 다녀왔다. 청렴하고 관리로서의 능력이 있어 역대 왕의 총애를 한 몸에 받았다. 1837년(헌종 3) 예조와 이조판서를 지냈고 1841년 우의정에 제수된 뒤 1842년 좌의정에 올랐다. 이듬해 중추부 판사로 현직에서 물러나 있던 그는 영의정으로 복귀해 1849년 헌종이 승하하자 강화도에 사는 덕완군 원범의 옹립을 주장하여 철종의 즉위를 이끌어냈다. 그 후 중추부 영사, 총호사 등을 지낸 다음 1862년 궤장을 하사받았다. 이때 그의 나이 팔십이었다. 원래 궤장은 1품 이상의 벼슬을 지낸 70세 이상의 국가 원로 중에 예조가 선발하여 조정에서 하사하는 지팡이로 큰 명예였다. 그리고 이때 원상이 되어 국정의 중심에 복귀하게 된 것이다. 고종 10년 1월 그가 90세를 일기로 세상을 떠났을 때 고종은 "품행이 바르고 어질며 몸가짐이 검약한데다가 문학과 재주가 있어서 조정에서 벼슬한 지 70여 년이 되었다. 나이와 벼슬이 높았으며 복록을 후하게 누렸으므로 온 나라 사람들이 우러러 칭송했다"고 평했다. 앞서 본 대로 안동 김씨와 가까운 노론이기는 했으나, 동래 정씨의 오랜 전통 그대로 정치색이 그다지 강하지 않았던 것이 오히려 그의 강점이었는지 모른다.

정원용을 1인 원상으로 지명한 다음 대왕대비는 전현직 정승들을 중희당으로 불렀다. 창덕궁 내 중희당은 원래 정조가 문효세자를 위해 지었으나 문효세자가 일찍 사망하자 그 자신이 편전으로 사용했던 건물이다. 먼저 정원용이 즉시 대책을 정해야 한다고 말하자 대왕대비는 기다렸다는 듯이 "흥선군의 적자들 중에서 둘째 아들 이명복李命福으로 익종대왕의 대통을 입승入承하기로 작정했다"고 말한다.

그 자리에 있던 전현직 정승들은 두 가지 점에서 속으로 깜짝 놀라지

고종이 왕으로 결정되었던 창덕궁 중희당을 그린 그림.

않을 수 없었다. 첫째는 '흥선군의 둘째 이명복이 대체 누구인가'이고, 둘째는 철종이 아닌 '익종대왕의 대통을 잇는다는 게 무슨 말인가'였다. 그들은 첫 번째보다는 두 번째에 더 큰 관심이 갔다. 어차피 흥선군은 별 볼 일 없다는 세평을 얻고 있었기 때문에 주목할 가치도 없었다. 문제는 두 번째다.

'아무리 자신이 익종(효명세자)의 부인이라고 하나 멀쩡하게 왕위를 지켰던 철종의 정통성을 깡그리 무너뜨리는 저런 결정의 의미는 뭘까? 철종을 앞세워 권력을 쥐고 흔들었던 안동 김씨의 역사까지도 부정버리겠다는 것인가? 결국 또 한 번 조정에 안동 김씨 집안과 풍양 조씨 집안을 축으로 피바람이 불어올 것이 아닌가?'

그 자리에서 다른 의견을 밝힌 정승은 아무도 없었다. 이어 대왕대비는 이명복의 작호를 익성군翼成君으로 정했다. 익종의 후사라는 의미였다. 그때서야 영의정 김좌근金左根이 "익성군의 나이가 올해 몇 살입니까?"라고 조심스레 물었다. 대왕대비는 "10여 세쯤 되었다"고 답한다. 이때 이명복의 나이 열두 살이었다. 김좌근이 이렇게 물었다는 것은 안동 김씨 집안에서 철종의 후사 문제에 관해 그만큼 어두웠다는 뜻이기도 하다.

이제 사저로 가서 익성군을 대궐로 모셔오는 일이 남았다. 대왕대비는 봉영대신으로 영의정 김좌근, 봉영승지로 도승지 민치상閔致庠을 임명한 뒤 대원군의 형인 흥인군 이최응도 함께 갈 것을 명했다. 곧바로 익성군은 김좌근 등의 인도 하에 입궐했고 즉위를 위한 절차가 일사천리로 진행됐다. 대신과 승지가 군사를 거느리고 사저로 갔을 때 이명복은 집에 있지 않고 형 이재면과 함께 집 근처에서 연날리기를 하다가 얼떨결에 궁궐로 들어가게 되었다는 야사도 있지만 실록과는 무관하다.

이어 중추부 영사 정원용, 영의정 김좌근, 좌의정 조두순이 대통이 정해진 데 경하를 드렸고 김좌근은 아직 새로운 주상이 어리니 수렴청정을 하는 게 좋겠다고 건의했다. 이에 대왕대비는 기유년(1849년) 철종이 즉위할 때 있었던 수렴청정의 예를 따르도록 하라고 명했다. 즉위일과 관련해서 예조에서는 이처럼 잠저潛邸에서 들어와 왕통을 잇는 경우 입궐 당일 즉위한 경우와 성복成服하는 날 즉위한 경우가 있다고 아뢰었다. 성종이나 철종이 전자였고 명종이나 선조는 후자였다. 대왕대비는 성복일에 즉위식을 행하도록 명했다. 그만큼 마음의 여유가 있었다는 뜻이기도 하다. 성복이란 염을 마친 후 나흘이 지나 정식으로 상복을 입는 날을 말한다. 12월 13일이었다.

일단 여기서 기본적인 의문, 즉 왜 대왕대비는 익성군으로 하여금 철종이 아닌, 익종의 대통을 잇는 방식으로 왕위 계통 문제를 정리했는지에 관해 풀고 넘어가야 한다. 익성군(앞으로는 편의상 고종으로 칭함)이 즉위하고서 17일 후인 12월 30일 수렴청정을 맡은 대왕대비는 다음과 같은 솔직한 심경을 담은 하교를 내린다.

지난날 붕어로 경황이 없는데다가 묵은 설움과 새로운 설움이 북받쳐 오르는 바람에 미처 자세히 하유하지 못했다. 아! 어찌 차마 다 말하겠는가? 기유년에 하늘이 무너지고 땅이 꺼지는 듯한 변을 당했을 때 헌종은 아들이 없고 익종에게도 둘째 아들이 없었으니 온 나라의 신하와 백성들이 울고불고 하면서 어찌할 바를 몰랐다가 다행히 대행대왕(철종)이 들어와 왕위를 물려받아서 나라의 운수가 뻗어 나가게 되었다. 그런데 뜻밖에도 그날 12월 8일 또 기유년과 같은 변을 당하고 보니 미망인의 정리情理가 바로 온 나라의 신하와 백성들의 정리이기도 하고 온 나라의 신하와 백성들의 정리가 바로 미망인의 정리이기도 했다. 세상을 떠나도 잊지 못하는 여러 사람들의 심정으로 인하여 옛 나라를 새롭게 세우기 위한 기초를 다시 든든히 다지려고 했던 것이다. 그래서 새 왕이 정해진 것을 알리는 전교 가운데 무엇보다 먼저 인륜 관계부터 결정했다. 대통이라고 말하는 것은 대륜大倫을 말한 것이다. 왕위를 물려받아 내려온 계통으로 말한다면 정조-순조-익종-헌종 4대의 계통이 대행대왕에게까지 전해온 것을 주상이 물려받은 것이니, 어찌 계통이 둘이 된다고 의심할 것이 있겠는가? 백 대가 지난 이후에도 모두 나의 이 마음을 헤아릴 것이다. 그러니 새로운 주상은 익종에게는 '아버님〔皇

考〕'과 '효자孝子(본인을 칭할 때)'라고 부르고 헌종에게는 '형님〔皇兄〕'과 '효사孝嗣(본인 칭호)'라고 부르며 대행대왕에게는 '숙부님〔皇叔考〕'이라고 부르도록 하라.

예전 같았으면 일대 논전이 벌어질 민감한 주제였지만 누구 하나 토를 달지 않고 지나갔다. 법통만 놓고 보면 대왕대비는 고종의 어머니였다. 대왕대비의 독특한 주장으로 인해 흥선대원군은 고종의 친부, 대왕대비는 고종의 양모가 됐다. 이런 주장을 누가 내놓았을까를 추측해보는 일은 그리 어렵지 않다. 흥선군이 아니고서는 불가능했다. 그만큼 조대비와 흥선군은 일찍부터 보조를 맞춰왔던 것이다.

❖ 정권을 장악한 유일한 현직 왕비 명성황후

홍선대원군과 명성황후 민씨의 충돌은 이미 널리 알려져 있다. 민씨는 여덟 살의 어린 나이에 부모를 여의고 혈혈단신으로 자랐다. 소녀 시절부터 집안일을 돌보는 틈틈이 《춘추春秋》를 읽을 정도로 총명했다.

홍선대원군의 부인 부대부인 민씨의 천거로 왕비로 간택되어 1866년(고종 3) 한살 아래인 고종의 비로 입궁했다. 민비가 왕비로 간택된 것은 외척에 의해 국정이 농단된 3대(순조-헌종-철종) 60여 년간의 세도정치의 폐단을 종식시키기 위해 외척이 적은 민부대부인의 집안에서 왕비를 들이고자 한 홍선대원군의 배려에 의해서였다.

그러나 홍선대원군의 희망과는 달리, 수완이 능란한 민비는 입궁한 지

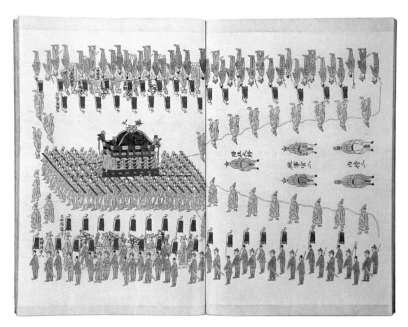

명성황후의 국장 장면을 담은 〈명성황후발인반차도〉

몇 년이 지나자 왕실 정치에 관여하기 시작해서 일생을 두고 시아버지와 정치적으로 대립했다. 대비가 아닌, 현직 왕비로서 이처럼 노골적으로 정치에 개입한 왕비는 민씨가 처음이자 마지막이라 할 수 있을 것이다.

민비가 대원군과 사이가 갈라진 것은 궁녀 이씨의 몸에서 태어난 왕자 완화군에 대한 대원군의 편애와 세자 책립 공작 때문이라 한다. 그러나 그 배후에는 민씨를 중심으로 한 노론 세력과, 새로 들어온 남인과 일부 북인을 중심으로 한 세력 간의 정치적 갈등이 있었다. 민비는 갖은 방법으로 흥선대원군을 정계에서 물러나도록 공작했다.

마침내 대원군의 정적들(조성하趙成夏를 중심으로 한 조대비 세력, 조두순·이유원李裕元 등 노대신 세력, 김병국金炳國을 중심으로 한 안동 김씨 세력, 대원군의

조선의 마지막 왕비 순명황후의 모습.
남편인 순종이 황제로 즉위하기 전 33
세의 나이로 사망했다.

장자 이재면과 형 이최응 세력 및 최익현崔益鉉 등 유림 세력)과 결탁하고, 최익
현의 대원군 규탄 상소를 계기로 흥선대원군을 하야시키는 데 성공해서
양주 곧은골에 은퇴시켰다. 그만큼 명성황후 민씨의 존재는 조선 왕비의
역사에서 특이하면서도 독보적인 지위를 차지한다는 점에서 주목할 필
요가 있다.

　나라가 기울어가는 쇠망기를 당해 전면에 나서 권세를 휘둘렀던 민씨
의 말로는 비극이었다. 1895년 8월, 일본 군대와 정치 낭인들이 일부 친
일 정객과 짜고 흥선대원군을 내세워 왕궁을 습격해 민비를 시해한 뒤
정권을 탈취하는 을미사변의 만행을 저질렀다. 민비는 살해되어 시체가
불살라지는 불행한 최후를 마쳤다. 이때 그의 나이 45세였다.

　그리고 조선의 마지막 왕비인 순명황후 민씨는 1872년 양덕방 계동에

서 태어나 1882년에 열한 살의 나이로 세자빈으로 책봉되었고 1897년에는 황태자비로 책봉되었으나, 남편인 순종이 황제로 즉위하기 전인 1904년 11월 5일(음력 9월) 28일에 경운궁의 강태실에서 33세의 나이로 사망했다.

존호와 시호로 읽는
왕비의 삶

◈　　**정희왕후의 경우로 본 호칭 변화**

금슬이 좋았던 것으로 유명한 세조와 정희왕후 윤씨의 결혼을 전하는 실록의 기록은 간단하다. 1428년(세종 10) 10월 13일자다.

　　진평대군 이유李瑈가 군기부정 윤번尹璠의 딸에게 장가들었다.

　　진평대군, 우리가 수양대군이라고 부르는 바로 그 세조의 왕자 시절 첫 번째 작호다. 진평대군은 그 후 함평, 진양을 거쳐 수양으로 개봉된다. 세종이 그렇게 바꾸었다. 군기부정은 종3품에 해당하는 준고위직에 속한다. 세종이 좋은 집안의 딸을 골라 둘째 아들의 혼처를 구했다는 뜻이다. 이때 진평대군의 나이 열두 살, 윤번의 딸은 열한 살이었다.

　　혼인 엿새 후 조정에서는 진평대군의 아내 윤씨에게 '삼한 국대부인三

韓國大夫人'이라는 봉작을 내린다. 아직 《경국대전》이 완성되지 않은 때였다. 태종 때의 규정에 따른 것이었다. 태종 17년 9월 12일자 실록이다.

명부命婦의 봉작封爵하는 법식을 정했다. 이조에서 아뢰었다.
"종실 정1품 대광보국 대군大匡輔國大君의 처는 삼한 국대부인이다."

왕의 적장자는 세자였기 때문에 그 부인은 세자빈이었고 나머지 적자들은 대광보국 대군大匡輔國大君이었다. '대광보국'이란 정1품 중에서도 가장 높은 지위를 의미한다. 간단히 말하면 영의정에 준하는 지위라 할 수 있다.

'삼한 국대부인'의 칭호가 바뀐 것은 남편 수양대군이 1453년(단종 1) 10월 계유정란을 일으켜 조정 실권을 잡은 다음 2년 후인 1455년 윤6월 어린 조카 왕을 내쫓고 왕위에 오른 지 한 달 후다. 새 왕은 7월 20일 공식적으로 삼한 국대부인 윤씨를 왕비에 책봉하고 교서와 책문을 내렸다. 비로소 윤씨는 명실상부한 조선의 왕비가 되었다.

우리는 흔히 이 왕비를 '정희왕후 윤씨'라고 하는데 '정희貞熹'는 왕비 재위 당시의 존호尊號가 아니다. 세조도 생전에 세조世祖라는 묘호廟號(사후에 부여하는 칭호)로 불리지 않았듯이 세조비 또한 정희왕후로 불린 적이 없다.

1457년(세조 3) 3월 7일 세자가 왕과 왕비에게 예를 갖추어 존호를 올렸다. 아버지에게는 '승천 체도 열문 영무承天體道烈文英武'라는 존호를, 어머니에게는 '자성慈聖'이라는 존호를 올렸다. 그 책문에는 그 같은 존호를 올리는 이유를 다음과 같이 밝히고 있다.

삼가 생각하건대, 성품은 정숙을 타고났으며, 마음은 검근儉勤에 두시어, 내조는 도산塗山(하나라 우왕의 부인)에 부합하여 비밀리에 용비龍飛(왕위 등극)의 조화를 도왔으며, 휘음徽音(아름다운 언행에 대한 소문)은 태사太姒(주나라 문왕 비)를 계승하여 힘써 인지麟趾(왕실의 자손 번창)의 상서祥瑞를 열어서, 풍속과 교화가 사방에 터전을 잡았으며, 본손本孫과 지손支孫을 백세에 널리 퍼지게 했습니다. 이에 삼가 책보冊寶를 받들어 자성이란 존호를 올립니다.

이로써 왕비 윤씨는 '자성왕비'로 불렸다. 세조 시절 공식 문서에도 이때부터는 '자성왕비'로 기록된다. 그런데 왜 우리는 그 왕비를 '정희왕후'라고 부르는 것일까? 그 답은 좀 더 기다려야 한다.

1468년 9월 남편인 세조가 홍훙薨하자 자성왕비는 왕대비에 오른다. 둘째 아들(훗날의 예종)이 왕위에 올랐기 때문이다. 1468년(예종 즉위년) 9월 8일자 기사다.

왕태비를 높여서 자성왕태비慈聖王太妃로 했다.

이때까지는 대비大妃와 태비太妃를 혼용해서 쓰고 있고 대비와 왕대비의 구분도 엄격하지 않았다. 훗날 정비된 용어로 하자면 자성대비가 정확한 표현이라 하겠다.

이듬해인 1469년(예종 1) 2월 17일 예종은 어머니 자성왕태비에게 존호를 추가로 올린다. 효심의 발로였다. 그때 발의된 존호는 '광천 자성 창신 순덕 휘의 선열 왕태비光天慈聖彰信順德徽懿宣烈王太妃'다. 그러나 이 존호는 약간의 논란을 일으키며 수정을 거치게 된다. 바로 다음 날 도승지 권감權瑊과 좌승지 이극증李克增이 이렇게 아뢰었다.

"세조의 시호諡號를 '승천承天'이라 칭했는데, 지금 태비의 존호를 '광천光天'이라 칭하니, 광光 한 자가 '승천'에 비하여 더 우월합니다. 청컨대 이를 고치소서."

지아비 시호보다 높은 존호를 가질 수는 없었던 것이다. 이리하여 왕태비의 존호는 '자성 흠인 경덕 선열 명숙 휘의慈聖欽仁景德宣烈明淑徽懿'로 수정 확정되었고 2월 22일 선정전 뜰에서 존호를 올리는 예를 행했다. 그리고 9월 12일 세조의 1주기가 끝나자 도승지 권감은 다시 한 번 존호를 올릴 것을 명하고 예종은 승인했다. '명숙 휘의明淑徽懿'가 각각 '명순 원숙 휘신 혜의明順元淑徽愼惠懿'로 늘어난 것이다. 따라서 이때부터 대비를 공식적으로 칭할 때는 반드시 '대비 자성 흠인 경덕 선열 명순 원숙 휘신 혜의 전하'라고 해야 했다.

어머니의 만수무강을 담아 긴 존호를 올린 젊은 왕은 정작 두 달 후인 1469년 11월 의문을 남긴 채 병사한다. 그리고 예종睿宗이라는 묘호를 받게 되는데 예종이 죽던 날 예종의 조카인 잘산군이 왕위를 계승한다. 이로써 대비는 왕대비에 오르게 된다. 그런데 약간의 문제가 발생했다. 잘산군의 친어머니는 세자빈이었다가 남편이 일찍 세상을 떠나는 바람에 왕비에 오르지 못했다. 그리고 이때 다시 왕의 친어머니가 된 것이다. 고심 끝에 1471년(성종 2) 1월 18일 다음과 같이 조정한다. 신왕의 어머니는 인수仁粹왕비, 예종비 안순왕후 한씨는 인혜仁惠왕대비, 그리고 세조비는 '신헌神憲'이라는 존호가 하나 추가된 '자성 흠인 경덕 선열 명순 원숙 휘신 혜의 신헌 대왕대비'라는 책문을 받았다. 인수왕비의 경우 왕위에 오르지 못하고 세상을 떠난 의경세자가 왕으로 추존되지 않았기 때문에 왕의 어머니임에도 불구하고 대비에 오르지 못했다. 그러나 얼마 후 의경세자가 아들 성종에 의해 덕종으로 추존됨과 동시에 인수왕비는 인수대비로 격상된다.

남편과 손자를 왕위에 올리는 데 결정적인 기여를 하면서 막강한 권력을 행사했던 '자성 흠인 경덕 선열 명순 원숙 휘신 혜의 신헌대왕대비'. 1483년(성종 14) 3월 30일 평소 즐겼던 온천욕을 위해 찾았던 온양 온천 별궁에서 세상을 떠난다. 66세였다.

능호는 남편 세조가 묻혀 있는 광릉이었다. 같은 해 5월 1일 조정에서는 대왕대비의 시호를 '정희'로 정한다.

> 정창손 등이 여러 사람의 의논으로 대행 대왕대비의 시호를 정희貞熹로 올렸는데, 크게 생각하여 성취할 수 있었다는 것이 정貞이요, 공이 있어 사람을 편안하게 했다는 것이 희熹이다.

즉 그의 생애 전체를 총괄하는 명칭이 바로 시호인 '정희'다. 이날 성종은 존호를 더 올리고자 했다. 그러나 이미 기존의 존호만으로도 세조의 존호와 글자 수가 같아 그것은 행해지지 않았다. 이렇게 해서 세조비 '정희왕후 윤씨'라는 용어를 지금도 우리가 사용하게 된 것이다. 따라서 정희왕후라는 말은 세조도 몰랐고 정희왕후 자신도 몰랐다. 세조는 자성왕비만을 알았고 정희왕후 윤씨도 '자성 흠인 경덕 선열 명순 원숙 휘신 혜의 신헌대왕대비'까지만 알았던 것이다.

❖ 고려의 유습이 남아 있던 조선 초기

조선이 개국을 선포한 지 4개월이 지난 1392년(태조 즉위년) 11월 11일자 실록의 기사다.

> 황비皇妣(세상을 떠난 왕비)인 절비節妃 한씨를 추존하여 신의왕후神懿王后로 삼았다. 우정승 김사형을 봉책사로 삼고, 정당문학 하륜을 부사로 삼아 별전에 봉안하고서 인소전仁昭殿이라 이름했다.

이성계의 첫 번째 부인이자 조선이 개국하기 전 세상을 떠난 한씨에게 '신의'라는 시호를 내려 왕비로 추존했다는 말이다. 여기서 눈길을 끄는 용어는 '절비'다. 이 또한 추존한 것인데 원래는 생전에 사용했었어야 하는 칭호다. 그리고 훗날 아들 이방원은 친어머니 '신의왕후 한씨'에게 '승인 순성承仁順聖'이라는 존호를 추가한다. 따라서 한씨의 공식 명칭은 '승인 순성 신의왕후'다.

조선 세조 이후부터는 왕비를 그냥 중전, 중궁이라고 했지 별도의 칭호가 없었다. 그러나 고려에서는 공민왕의 비를 익비 한씨, 그 전에 충혜왕의 비를 희비 윤씨 등으로 불렀다.

그래서 조선 초에도 예를 들면 태조비인 신덕왕후 강씨는 '현비顯妃 강씨', 정종비인 정안왕후 김씨는 '덕비德妃 김씨', 태종비인 원경왕후 민씨는 '정비靜妃 민씨', 세종비인 소헌왕후 심씨는 '공비恭妃 심씨' 등이 있었다. 조선 초에는 고려의 유습이 남아서 일종의 애칭을 사용하고 있었던 것이다. 그러나 세종 대에 이르러 왕과 왕비에게는 별도의 칭호가 필요 없다 하여 폐지되었다. 그것은 지존의 이름을 부르는 것은 예가 아니라는 피휘避諱의 일종으로 볼 수 있다. 1396년(태조 5) 8월 13일자 기사다.

> 밤에 현비가 이득분의 집에서 훙薨했다. 왕이 통곡하고 슬퍼하기를 마지아니했고, 조회와 저자(市)를 10일간 정지했다.

이처럼 실록에서는 공식적으로 '현비'라는 용어가 사용되고 있다. 보름 후인 8월 28일 예조 산하 봉상시에서는 세상을 떠난 현비의 시호 후보로 효소孝昭, 소순昭順, 소헌昭獻 세 가지를 올렸으나 왕에 의해 채택되지 않았다. 아마도 이미 첫 부인의 시호를 신의神懿로 했기 때문에 소昭보다는 같은 신神을 쓰려는 이성계의 의중 때문이었을 것이다. 결국 한 달 후인 9월 28일 봉상시에서 현비의 시호를 신덕왕후神德王后, 능호를 정릉貞陵이라 의논해서 올렸고 그대로 채택된다.

그러나 태종은 자신의 최대 정적 강씨가 죽은 후에 신덕왕후로 봉해진 것에 내심 불만이 많았다. 다만 아버지 때문에 그런 감정을 표출할 수는 없었다. 아버지 이성계가 세상을 떠난 후인 1416년(태종 16) 8월 21일 편전에서 신하들과 정사를 다루던 태종이 갑자기 묘한 질문을 던진다.

> 왕이 좌우에 이르기를
> "계모란 무엇을 말하는 것인가?"
> 하니, 유정현柳廷顯이 대답하기를
> "어머니가 죽은 뒤에 이를 계승하는 자를 계모라고 합니다."
> 했다. 왕이,

"그렇다면 '정릉'이 내게 계모가 되는가?"

하니, 대답하기를

"그때에 신의왕후가 승하하지 않았으니, 어찌 계모라고 할 수 있겠습니까?"

했다. 왕이,

"'정릉'이 내게 조금도 은의恩義가 없었다. 내가 어머니 집에서 자라났고 장가를 들어서 따로 살았으니, 어찌 은의가 있겠는가? 다만 부왕이 애중愛重하시던 의리를 생각하여 기신忌晨의 재제齋祭를 어머니와 다름없이 하는 것이다."

했다.

한마디로 강씨는 계모, 즉 계비가 아니라 첩(후궁)에 불과하다는 것이다. 다만 아버지의 강씨 사랑을 생각해서 왕비에 준하는 제사를 지내줄 뿐이라는 것이다. 당연히 친모인 신의왕후에게는 '승인 순성'이라는 존호를 추가했지만 신덕왕후에게는 아무런 존호도 추가하지 않았다.

제2대 정종비인 덕비德妃 김씨가 1412년(태종 12) 세상을 떠났다. 상왕으로 있던 정종은 아직 생존해 있었다. 덕비 김씨는 1400년(정종 2) 12월 1일 정종이 상왕으로 추대될 때 함께 '왕대비'에 올랐다. 이때 받은 존호가 '순덕順德'이다. 책문의 일부다.

공손히 생각건대, 덕비 전하는 부드럽고 아름다운 성품을 품수하시고, 공손하고 검소한 마음을 가지셨습니다. 덕행은 안을 다스리는 아름다움을 일찍 나타내셨고, 마음에서 나오는 우애는 친족에게 친교를 두텁게

하는 어짊을 돈독히 하셨습니다. 신은 큰 소원을 이기지 못하여 삼가 옥
책과 금보를 받들어 존호를 올리기를 순덕왕대비라 합니다.

여기서도 '덕비 전하'라는 당대의 용어가 사용되고 있다. 오늘날 우리
가 알고 있는 '정안왕후定安王后'라는 시호는 1412년 6월 25일 그가 세상
을 떠나고 난 후에 받은 것이다. 7월 20일자 실록이다.

대비의 존시尊諡를 정안왕후라 하고, 능을 후릉厚陵이라 했다. 예조에서
아뢰었다.

여기서도 왕비 김씨 본인은 덕비나 순덕왕대비라는 칭호는 생전에 들
어보았겠지만 정안왕후라는 시호는 알지 못하고 세상을 떠났다. 태종의
반대로 숙종 때에야 겨우 정종定宗이라는 묘호를 받게 되는 남편보다는
조금 형편이 나았다고나 할까?

파란만장하기로는 제3대 국왕 태종비인 정비靜妃 민씨도 정희왕후나
신덕왕후에 뒤지지 않는다. 1382년(우왕 8) 열여덟 살 때 두 살 아래인 신
흥 명문가 이성계 집안의 다섯째 아들 이방원과 혼인을 할 때만 해도 민
씨는 자신이 그처럼 역동적인 삶을 살게 되리라고는 생각지 못했을 것이
다. 그러나 6년 후인 1388년 시아버지 이성계가 위화도회군을 단행하고
마침내 1392년 새로운 나라 조선을 개국하면서 민씨의 지위는 하루아침
에 왕자의 부인 자리에 오른다. 그리고 1398년 8월 1차 왕자의 난에 깊
이 관여함으로써 모든 것이 바뀌게 된다. 1400년(정종 2) 3월 4일 이방원
이 왕위에 오르기 위한 전 단계로 세자에 오르자 민씨도 세자 정빈貞嬪

에 책봉된다. 책문의 일부다.

> 아! 그대 민씨는 세가世家에 나서 군자의 배필이 되어, 일찍부터 부드럽
> 고 아름다운 의측儀則을 나타내었고, 항상 고요하고 한결같은 마음을
> 가졌었다. 그른 것도 없고 마땅치 않는 것도 없이 중궤中饋(여자로서 마
> 땅히 해야 하는 부엌 일)를 주장하여 바르고 길喜했으며, 반드시 경계하고
> 반드시 조심하여 내조를 다해서 삼가고 화합했도다. 이미 풍화風化의
> 근원을 두텁게 했으니, 마땅히 종묘의 제사를 받들어야 하겠으므로, 그
> 대를 책봉하여 왕세자 정빈으로 삼노라.

그리고 얼마 후 이방원이 왕위에 오르면서 1401년(태종 1) 1월 10일 정
빈 민씨는 정비靜妃에 봉해진다. 그러나 왕비로서 민씨는 결코 행복하지
못했다. 권력투쟁의 와중에 남동생들이 모두 남편의 손에 죽었고 가장
사랑했던 아들 세자(훗날의 양녕대군)마저 폐세자됐기 때문이다.

1418년(세종 즉위년) 8월 11일 태종이 상왕으로 물러서고 셋째 아들 충
녕대군이 왕위에 올랐다. 그리고 한 달 후 예조에서는 상왕께는 '성덕 신
공聖德神功', 대비에게는 '후덕왕대비厚德王大妃'라는 존호를 올렸다. 2년
후인 1420년 7월 10일 대비는 56세를 일기를 영욕의 삶을 마감한다. 그
리고 8월 25일 예조에서 시호를 원경왕후元敬王后라 올리고 능호는 헌獻
이라 하기를 청하자 세종은 그대로 따랐다. 효심이 깊었던 세종은 1424
년(세종 6) 어머니 원경왕후에게 '창덕 소열彰德昭烈'이라는 존호를 더하
도록 했다. 이렇게 해서 이후 공식적으로 민씨는 '창덕 소열 원경 왕후
(왕태후)'로 불리게 된다. 세종 12년까지만 해도 왕태후로 불렸으나 그 후

부터는 태太는 쓰지 않기로 결정한다. 옛 제도에 적합지 않다는 이유에서였다.

세종의 생애도 가까이에서 보면 영광보다는 비극이 훨씬 많았듯이 세종비인 공비恭妃 심씨의 삶도 영광보다는 비극 쪽이었다. 공비 심씨의 가족들은 멸문지화를 당했다.

1408년(태종 8) 2월 16일 열네 살 때 아직 대군 봉작을 받지 않은 두 살 아래 충녕군(훗날의 세종)과 혼인할 때만 해도 심씨의 미래는 장밋빛이었을 것이다. 실록이 전하는 두 사람의 혼인 소식이다.

충녕군이 우부대언 심온의 딸에게 장가들었다.

심씨의 집안은 고려 말 조선 초 첫손에 꼽힐 만한 명문가였다. 조부 심덕부沈德符는 줄곧 이성계와 노선을 함께 하며 조선 건국에 큰 공을 세웠고 아버지 심온도 일찍부터 심덕부를 도와 개국에 기여를 했다. 태조의 사위이기도 했던 숙부 심종沈淙은 1차 왕자의 난 때 태종을 도와 정사공신 2등에 책록됐다. 아마도 충녕군이 훗날 왕위에 오르지 않았다면 심씨는 왕비만큼 영화로운 삶은 살지 못했겠지만 왕비로서 겪어야 했던 수난 또한 피할 수 있었을 것이다.

그러나 충녕대군과의 결혼 10년째에 맞은 운명의 하루, 1418년(태종 18) 6월 3일 기행을 일삼던 세자(양녕대군)가 폐해지고 충녕대군이 새로운 세자로 정해진다. 부인 심씨에게도 큰 변화가 있을 것이라는 뜻이었다.

모든 것은 시아버지 태종의 성품대로 전광석화처럼 이뤄졌다. 이틀 후인 6월 5일 남편 충녕대군은 세자에 명하는 관교官敎(일종의 임명장)를 받

았고 같은 날 심씨는 경빈敬嬪에 봉해졌다. 세자비가 된 것이다. 그리고
6월 17일 세자빈에 봉한다는 책문을 받았다. 그중 일부다.

아아! 너 심씨는 곧고 아름다운 성품을 타고나고 단정하게 몸을 닦아서
항상 공경하고 두려워하는 마음을 가지니, 일찍부터 근검한 덕이 나타
나서 능히 부도婦道를 돈독히 하여 진실로 가인家人(집안사람)에 합당했
으므로, 좋은 날을 가려서 욕례縟禮(세자빈 책봉 의식)를 갖추었다. 이제
신臣 아무개를 보내어 책봉하여 경빈으로 삼으니, 정숙하고 화합하여
내조하되, 정성은 항상 계명雞鳴에 간절할 것이요, 힘써서 서로 이루되,
상서祥瑞가 인지麟趾에 더욱 응할지로다.

여기서도 '계명'과 '인지'가 등장한다. 늘 부지런하고 왕손을 풍성하게
하라는 뜻이다. 이렇게 해서 대궐 밖에 살던 심씨의 대궐 생활이 시작됐
다. 그리고 대궐의 예절을 미처 익히기도 전인 그해 8월 10일 경복궁 근
정전에서 즉위식이 열리고 경빈 심씨는 마침내 왕비의 자리에 오르게 된
다. 그러나 친정의 몰락과 광평대군, 평원대군 두 아들의 요절 등을 지켜
보며 한 많은 삶을 살아야 했던 공비 심씨는 1446년(세종 28) 3월 24일 수
양대군의 사저에서 52세를 일기로 세상을 떠났다.

4월 20일 의정부에서 예조의 보고를 바탕으로 소헌昭憲, 효순孝順, 효
선孝宣, 세 가지 시호 안을 올렸다.

소헌昭憲은 성문聖聞(좋은 소문)이 주달周達한 것이 소昭이고, 선을 행하
여 기록할 것이 헌憲입니다. 효순孝順은 덕을 지켜 사곡邪曲하지 않은

것이 효孝이고, 유현柔賢 자혜慈惠한 것이 순順입니다. 효선孝宣은 덕을 지켜 사곡邪曲하지 않은 것이 효孝이요, 성선聖善이 주문周聞(두루 알려 짐)하는 것이 선宣입니다.

세종은 '소헌'을 골랐다. 이렇게 해서 우리는 세종의 왕비를 소헌왕후라고 부른다. 그리고 6년 후인 1452년(문종 2) 4월 1일 아들 문종은 어머니를 위해 '선인 제성宣仁齊聖'이라는 존호를 올린다. 이후 심씨의 공식명칭은 '선인 제성 소헌왕후'로 불렸다.

❖ 순명順命을 얻지 못한 왕비들

세종의 장남 이향李珦은 여덟 살 때인 1421년(세종 3) 세자로 책봉됐고 6년 후인 1427년(세종 9) 2월 상호군 김오문金五文의 딸과 혼례를 올렸다. 김오문은 태종의 후궁인 명빈 김씨와 남매지간이었다. 왕실의 인척 중에서 세자빈을 간택한 것이다. 그런데 세자 부부의 결혼생활은 평탄치 못했다. 2년 반 후인 1429년(세종 11) 7월 20일 세종은 근정전에서 휘빈 김씨를 세자빈에서 내쫓는다는 내용의 하교를 내렸다. 폐빈廢嬪이었다.

이유는 하교에 상세하게 나와 있다. 세자가 가까이 하던 시녀 효동과 덕금을 시기 질투했고, 교접하는 뱀의 정기를 수건으로 닦아서 사타구니에 차고 있는 등 각종 비방을 통해 세자의 사랑을 얻어보려 했던 것이다. 세종이나 소헌왕후 심씨로서는 도저히 받아들일 수 없는 처사였다.

3개월 후인 10월 창녕현감을 지낸 봉여奉礪의 딸을 세자빈으로 맞아들였다. 이후 봉여는 벼락출세를 해서 형조·병조·이조의 참판을 거쳐 돈녕부 지사에까지 오르게 된다. 그러나 딸의 결혼생활은 행복하지 못했다. 게다가 두 사람이 결혼한 다음 해인 1430년(세종 12)에는 세자에게도 후궁을 들이는 제도까지 생겨났다. 그리고 세종은 친히 권전權專의 딸, 정갑손鄭甲孫의 딸, 홍심洪深의 딸을 세자의 후궁으로 봉했다. 세종의 입장에서는 세자의 자손을 많이 보려는 차원이었겠지만 세자빈 봉씨로서는 참을 수 없는 일이었다. 성격도 당당했다. 세심한 세자와 충돌할 수밖에 없었다. 결국 봉씨는 '조선 왕실 최초의 레즈비언 스캔들'이라는 충격적인 사건을 일으킨 끝에 1436년(세종 18) 10월 26일 세자빈에서 쫓겨난다. 두 사람 사이에 아이도 없었다.

이날 세종은 도승지 신인손辛引孫과 동부승지 권채權採를 사정전으로 부른 다음 "요사이에 한 가지 괴이한 일이 있었는데 이를 말하는 것조차도 수치스럽다"며 며느리의 '음탕한 소행', 즉 동성애 사실을 털어놓았다. 게다가 새로 들인 세자의 후궁 중에서 권전의 딸이 임신을 하자 독설을 퍼붓기까지 했다는 것이다. "권승휘가 아들을 낳게 되면 우리들은 쫓겨나야 할 거야"라며 소리 내어 우는 소리가 세종의 침소에까지 들리기도 했다. 그래서 중궁과 함께 봉씨를 불러 타이르기까지 했으나 조금도 뉘우치는 기색이 없었다고 했다.

말미에는 실록의 사실성을 보여주는 아주 흥미로운 대목이 있다.

옛날에 김씨를 폐할 적에는 내가 한창 나이가 젊고 의기意氣가 날카로워서 빈을 폐하고 새로 다른 빈을 세우는 것은 중대한 일이므로 애매하게 할 수 없다고 여긴 까닭으로 그 일을 교서에 상세히 기재했으나 지금은 그렇게 할 필요가 없다. 봉씨가 여종과 동숙한 일은 매우 추잡하므로 교지教旨에 기재할 수 없으니 우선 성질이 질투하며 아들이 없고 또 남자를 그리워하는 노래를 부른 너덧 가지 일을 범죄 행위로 헤아려서 교지를 지어 바치게 하라.

권승휘가 낳은 아이는 딸이었다. 그리고 곧바로 세 번째 세자빈 간택에 들어가는데 새롭게 선발하기보다는 양원이나 승휘 중에서 선발하는 것이 좋다는 신하들의 청이 있었다. 1430년에 마련된 세자의 후궁제도를 보면 정2품 양제, 정3품 양원, 정4품 승휘, 정5품 소훈이 있었다. 최종적으로 권전의 딸과 홍심의 딸이 후보로 남았다. 실록을 보면 세자의 마음은 홍심의 딸에게 있었는데 세종이 권전의 딸을 선택한다. 권씨는 딸을 낳은 후 양원으로 승진해 있었고 홍씨는 승휘였다.

세자의 뜻은 홍씨를 낮게 여기는 듯하나, 내 뜻은 권씨를 적당하다고 생각한다. 옛날 사람이 말하기를 "나이가 같으면 덕으로써 하고, 덕이 같으면 용모로써 한다"라고 했는데, 이 두 사람의 덕과 용모는 모두 같은데, 다만 권씨가 나이 조금 많고 관직이 또 높다. 또 후일에 아들을 두고 두지 못할 것과 비록 아들을 두되 어질고 어질지 못할 것은 모두 알 수가 없지만, 그러나 권씨는 이미 딸을 낳았으니, 그러므로 의리상 마땅히 세자빈으로 세워야 될 것이다.

세종은 양원 권씨의 경우 이미 딸을 낳은 것으로 보아 적어도 출산 능력에서는 검증이 된 것으로 보았던 것 같다. 그러나 세종의 이 선택은 계속되는 불행으로 이어진다. 세자빈은 다시 딸을 낳은 후 마침내 5년 후인 1441년(세종 23) 7월 23일 원손을 낳았다. 세자의 첫 번째 혼인 14년 만에 얻은 원손이었기 때문에 세종의 기쁨이 어떠했을지는 짐작하기 어렵지 않다. 그 원손이 훗날의 비극적 최후를 맞게 되는 단종이다. 그러나 이 귀한 아들을 출산한 바로 다음 날 세자빈 권씨는 산후 후유증으로 세상을 떠났다. 권씨는 문종 즉위 후 현덕왕후로 추존된다. 즉 권씨는 단 하루도 왕비로서는 살아보지 못했던 것이다.

문종은 왕위에 오른 직후인 1450년(문종 즉위년) 7월 8일 현덕빈顯德嬪을 왕비로 추존하는 책문의 일부다.

> 그대 현덕빈 권씨는 성품이 단정하고 장숙莊肅하며 마음이 깊고 아름다웠도다. 그대가 배필이 되었을 때 나는 동궁에 있었으며 양궁兩宮(부모)에 어여삐 보이기를 위하여 규곤閨壺(세자빈)의 직책을 닦았고, 원자를 낳아 나라의 복을 두텁게 했다. 어째서 대한大限이 다하여 갑자기 좋은 보좌를 잃었는가. 슬프다. 길고 짧은 수명은 면하기 어려우나 봉숭封崇의 예는 마땅히 행하여야 한다. 지금 신하 우의정 남지를 보내서 그대에게 옥책玉冊과 금보金寶를 주어 추증하여 현덕왕후로 삼노라.

현덕빈을 현덕왕후로 삼았다는 것은 '현덕'이라는 시호를 이미 갖고 있었다는 뜻이다. 세상을 떠난 지 두 달 만인 1441년 9월 7일자 실록이다.

> 왕세자빈의 시호를 현덕顯德이라 했으니, 행실이 안팎에 보인 것을 현顯

이라 하고, 충화忠和하고 순숙純淑한 것을 덕德이라 했다.

1454년(단종 2) 1월 22일 열다섯 살이던 여산 송씨 송현수宋玹壽의 딸은 조선이 개국된 이래 최초로 왕과 혼인하여 하루아침에 왕비가 됐다. 그러나 이미 몇 달 전 계유정란으로 인해 권력은 수양대군에게 넘어가 있을 때였다. 따라서 이 결혼은 어린 왕보다는 수양대군의 의지에 따른 결혼으로 보인다. 실제로 1월 23일 어린 단종은 결혼을 못하겠다며 절차를 중지하라는 명을 내렸다가 수양대군의 사주를 받는 신하들의 강권에 못 이겨 중지 명령을 철회하기도 한다.

이런 우여곡절과는 별도로 이 혼인은 조선 개국 이후 곧장 왕과 하는 첫 번째 혼인이었기 때문에 송씨는 엄선에 엄선을 거듭한 결과였다고 할 수 있다. 송씨는 지금의 전라북도 정읍에서 태어나 아버지를 따라 서울로 올라왔다. 고모부가 세종의 여덟째 아들 영응대군(1434~1467)이었기 때문에 왕실과의 인연도 있었다.

왕비로서 송씨의 영화는 1년 반 정도에 불과했다. 이듬해인 1455년 윤6월 어린 왕은 왕위를 수양대군에게 내주고 상왕으로 잠시 있다가 노산군으로 강등되어 내쫓겨났기 때문이다. 이에 따라 송씨의 지위와 신분도 널뛰듯했다. 1455년 7월 11일 노산군은 상왕으로 봉해져 '공의 온문 상태왕恭懿溫文上太王'으로 하고, 대부인 송씨는 '의덕왕대비懿德王大妃'로 봉했다. 물론 형식적인 조치일 뿐이었다. 게다가 노산군은 문무백관의 하례를 거부함으로써 사실상 수양대군이 내린 존호를 거부했다.

그리고 2년 후인 1457년 성삼문 등 사육신의 상왕 복위 운동이 발각되어 상왕은 다시 노산군으로 강봉되어 영월로 유배를 갔고 대비에서 군부인으로 강등된 송씨는 대궐을 나와 동대문 밖 숭인동 근처에 초막을 짓고 시녀들과 함께 어려운 생활을 유지했다. 남편이 영월에서 세상을 떠난 후에는 노비로 전락하기도 했다.

그러나 송씨는 오래 살았다. 1521년(중종 16) 6월 82세의 나이로 한 많은 생을 마감했다. 중종의 재위 초기, 사림파인 조광조 등에 의해 복위가 주장됐으나 중종은 이를 거부했다. 그 뒤 현종 때부터 송시열과 김수항 金壽恒 등은 단종과 그녀의 복위를 거듭 건의했다. 그들은 세조의 단종 살해는 측근들의 오도에 휘둘린 것이며 본심은 단종 살해에 있지 않았다고 주장했다. 그 건의로 1698년(숙종 24) 음력 11월 6일, 단종과 송씨는 복위되어 시호를 받고 종묘 영령전에 신위가 모셔졌다. 당시 약간의 논란이 있었다. 세조가 올린 존호를 그대로 시호를 할 것인지 시호를 새롭게 할 것인지가 논란의 핵심이었다. 존호는 생전에, 시호는 사후에 올리는 것이다. 결국 논란 끝에 새롭게 시호를 올리는 쪽으로 결론이 난다. 세조가 올린 것은 존호로 간주된 것이다.

묘호는 단종端宗이라 하니, 예를 지키고 의義를 잡음을 단端이라 한다. 능호는 장릉莊陵이라 했다. 부인의 시호를 '정순定順'이라 하니, 순행純行하여 어그러짐이 없음을 정定이라 하고, 이치에 화합하는 것을 순順이라 한다 했다.

결국 정순왕후라는 시호는 송씨 사후 177년이 지나서야 받은 것이다. 그녀의 별세 때에는 군부인의 격에 따라 치러진 장례로 경기도 양주군 군장리(현재의 경기도 남양주시 진건읍 사릉리)에 매장됐다. 단종과 송씨의 복위로 종묘에 배향되면서 능호를 사릉思陵이라 했는데 이는 억울하게 살해된 남편을 사모한다는 뜻에서 지은 것이다.

정희왕후는 앞서 살펴보았고 이어지는 예종과 성종의 왕비들은 조금 복잡하고 사연도 많다.

❖ 연이어 좌절되는 한명회의 국구에 대한 기대

1460년(세조 6) 4월 11일 병조판서 한명회의 딸 한씨가 세자빈으로 책봉됐다. 세조에게는 두 아들이 있었다. 첫째 아들 의경세자가 1457년 20세의 나이로 사망하는 바람에 둘째 아들 해양대군(훗날의 예종)이 세자 자리를 이었고 이때 당대의 실력자 한명회의 딸과 결혼을 한 것이다. 그러나 한씨는 불행하게도 이듬해 11월 30일 아들(인성대군)을 낳았지만 닷새 후인 12월 5일 산후병으로 세상을 떠난다. 왕비에는 오르지 못한 채 세상을 떠난 것이다. 이때 그의 나이 열일곱 살이었다. 그리고 아들도 세 살 때인 1463년에 죽음으로써 한명회의 꿈을 좌절시킨다.

시아버지인 세조는 원손까지 낳아주고 세상을 떠난 며느리 한씨를 위해 이듬해(1462년) 2월 4일 안타까움을 담은 시호를 내려주었다.

세상을 떠난 왕세자빈에게 장순章順이란 시호를 내려주었으니, 온순하고 너그럽고 의용儀容이 아름다운 것을 장章이라 하고 유순하고 어질고 자혜로운 것을 순順이라고 한다.

이렇게 해서 장순빈이 된 한씨는 제부이자 시조카인 잘산군(훗날의 성종)이 왕위에 오르자 시호는 그대로 계승하여 장순왕후로 추존된다. 1470년(성종 1) 1월 22일 신왕의 부모의 시호, 묘호, 능호를 정하면서 장순왕후도 추존된다.

"장순빈의 시호는 휘인 소덕 장순왕후徽仁昭德章順王后로 하고, 능호는 공릉恭陵으로 하며, 의경세자의 시호는 온문 의경왕溫文懿敬王으로 하고, 묘호는 의경묘懿敬廟로 하며, 능호는 경릉敬陵으로 하고, 수빈의 휘호는 인수왕비仁粹王妃로 일컬어 올리도록 하라."

이렇게 해서 예종의 첫 번째 부인 한씨는 비록 왕비의 자리에 오르지는 못했지만 '휘인 소덕 장순왕후'라는 왕후 칭호를 받게 됐다.

장순빈이 세상을 떠나자 1463년(세조 9) 윤7월 6일 사옹별좌 한백륜의 딸을 소훈(내명부 종5품 세자 후궁)으로 삼았다. 의경세자빈도 한확의 딸, 두 번째 세자빈도 한명회의 딸, 그리고 이번에도 한백륜의 딸로 모두 청주 한씨 집안이었다.

한백륜의 딸은 세조가 살아 있는 동안 세자빈에 책봉되지는 못했지만 사실상 세자빈에 준하는 대우를 받았고 1466년(세조 12)에는 아들(훗날의 제안대군)을 낳았다. 그리고 2년 후인 1468년 9월 8일 세조는 세자에게 왕위를 선위하면서 소훈 한씨를 왕비로 삼을 것을 명했다.

왕비 한씨에게는 여성으로서 웃어른이 두 사람 있었다. 시어머니인 대비와 윗동서인 수빈粹嬪(훗날의 인수대비)이다. 집안이 크게 번성하지 못한 때문이었는지 본인의 순종하는 성품 때문이었는지 모르지만 왕비 한씨는 무난한 처신을 보였다.

그러나 이듬해인 1469년 11월 28일, 이날 하루가 왕비 한씨의 모든 것을 바꿔놓았다. 즉위 1년 2개월밖에 안 된 예종이 형 의경세자와 똑같은 20세의 나이로 의문 속에 세상을 떠난 것이다. 정상적으로라면 아직 네 살밖에 안 된 제안대군이 왕위에 올라야 했지만 자성대비(정희왕후)와 한 명회가 결탁하여 방향을 틀어버렸다. 수빈의 두 아들 월산군과 잘산군 중 에서 동생인 잘산군을 다음 왕으로 정하여 바로 그날 즉위식까지 마쳐버 린 것이다. 이유는 하나, 열세 살 잘산군이 한명회의 사위였기 때문이다.

아직 25세밖에 안 된 예종비 한씨는 하루아침에 대비에 오른다. 잘산 군은 예종과 자신의 양자로 입적됐다. 왕통의 확립 차원이었다. 그리고 같은 날 인혜仁惠라는 존호를 받아 인혜왕대비에 책봉되었다. 신왕의 법 통상의 어머니, 즉 법모法母로서 받은 칭호다.

이듬해 3월 12일 신숙주는 신왕의 친어머니 인수대비와 예종비 한씨 의 서열에 대해서는 형제의 서열로 하면 된다고 아뢰었다. 임시변통이었 다. 훗날 의경세자는 덕종으로 추존되고 인수대비도 인수왕대비로 추존 되면서 한씨도 함께 인혜왕대비에 오른다. 그러나 서열은 여전히 인수왕 대비가 하나 위였다. 그리고 성종의 아들(연산군)이 즉위한 1494년 두 사 람은 나란히 대왕대비에 오른다.

인혜대왕대비는 1498년(연산군 4) 12월 23일 54세를 일기로 영욕의 삶 을 마감한다. 그에게는 늘 웃전이 있었기 때문에 대비로서의 권력 또한 한 번도 제대로 행사해본 적이 없었다.

연산군은 이듬해(1499년) 1월 2일 안순安順이라는 시호를 올리고, 이어 1월 10일 사후에 올리는 존호인 휘호徽號로 '소휘 제숙昭徽齊叔'을 바쳤 다. 그리고 1월 22일에는 '명의明懿' 두 자를 더 추가한다. 이로써 공식 명칭은 '인혜 명의 소휘 제숙 안순왕후'가 됐다.

왕위에 오르기 전 잘산군은 어린 한명회의 막내딸 한씨와 1467년(세조 13) 혼인했다. 세조는 며느리, 손자며느리를 모두 한명회의 딸에게서 구했던 것이다. 여전히 고려시대의 풍습이 남은 결과로 보인다. 열두 살 한씨는 잘산군과 혼인하면서 천안군부인에 봉해진다. 그리고 1469년 11월 28일 남편 잘산군이 급작스레 왕위에 오르면서 왕비에 봉해졌다. 그러나 왕비로 있던 5년 동안 자식을 낳지 못했다. 그리고 1474년(성종 5) 4월 15일 창덕궁 구현전에서 열아홉 살 어린 나이로 세상을 떠난다. 다시 한 번 한명회가 좌절을 맛보는 순간이었다.

나흘 후인 4월 19일 의정부와 육조의 논의를 거쳐 시호를 '공혜恭惠'라고 했다.

> 공경하고 유순하게 윗사람을 섬김을 공恭이라 하고, 너그럽고 부드러우며 인자함을 혜惠라 한다.

그리고 연산군 때인 1496년(연산군 2) 2월 5일 '휘의 신숙徽懿愼肅'이라는 휘호를 추가했다. 이렇게 해서 공식 명칭은 '휘의 신숙 공혜왕후'가 됐다.

❖ **끝내 폐비로 남은 제헌왕후, 연산군이 극진히 모신 정현왕후**

공혜왕후 한씨의 뒤를 잇는 왕비는 폐비 윤씨다. 실록에서 윤씨에 대한 최초의 기록은 1476년(성종 7) 7월 11일자에 나온다. 이날 대왕대비의 뜻을 담은 의지가 내려졌다. 윤씨는 공혜왕후가 세상을 떠나기 1년 전쯤 후궁에 뽑혔으니 대궐 생활이 3년을 넘기고 있었다. 그리고 8월 9일 창덕궁 인정전에서 책봉식이 거행됐고 윤씨는 왕비의 자리에 오른다. 이때 윤씨는 임신 중이었다. 세 달 후인 11월 6일 원자를 생산하는데 훗날의 연산군이었다.

왕비 윤씨의 행복은 1년도 채 가지 못했다. 어쩌면 대왕대비의 오판 때문이었는지 모른다. 훗날 아들 연산군의 성품을 통해 간접적으로 알 수 있듯이, 윤씨는 검소했는지는 모르지만 성질이 불같았다. 아들이 왕으로서 지켜야 할 품격을 버렸듯이, 윤씨도 왕비의 자리에 오른 지 반년이 조금 넘자마자 왕비로서의 품격을 벗어던졌다.

1477년(성종 8) 3월 29일 성종의 명으로 전직 정승들과 의정부, 육조판서, 대사헌, 대사간 등이 빈청에 모였다. 그리고 왕비로서 '결코 해서는 안 될 짓'을 했다는 내용의 의지가 발표되었다.

다음 날 성종은 이미 방향이 섰다는 듯 "이것은 내가 자세히 아는 바이다. 중궁이 또한 스스로 말하기도 하고 간접적으로 듣기도 했으니, 경 등은 그 죄를 의논하라"고 했다. 하지만 이 사건은 폐비 조치는 유보한 채 자수궁에 거처하도록 하는 것으로 결론이 내려진다. 그리고 관련자들에 대한 국문이 이어지면서 일단락된다.

이때 이후 윤씨와 관련된 특별한 기록은 등장하지 않는다. 그러던 중 1479년(성종 10) 6월 1일, 왕비 윤씨가 후궁과 침실에 있던 왕에게 뛰어들어가 용안에 상처를 입히는 사건이 일어난다. 다음 날 윤씨는 폐비되어 사가로 돌아갔고 1482년(성종 13) 8월 16일 사약을 받고 세상을 떠난다. 마땅히 시호도 존호도 없는 '폐비 윤씨'로 불릴 수밖에 없었다. 그나마 친아들(연산군)이 훗날 왕이 되어 22년이 지난 1504년(연산군 10) 5월 6일 제헌왕후齊獻王后로 추숭하지만 악행을 일삼던 왕이 반정으로 왕위에서 쫓겨남으로써 끝내 조선 역사에서는 '폐비 윤씨'로만 남게 된다.

한편 윤씨를 폐비시킨 왕과 삼대비는 그 이듬해(1480년) 11월 두 번째 계비를 맞아들인다. 윤호의 딸인 숙의 윤씨였다. 이번에도 후궁 중에서 제2계비를 뽑은 것이다. 따스한 성품의 윤씨는 왕비로서 손색없는 행실을 보였고 세자도 친아들처럼 양육했다. 만일 친아들 진성대군을 편애하는 마음을 보였다면 훗날 왕위에 오른 세자(연산군)가 그냥 두지 않았을 것이다. 성종의 뒤를 이은 새 왕은 1496년(연산군 2) 2월 5일 인수대비 한씨와 인혜대비 한씨의 존호를 한층 더 높이면서 자신의 계모인 대비에게도 '자순慈順'이라는 존호를 올렸다. 말 그대로 자애롭고 온순하다는 뜻이다.

연산군은 할머니 인수대비는 극도로 혐오했지만 계모인 자순대비에 대해서는 지극정성을 다했다. 극에 달하고 있던 1506년(연산군 12) 8월 26일 연산군은 대비에게 창경궁 명정전에 나아가 '화혜和惠'라는 존호를 더했다. 따스하게 은혜를 베풀어주었다는 화혜和惠 두 자에게는 의붓아들인 자신을 친자식처럼 길러준 대비에 대한 고마운 마음이 고스란히 담겨 있다. 이날부터 대비의 공식 호칭은 '자순 화혜왕대비'였다. 정확하게는 대비였지만 왕대비라고 부르기도 했다.

그런데 '화혜'라는 존호는 1년도 가지 못했다. 1507년(중종 2) 4월 25일 유순, 박원종, 유순정 등 반정공신들이 '화혜'라는 존호는 폐주인 연산군이 올린 것이라 하여 폐기를 주창한 것이다. 힘없는 왕(중종)이자 자순대비의 친아들은 따를 수밖에 없었다.

자순대비는 1530년(중종 25)에 세상을 떠난다. 아들인 왕은 10월 23일 신하들과의 논의를 거쳐 시호를 '정현貞顯'으로 하고 또 추모의 정을 담아 '소의 흠숙昭懿欽淑'이라는 휘호를 올린다. 이렇게 해서 공식 명칭은 '자순 소의 흠숙 정현왕후'가 됐다. 그래서 우리는 지금도 끝부분을 따서 정현왕후라고 부르는 것이다. 그런데 영조 때 이르러 연산군이 내린 것이라 하여 버렸던 화혜도 복원된다. 즉 '자순 화혜 소의 흠숙 정현왕후'가 되는 것이다. 늘 삼가며 자신의 도리를 다했던 왕비에 대한 존숭의 표현이라 할만하다.

❖　　**중종비 단경왕후에서 명종비 인순왕후까지**

조선에는 모두 네 차례의 정변이 있었다. 난을 바로잡고 종묘사직을 안정시켰다고 해서 정란靖亂이라고도 하고 잘못된 것을 다시 바로잡았다는 의미에서 반정反正이라고도 한다. 그런데 그 과정에서 역학 관계가 작용한다. 신왕이 주도했는가, 신하들이 주도했는가가 핵심이다. 가장 강력했던 신왕은 태종이고 신하들의 힘이 가장 셌던 경우는 중종반정이다. 이 말은 반정군에 의해 신왕의 자리에 오르게 된 진성대군, 즉 성종과 정현왕후 사이에서 난 신왕의 힘은 거의 없었다는 뜻이다.

1506년 9월 2일 반정이 일어나면서 한 집안의 두 여인 신씨들은 신분이 완전히 바뀌었다. 폐주 연산군의 부인 신씨는 왕비에서 굴러 떨어졌고 연산군의 이복동생 진성대군의 부인 신씨는 하루아침에 왕비에 올랐다. 새 왕비에게 전 왕비는 윗동서이자 고모이기도 했다. 즉 신승선愼承

善의 딸이 연산군 부인 신씨였고 손녀딸이 중종의 부인이었다. 연산군 부인 신씨는 아무런 존호도 받지 못하고 왕비에서 물러났다. 간혹 기록에서 '연산비燕山妃'로 불리는 게 전부다. 그래서 지금도 '폐비 신씨'로 기록될 뿐이다.

그러나 새롭게 왕비의 자리에 오른 조카 신씨 또한 오래가지 못했다. 반정 일주일만인 9월 9일 경복궁 건춘문을 나가 하성위 정현조鄭顯祖의 집에 머물도록 조치가 내려진다. 정현조는 세조의 딸 의숙공주와 혼인해 부마가 된 인물로 정인지의 아들이기도 하다. 이로써 일주일간의 왕비 생활은 끝났다. 그나마 이 신씨는 먼 훗날인 1739년(영조 15) 왕후로 복위되어 단경端敬이라는 존호를 추숭받게 된다. 그래서 지금도 '단경왕후'라고 부른다.

앞에서 본 바 있듯이, 1507년(중종 2) 6월 17일 박원종은 신왕에게 혼인의 필요성을 강요한다. 결국 신왕도 압력에 견디지 못해 후궁으로 있던 윤여필의 딸 숙원 윤씨를 배필로 정한다. 윤여필은 박원종의 매부였다. 게다가 숙원 윤씨는 어려서 월산대군의 부인이자 박원종의 누이인 승평부부인 박씨 집에서 성장할 정도로 박원종과는 가까웠다. 이렇게 해서 같은 해 8월 4일 근정전에서 책봉례를 거행하고 제1계비로 윤씨를 맞아들였다. 이때 열일곱 살이던 윤씨는 1515년 아들(훗날의 인종)을 낳고 얼마 후 세상을 떠났다.

왕비가 세상을 떠나자 왕은 신하들과의 논의를 거쳐 대행왕비에게 '숙신 명혜淑愼明惠'라는 휘호와 함께 '장경章敬'이라는 시호를 내렸다. 온화하면서도 위엄을 갖췄다고 해서 장章이라 했고 밤낮 없이 삼가는 마음을 잃지 않았다고 해서 경敬이라 했다. 그리고 1547년(명종 2) 대리청정을 하던 대비(훗날의 문정왕후)는 아들인 왕(명종)을 시켜 숙신 명혜 장경왕후에게 '선소 의숙宣昭懿淑' 네 자를 가상加上했다. 무슨 의미였을까? 혹시 인종이 빨리 죽어 자기가 낳은 아들이 왕위에 오를 수 있게 해준 데 대한 감사의 표시였다고 본다면 지나친 악의로 풀이하는 것일까? 이로써 공식 명칭은 '숙신 명혜 선소 의숙 장경왕후'가 됐다.

1517년(중종 12) 7월 윤지임의 딸 윤씨가 장경왕후가 세상을 떠난 지 2년 만에 왕비의 자리에 오른다. 이때 그의 나이 열일곱 살이었다. 그 후 왕비로 있으면서 딸들만 낳던 그는 1534년(중종 29) 마침내 아들(훗날의 명종)을 낳았고, 1544년(중종 39) 남편인 중종이 세상을 떠나고 세자가 왕위를 잇자 대비에 오른다. 대비에 오르기는 했지만 신왕이 불과 8개월 만에 또 세상을 떠나는 바람에 윤씨는 대비로서 아무런 존호를 받지 못했다. 아마도 당연히 존호를 올리는 문제를 논의했을 텐데 일찍 세상을 떠나게 되면서 그런 기회를 갖지 못한 것으로 보인다.

게다가 불과 8개월 만에 윤씨는 대비에서 왕대비로 높아졌다. 어리긴 해도 인종비가 대비가 되었기 때문이다. 1545년 7월 윤씨의 친아들이 왕실 계보로는 손자가 되어 왕위에 오르니 그가 훗날의 명종이다. 이제 존호를 올리는 일이 바빠질 수밖에 없었다. 그래서 1년여 후인 1546년(명종 1) 10월 24일 의정부와 육조 등이 의견을 모아 아뢰기를 성렬聖烈, 명성明聖 두 가지를 안으로 올리자 왕은 앞의 것, 즉 성렬聖烈을 골랐다. 이렇게 해서 윤씨는 드디어 성렬왕대비로 불릴 수 있게 됐다.

당시 수렴청정을 하던 성렬왕대비의 힘이 얼마나 컸는지는 불과 1년도 안 되어 또 존호를 가상했다는 데서 알 수 있다. 1547년(명종 2) 9월 21일 성렬왕대비는 '인명仁明'이라는 존호를 추가로 받았다. 이제 '성렬 인명왕대비'가 된 것이다. 이는 성품이나 치적보다는 한쪽으로 기울어버린 권력의 추 때문에 생겨난 존호라 할 수 있다.

정희왕후를 능가하는 권력을 행사했던 성렬 인명왕대비는 1565년(명종 20) 65세를 일기를 세상을 떠난다. 한 시대의 종언이었다. 그해 4월 11일 조정에서는 논의를 거쳐 시호를 문정文定으로 정했다. 이렇게 해서 윤씨의 공식 명칭은 '성렬 인명 문정왕후'가 됐다. 따라서 엄격한 의미에서 정희왕후, 문정왕후는 맞는 말이지만 정희대비나 문정대비라고 해서는 틀린 것이라 할 수 있겠다.

한편 인종의 왕비, 즉 인종비는 인종과 마찬가지로 오랜 세자빈 생활에 비해 극히 짧은 왕비 생활을 한 여인이다. 게다가 아들을 낳지 못했다. 누릴 수 있었던 권력의 크기만 놓고 보자면 결코 행복했다고 할 수 없는 왕비였다. 그의 8개월 왕비 생활은 오직 상례만을 뒤치다꺼리하다가 끝났다고 해도 과언이 아니다.

박용朴墉의 딸 반남 박씨가 세자빈이 된 것은 열한 살 때인 1524년(중종 19)이다. 중종이 세상을 떠난 것이 1544년이니 세자 20년에 맞춰 세자빈으로 20년을 보낸 박씨는 마침내 왕비에 오르지만 불과 8개월짜리였다. 그리고 곧바로 대비가 됐다. 1547년(명종 2) 9월 21일 성렬왕대비가 '인명仁明'이라는 존호를 추가로 받던 날 대비 박씨도 '덤'으로 '공의恭懿'라는 존호를 받았다. 공의대비가 된 것이다. 선조가 즉위하자 그의 지위는 왕대비에 올랐으나, 실권은 명종비가 고스란히 갖고 있었기 때문에 아무런 권한을 행사하지 못하고 명색만 왕대비로 자리를 지켜야 했다. 그리고 그가 1577년(선조 10) 세상을 떠나자 조정에서는 '효순孝順'이라는 휘호를 더하고 '인성仁聖'이라는 시호를 내렸다. 이렇게 해서 그의 공식 명칭은 '효순 공의 인성왕후'가 됐다.

우리가 흔히 인순왕후 심씨라 부르는 명종비는 최초로 차기 왕을 결정하게 되는 최초의 왕비였다는 점에 주목할 필요가 있다. 인순왕후 심씨는 세종비 소헌왕후 심씨와 같은 청송 심씨다. 뿌리로 볼 때 인순왕후 심씨는 소헌왕후 심씨의 친오빠인 심회의 직계 후손이다. 심회의 손자 심순문이 인순왕후의 아버지 심강沈鋼의 친할아버지다.

1532년(중종 27) 심강의 맏딸로 태어난 심씨는 열한 살 때인 1542년(중종 37) 11월 19일 경원대군(훗날의 명종)과 결혼했다. 이때까지만 해도 그가 왕비가 될 가능성은 반반이었다. 그러던 중 중종에 이어 왕위에 오른 인종이 1545년 7월 1일 세상을 떠나고, 7월 6일 이복동생이던 남편 경원대군이 왕위를 계승하면서 왕비의 자리에 올랐다. 그리고 스무 살이 되던 1551년 5월 28일 원자를 생산한다. 그러나 명종의 시대는 사실상 명종의 친모 문정왕후가 대비로서 전권을 행사하던 시대였기 때문에 심씨는 왕비로서의 위세를 부릴 수가 없었다. 게다가 인종비인 공의대비도 웃어른으로 섬겨야 하는 위치였다. 다만 자신으로 인해 할아버지 심연원이 영의정에 올랐고 심연원의 동생 심통원도 정승에 오를 수 있었다.

1563년(명종 18) 9월 20일 세자(순회세자)가 열세 살의 나이로 세상을 떠났다. 공식적으로 명종에게는 후궁이 없는 것으로 되어 있다. 왕실의 공식 족보인《선원계보璿源系譜》에는 후궁이 나오지 않기 때문이다. 그러나 6명의 후궁이 있었는데 모두 자식이 없었다. 순회세자의 죽음으로 왕실의 적통은 단절되어버렸다. 명종과 왕비 심씨 사이에서 다시 왕자를 생산하지 않는 한 조선 왕실의 적통은 200년 만에 끊어질 운명이었다.

그리고 2년 후인 1565년(명종 20)에는 시어머니인 문정왕후가 세상을 떠나고 다시 2년 후인 1567년에는 남편인 명종마저 세상을 떠났다. 이제 인종비가 왕대비, 심씨가 대비가 된 것이다. 서열상으로는 인종비가 상위였으나 실권이 심씨 집안에 있었기 때문에, 하위에 있던 대비 심씨가 다음 왕을 정하게 되는데 중종과 후궁 안씨 사이에서 난 덕흥군의 아들 이균을 신왕으로 추대했다. 그가 훗날의 선조다. 뜻하지 않게 조선 최초로 방계에서 왕위에 오른 신왕은 1569년(선조 2) 9월 11일 대비에게 '의성懿聖'이라는 존호를 올렸다. 의懿라는 뜻 자체가 대비를 뜻하는 말이니 대비 중에서 가장 훌륭하다는 의미를 담은 것이다.

심씨는 당쟁이 본격화된 기점인 1575년(선조 8) 1월 2일 44세를 일기로 창경궁 통명전에서 세상을 떠났다. 1월 10일 왕(선조)은 공의전恭懿殿(인종비 인성왕후)이 기초한 의성왕대비의 행적을 승정원에 내래 시호를 의논하도록 한다. 즉 일정한 기록과 자료를 토대로 시호를 정했다는 뜻이다. 논의 과정이 흥미롭다. 먼저 2품 이상 관리들이 의견을 냈다.

유희춘은 인정仁貞이라는 의견을 냈고 박근원은 정혜貞惠, 이준민은 정숙貞肅이라는 의견을 냈다.

대부분 명종비에게서 '굳세다'는 정貞의 느낌을 공유했던 것이다. 다양한 의견들이 취합되어 삼정승에게 전달되었는데 삼정승은 다음과 같은 순차적으로 세 가지 의견을 내고 더불어 휘호에 대한 세 가지 안도 올린다.

예조좌랑이 의논한 것들을 가져다가 삼공 앞에 올리니, 삼공이 의서단자議書單子를 정하여 시호의 수망(제1안)에 인순仁順(어진 이와 친족을 귀히 여린 것이 인仁이고, 유순하고 어질며 인자하고 은혜로움이 순順이다), 차망(제2안)에 정혜貞貞(큰 사려를 능히 성취함이 정貞이고, 너그럽고 인자함이 혜貞다), 삼망(제3안)에 정숙貞肅(큰 사려를 능히 성취함이 정貞이고, 마음가짐이 바르고 결단성이 있음이 숙肅이다)으로 정하고, 휘호의 삼망三望에는 일망에 선열 의성宣烈懿聖, 이망에 소효 현의昭孝顯懿, 삼망에 소덕 의열昭德懿烈로 정했다.

다음 날 왕은 시호와 휘호 모두 수망을 선택했다. 이렇게 해서 명종비의 공식 명칭은 '선열 의성 인순왕후'가 됐다.

❖   반정과 당쟁의 격랑에 휩쓸리는 왕비들

방계승통을 한 선조는 미혼인 상태였기 때문에 명종의 삼년상이 끝날 때까지 국혼을 할 수 없었다. 그래서 후궁들과의 접촉은 가능했어도 국혼은 만 2년을 기다려야 했다. 또 방계로서 왕의 자리에 올랐기 때문에 혼인 또한 자기 뜻대로 할 수 없었다. 신왕을 정하는 일을 명종비 인순왕후가 주도했기 때문일까? 신왕의 혼인은 그보다 어른인 인성왕후 박씨가 주도한 것으로 보인다. 같은 반남 박씨 집안에서 신왕의 배필을 고른 것이다.

신왕은 즉위 2년 반 만인 1569년(선조 2) 12월 지방 현령 박응순의 딸을 왕비로 맞는다. 드물게 왕위에 있으면서 왕비를 맞은 경우다. 그러나 유감스럽게도 왕비 박씨는 석녀였다. 임진왜란 전란의 고통을 고스란히 겪어낸 왕비 박씨는 1600년(선조 33) 세상을 떠났다. 그가 세상을 떠났을 때 선조는 박씨를 이렇게 평했다.

"왕비는 투기하는 마음, 의도적인 행동, 수식하는 말 같은 것은 마음에 두지도 않았을 뿐 아니라 권하여도 하지 않았으니 대개 그 천성이 이와 같았다. 인자하고 관후하며 유순하고 성실한 것이 모두 사실로 저 푸른 하늘에 맹세코 감히 한 글자도 과찬하지 않는다."

왕비 박씨가 살아 있을 때인 1590년 '장성章聖'이라는 존호를 받은 바 있고 세상을 떠나고서는 '의인懿仁'이라는 시호를 받았다. 그래서 그의 장례식 때 공식 명칭은 '장성 의인왕후'였다. 그리고 선조는 다시 한 번 먼저 세상을 떠난 부인 박씨에게 '휘열徽烈'이라는 존호를 올린다. 장성이나 휘열이라는 존호는 선조 자신이 신하들로부터 각각 종계변무宗系辨誣와 중흥의 공이 있다며 존호를 받을 때 함께 받은 것이기도 하다.

광해군은 계모인 의인왕후 박씨와 임진왜란 때 함께 피난을 했다. 아버지 선조와는 다른 길을 통해 왜란을 피했다. 적어도 광해군은 의인왕후 박씨에 대해서는 각별한 정을 갖고 있었다. 그래서 1610년(광해군 2) 4월 5일 장성 휘열 의인왕후 박씨에게 '정헌貞憲'이라는 휘호를 가상加上했다. 예조에 따르면 헌憲은 민첩하고 법칙을 제정하는 것이니 왕후가 견문이 넓고 능한 것이 많아 헌이라고 했다. 정貞은 앞서 본 대로 큰 사려를 능히 성취함이다. 즉 광해군이 왕에 오를 수 있도록 힘을 써주었다는 뜻이다. 그리고 고종 때인 1892년 경목敬穆이라는 존호가 추가되었다. 선조의 능호가 목릉穆陵임을 감안한 존호로 보인다. 이렇게 해서 선조의 첫 번째 왕비의 공식적인 명칭은 '장성 휘열 정헌 경목 의인왕후'가

됐다. 대비가 된 적이 없었던 의인왕후 박씨에게 이만큼 많은 휘호나 존호가 붙었다는 것은 조선 사람들이 의인왕후를 깊이 존숭했다는 뜻으로 볼 수 있다.

방계로 왕위를 이어 당쟁에 시달려야 했던 선조는 광해군이라는 장성한 아들이 있음에도 불구하고 계비를 얻어 적장자에게 왕위를 물려주려는 고육지책을 쓰게 된다. 적장자의 권위를 가진 임금만이 당쟁의 폐해를 극복하리라 보았던 것이다. 그래서 의인왕후가 세상을 떠난 지 2년이 지난 1602년(선조 35) 7월 13일 51세의 늙은 신랑(선조)이 이조좌랑 김제남金悌男의 열아홉 살 된 딸을 계비로 맞아들인다. 김제남은 기묘사화 당시 남곤, 심정 등과 함께 조광조의 사림 세력을 제거한 영의정 김전의 증손자였으며 당파로는 서인이었다. 연안 김씨다.

왕비에 오른 김씨는 영창대군과 정명공주를 낳았고 선조는 생전에 계비 김씨에게 '소성昭聖'이라는 존호를 내려주었다. 그러나 1608년(선조 41) 2월 남편 선조가 세상을 떠나자 스물다섯의 왕비는 하루아침에 힘없는 대비의 자리에 오른다.

광해군은 관례에 따라 소성대비에게 '정의貞懿'라는 존호를 가상했다. 정의는 '깐깐한 대비'라는 뜻을 담고 있었는지도 모른다. 그 후 알려진 바와 같이 영창대군과 김씨의 친정이 몰살당하고 서궁 유폐가 이뤄졌으며 광해군과 소성 정의대비는 적대적 관계를 맺게 된다.

인조반정이 일어나자 소성 정의대비는 '명렬明烈'이라는 존호를 가상받았다. 어려운 시절을 이겨낸 고통에 대한 작은 보답이라 할 수 있다. 그리고 1632년(인조 10) 세상을 떠나자 '광숙 장정光淑莊定'이라는 휘호와 '인목仁穆'이라는 시호가 올려졌다. 존호와 시호가 남발되던 고종 때 정숙正肅이라는 존호가 추가됐다. 이렇게 해서 선조의 두 번째 왕비 김씨의 공식적인 명칭은 '소성 정의 명렬 광숙 장정 정숙 인목왕후'이다. 선조만큼은 아니어도 상당히 길다. 여기에는 영광보다는 고난과 고통이 많이 녹아 있어 애틋함을 자아낸다.

광해비 유씨는 연산비 신씨와 비슷한 길을 걷는다. 폐비된 뒤에도 천수를 누린 신씨와 차이가 있다면, 조선 왕실의 세 번째 혹은 네 번째 '폐비' 유씨는 고통을 견디지 못하고 폐비된 지 1년도 안 되어 세상을 떠났다는 점이다. 스스로 굶어서 자살을 택했다는 야사도 있다.

문화 유씨 유자신의 딸로 선조 때 한 살 위인 광해군과 결혼했고 아들 하나를 두었으며 1608년 남편이 왕위에 오르자 왕비의 자리에 올랐다. 유씨 집안은 특히 어머니 쪽이 명문가 동래 정씨였다. 그의 외할아버지는 중종 때의 명재상 정광필의 손자인 정유길이며 정유길도 정승에 올랐다. 게다가 훗날 서인의 핵심 세력이 되는 김상헌이 이종사촌이었다. 남편은 북인의 대북파에 휩싸였지만 외가는 서인의 핵심이었던 것이다. 인조반정으로 광해군이 내쫓김으로써 그는 아무런 시호나 존호를 받지 못한 채 역사에서 사라졌고 폐비 유씨나 광해비 유씨로 불리게 된다.

1610년(광해군 2) 선조와 인빈 김씨 사이에서 난 정원군 이부李琈의 맏아들 능양군 이종李倧은 한 살 많은 한준겸의 넷째 딸과 혼인을 한다. 이때 능양군의 나이 열여섯 살이었다. 이때까지만 해도 이 결혼이 훗날 조선의 역사를 만들어내는 중대한 사건이 될 것임을 예상한 사람은 아무도 없었을 것이다. 그저 후궁의 손자와 오랜 명문가인 청주 한씨 집안과의 경사스러운 혼사였을 뿐이었다.

13년 후 남편 능양군이 반정을 이끌어 왕위에 오르면서 청성현부인 한씨도 왕비에 오른다. 두 사람은 금슬이 좋았다. 소현, 봉림, 인평, 용성 등 모두 6명의 아들을 낳았는데 그중 둘은 낳은 지 얼마 안 되어 세상을 떠났다. 그의 최후도 마지막 아들을 생산하다가 산후병으로 인해 맞게 된다. 병자호란 직전인 1635년(인조 13) 12월 5일 아들을 낳았으나 곧 죽었고 나흘 후인 12월 9일 자신도 창경궁 여휘당에서 42세를 일기로 세상을 떠났다.

조정에서는 논의를 벌여 12월 17일 시호를 '인열仁烈'로 정한다. 원래 남편인 왕(인조)은 명헌明憲을 원했다. 그러나 신권을 대표하던 서인의 선두 주자 대사헌 김상헌이 반론을 제기했다.

"시호를 짓는 것은 담당 관원의 일이므로 군주의 의향대로 해서는 안 됩니다."

왕은 대사헌의 지적을 수용했다. 이리하여 '인을 베풀고 의를 따르는 것[施仁服義]을 인仁이라 하고, 공로가 있고 백성을 편안하게 하는 것[有功安民]을 열烈이라 한다'는 시호법에 따라 인열왕후로 확정됐다.

그리고 둘째 아들 봉림대군이 소현세자를 대신해 왕위에 오른 지 2년째가 되던 1651년(효종 2) 조정에서는 왕의 친어머니였던 인열왕후에게 '명덕정순明德貞順'이라는 휘호를 추가로 올렸다. 사려가 깊고 과감한 것을 명明이라 하고 의리를 견지하며 선을 높인 것을 덕德이라 하며 큰 생각을 능히 해내는 것을 정貞이라 하고 사랑과 부드러움으로 널리 감복시키는 것을 순順이라 한다.

그리고 1900년(고종 37) 역대 왕과 왕비들에게 대대적으로 존호를 올릴 때 인열왕후에게도 정유正裕라는 존호가 추가됐다. 이렇게 해서 인조의 첫 번째 왕비의 공식 명칭은 '정유 명덕 정순 인열왕후'가 됐다.

병자호란을 겪은 이듬해인 1637년 3월 27일 조정 대신들은 왕비의 상기가 끝났으니 계비를 취해야 한다고 건의했다. 이에 왕은 단호히 거부했다.

"국가에 있어서 계비는 예로부터 해독은 있으나 유익함은 없었다. 나는 이러한 해독이 있는 일을 하여 자손과 신민들에게 폐를 끼치고 싶지 않다. 그리고 삼년상의 제도도 매우 중대하여, 자애하는 아비로서 생각하여야 할 것이기에 나는 이미 재취하지 않겠다고 뜻을 결정했다."

무엇보다 당쟁의 씨앗이 될 수 있다는 점에서 계비를 들이는 문제는 쉽지 않았을 것이다. 그러나 이 결정은 지켜지지 않았다.

1638년 조창원趙昌遠의 열다섯 살 둘째 딸이 왕비로 간택되어 44세의 왕과 가례를 올렸다. 둘째 며느리(훗날의 효종비 인선왕후 장씨)보다도 여섯 살 아래였다. 왕비의 궁궐 생활은 그다지 행복하지 못했다. 왕의 총애를 받던 귀인 조씨의 횡포에 시달렸고 소현세자 부부의 비극적인 죽음을 지켜봐야 했다. 게다가 자식을 낳지 못했던 왕비 조씨는 1645년(인조 23) 경덕궁으로 쫓겨나 별궁살이를 해야 했다.

1649년 인조가 사망하고 봉림대군이 왕위에 오르니 그가 효종이다. 효종은 대비가 된 조씨가 계모였음에도 불구하고 지극한 효를 다했다. 1651년(효종 2)는 8월 4일 왕은 창덕궁 인정전에 나아가 대비 조씨에게 '자의慈懿'라는 존호를 올렸다. 주목할 글자는 인자할 자慈다. 여기에는 효종이 조씨를 보는 인식이 담겨 있기 때문이다. 옥책문의 일부다.

왕대비 전하께서는 일찍이 아름다운 재질을 타고나시어 좋은 덕음德音을 내셨습니다. 선조先朝가 탄생하신 그때에 천제天帝의 소녀처럼 태어

나셨고 중전의 자리가 빈 날에 중전의 자리에 오르셨습니다. 자인慈仁
과 공검恭儉을 두루 갖추시니 도신塗莘(하나라 우왕의 왕비)·임사姙姒(각
각 주나라 문왕의 어머니 태임太姙과 왕비 태사太姒를 가리킨다)와 그 아름다
움을 견주었습니다. 12년 동안 내조함에 있어서는 시종 조심하고 경계
하셨고, 3년 동안 슬피 사모하셨으나 다행히 신명의 도움이 있었습니
다. 이어 생각하건대, 보잘것없는 제가 두터운 보살핌을 받았습니다. 음
식이나 살피고 안부나 묻는 일쯤으로 어떻게 사랑하고 공경하는 마음을
폈다고 하겠습니까. 칭호를 높여 덕행을 숭상하니 인정과 예절을 갖추
었다고 할 수 있겠습니다.

이렇게 해서 왕비의 시호에 앞서 '자의대비'라는 칭호를 갖게 됐다.
1659년(효종 10) 5월 효종이 훙薨하고 그 아들이 왕위에 올랐다. 훗날 현
종이라는 묘호를 받게 될 왕인데 대비의 손자다. 따라서 효종비가 대비
가 됐고 자의대비는 왕대비의 자리에 오른다. 나이는 아래였지만 왕실의
최고 어른이었다. 새 왕은 즉위 2년을 맞은 1661년(현종 2) 4월 23일 자
의왕대비에게는 '공신恭愼'이라는 존호를 더하고 어머니에게는 '효숙孝
肅'이라는 존호를 올리기로 결정한다. 이렇게 해서 자의대비는 '자의 공
신왕대비'로 칭해지게 된다. 왕대비는 남편의 사랑을 받지 못했고 친자
식을 두지도 못했지만 의붓아들과 손자의 대를 이은 지극한 효도를 받
았다.

1674년(현종 15) 8월 현종이 훙薨하고 그 아들이 왕위에 올랐다. 자의
공신 왕대비는 대왕대비에 오른다. 이에 새 왕은 아버지 현종이 상기가
끝나는데 맞춰 1676년(숙종 2) 10월 19일 대왕대비에게 '휘헌徽獻'이라는

존호를 더한다. 이렇게 해서 자의 공신왕대비는 '자의 공신 휘헌 대왕대비'로 칭해지게 된다. 그리고 10년 후인 1686년(숙종 12) 5월 25일 숙종은 대왕대비에게 만수무강의 뜻을 담아 '강인康仁'이라는 존호를 추상한다. 이렇게 해서 이제 대왕대비를 칭할 때는 '자의 공신 휘헌 강인 대왕대비'라 불러야 했다.

'자의 공신 휘헌 강인대왕대비'는 1688년(숙종 14) 창경궁에서 당시로서는 비교적 장수를 했다고 할 수 있는 64세를 일기로 세상을 떠났다. 짧은 왕비 시절에 비해 긴 대비의 세월을 보낸 경우라고 할 수 있다. 그해 12월 7일 조정에서는 의논을 통해 대행大行(고故) 대왕대비에게 '정숙 온혜貞肅溫惠'라는 존호와 '장렬莊烈'이라는 시호를 올렸다. 증손자 대에 이르러 마침내 왕비의 칭호를 받은 것이다. 이렇게 해서 인조의 계비인 조씨는 '자의 공신 휘헌 강인 정숙 온혜 장렬왕후'가 됐다. 그리고 1900년 고종 때 '숙목淑穆'이라는 존호를 추상했다. 이것까지 더하면 시호는 '자의 공신 휘헌 강인 정숙 온혜 숙목 장렬왕후'가 된다.

인조반정 공신인 덕수 장씨 장유의 열네 살 딸이 1631년(인조 9) 봉림대군과 결혼을 할 때만 해도 그가 왕비가 될 줄은 몰랐다. 그런데 병자호란으로 인해 남편과 함께 심양에 인질로 끌려가 8년간의 외국생활을 마치고 돌아오자 소현세자는 의문의 죽음을 당했고 1645년 봉림대군이 세자로 봉해졌다. 이에 장씨도 세자빈으로 책봉되었다. 그리고 4년 후인 1649년 인조가 흥薨하고 남편이 왕위를 계승함으로써 장씨는 왕비에 오른다.

10년 후인 1659년 남편인 효종이 사망하자 대비가 되었고 아들인 현종은 상기가 끝난 1661년(현종 2) 어머니에게 '효숙孝肅'이라는 존호를 올렸다. 아버지의 묘호에서 효孝를 땄다. 이렇게 해서 장씨의 공식 명칭은 '효숙孝肅대비'가 됐다.

대비는 1674년(현종 15) 2월 아들 현종이 세상을 떠나기 여섯 달 앞서 57세를 일기로 눈을 감았다. 3월 2일 영의정 허적이 이끄는 조정에서는 의논을 거쳐 먼저 시호를 '인선仁宣'으로 정했다. 사랑을 베풀고 의리에 승복하는 것을 일러 인仁, 성스럽고 착함이 널리 알려진 것을 일러 선宣이라 했다. 그리고 한 달 후인 4월 5일 조정 대신들이 의논을 거쳐 '경렬 명헌敬烈明獻'이라는 시호를 추가로 올렸다. 밤낮으로 삼가는 뜻을 가진 것을 경敬, 덕업을 굳건히 지킨 것을 열烈, 사방을 두루 밝힌 것을 명明, 심원하고 명철한 것을 헌獻이라고 했다. 이를 통해 어느 정도나마 대비의 모습을 그려볼 수 있다. 이렇게 해서 효종비의 공식 명칭은 '효숙 경렬 명헌 인선왕후'가 됐다. 그리고 1900년 고종 때 '정범貞範'이라는 존호를 추상했다. 이것까지 더하면 시호는 '효숙 경렬 명헌 정범 인선왕후'가 된다.

당대의 명재상 김육의 손녀이자 청풍 김씨 김우명의 딸이 1651년(효종 2) 11월 열한 살 세자와 혼인해 세자빈이 된 것은 열 살 때였다. 그리고 8년 후인 1659년 남편 세자가 왕위에 올라 왕비의 자리에 올랐다. 남편이 재위 15년 3개월 만에 사망함으로써 김씨는 불과 33세의 나이에 대비의 자리에 오른다. 위로 자의대왕대비가 있기는 했지만 대비로서의 실권은 김씨가 누렸다. 청풍 김씨 집안이 권력을 주도하고 있었기 때문이다. 새왕(숙종)은 1676년(숙종 2) 10월 20일 친어머니인 대비 김씨에게 '현열顯烈'이라는 존호를 올린다. 이제 '현열대비'로 불리게 된 것이다. 그리고 1683년(숙종 9) 대비가 세상을 떠나자 그해 12월 조정에서는 논의를 거쳐

'정헌 문덕貞獻文德'이라는 휘호와 함께 '명성明聖'이라는 시호를 올렸다. 대체적으로 엄격하고 지략이 뛰어났던 점들은 강조하되, 후덕이나 너그러움에 대한 언급은 빠져 있음을 알 수 있다. 이렇게 해서 현종비의 공식 명칭은 '현열 정헌 문덕 명성왕후'가 됐다. 이 시호에는 이렇다 할 격변의 이야기가 담겨 있지 않다. 지극히 전형적인 왕비의 길을 걸었던 김씨의 삶에 대한 평가가 녹아든 것이라 할 수 있다. 그리고 1772년(영조 48) 10월 희인禧仁이라는 휘호가 추가됐다. 이것까지 더하면 시호는 '현열 희인 정헌 문덕 명성왕후'가 된다.

서인의 핵심 집안인 광산 김씨 김만기의 딸은 1671년(현종 12) 동갑내기 열한 살인 세자와 혼인해 세자빈이 됐다. 그리고 3년 후인 1674년 8월 현종이 죽자 남편인 세자가 왕위에 올랐고, 본인도 상기가 끝난 2년 후 왕비로 책봉됐다. 어린 왕비는 두 딸을 낳았으나 일찍 죽었고 본인도 20세인 1680년(숙종 6) 10월 천연두에 걸려 세상을 떠났다. 임신 능력도 있었으니 좀 더 오래 살아 왕자를 생산했다면 우리 역사는 전혀 다른 길을 걸었을 것이다. 그의 빠른 죽음은 마치 조선 초 권력을 휘둘렀던 한명회의 딸인 성종비 공혜왕후 한씨를 떠올리게 한다. 김씨는 대비 칭호는 받을 수 없었다. 대신 서인을 대표하는 김장생 집안답게 후대에 많은 존호를 받게 된다. 먼저 1680년 11월 조정에서 시호부터 받았다. '인경仁敬'이다. 시법諡法에 따라 '인덕仁德을 베풀고 정의를 행했으며 자나 깨나 항상 조심하고 가다듬는다'는 뜻을 취한 것이다. 이로써 시호는 인경왕후로 확정됐다. 1713년(숙종 39) 신하들이 왕에게 존호를 올리면서 첫 번째 왕비였던 인경왕후에게도 '광렬光烈'이라는 휘호를 올렸다. 이렇게 해서 '광렬 인경왕후'가 됐다. 이어 1722년(경종 2) 5월 '광렬 인경왕후'에게

'효장 명현孝莊明顯'이라는 휘호를 추상했다. 그 후부터 공식 명칭은 '광렬 효장 명현 인경왕후'가 됐다. 1753년(영조 29) 12월 26일 영조는 아버지 숙종의 존호를 올리면서 인경왕후에게 '선목宣穆'이라는 존호를 가상했다. 이제 '광렬 효장 명현 선목 인경왕후'가 됐다. 다시 영조는 1776년(영조 52) 1월 7일 아버지 숙종의 존호를 올리면서 인경왕후에게도 '혜성惠聖'이라는 존호를 올렸다. 이렇게 해서 숙종비 김씨의 공식 명칭은 '광렬 효장 명현 선목 혜성 인경왕후'가 됐다. 그리고 고종도 1890년(고종 27) '순의純懿'라는 존호를 올렸다. 이것까지 더하면 시호는 '광렬 효장 명현 선목 혜성 순의 인경왕후'가 된다. 짧은 생애에 비해 죽어서 이처럼 긴 명예를 누린 것은 서인의 대표 집안이라는 파워가 크게 작용한 결과다.

숙종은 인경왕후가 세상을 떠난 지 6개월여 만인 1681년(숙종 7) 여흥 민씨 민유중의 열다섯 살 된 딸을 계비로 맞아들였다. 남인과의 정쟁 속에서 서인 집안을 대표하던 계비 민씨는 1689년 기사환국 때 장희빈으로 인해 폐위당하는 불행을 겪었다가 1694년 갑술환국 때 복위됐으며, 1701년 8월 14일 당시 유행한 괴질로 인해 35세를 일기로 세상을 떠났다. 엿새 후인 8월 20일 조정에서는 의논을 거쳐 시호를 '인현仁顯'으로 정했다. 왕보다 먼저 세상을 떠났기에 민씨 또한 대비의 자리에는 있어 보지 못했다.

1713년(숙종 39) 3월 9일 인현왕후에게 '효경孝敬'이라는 존호를 올렸다. 이제 '효경 인현왕후'가 됐다. 1722년(경종 2) 5월 6일 '의열 정목懿烈貞穆'이라는 존호를 올렸다. 시호나 존호를 보면 인현왕후는 다정다감보다는 엄격 강인했음을 알 수 있다. 1753년(영조 29) 12월 26일 조정에서

'숙성淑聖'이라는 존호를 가상했다. 이제 공식 명칭은 '효경 숙성 의열 정목 인현왕후'가 됐다. 영조는 정권 말기인 1776년(영조 52) 1월 7일 '장순莊純'이라는 존호를 더했고 고종 때인 1890년(고종 27) 조정에서는 '원화元化'라는 존호를 더했다. 이렇게 해서 숙종의 첫 번째 계비의 공식 명칭은 '효경 숙성 장순 원화 의열 정목 인현왕후'가 됐다.

인현왕후가 세상을 떠났을 때 숙종의 보령은 41세였다. 조정에서는 다시 계비를 얻기로 한다. 후궁 장씨가 아들을 낳기는 했지만 인경왕후와 인현왕후 모두 아들을 생산하지 못했기 때문이다. 인현왕후가 세상을 떠난 지 1년여 만인 1702년(숙종 28) 10월 3일 숙종은 경주 김씨 김주신의 열여섯 살 된 딸을 두 번째 계비로 맞아들였다. 그리고 1720년(숙종 46) 6월 남편인 숙종이 세상을 떠나 대비의 자리에 오르게 된다. 이때 그의 나이 34세였다.

숙종의 상기가 끝난 1722년(경종 2) 9월 1일 조정에서는 대비에게 '혜순 자경惠順慈敬'이라는 존호를 올려 '혜순 자경대비'라 불렀다. 2년 후인 1724년 8월 경종이 세상을 떠나자 왕대비에 올랐고 경종의 상기가 끝난 1726년(영조 2) 7월 2일 조정에서는 '헌열獻烈'이라는 존호를 올렸다. '혜순 자경 헌열대비'가 된 것이다. 그리고 1740년(영조 16) 조정에서는 두 차례에 걸쳐 각각 '광선光宣'과 '현익顯翼'이라는 존호를 올렸고 다시 1747년(영조 23) 만수무강을 기원하는 존호 '강성康聖'을 더했다. 이제 공식 명칭은 '혜순 자경 헌열 광선 현익 강성대비'가 됐다. 영조는 또 1751년(영조 27) 2월 27일 '정덕貞德'이라는 존호를 더했다. '혜순 자경 헌열 광선 현익 강성 정덕대비'가 된 것이다.

영조는 여기서 그치지 않고 1752년(영조 28) '수창壽昌'이란 존호를 올렸고, 다음 해에도 '영복永福'이란 존호를 올렸으며 1756년(영조 32) '융화隆化'라는 존호를 올렸다. 경종 때 '혜순 자경대비'였던 것이 영조에 의해 계속 가상되어 그가 세상을 떠날 때는 '혜순 자경 헌열 광선 현익 강성 정덕 수창 영복 융화대비'로 숨 가쁠 정도로 길어졌다. 영조 자신이 왕위에 오를 수 있도록 지원해준 데 대한 고마움의 표시였을까? 게다가 1757년 71세를 일기로 세상을 떠나자 조정에서는 '정의 장목定懿章穆'이라는 휘호와 함께 시호를 '인원仁元'으로 정했다. 이렇게 해서 마침내 '혜순 자경 헌열 광선 현익 강성 정덕 수창 영복 융화 정의 장목 인원왕후'라는 왕비의 명칭을 갖게 된다. 그리고 1776년(영조 52) 1월 7일 영조는 '휘정徽靖'이라는 존호를 더했고 고종 때인 1890년(고종 27) 다시 '정운正運'이라는 존호를 더했다. 이것까지 하면 숙종의 두 번째 계비의 공식 명칭은 '혜순 자경 헌열 광선 현익 강성 정덕 수창 영복 융화 휘정 정운 정의 장목 인원왕후'가 된다. 인원이라는 시호를 제외하고도 14개의 존호를 가졌던 이름 복 많은 왕비였다고 하겠다.

❖ 경종비 단의왕후에서 영조비 정순왕후까지

왕비의 운명은 상당 부분 남편인 왕에 의해 결정된다. 역사 속에 흔적을 남기지 못한 경종비 두 사람이 그런 경우다. 1696년(숙종 22) 4월 8일 숙종은 삼간택을 거쳐 서인 집안 심호의 열한 살 딸을 세자빈으로 골랐다. 그러나 몸이 성치 못했던 어린 세자빈은 각종 질환에 시달리며 세자빈의 자리를 겨우 지키다가 남편(경종)이 왕위에 오르기 2년 전인 1718년(숙종

44) 2월 7일 갑자기 훙절하여 33세를 일기로 세상을 떠났다. 그 바람에 그의 시호는 시아버지인 숙종이 이끄는 조정에서 내리게 된다. 시호는 '단의端懿'였다. 이렇게 해서 공식적으로 '단의빈'으로 불리게 된다. 조선에서 이런 경우는 처음이다. 이어 남편인 세자가 왕위에 오르자 '단의왕후'로 추봉되고 영조 때 '공효 정목恭孝定穆'이라는 존호가 더해졌다. 이렇게 해서 경종의 첫 번째 왕비의 공식 명칭은 '공효 정목 단의왕후'가 됐다.

세자빈이 세상을 떠나자 숙종은 4개월 만인 윤8월 1일 병조참지이던 함종 어씨 어유구의 딸을 두 번째 빈으로 간택했다. 세자와 단의빈 사이에 후사가 없었기 때문에 더욱 서둘렀던 것으로 볼 수 있다. 아마도 둘 사이에 후사가 있었다면 영조의 즉위는 이뤄지기 힘들었을 것이다. 열네 살이던 세자빈 어씨는 2년 후 세자가 왕위에 오르자 왕비의 자리에 오를 수 있었다. 그러나 남편의 재위는 4년밖에 되지 않았고 남편의 상기가 끝난 1726년(영조 2) 대비로서 '경순敬純'이라는 존호를 받았다. 불과 22세에 '경순대비'로 불리게 된 것이다. 그리고 4년 후인 1730년(영조 6) 세상을 떠나자 조정에서는 시호를 '선의宣懿'라 하고 휘호를 '효인 혜목孝仁惠穆'이라 했다. 이렇게 해서 경종의 계비의 공식 명칭은 '경순 효인 혜목 선의왕후'가 됐다.

1704년(숙종 30) 2월 21일 숙종과 무수리 최씨(훗날 숙빈 최씨) 사이에서 난 연잉군 이금과 진사 서종제徐宗悌의 열세 살 딸이 혼인했을 때 두 사람이 훗날 왕과 왕비가 될 것이라 생각한 사람은 별로 없었을 것이다. 연잉군의 출신이 낮았고 달성 서씨 가문에서 왕비가 난 적도 없었다. 다만 그날 실록에 "이 혼인은 사치가 법도를 넘어 비용이 만금萬金으로 헤아릴 정도였다"는 기록으로 비춰볼 때 연잉군에 대한 숙종의 사랑은 컸다고 할 수 있다. 남편 못지않게 장수한 덕에 서씨는 왕비에 올랐고 1757년(영조 33) 창덕궁에서 66세를 일기로 세상을 떠난다. 왕비 서씨는 대단히 장수를 했음에도 불구하고 남편이 너무 오래 사는 바람에 대비의 자리에 오르지 못했다. 오히려 자신보다 열세 살 아래인 경순대비(선의왕후 어씨)를 시어머니로 모셔야 했다.

1757년 2월 21일 조정에서는 세상을 떠난 서씨에게 '정성貞聖'이라는 시호를 올렸다. 너그럽고도 사사로움이 없는 것을 정貞이라 했고 사람들이 훌륭하다고 여긴 것을 성聖이라고 했다. 이미 부부가 장수하면서 왕비 서씨는 1740년(영조 16) '혜경惠敬'이라는 존호를 받았고 이후에도 '장신莊愼', '강선康宣' 등의 존호를 받았다. 이렇게 해서 영조의 첫 왕비의 공식 명칭은 '혜경 장신 강선 정성왕후'가 됐다. 대체적으로 매사에 조심했던 서씨의 성품이 존호나 시호에 반영이 되어 있음을 알 수 있다. 그 후에도 남편인 영조는 1772년(영조 48) 존호 '공익恭翼'을 더했으며 또 '인휘仁徽', '소헌昭獻' 등을 추가했다. 이어 영조의 상기가 끝난 1778년(정조 2) 정조는 조정의 의논을 거쳐 '단목 장화端穆章和'라는 존호를 추상했다. 이렇게 해서 영조비의 공식 명칭은 '혜경 장신 강선 공익 인휘 소헌 단목 장화 정성왕후'가 됐다. 1889년(고종 26) 12월 조정에서는 묘호를 바꿔 영종英宗을 영조英祖로 높여 부르기로 하면서 정성왕후 서씨에게 '원열元烈'이라는 존호를 가상했다. 그래서 이것까지 하면 공식 명칭은 '혜경 장신 강선 공익 인휘 소헌 단목 장화 원열 정성왕후'가 된다.

1757년 정성왕후 서씨와 사별한 영조는 아버지 숙종의 유명에 따라 후궁 중에서 계비를 선택하지 않고 간택 절차를 밟아 1759년(영조 35) 6

월 9일 경주 김씨 김한구의 딸을 새로운 왕비로 맞아들인다. 66세의 왕과 열다섯 살 소녀의 결혼이었다. 영조가 최장수하는 바람에 왕비 김씨는 17년가량 왕비의 자리에 있을 수 있었다. 1776년 3월 영조가 세상을 떠나 왕비 김씨는 대비의 지위에 오른다.

대비에 오르면서 계비 김씨는 '예순 성철睿順聖哲'이라는 존호를 받아 정조 초에는 공식적으로 '예순 성철대비'로 불렸다. 그리고 영조의 상기가 끝난 1778년(정조 2) 3월 15일 대비에게 '장희莊僖'라는 존호를 더 올렸다. 이렇게 해서 대비는 '예순 성철 장희대비'로 불리게 된다. 그리고 1783년(정조 7) 3월 27일 조정에서는 '혜휘惠徽'라는 존호를 가상했고 이듬해 7월 다시 '익열翼烈'이라는 존호를 올렸다. 이제 '예순 성철 장희 혜휘 익열대비'가 됐다.

정조는 3년 후인 1787년(정조 11) 1월 또 한 번 대비의 존호를 높인다. 왕이 되지 못한 아버지 사도세자를 추존하고 왕비가 되지 못한 어머니 혜경궁 홍씨의 위엄을 높이는 과정에서 대비 김씨를 의식하지 않을 수 없었을 것이다. 이번 존호는 '명선明宣'이었다. 그 이유가 재미있다. 1월 8일자 옥책문의 일부다.

어찌 한나라의 명덕태후明德太后만 아름다움을 독차지하랴? 아름다운 명성이 널리 전파되었으니, 마땅히 송나라의 선인태후宣仁太后와 이름이 같아야 할 것이다.

명明과 선宣은 각각 한나라와 송나라의 태후의 시호에서 따온 것이다. 그리고 1795년(정조 19) 1월 16일 조정에서는 '예순 성철 장희 혜휘 익열 명선대비'에게 만수무강의 염원을 담아 '수경綏敬'이라는 존호를 가상했다.

1800년 6월 정조가 세상을 떠나고 열한 살 어린 왕이 왕위에 오르자 대비에서 왕대비에 오른 김씨는 수렴청정을 행한다. 그래서 바로 존호를 받지 못하고 4년 후인 1804년(순조 4) 2월 28일 '광헌光獻'이라는 시호를 받았다. 빛을 크게 드러낸 것이 광光이고 성인과 나란히 한 것이 헌獻이다. 수렴청정을 마친 왕대비는 이제 공식적으로 '예순 성철 장희 혜휘 익열 명선 수경 광헌대비'로 불리게 된다.

그리고 이듬해인 1805년(순조 5) 1월 12일 창덕궁에서 61세를 일기로 파란만장했던 생을 마감했다. 이에 조정에서는 '융인隆仁'이라는 존호와 함께 '소숙 정헌昭肅靖憲'이라는 휘호를 가상하면서 '정순貞純'이라는 시호를 올렸다. 큰 계책을 잘 성공시키는 것이 정貞이고 중도를 지켜 본령을 잃지 않는 것이 순純이다. 시호를 받음으로써 영조의 계비 김씨의 공식 명칭은 '예순 성철 장희 혜휘 익열 명선 수경 광헌 융인 소숙 정헌 정순왕후'가 됐다. 따라서 우리가 흔히 영조의 계비를 가리켜 '정순왕대비'라고 부르는 것은 역사적 사실과는 맞지 않는 것이다.

1889년(고종 26) 12월 조정에서는 묘호를 바꿔 영종을 영조로 높여 부르기로 하면서 정순왕후에게 '정현正顯'이라는 존호를 가상했다. 이것까지 포함하면 공식 명칭은 '예순 성철 장희 혜휘 익열 명선 수경 광헌 융인 정현 소숙 정헌 정순왕후'이다. '정현'이 후대에 붙여진 것임에도 불구하고 휘호 '소숙 정헌'보다 앞선 것은, 존호가 휘호보다는 약간이나마 더 큰 비중을 갖고 있기 때문으로 보인다.

안동 김문의 핵심 순원왕후

사도세자가 죽던 1762년(영조 38) 2월 청풍 김씨 김시묵의 열 살짜리 딸은 한 살 많은 세손과 결혼을 했다. 그리고 14년 후에 세손이 왕위에 오르면서 왕비의 자리에 올랐다. 그러나 자식을 낳지 못했기 때문에 일찌감치 후계 권력투쟁의 자리에서 물러나게 된다. 정성왕후 서씨처럼 힘없는 왕비 자리를 지켜야 했던 김씨는 정조 사후 대비의 자리에 올랐으나 일체의 존호를 사양했다. 따라서 김씨는 생전에 대비로서 아무런 존호도 갖지 않은 유일한 왕비로 기록된다. 왕비로서는 장수하여 1821년(순조 21) 3월 9일 69세를 일기로 세상을 떠났다. 이에 조정에서는 '효의孝懿'라는 시호와 '예경 자수睿敬慈粹'라는 휘호를 올렸다. 이렇게 해서 정조비의 공식 명칭은 이때부터 '예경 자수 효의왕후'가 됐다. 그리고 1899년(고종 36) 9월 1일 '장휘莊徽'라는 존호가 더해졌다. 이것까지 하면 정조비의 공식 명칭은 '장휘 예경 자수 효의왕후'가 된다. 여기서도 '장휘'라는 존호가 '예경 자수'라는 휘호보다 앞으로 간 것은 존호가 휘호보다는 비중이 큰 때문으로 보인다.

1800년 정조는 죽기 직전 노론 시파의 영수격인 안동 김씨 김조순의 딸을 세자빈으로 맞으려 했다. 그러나 간택이 진행 중이던 차에 정조가 세상을 떠났다. 다행히 간택이 인정되어 김조순의 딸은 열네 살 때인 1802년(순조 2) 곧바로 왕비에 책봉될 수 있었다. 1809년 왕실에서는 참으로 오랜만에 정비가 아들을 낳았고 그 아들(효명세자)은 잘 자라 1827년에는 대리청정까지 하게 되었다. 같은 해 9월 9일 왕비는 '명경明敬'이라는 존호를 받기도 했다. 그러나 효명세자가 4년 만에 의문의 죽음을 하게 됨으로써 다시 왕통은 불투명해졌다. 그나마 세자가 아들 한 명을 남겨놓았다. 훗날의 헌종이다.

1834년 순조가 세상을 떠나자 손자인 헌종이 왕위에 올랐다. 그 바람에 효명세자빈이 대비(훗날 신정왕후 조씨로 추존됨)가 되고, 김씨는 곧장 왕대비에 올랐다. 자연스럽게 그의 칭호는 '명경왕대비'였다. 그리고 순조의 상기가 끝난 1836년(헌종 2) 10월 11일 조정에서는 '문인文仁'이라는 존호를 가상했다. 공식 명칭은 '명경 문인왕대비'가 됐고, 1841년(헌종 7) 다시 '광성光聖'이라는 존호가 가상되어 공식 명칭은 '명경 문인 광성왕대비'로 늘어났다. 1848년 육순을 맞아 조정에게는 왕대비에게 '융희隆禧'라는 존호를 올렸다.

그런데 이듬해 손자인 헌종이 후사 없이 세상을 떠났다. 왕대비에서 대왕대비로 승격된 김씨는 사도세자와 숙빈 임씨 사이에서 난 은언군의 손자가 효종 이후의 혈통을 잇고 있다는 이유로 새로운 왕으로 세웠다. 1851년(철종 2) 5월 25일 헌종의 상기가 끝나자 왕과 조정에서는 실권자인 '명경 문인 광성 융희대왕대비'에게 '정렬正烈'이라는 존호를 더 올렸다. 이제부터 대왕대비의 공식 칭호는 '명경 문인 광성 융희 정렬대왕대비'였다. 권력은 왕이 아니라 대왕대비와 그 집안 안동 김씨가 쥐고 있었다. 1년도 안 된 이듬해 1월 12일 '선휘宣徽'라는 존호를 또 올려야 했던 것은 그런 역학 관계를 보여준다. 그리고 같은 해 11월 19일 다시 '영덕英德'이라는 존호가 올라간다. 인품에 대한 평가보다는 살아 있는 권력에 대한 아부의 성격이 강한 존호라 할 수 있다.

1857년(철종 8) '명경 문인 광성 융희 정렬 선휘 영덕대왕대비'가 창덕궁에서 69세를 일기로 세상을 떠났다. 여성으로서 누릴 수 있는 최고의 권력을 누렸던 왕비이자 왕대비이자 대왕대비가 눈을 감은 것이다. 조정에서는 '자헌慈獻'이라는 존호와 함께 '순원純元'이라는 시호를 올렸다. 더불어 '예성 홍정睿成弘定'이라는 휘호를 더했다. 이로써 순조비의 공식 명칭은 '명경 문인 광성 융희 정렬 선휘 영덕 자헌 예성 홍정 순원왕후'가 됐다.

그리고 이듬해(1858년) 4월 9일 '현륜顯倫', 1859년 7월 19일 '자혜慈惠', 1860년 11월 16일 '홍화洪化', 1861년 11월 24일 '신운神運'이라는 존호를 더 올렸다. 모두 철종 때 이루어진 것이다. 이를 다 통합하면 철종 말 공식석상에서 순조비를 호칭할 때는 '명경 문인 광성 융희 정렬 선휘 영덕 자헌 현륜 자혜 홍화 신운 예성 홍정 순원왕후'라고 해야 했다. 어느 한 자라도 빼먹으면 국법으로 다스려졌다. 1878년(고종 15) 11월 29일 고종은 '수목粹穆'이라는 존호를 더 올렸다. 이것까지 포함하면 순조비 김씨의 공식 명칭은 '명경 문인 광성 융희 정렬 선휘 영덕 자헌 현륜 자혜 홍화 신운 수목 예성 홍정 순원왕후'가 된다. 여기서도 존호-휘호-시호순으로 배열됐음을 확인하게 된다. 우리는 이 긴 명칭에서 안동 김씨의 세도를 간접적으로나마 확인할 수 있다.

찾 아 보 기